세계의 반려견 백과

세계의 반려견 345종 수록!

후지와라 쇼타로 엮음
이윤혜 옮김

Green Home

CONTENTS

- 018 벨지안 셰퍼드 도그 그로넨달
- 018 벨지안 셰퍼드 도그 라케노이즈
- 019 벨지안 셰퍼드 도그 말리노이즈
- 019 벨지안 셰퍼드 도그 테뷰런
- 020 올드 잉글리시 십도그
- 020 웰시 코기 카디건
- 021 웰시 코기 펨브로크
- 022 베르제드 보스
- 022 코몬도르
- 023 헝가리안 쿠바스
- 023 헝가리안 풀리
- 024 푸미
- 024 스키퍼키
- 025 카탈란 십도그
- 025 포르투갈 십도그
- 026 셰틀랜드 십도그
- 027 브리아르
- 027 피리니언 십도그 스무드 페이스드
- 028 피리니언 십도그 롱헤어드
- 028 슬로벤스키 쿠박
- 029 러프 콜리
- 029 부비에 데 아르덴
- 030 저먼 셰퍼드 도그
- 031 피카르디 십도그
- 031 부비에 데 플랑드르
- 032 베르가마스코
- 032 마렘마 십도그
- 033 더치 셰퍼드 도그
- 033 무디
- 034 폴리시 로우랜드 십도그
- 034 타트라 셰퍼드 도그
- 035 비어디드 콜리
- 035 크로아티안 십도그
- 036 오스트레일리안 캐틀 도그
- 036 오스트레일리안 켈피
- 037 보더 콜리
- 038 스무드 콜리
- 038 샤를로스 울프도그
- 039 스하펜도스
- 039 사우스 러시안 셰퍼드 도그
- 040 체코슬로바키안 울프도그
- 040 카오 필라 드 사오 미구엘
- 041 오스트레일리안 셰퍼드 도그
- 041 화이트 스위스 셰퍼드 도그
- 042 미오리틱 십도그
- 042 오스트레일리안 스텀피 테일 캐틀 도그 — 1
- 044 사플라니낙
- 044 아펜젤 캐틀 도그
- 045 버니즈 마운틴 도그
- 046 엔틀레부흐 캐틀 도그
- 046 뉴펀들랜드
- 047 그레이터 스위스 마운틴 도그
- 047 세인트 버나드
- 048 오스트리안 핀셔
- 048 스패니시 마스티프
- 049 피리니언 마스티프
- 049 알렌테호 마스티프
- 050 보르도 마스티프
- 050 레온베르거
- 051 그레이트 피레니즈
- 052 도베르만
- 053 복서

- 054 로트와일러
- 055 불도그
- 056 불마스티프
- 056 카오 데 카스트로 라보레이로
- 057 에스트렐라 마운틴 도그
- 057 자이언트 슈나우저
- 058 미니어처 슈나우저
- 059 스탠더드 슈나우저
- 059 저먼 핀셔
- 060 미니어처 핀셔
- 061 아펜핀셔
- 061 호바와트
- 062 네오폴리탄 마스티프
- 062 브라질리안 마스티프
- 063 랜시어
- 063 티베탄 마스티프
- 064 그레이트 데인
- 065 아이디
- 065 마요르킨 마스티프
- 066 도사
- 066 마스티프
- 067 카르스트 셰퍼드 도그
- 067 도고 아르헨티노
- 068 더치 스무스혼드
- 068 샤 페이
- 069 브로홀머
- 069 러시안 블랙 테리어
- 070 코카시안 십도그
- 070 아나톨리안 셰퍼드 도그
- 071 센트럴 아시안 십도그
- 071 이탈리안 코르소 도그
- 072 도고 카나리오
- 072 대니시 스웨디시 팜도그 — 2
- 074 케리 블루 테리어
- 074 에어데일 테리어
- 075 케언 테리어
- 076 오스트레일리안 테리어
- 076 베들링턴 테리어
- 077 보더 테리어
- 077 미니어처 불 테리어
- 078 불 테리어
- 079 스무드 폭스 테리어
- 079 토이 맨체스터 테리어
- 080 아이리시 소프트 코티드 휘튼 테리어
- 080 레이크랜드 테리어
- 081 맨체스터 테리어
- 081 노리치 테리어
- 082 스코티시 테리어
- 083 실리엄 테리어
- 083 스카이 테리어
- 084 스태퍼드셔 불 테리어
- 084 웰시 테리어
- 085 웨스트 하이랜드 화이트 테리어
- 086 요크셔 테리어
- 088 저먼 헌팅 테리어
- 088 아이리시 테리어
- 089 댄디 딘몬트 테리어
- 090 와이어 폭스 테리어
- 091 체스키 테리어
- 092 오스트레일리안 실키 테리어
- 092 재패니즈 테리어
- 093 노퍽 테리어
- 094 아메리칸 스태퍼드셔 테리어
- 094 아이리시 글렌 오브 이말 테리어
- 095 파슨 러셀 테리어
- 095 브라질리안 테리어
- 096 잭 러셀 테리어 — 3
- 098 닥스훈트 — 4
- 100 스웨디시 발훈트
- 100 스웨디시 엘크하운드

- 101 바센지
- 101 카렐리안 베어 도그
- 102 피니시 스피츠
- 103 이비잔 하운드
- 103 포덴고 포르투기즈
- 104 저먼 스피츠
- 105 케이스혼트
- 105 스웨디시 라프훈트
- 106 포메라니안
- 108 피니시 라프훈트
- 108 볼피노 이탈리아노
- 109 시르네코 델레트나
- 109 사모예드
- 110 차우차우
- 111 멕시칸 헤어리스 도그
- 111 노르웨지안 부훈트
- 112 노르웨지안 엘크하운드
- 112 알래스칸 맬러뮤트
- 113 파라오 하운드
- 113 재패니즈 아키타
- 114 시바 이누
- 114 홋카이도
- 115 재패니즈 스피츠
- 116 노르웨지안 퍼핀 도그
- 116 케이넌 도그
- 117 시베리안 허스키
- 118 그린란드 도그
- 118 노르보텐 스피츠
- 119 라핀포로코이라
- 120 아이슬란드 십도그
- 120 유라시아
- 121 러시안 유러피안 라이카
- 121 이스트 시베리안 라이카
- 122 웨스트 시베리안 라이카
- 122 페루비안 헤어리스 도그
- 123 카이
- 123 기슈
- 124 시코쿠
- 124 카나리안 와렌 하운드
- 125 진돗개
- 126 타이 리지백 도그
- 126 아메리칸 아키타 — 5
- 128 그리퐁 니베르네
- 128 브리케 그리퐁 방뎅
- 129 아리에쥬아
- 129 그랑 가스콩 생통쥬아
- 130 프티 가스콩 생통쥬아
- 130 그레이트 블루 가스코니 하운드
- 131 프와트뱅
- 131 포르셀렌
- 132 스몰 블루 가스코니 하운드
- 132 그리퐁 블뢰 드 가스코뉴
- 133 그랑 바세 그리퐁 방뎅
- 133 바세 아르테시앙 노르망
- 134 바세 블뢰 드 가스코뉴
- 134 바세 포브 드 브르타뉴
- 135 피니시 하운드
- 135 폴리시 하운드
- 136 스위스 하운드
- 136 스테이리셰 러프헤어드 마운틴 하운드
- 137 오스트리안 블랙 앤드 탄 하운드
- 138 프티 바세 그리퐁 방뎅
- 138 티롤리안 브라케
- 139 블러드하운드
- 139 드레버
- 140 해밀톤 하운드
- 140 로디지안 리지백
- 141 이스트리안 숏헤어드 하운드
- 141 이스트리안 콜스헤어드 하운드
- 142 달마티안
- 143 포사바츠 하운드
- 143 잉글리시 폭스하운드
- 144 비글

- 145 바셋 하운드
- 146 이탈리안 하운드
- 146 스패니시 하운드
- 147 하노베리안 센트하운드
- 147 바바리안 마운틴 하운드
- 148 프렌치 트라이컬러 하운드
- 148 트란실바니안 하운드
- 149 슬로바키안 하운드
- 149 알파인 닥스브라케
- 150 그랑 그리퐁 방뎅
- 151 비글 해리어
- 152 오터하운드
- 152 해리어
- 153 저먼 하운드
- 153 블랙 앤드 탄 쿤하운드
- 154 아메리칸 폭스하운드
- 154 앙글로 프랑세스 드 프티 베네리 — 6
- 156 잉글리시 포인터
- 156 잉글리시 세터
- 157 고든 세터
- 157 헝가리안 숏헤어드 비즐라
- 158 브리타니 스패니얼
- 158 저먼 와이어헤어드 포인터
- 159 바이마라너 숏헤어
- 160 바이마라너 롱헤어
- 160 스몰 문스터란더
- 161 블루 피카르디 스패니얼
- 161 프렌치 와이어헤어드 코르탈스 포인팅 그리퐁
- 162 피카르디 스패니얼
- 162 퐁 오드메 스패니얼
- 163 브라크 생제르맹
- 163 저먼 롱헤어드 포인터
- 164 라지 문스터란더
- 164 저먼 숏헤어드 포인터
- 165 아이리시 레드 세터
- 165 브라크 프랑세 가스코뉴 타입
- 166 브라크 프랑세 피레네즈 타입
- 166 이탈리안 와이어헤어드 포인터
- 167 프렌치 스패니얼
- 167 브라크 드 라리에쥬
- 168 브루보네 포인터
- 168 브라크 도베르뉴
- 169 포르투갈 포인터
- 169 이탈리안 포인터
- 170 푸델포인터
- 170 스테비훈
- 171 드렌츠 패트리지 도그
- 171 저먼 러프헤어드 포인터
- 172 헝가리안 와이어헤어드 비즐라
- 173 체스키 포섹
- 173 올드 대니시 포인터
- 174 슬로벤스키 포인터
- 174 아이리시 레드 앤드 화이트 세터 — 7
- 176 잉글리시 코커 스패니얼
- 177 포르투갈 워터 도그
- 177 저먼 스패니얼
- 178 프렌치 워터 도그
- 178 클럼버 스패니얼
- 179 골든 리트리버
- 180 컬리 코티드 리트리버
- 181 플랫 코티드 리트리버
- 182 래브라도 리트리버
- 183 필드 스패니얼
- 183 아이리시 워터 스패니얼
- 184 잉글리시 스프링어 스패니얼
- 184 웰시 스프링어 스패니얼
- 185 서식스 스패니얼
- 186 아메리칸 코커 스패니얼
- 187 웨터훈
- 187 체서피크 베이 리트리버
- 188 로마냐 워터 도그
- 188 아메리칸 워터 스패니얼

- 189 노바 스코샤 덕 톨링 리트리버
- 190 쿠이커혼제
- 190 스패니시 워터 도그 — 8
- 192 말티즈
- 193 파피용
- 194 브뤼셀 그리퐁
- 195 벨지안 그리퐁
- 195 프티 브라방콩
- 196 프렌치 불도그
- 197 킹 찰스 스패니얼
- 197 볼로니즈
- 198 캐벌리어 킹 찰스 스패니얼
- 199 보스턴 테리어
- 200 푸들
- 202 크롬폴란데
- 203 재패니즈 친
- 204 페키니즈
- 205 시추
- 206 비숑 프리제
- 207 티베탄 테리어
- 207 라사 압소
- 208 치와와
- 210 티베탄 스패니얼
- 210 로첸
- 211 퍼그
- 212 하바니즈
- 212 코튼 드 툴리어
- 213 차이니즈 크레스티드 도그
- 214 러시안 토이 테리어 — 9
- 216 그레이하운드
- 216 아이리시 울프하운드
- 217 휘핏
- 218 스코티시 디어하운드
- 219 보르조이
- 220 슬루기
- 220 아프간 하운드
- 221 이탈리안 그레이하운드
- 221 헝가리안 그레이하운드
- 222 살루키
- 223 스패니시 그레이하운드
- 224 아자와크
- 224 폴리시 그레이하운드 — 10

미공인
- 226 가와카미견
- 227 뉴질랜드 헌터웨이
- 227 랭카셔 힐러
- 228 다이토견
- 229 래브라두들
- 230 러시안 츠베트나 보롱카
- 231 류큐견
- 232 마르키쉐
- 232 모스크바 가디언 마스티프
- 233 보볼(아프리칸 마스티프)
- 233 보헤미안 셰퍼드 도그
- 234 보헤미안 스포티드 도그
- 234 포덴고 안다루스
- 235 비바 테리어
- 236 샤일로 셰퍼드
- 236 스트롱 아이 헤딩 도그
- 237 아메리칸 랫 테리어
- 237 아메리칸 인디언 도그
- 238 아메리칸 불도그
- 239 아메리칸 핏 불 테리어
- 240 아메리칸 헤어리스 테리어
- 240 올드 저먼 셰퍼드 도그
- 241 올디 잉글리시 불도그
- 242 킹 셰퍼드
- 243 파스토르 가라피아노
- 243 프라슈키 크리사릭

INDEX

- 226 가와카미견
- 157 고든 세터
- 179 골든 리트리버
- 129 그랑 가스콩 생통쥬아
- 150 그랑 그리퐁 방뎅
- 133 그랑 바세 그리퐁 방뎅
- 064 그레이트 데인
- 130 그레이트 블루 가스코니 하운드
- 047 그레이트 스위스 마운틴 도그
- 051 그레이트 피레니즈
- 216 그레이하운드
- 128 그리퐁 니베르네
- 132 그리퐁 블뢰 드 가스코뉴
- 118 그린란드 도그
- 123 기슈

- 062 네오폴리탄 마스티프
- 118 노르보텐 스피츠
- 111 노르웨지안 부훈트
- 112 노르웨지안 엘크하운드
- 116 노르웨지안 퍼핀 도그
- 081 노리치 테리어
- 189 노바 스코샤 덕 톨링 리트리버
- 093 노퍽 테리어
- 227 뉴질랜드 헌터웨이
- 046 뉴펀들랜드

- 228 다이토견
- 098 닥스훈트
- 142 달마티안
- 072 대니시 스웨디시 팜도그
- 089 댄디 딘몬트 테리어
- 033 더치 셰퍼드 도그
- 068 더치 스모우스혼드
- 067 도고 아르헨티노
- 072 도고 카나리오
- 052 도베르만
- 066 도사
- 139 드레버
- 171 드렌츠 패트리지 도그

- 207 라사 압소
- 164 라지 문스터란더
- 119 라핀포로코이라
- 182 래브라도 리트리버
- 229 래브라두들
- 063 랜드시어
- 227 랭카셔 힐러
- 069 러시안 블랙 테리어
- 121 러시안 유러피안 라이카
- 230 러시안 츠베트나 보롱카
- 214 러시안 토이 테리어
- 029 러프 콜리
- 050 레온베르거
- 080 레이크랜드 테리어
- 140 로디지안 리지백
- 188 로마냐 워터 도그
- 210 로첸
- 054 로트와일러
- 231 류큐견

- 032 마렘마 십도그
- 232 마르키쉬에
- 066 마스티프
- 065 마요르킨 마스티프
- 192 말티즈
- 081 맨체스터 테리어
- 111 멕시칸 헤어리스 도그
- 232 모스크바 가디언 마스티프
- 033 무디
- 077 미니어처 불 테리어
- 058 미니어처 슈나우저
- 060 미니어처 핀셔
- 042 미오리틱 십도그

- 147 바바리안 마운틴 하운드
- 134 바세 블뢰 드 가스코뉴
- 133 바세 아르테시앙 노르망
- 134 바세 포브 드 브르타뉴
- 101 바센지
- 145 바셋 하운드
- 160 바이마라너 롱헤어드
- 159 바이마라너 숏헤어드
- 045 버니즈 마운틴 도그
- 076 베들링턴 테리어
- 032 베르가마스코
- 022 베르제드 보스
- 195 벨지안 그리퐁
- 018 벨지안 셰퍼드 도그 그로넨달
- 018 벨지안 셰퍼드 도그 라케노이즈
- 019 벨지안 셰퍼드 도그 말리노이즈
- 019 벨지안 셰퍼드 도그 테뷰런
- 037 보더 콜리
- 077 보더 테리어
- 050 보르도 마스티프
- 219 보르조이
- 233 보볼(아프리카 마스티프)
- 199 보스턴 테리어
- 233 보헤미안 셰퍼드 도그
- 234 보헤미안 스포티드 도그
- 053 복서
- 197 볼로니즈
- 108 볼피노 이탈리아노
- 029 부비에 데 아르덴
- 031 부비에 데 플랑드르
- 055 불도그
- 056 불마스티프
- 078 불 테리어
- 062 브라질리안 마스티프
- 095 브라질리안 테리어
- 168 브라크 도베르뉴
- 167 브라크 드 라리에쥬
- 163 브라크 생제르맹
- 165 브라크 프랑세 가스코뉴 타입
- 166 브라크 프랑세 피레니즈 타입
- 069 브로홀머
- 168 브루보네 포인터
- 194 브뤼셀 그리퐁
- 027 브리아르
- 128 브리케 그리퐁 방뎅
- 158 브리타니 스패니얼
- 153 블랙 앤드 탄 쿤하운드
- 139 블러드하운드
- 161 블루 피카르디 스패니얼
- 144 비글
- 151 비글 해리어
- 049 비바 테리어
- 149 비바리안 닥스브라케
- 206 비숑 프리제
- 035 비어디드 콜리

- 038 샤를로스 울프도그
- 109 사모예드
- 039 사우스 러시안 셰퍼드 도그
- 044 사플라니낙
- 222 살루키
- 236 사일로 셰퍼드
- 068 샤 페이
- 185 서식스 스패니얼
- 047 세인트 버나드
- 071 센트럴 아시안 십도그
- 026 셰틀랜드 십도그
- 160 스몰 문스터란더
- 132 스몰 블루 가스코니 하운드
- 038 스무드 콜리
- 079 스무드 폭스 테리어
- 105 스웨디시 라프훈트
- 100 스웨디시 발훈트
- 100 스웨디시 엘크하운드
- 136 스위스 하운드
- 083 스카이 테리어
- 218 스코티시 디어하운드
- 082 스코티시 테리어
- 024 스키퍼키
- 084 스태퍼드셔 불 테리어
- 059 스탠더드 슈나우저
- 170 스테비훈
- 136 스테이리셰 러프헤어드 마운틴 하운드
- 236 스트롱 아이 헤딩 도그
- 223 스패니시 그레이하운드
- 048 스패니시 마스티프
- 190 스패니시 워터 도그
- 146 스패니시 하운드
- 039 스하펜도스
- 149 슬로바키안 하운드
- 028 슬로벤스키 쿠박
- 174 슬로벤스키 포인터
- 220 슬루기
- 109 시르네코 델레트나
- 114 시바 이누
- 117 시베리안 허스키
- 205 시추
- 124 시코쿠
- 083 실리엄 테리어

- 070 아나톨리안 셰퍼드 도그
- 129 아리에쥬아
- 237 아메리칸 랫 테리어
- 238 아메리칸 불도그
- 094 아메리칸 스태퍼드셔 테리어
- 126 아메리칸 워터 스패니얼
- 188 아메리칸 워터 스패니얼
- 237 아메리칸 인디언 도그
- 186 아메리칸 코커 스패니얼
- 154 아메리칸 폭스하운드
- 239 아메리칸 핏 불 테리어
- 240 아메리칸 헤어리스 테리어
- 065 아이디
- 094 아이리시 글렌 오브 이말 테리어
- 165 아이리시 레드 세터
- 174 아이리시 레드 앤드 화이트 세터
- 080 아이리시 소프트 코티드 휘튼 테리어
- 216 아이리시 울프하운드
- 183 아이리시 워터 스패니얼
- 088 아이리시 테리어
- 120 아이슬란드 십도그
- 224 아자와크
- 044 아펜젤 캐틀 도그
- 061 아펜핀셔
- 220 아프간 하운드
- 112 알래스칸 맬러뮤트
- 049 알렌테조 마스티프
- 149 알핀 닥스브라케
- 154 앵글로 프랑세즈 드 프티 베네리
- 057 에스트렐라 마운틴 도그
- 074 에어데일 테리어
- 046 엔틀레부흐 캐틀 도그
- 041 오스트레일리안 셰퍼드 도그
- 042 오스트레일리안 스텀피 테일 캐틀 도그
- 092 오스트레일리안 실키 테리어
- 036 오스트레일리안 캐틀 도그
- 036 오스트레일리안 켈피
- 076 오스트레일리안 테리어
- 137 오스트리안 블랙 앤드 탄 하운드
- 048 오스트리안 핀셔
- 152 오터하운드
- 173 올드 대니시 포인터
- 020 올드 잉글리시 십도그
- 240 올드 저먼 셰퍼드 도그
- 241 올디 잉글리시 불도그
- 090 와이어 폭스 테리어
- 086 요크셔 테리어
- 122 웨스트 시베리안 라이카
- 085 웨스트 하이랜드 화이트 테리어
- 187 웨트훈
- 184 웰시 스프링어 스패니얼
- 020 웰시 코기 카디건
- 021 웰시 코기 펨브로크
- 084 웰시 테리어
- 120 유라시아
- 103 이비잔 하운드
- 141 이스트리안 숏헤어드 하운드
- 141 이스트리안 콜스헤어드 하운드
- 121 이스트 시베리안 라이카
- 221 이탈리안 그레이하운드
- 166 이탈리안 와이어헤어드 포인터
- 071 이탈리안 코르소 도그
- 169 이탈리안 포인터
- 146 이탈리안 하운드
- 156 잉글리시 세터
- 184 잉글리시 스프링어 스패니얼
- 176 잉글리시 코커 스패니얼
- 156 잉글리시 포인터
- 143 잉글리시 폭스하운드

- 057 자이언트 슈나우저
- 115 재패니즈 스피츠
- 113 재패니즈 아키타
- 203 재패니즈 친
- 092 재패니즈 테리어
- 096 잭 러셀 테리어
- 171 저먼 러프헤어드 포인터
- 163 저먼 롱헤어드 포인터
- 030 저먼 셰퍼드 도그
- 164 저먼 숏헤어드 포인터
- 177 저먼 스패니얼
- 104 저먼 스피츠
- 158 저먼 와이어헤어드 포인터
- 059 저먼 핀셔
- 153 저먼 하운드
- 088 저먼 헌팅 테리어
- 125 진돗개

- 110 차우차우
- 213 차이니즈 크레스티드 도그
- 187 체서피크 베이 리트리버
- 091 체스키 테리어
- 173 체스키 포섹
- 040 체코슬로바키안 울프도그
- 208 치와와

- 124 카나리아 와렌 하운드
- 101 카렐리안 베어 도그
- 067 카르스트 셰퍼드 도그
- 064 카오 데 카스트로 라보레이로
- 040 카오 필라 드 사오 미구엘
- 123 카이
- 025 카탈란 십도그
- 198 캐벌리어 킹 찰스 스패니얼
- 180 컬리 코티드 리트리버
- 075 케리 블루 테리어
- 075 케언 테리어
- 116 케이넌 도그
- 105 케이스혼드
- 022 코몬도르
- 070 코카시안 십도그
- 212 코튼 드 툴리어
- 190 쿠이커혼제
- 035 크로아티안 십도그
- 202 크롬폴란데
- 178 클럼버 스패니얼
- 242 킹 셰퍼드
- 197 킹 찰스 스패니얼

- 126 타이 리지백 도그
- 034 타트라 셰퍼드 도그
- 079 토이 맨체스터 테리어
- 148 트랜실바니안 하운드
- 138 티롤리안 브라케
- 063 티베탄 마스티프
- 210 티베탄 스패니얼
- 207 티베탄 테리어

- 113 파라오 하운드
- 243 파스토르 가라피아노
- 095 파슨 러셀 테리어
- 193 파피용
- 211 퍼그
- 122 페루비안 헤어리스 도그
- 204 페키니즈
- 234 포덴코 안다루스
- 103 포덴고 포르투기즈
- 131 포르셀렌
- 025 포르투기즈 십도그
- 177 포르투기즈 워터 도그
- 169 포르투기즈 포인터
- 143 포사보츠 하운드
- 224 폴리시 그레이하운드
- 034 폴리시 로우랜드 십도그
- 135 폴리시 하운드
- 162 퐁 오드메 스패니얼
- 170 푸델포인터
- 200 푸들
- 024 푸미
- 243 프라슈크 크리사릭
- 196 프렌치 불도그
- 167 프렌치 스패니얼
- 161 프렌치 와이어헤어드 코르탈스 포인팅 그리퐁
- 178 프렌치 워터 도그
- 148 프렌치 트라이컬러 하운드
- 131 프와트뱅
- 130 프티 가스콩 생통쥬아
- 138 프티 바세 그리퐁 방뎅
- 195 프티 브라방콩
- 181 플랫 코티드 리트리버
- 108 피니시 라프훈트
- 102 피니시 스피츠
- 135 피니시 하운드
- 049 피레니언 마스티프
- 028 피레니언 십도그 롱헤어드
- 027 피레니언 십도그 스무드 페이스드
- 162 피카르디 스패니얼
- 031 피카르디 십도그
- 183 필드 스패니얼

- 147 하노베리안 센트하운드
- 212 하바니즈
- 152 해리어
- 140 해밀톤 하운드
- 222 헝가리안 그레이하운드
- 157 헝가리안 숏헤어드 비즐라
- 172 헝가리안 와이어헤어드 비즐라
- 023 헝가리안 쿠바스
- 023 헝가리안 풀리
- 061 호바와트
- 114 홋카이도
- 041 화이트 스위스 셰퍼드 도그
- 217 휘핏

사진으로 찾아보는 색인 345

ㄱ

226 가와카미견

157 고든 세터

179 골든 리트리버

129 그랑 가스콩 생통쥬아

150 그랑 그리퐁 방뎅

133 그랑 바세 그리퐁 방뎅

064 그레이트 데인

130 그레이트 블루 가스코니 하운드

047 그레이트 스위스 마운틴 도그

051 그레이트 피레니즈

216 그레이하운드

128 그리퐁 니베르네

132 그리퐁 블뢰 드 가스코뉴

118 그린란드 도그

123 기슈

ㄴ

062 네오폴리탄 마스티프

118 노르보텐 스피츠

111 노르웨지안 부훈트

112 노르웨지안 엘크하운드

116 노르웨지안 퍼핀 도그

081 노리치 테리어

189 노바 스코샤 덕 톨링 리트리버

093 노퍽 테리어

227 뉴질랜드 헌터웨이

046 뉴펀들랜드

ㄷ

228 다이토견

098 닥스훈트

142 달마티안

072 대니시 스웨디시 팜도그

089 댄디 딘몬트 테리어

033 더치 셰퍼드 도그

068 더치 스무우스혼드

067 도고 아르헨티노

용어 사전

견종을 소개하고 해설하는 데 사용한 용어에 대한 설명이다.
개는 오랫동안 인간과 더불어 살아왔기 때문에 개와 관련된 특별한 용어가 많다. 그 가운데 일부를 소개한다.

서클(circle)
철제나 플라스틱제 울타리. 주로 실내에서 개를 키울 때 사용한다. 평소에 반려견이 지내는 공간에 둘리치고 그 안에 집과 화장실, 밥그릇 등을 넣어둔다.

집(하우스)
개의 잠자리가 되는 작은 집. 잠을 자거나 안심하고 지낼 수 있는 보금자리.

화장실
화장실 시트를 고정할 수 있어야 좋다.

화장실 시트
화장실에 까는 시트 형태의 종이. 어릴 때는 배변훈련을 익힐 때까지 화장실이 아닌 다른 곳에서 볼일을 볼 수 있으므로 울타리 안에 넓게 깔아 둔다.

반려동물용 전기장판
잠자리 밑에 깔고 사용한다.

캐리어(이동가방)
개를 넣어서 들고 다니는 이동용 가방. 바퀴가 부착된 것, 가방 형태, 등에 메는 형태, 케이지 형태, 연결해서 공간을 넓게 만들 수 있는 형태 등 다양한 종류가 있다.

리드줄
목줄에 연결하여 사용하는 끈. 가죽, 천, 나일론, 체인 등 종류가 다양하다.

초크 체인
목줄과 리드줄이 연결된 일체형 리드줄이다. 줄을 잡아당기면 목 부분이 조여지게 되어 있어 산책하면서 훈련할 때 사용하면 효과적이다.

천연모 브러시
돼지털 등으로 만들어진 천연모 브러시. 털이 짧은 견종에게 사용하는 브러시로, 특히 털의 윤기를 내는 데 효과가 좋다.

슬리커 브러시
금속핀이 촘촘히 박혀 있는 브러시. 빠진 털을 제거하거나 엉킨 털을 푸는 데 요긴하게 사용되는데 주로 부드럽고 긴 털을 가진 견종에게 적합하다. 금속핀의 날카로운 끝부분이 개의 피부에 닿으면 상처를 입을 수 있으므로 피부에 닿지 않게 주의해서 조심스럽게 사용한다.

핀브러시
끝이 둥근 핀이 박힌 브러시. 빠진 털을 제거하거나 뻣뻣하고 긴 털을 정리할 때 좋다. 피부 마사지 효과도 있다.

빗
빠진 털을 제거하고 털을 빗어서 정돈하기 위한 빗.

트리밍(trimming)
개나 고양이의 외모를 가꾸기 위해 털을 자르거나 목욕시키는 일.

그루밍(grooming)
브러싱이나 트리밍 등 반려견의 털을 손질하는 일.

자유운동
개에게 리드줄을 채우지 않고 자유롭게 뛰거나 놀게 하는 운동. 도그런 등에서 한다.

도그런(dog run)
리드줄 없이 자유롭게 뛰어놀 수 있는 개 전용 놀이터.

트리머(trimmer)
개나 고양이 미용사.

브리더(breeder)
개나 고양이의 순종을 전문적으로 번식시키는 사람.

털갈이 시기
털이 빠지고 새로 자라는 기간. 털갈이는 계절의 기온변화에 의해 일어난다. 10~11월쯤 속털이 새로 나서 겨울을 지내고, 4~5월경에 빠진다.

패드(pad)
발바닥에 보이는 동그란 모양의 살 부위. 발바닥에 가해지는 체중부담을 줄이고, 쿠션 역할을 하며, 미끄럼 방지 효과가 있다.

며느리발톱
개의 발톱 가운데 퇴화해서 엄지발가락 부분에 붙어 있는 것. 오래 전 늑대였을 때의 흔적이 남아 있는 것으로 대개 잘라준다. 대부분 앞발에만 있는데 그레이트 피레니즈는 뒷발에도 있다.

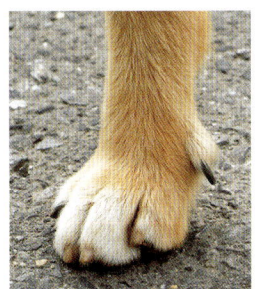

단이(斷耳)
도베르만이나 복서, 그레이트 데인처럼 본래 늘어진 귀를 가진 견종의 귀를 세우기 위해 생후 3~5개월경 마취를 하고 귀의 일부를 자르는 것. 유럽에서는 단이가 금지되어 있고 귀가 잘린 개의 수입을 금지하는 나라도 있다.

단미(斷尾)
미용을 위해 생후 10일경에 꼬리를 자르는 것. 유럽에서는 금지되어 있고 꼬리가 잘린 개는 수입을 금지하기도 한다.

영역표시(territory)
개는 자기 영역을 표시하기 위해서 산책할 때 여러 곳에 소변을 본다.

마킹(marking)
산책할 때 개가 여기저기 소변을 봄으로써 자기 냄새를 묻히는 것. 또는 개의 머리나 몸에 있는 얼룩무늬를 의미하기도 한다.

기생충
동물의 몸속에 기생하면서 병을 일으키는 벌레. 벼룩, 진드기처럼 몸 밖에 기생하는 외부기생충과 사상충, 회충처럼 심장이나 장 속에 기생하는 것이 있다.

필라리아(개사상충)
필라리아 유충이 개의 혈관을 타고 들어가 심장과 폐동맥에 기생한다. 필라리아를 옮기는 모기가 나타나기 1달 전부터 모기가 사라진 1달 후까지 예방약을 먹이면 대부분 예방할 수 있다.

광견병
일단 발병하면 치료방법이 없어서 거의 100% 죽음에 이르는 무서운 바이러스성 감염증이다. 신경이 망가져서 정서불안, 침분비 증가, 근육경련, 운동실조, 마비 등의 증상을 보이며 사람을 공격하기도 한다. 광견병 바이러스는 개뿐만 아니라 다른 반려동물에게도 감염될 수 있고, 인간을 포함한 모든 포유류에게 감염된다. 광견병예방주사 접종이 법으로 의무화되어 있다.

백신 주사
개의 전염병을 예방하는 주사. 1년에 2번만 맞혀도 전염병을 예방할 수 있으므로 가능한 맞히는 것이 좋다. 특히 새끼 때는 반드시 백신 주사를 맞혀야 한다.

항문샘
항문 부근에서 냄새를 분비하는 선. 그대로 두면 파열할 수 있으니 정기적으로 짜주는 것이 좋다.

반려견(컴패니언 도그)
주로 가정에서 키우는 개를 말하며, 사람에게 편안함을 주거나 사랑을 받는 것을 목적으로 만들어진 견종.

토이 도그(Toy Dog)
애완견.

허딩 도그(Herding Dog)
양치기견, 캐틀 도그 등 목축에 이용되는 개의 총칭. 대표적인 견종으로는 콜리, 보더 콜리 등이 있다. 허딩은 영어로 '가축의 무리를 모은다'는 뜻이다.

양치기견(牧羊犬)
목장에서 양떼를 지키고 유도하는 개. 대표적인 견종으로는 콜리가 있다.

캐틀 도그(Cattle Dog)
목장의 소떼를 유도하는 개. 일명 소몰이 개라고도 한다.

건 도그(Gun Dog)
새를 쫓아 사냥하는 잉글리시 코커 스패니얼이나 사냥감이 있는 장소를 알리는 포인터와 세터, 사냥꾼이 쏜 사냥감을 회수하는 리트리버 등 새 사냥을 돕는 개.

스피츠 계열
스피츠나 시바 이누처럼 귀가 쫑긋하게 서 있고 입 주변이 뾰족하게 나온 견종.

테리어
오소리나 여우, 쥐 사냥 등에 활약했던 견종의 총칭. 굴 속에 숨어 있는 사냥감을 바깥으로 쫓아내거나 끌어내서 사냥을 돕기 때문에 '흙'을 의미하는 라틴어 이름이 붙여졌다.

오소리
족제비의 사촌격으로 유럽이나 미국, 한국에 서식하며 목장과 농지 등에 굴을 파서 해를 끼치는 동물. 오소리를 없애기 위해 수많은 견종이 만들어졌다.

하운드(Hound)
사냥감을 추적하기 위해 만들어진 사냥개의 총칭.

센트 하운드(Scent Hound)
뛰어난 후각을 이용하여 사냥감의 냄새를 맡아서 추적하는 후각형 하운드.

사이트 하운드(Sight Hound)
시력이 뛰어나서 멀리서 사냥감을 발견하고 빠르게 쫓아가 제압하는 시각형 하운드. 체형이 날씬하다.

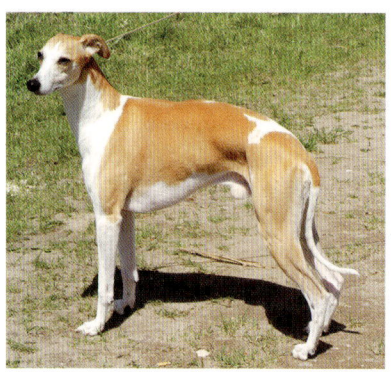

워킹 도그(Working Dog)
경비, 호위, 구조, 탐색, 수레 끌기, 썰매 끌기 등 사냥 이외의 일을 하며 사람을 돕는 개.

워터 도그(Water Dog)
헤엄을 잘 쳐서 강이나 바다와 같은 물가에서 작업하기에 적합한 개.

투견
개끼리 싸움을 붙이는 일. 도사나 스태퍼드셔 불 테리어 등이 유명하다.

군용견
명령을 전달하거나 적을 감시하는 등의 군대 임무를 돕는 개. 저먼 셰퍼드 도그, 도베르만, 그레이트 데인 등이 대표적이다.

경찰견
경찰의 범죄수사 현장에서 냄새를 추적하거나 순찰 등으로 활약하는 개.

마약수색견
공항 등에서 짐 속에 숨겨진 마약류를 냄새로 찾아내는 개.

인명구조견
재난, 재해가 발생했을 때 생존자를 냄새로 탐색하고 구조하는 개.

수상구조견
물에서 사고가 일어났을 때 사람을 구조하는 개. 뉴펀들랜드가 유명하다.

시각장애인 안내견
시각장애가 있는 사람의 보행을 돕는 개. 래브라도 리트리버가 대표적이다.

청각장애인 안내견
청각장애가 있는 사람을 돕는 개. 반려견 역할도 할 수 있다.

간호견
신체에 장애가 있는 사람을 돕는 개.

테라피견(치료견)
의료나 복지현장에서 사람의 마음을 치유하는 개. 애니멀 테라피(동물 치료요법)에 이용된다.

토종견
옛날부터 그 지방에서 살고 있는 개.

스탠더드(견종표준)
이상적인 견종의 형태를 규정한 견종표준. 몸의 크기, 털 색깔, 머리 모양 외에 결점에 관한 규정도 있다. 단체마다 조금씩 차이가 있다.

KKF(Korea Kennel Federation)
사단법인 한국애견연맹

KC(The Kennel Club)
영국 켄넬클럽

AKC(American Kennel Club)
미국 켄넬클럽

FCI(Federation Cynologique Internationale)
벨기에에 본부를 둔 국제적인 애견단체. '세계애견연맹'의 약칭. 1911년에 설립된 이래로 각종 견종표준과 쇼의 심사기준 등을 정하고 다양한 도그쇼를 개최하는 등 사람들에게 개에 대하여 알리는 활동을 한다. 세계의 많은 애견단체와 켄넬클럽이 가맹되어 있고 KKF도 가맹되어 있다.

공인견종
애견 단체에서 공인된 견종. 각국의 켄넬클럽이나 견종 단체에 의해 독자적으로 공인된 견종도 있지만, 이 책에서는 FCI(세계애견연맹)에서 공인한 개를 '공인견종'으로 보고 FCI의 견종번호를 표기했다.

미공인견종
애견 단체에서 공인받지 못한 견종. 이 책에서는 FCI에서 공인받지 못한 견종을 미공인견종으로 표시하였다.

털의 종류와 컬러

인간과 오랫동안 함께 살아온 개들은 다양한 성질의 털과 컬러를 갖게 되었다. 털의 성질과 색의 차이는 견종을 구분하는 큰 특징이자 개를 손질하는 방법의 차이가 되기도 한다. 여기서는 털의 성질과 컬러에 관한 몇 가지 용어를 소개한다.

털의 종류

와이어
철사처럼 거칠고 뻣뻣한 털. 러프헤어드라고 부르기도 한다.

스무드
짧은 털. 숏헤어드라고 부르기도 한다.

롱
긴 털. 롱헤어드라고 부르기도 한다.

- **헤어리스**
털이 없는 타입. 차이니즈 크레스티드 도그, 멕시칸 헤어리스 도그가 유명하다.
- **바깥털(오버코트)**
개의 몸 표면을 덮는 바깥털. 언더코트와 달리 뻣뻣하다.
- **속털(언더코트)**
오버코트 아래에 촘촘하게 자란 부드러운 속털. 몸을 따뜻하게 보호하거나 물이 스며드는 것을 막아주는 역할을 한다. 가을에 나기 시작해서 초여름에 빠진다. 언더코트가 없는 견종도 있다.

- **싱글코트**
언더코트가 없고 오버코트만 있는 털.
- **더블코트**
오버코트와 언더코트로 이루어진 이중 털.
- **얼룩털**
오버코트 위에 드문드문 자란 옅은 색 털.
- **장식털**
주로 귀나 다리, 꼬리 등에 있는 긴 털.

- **반점**
피부색과 색이나 농도가 다른 무늬가 있는 것. 마킹이라고도 부른다.
- **스폿**
작은 반점.
- **블레이즈**
개의 눈과 눈 사이를 지나는 하얀 선.
- **마스크**
주둥이나 이마 앞부분에 있는 색깔이 진한 부분. 복서나 마스티프 같은 견종한테서 볼 수 있다. 털 컬러가 거무스름한 것은 블랙마스크라고 한다.

털의 다양한 컬러

 애플리코트
 옐로
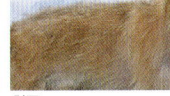 휘튼
 크림
 그레이
 골든
 세이블
 초콜릿

 트라이 컬러
 파티 컬러
 할리퀸
 퓨어 화이트
 폰
 블랙 앤드 탄
 블랙
 브린들

 블루
 블루론
 페퍼
 레드
 레드 앤드 화이트
리버

- **애플리코트**
살구색. 붉은 기가 도는 노란색.
- **옐로**
옅은 갈색. 래브라도 리트리버가 대표적.
- **휘튼**
보리색. 옅은 노란색이 도는 색상.
- **크림**
유백색.
- **그레이**
회색. 짙은 다크 그레이부터 옅은 실버 그레이까지 농도가 다양하다.
- **골든**
황금색.
- **세이블**
옅은 기본색 털에 검정색 털이 섞인 것.
- **초콜릿**
진한 적갈색이나 진한 갈색.
- **트라이 컬러**
화이트, 블랙, 탄(황갈색)의 3가지 색이 섞여 있는 것. 와이어 폭스 테리어가 유명하다.
- **파티 컬러**
하얀색 바탕에 뚜렷하게 차이가 나는 다른 색 반점이 있는 것.

- **할리퀸**
하얀색 바탕에 검정색 또는 청회색 반점이 있는 것.
- **퓨어 화이트**
순백색.
- **폰**
황금빛이 도는 갈색으로 농도가 다양하다.
- **블랙 앤드 탄**
검정색 바탕에 눈 윗부분이나 다리, 가슴 등에 규칙적인 탄(황갈색) 반점이 있는 것.
- **블랙**
검정색.
- **브린들**
기본 바탕색 털에 다른 색 얼룩털이 섞인 것.
- **블루**
청색. 농도가 다양하다.
- **블루론**
청색 바탕에 하얀색 털이 조금 섞인 것.
- **페퍼**
어두운 청색 계통의 흑색. 밝은 은회색까지 폭이 넓다.

- **레드**
붉은색. 붉은색이 도는 갈색.
- **레드 앤드 화이트**
붉은색이 도는 갈색과 하얀색의 2가지 색.
- **리버**
진한 적갈색.
- **적(赤)**
일본견 특유의 색상. 황갈색에서 진한 붉은색까지 범위가 넓다.
- **적호마(赤胡麻)**
붉은 바탕에 검정색 털이 얼룩처럼 들어 있는 무늬.
- **적호(赤虎)**
붉은 털에 검정색 줄무늬가 들어 있는 모습.
- **이자벨라**
옅은 밤색 털.
- **울프 그레이**
갈색빛이 도는 회색 또는 황회색 털의 끝부분이 검게 된 것.
- **오렌지**
적황색 또는 옅은 탄(황갈색)의 털. 포메라니안이 유명하다.
- **그리즐**
회색에 청색이 감도는 것.

- **흑호마(黑胡麻)**
호마(胡麻) 색보다 전체적으로 검정색 털이 많은 것.
- **흑호(黑虎)**
검정색 바탕에 붉은색 줄무늬가 들어간 털. 호(虎) 색보다 검은 부분이 많아서 전체적으로는 검게 보인다.
- **호마(胡麻)**
하얀색과 검정색이 반씩 들어간 무늬.
- **샌디**
모래색. 진한 샌디 옐로 등도 있다.
- **슬레이트 블루**
검은 회색을 띤 블루.
- **실버**
약간 회색빛이 도는 은색
- **솔리드**
단색.
- **탄**
노란빛이 도는 갈색. 황갈색
- **체스트넛**
밤색 또는 적갈색.
- **호(虎)**
일본견 특유의 털 색상. 하얀색 바탕에 검정색 줄무늬가 들어가 있다.

- **비버**
밤색과 회색이 섞인 털.
- **비스킷**
옅은 크림색.
- **팔로**
옅은 노란색.
- **브라운**
갈색 또는 다갈색.
- **블루멀**
청색, 검정색, 회색이 섞인 대리석 같은 무늬.
- **마호가니**
적갈색에 가까운 밤색.
- **러스티 레드**
붉은빛이 돌아서 녹슨 것처럼 보이는 갈색.
- **루비**
진한 체스트넛(밤색).
- **로운**
바탕색 중간에 하얀색 털이 약간 섞인 색.

개의 몸과 귀의 형태

개는 오랫동안 인간과 함께 살아왔고 인간에 의해서 다양하게 개량되었다. 개의 크기나 털 컬러, 형태를 보면 고양이에 비해 훨씬 다양하다는 것을 알 수 있다. 몸의 크기, 귀 모양의 차이 등을 잘 살펴보면서 개에 대해 한층 더 깊이 이해해 보자.

직립 귀(Prick Ear)
시바 이누, 셰퍼드에서 볼 수 있는 귀의 모양. 끝이 뾰족하게 곧추선 귀를 말한다. '곧추선 귀'라고도 한다. 귀를 잘라서 세우는 그레이트 데인, 도베르만 같은 견종도 있지만 지금은 유럽에서 단이가 금지되었다.

늘어진 귀(Drop Ear)
귓볼 끝이 밑으로 처지고 귓구멍을 덮고 있는 모양의 귀. 미니어처 닥스훈트, 비글 등이 전형적인 늘어진 귀이다.

장미귀(Rose Ear)
반직립 귀의 한 종류. 귀를 뒤로 붙이거나 접으면 귀 안쪽의 울퉁불퉁한 부분이 보이는 귀. 요철 부분이 마치 장미꽃잎처럼 보여 장미귀라고 한다. 불도그의 귀가 전형적인 장미귀이다.

반직립 귀(Semi Prick Ear)
직립 귀의 끝부분 4분의 1 정도가 앞쪽으로 접혀 있는 귀. 러프 콜리나 셰틀랜드 십도그 등이 대표적이다. 장미귀, V자형 귀도 반직립 귀에 포함된다.

V자형 귀(V Shape Ear)
삼각형 귀. V자형 귀에는 2가지 종류가 있는데, 시베리안 허스키 같은 직립 타입과 불마스티프 같은 늘어진 귀 타입이 있다.

박쥐 귀(Bat Ear)
직립 귀의 한 종류로 귀의 폭이 넓고 끝이 둥글어서 마치 박쥐 날개처럼 보인다. 프렌치 불도그의 귀가 전형적인 박쥐 귀 모양이다.

견종 그룹

견종은 모습과 혈통, 목적에 의해 몇 가지 그룹으로 분류할 수 있다. 그룹을 나누는 방법은 각 나라의 애견단체마다 다르지만 FCI(세계애견연맹)는 공인견종을 10그룹으로 나눈다.

FCI는 벨기에에 본부를 둔 국제적인 애견단체로, 1911년에 설립되어 각 견종의 스탠더드(견종표준)와 도그쇼의 심사기준을 정하고 다양한 도그쇼를 개최하며 개에 대한 지식을 사람들에게 널리 알리는 일을 하고 있다. 세계의 많은 애견단체와 켄넬클럽이 가맹되어 있다. KKF(한국애견연맹)도 가맹되어 있으며 FCI의 분류 기준을 따른다.

이 책에 게재된 견종은 FCI의 기준에 따라 10그룹으로 분류했다. 각 그룹의 특징은 다음과 같다.

GROUP 1	십도그나 캐틀 도그처럼 가축과 양을 유도하거나 시장으로 이동시키는 일을 돕는 견종이 속하는 그룹이다. 단, 스위스 캐틀 도그는 제2그룹으로 분류한다.	GROUP 6	뛰어난 후각을 발휘하여 사냥감을 추적하는 센트(후각) 하운드라고 불리는 사냥개와 그와 관련된 견종 그룹. 비글이나 달마시안, 바셋 하운드, 프티 바세 그리퐁 방덴 등이 속한다.
GROUP 2	쥐를 잡거나 가축을 지키던 핀셔나 슈나우저, 고대 로마시대 군용견의 혈통을 잇는 몰로시안 타입의 견종과 스위스 캐틀 도그 그룹, 마스티프, 불도그, 도사 등이 포함된다.	GROUP 7	포인팅 도그라고 불리는 포인터나 세터 타입의 견종 그룹. 잉글리시 포인터나 아이리시 세터 등이 대표적인 견종으로 새 사냥을 할 때 사냥감을 찾는 일을 했다.
GROUP 3	테리어라고 불리는 작은 동물을 사냥하는 견종 그룹. 요크셔 테리어처럼 작고 귀여운 모습의 개가 많지만 사냥할 때 땅굴 속에 숨어 있는 사냥감을 밖으로 유도하거나 끄집어내던 습성이 남아 있어서 활발하고 승부욕이 강하다.	GROUP 8	포인팅 도그 이외의 새 사냥개 그룹. 숨어 있는 새를 날게 해서 사냥꾼을 돕는 플러싱 도그, 총에 맞아서 떨어진 사냥감을 회수하는 리트리버, 물에 떨어진 사냥감을 회수하는 워터 도그가 이 그룹에 속한다.
GROUP 4	닥스훈트 그룹. 스탠더드 닥스훈트, 미니어처 닥스훈트와 가장 작은 커닝햄 닥스훈트가 있고 털의 종류에 따라 스무드, 롱, 와이어로 분류하여 전부 9가지 종류가 있다.	GROUP 9	흔히 컴패니언 도그 또는 토이 도그라고 불리는 그룹. 반려견으로 만들어진 견종으로 치와와, 푸들, 시추, 파피용, 말티즈처럼 귀여운 모습의 인기 견종이 많다.
GROUP 5	주둥이가 뾰족하고 귀가 곧추선 스피츠 타입과 프리미티브 타입(원시 타입 견종) 그룹. 옛날부터 일본에 있던 시바 이누나 포메라니안, 시베리안 허스키 등이 속한다.	GROUP 10	사이트(시각) 하운드라고 불리는 견종 그룹. 멀리서 사냥감을 발견하면 빠른 속도로 열심히 쫓아가 막다른 곳에 몰아넣는 사냥개 그룹이다. 그레이하운드, 보르조이, 아프간 하운드 등 다리가 길고 날렵한 체형의 개가 이 그룹에 속한다.

이 책을 보는 방법

> 견종을 10개 그룹으로 나누어 표시했다. 분류 방법은 FCI(세계애견연맹), KKF(한국애견연맹)와 같다. 자세한 사항은 P.14를 참조하기 바란다.

> 성견의 키와 체중을 기준으로 개의 크기를 3가지로 나누어 표시했다. 개를 선택할 때 참고하기 바란다.

> FCI에서 지정한 견종 번호.

> 해당 견종의 캐릭터를 분석하여 기르기 쉬운 정도를 그래프로 나타냈다. 안쪽의 노란 면적이 넓을수록 키우기 쉬운 견종이다.

상황판단을 잘한다
노란 면적이 넓을수록 영리하고 훈련을 빠르게 소화해낸다.

사회성·협조성이 있다
노란 면적이 넓을수록 잘 짖지 않고 다른 개와 사이좋게 지낼 가능성이 크다.

건강관리가 쉽다
노란 면적이 넓을수록 건강을 관리하기 쉽다.

초보자에게 알맞다
노란 면적이 넓을수록 처음으로 개를 키우는 사람에게 적합한 견종이다.

사람을 잘 따른다
노란 면적이 넓을수록 잘 물지 않는다.

훈련을 잘 따라한다
노란 면적이 넓을수록 훈련을 좋아하며 적극적으로 참가한다.

겨울나기

개는 대개 추위에 강하고 더위에는 약하다. 그러나 간혹 추위에 약한 개도 있다. 개가 추위를 견디는 정도를 3단계로 표시했다.

추위에 약한 견종이다. 겨울철에는 방에 난방을 해야 한다.

추위에 별로 약하지 않은 견종이다.

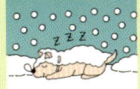
눈 속에서 자도 끄떡없을 만큼 추위에 매우 강한 견종이다.

운동시간

하루에 필요한 운동량을 운동시간을 기준으로 표시했다.

10분×2회
보통 걸음으로 10분 정도 가볍게 걷는 산책을 하루 2번 정도.

30분×2회
빠른 걸음으로 30분 정도 걷는 산책을 하루 2번 정도.

털관리

털을 손질할 때 필요한 도구를 표시했다. 손질 목적에 따라 도구를 구분해서 사용한다.

슬리커 브러시
길고 풍성한 털을 브러싱할 때 사용한다. 엉킨 부분을 풀고 빠진 털을 제거한다.

핀브러시
주로 긴 털을 브러싱할 때 사용한다. 뭉친 털을 없애거나 피부를 마사지하는 효과가 있다.

천연모 브러시
짧은 털에 윤기를 내거나 피부를 마사지하는 효과가 있다.

빗
털이 엉키는 것을 막고 빠진 털을 제거한다.

Dutch Shepherd Dog

Welsh Corgi Cardigan

German Shepherd Dog

Sheep Dogs & Cattle Dogs

양을 지키거나 소 등의 가축을 모는 일을 하기 위해 만들어진 견종.

부지런한 일꾼으로 사람의 지시에 신속하게 반응하고, 체력과 판단력이 뛰어나다.

웰시 코기 펨브로크, 셰틀랜드 쉽도그, 러프 콜리, 저먼 셰퍼드 도그, 보더 콜리 등.

Border Collie

Shetland Sheepdog

GROUP 1

Welsh Corgi Pembroke

| Group 1 | 대형견 | 번호 15 |

벨지안 셰퍼드 도그 그뢰넨달 *Belgian Shepherd Dog Groenendale*

아름다운 칠흑빛 털과 애정이 깊고 섬세한 성격

수십 년 동안 양이나 소 등의 가축을 몰고 지키는 일을 해온 벨지안 셰퍼드 도그는 털의 길이와 색깔에 따라 그뢰넨달, 말리노이즈, 라케노이즈, 테뷰런의 4종류로 분류한다. FCI는 4종류를 모두 같은 견종으로 공인한다.

그뢰넨달의 성격은 조심성이 많고 영리하며 예리하다. 가족에 대한 정이 깊고, 감정이 섬세해서 엄격하게 훈련하면 오히려 역효과를 가져올 수 있다. 어릴 때부터 사회성을 키울 수 있게 훈련해야 한다.

야외 활동을 좋아하고 운동능력이 뛰어나지만 정작 이 개는 활발하게 움직이기보다는 주인 곁에 가만히 있는 것을 더 좋아한다. 그러나 건강을 유지하려면 매일 충분한 운동이 필요하다. 아침 저녁 하루 2번, 최소 1시간씩 산책해야 한다. 산책 중에는 가볍게 달리기도 하고, 다른 개나 사람을 만나서 사회성과 협조성을 길러주는 것이 좋다. 산책만으로도 정신적인 안정과 스트레스 발산 효과를 얻을 수 있다.

검정색의 길고 아름다운 털을 유지하려면 브러싱을 자주 해야 한다.

BREEDING DATA
- 키_ 수컷 61~66cm / 암컷 56~61cm
- 체중_ 28kg
- 원산국_ 벨기에
- 잘 걸리는 질병_ 고관절형성이상, 알레르기성피부염, 간질, 눈병

성격: 조금 신경질적이고 섬세하지만 거친 면도 있다.

겨울나기 / 운동시간 60분×2회 / 털관리

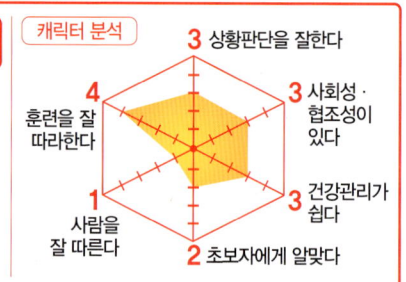

캐릭터 분석
- 상황판단을 잘한다 3
- 사회성·협조성이 있다 3
- 건강관리가 쉽다 3
- 초보자에게 알맞다 2
- 사람을 잘 따른다 1
- 훈련을 잘 따라한다 4

| Group 1 | 대형견 | 번호 15 |

벨지안 셰퍼드 도그 라케노이즈 *Belgian Shepherd Dog Laekenois*

곱슬거리는 털을 가진 벨지안 셰퍼드 도그

털이 곱슬거리는 라케노이즈는 벨지안 셰퍼드 도그 가운데 가장 온순하고 공격성이 적다. 성격이 명랑해서 어릴 때부터 사회성을 길러주고 제대로 훈련시키면 아이들에게도 부드럽게 대하므로 가정에서 키울 수 있다. 원래는 가축이나 주인 가족을 지키는 경호견이지만 경찰견으로도 활약한다. 경계심이 강하고 주의력이 뛰어나기 때문에 수상한 기척에 민감하게 반응한다.

키우기 쉬운 견종이지만 힘과 체력이 넘쳐서 자유롭게 풀어두면 몇 시간이든 뛰어다닐 수 있기 때문에 좁은 공간에서 키우려면 매일 충분히 산책시켜야 한다.

벨지안 셰퍼드 견종 가운데 3종류를 공인하는 미국에서도 라케노이즈는 아직 공인되지 않았다. 라케노이즈에게서 가끔 스무드코트 타입의 새끼가 태어나기도 한다. 라케노이즈인 부모견이 순수 혈통이라는 점이 증명되면 그 강아지는 말리노이즈로 등록할 수 있다.

BREEDING DATA
- 키_ 55~66cm
- 체중_ 27.5~28.5kg
- 원산국_ 벨기에
- 잘 걸리는 질병_ 고관절형성부전, 피부병, 알레르기

성격: 영리하고 얌전하지만 경계심이 강하다.

겨울나기 / 운동시간 60분×2회 / 털관리

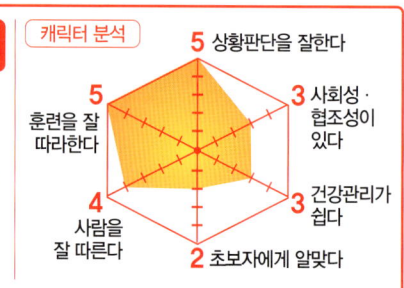

캐릭터 분석
- 상황판단을 잘한다 5
- 사회성·협조성이 있다 3
- 건강관리가 쉽다 3
- 초보자에게 알맞다 2
- 사람을 잘 따른다 4
- 훈련을 잘 따라한다 5

벨지안 셰퍼드 도그 말리노이즈 *Belgian Shepherd Dog Malinois*

Group 1 / 대형견 / 번호 15

스무드코트 타입의 벨지안 셰퍼드 도그는 가족을 위해 헌신적으로 일한다

마치 일하기 위해서 태어난 것 같은 견종으로 주인 가족에게 헌신적이다. 명랑하고 애교도 있다. 낯선 사람이나 처음 보는 개는 조심스럽게 대한다. 집을 지키는 데 필요한 능력이 뛰어나기 때문에 믿음직스러운 반려견이 될 것이다.

운동능력이 뛰어난 견종이지만 격렬하게 뛰지는 않고 주인 곁에 가만히 있기를 좋아한다. 그러나 처음부터 그런 것은 아니다. 성장기까지는 활발하게 뛰어노는 것을 좋아해서 놀아달라고 조르기도 한다. 정신적으로도 운동은 중요하므로 아침 저녁 매일 2번, 1시간씩 산책시키는 것이 좋다. 스트레스를 발산하려면 되도록 오랫동안 산책하는 것이 좋다.

영리하고 상황 판단력이 좋으며 학습능력이 뛰어나서 훈련시키는 데 어려움은 없지만 일관성 없는 지시나 이해할 수 없는 억지스러운 훈련은 거부한다.

4종류의 벨지안 셰퍼드 도그 중 가장 오래된 종류이며, 유일하게 털이 짧은 것이 특징이다.

BREEDING DATA
- 키_ 55~66cm
- 체중_ 27.5~28.5kg
- 원산국_ 벨기에
- 잘 걸리는 질병_ 고관절형성부전, 알레르기성피부염, 간질, 눈병

성격 주인과 가족에게 헌신적이며, 낯선 사람을 경계한다.

겨울나기 / 운동시간 60분×2회 / 털관리

캐릭터 분석
- 상황판단을 잘한다 5
- 사회성·협조성이 있다 3
- 건강관리가 쉽다 3
- 초보자에게 알맞다 3
- 사람을 잘 따른다 4
- 훈련을 잘 따라한다 5

벨지안 셰퍼드 도그 테뷰런 *Belgian Shepherd Dog Tervueren*

Group 1 / 대형견 / 번호 15

블랙 마스크와 긴 털이 특징인 벨지안 셰퍼드 도그

지성과 용맹함을 갖춘 개로, 조심성이 많으면서 행동이 민첩하여 마치 가족을 지키려는 사명감으로 사는 것 같은 견종이다. 매우 영리하고 정이 많으며 부드러운 성격으로 주인 가족에게 충실하고 순종적이다. 그 능력을 인정받아 경찰견으로도 활약한다.

훈련시키기는 그다지 어렵지 않지만 일관성 없는 지시를 내리거나 이해할 수 없는 훈련을 시키면 잘 따르지 않는다. 능력 있는 견종이므로 그 재주를 잘 살릴 수 있도록 어릴 때부터 애정이 담긴 커뮤니케이션으로 신뢰관계를 잘 쌓은 다음 엄격한 훈련에 도전해보자.

바깥털은 길게 자라고, 속털은 부드러우며 촘촘하게 자란다. 목, 다리, 꼬리에 장식털이 있다. 털의 결을 정리하고 빠진 털을 제거하려면 핀브러시나 빗으로 자주 브러싱해야 한다.

털 색 외에는 그뢰넨달과 똑같다. 벨지안 셰퍼드 도그 중 가장 화려하고 매력적이다.

BREEDING DATA
- 키_ 수컷 61~66cm / 암컷 56~61cm
- 체중_ 28kg
- 원산국_ 벨기에
- 잘 걸리는 질병_ 고관절형성이상, 알레르기성피부염, 간질, 눈병

성격 주인에게 순종적이고 애교가 있으며 영리하다.

겨울나기 / 운동시간 60분×2회 / 털관리

캐릭터 분석
- 상황판단을 잘한다 5
- 사회성·협조성이 있다 4
- 건강관리가 쉽다 3
- 초보자에게 알맞다 3
- 사람을 잘 따른다 2
- 훈련을 잘 따라한다 4

Group 1	
대형견	
번호 16	

올드 잉글리시 십도그 Old English Sheepdog

넘치는 체력을 자랑하는 거대한 몸집의 개구쟁이

기본적인 성격은 밝고 쾌활하며, 장난을 좋아하는 개구쟁이 같은 면도 있다. 뭔가를 궁리하고 있을 때면 마치 강아지처럼 눈빛이 반짝거린다. 긴 털이 온몸을 뒤덮고 있어서 얼굴은 코끝밖에 보이지 않으며, 입을 벌려야 겨우 혀가 보일 정도이다. 예전에는 기질이 과격하며 신뢰할 수 없다고도 했지만 지금은 온순하고 냉정한 성격으로 바뀌었다. 마치 아이의 마음을 간직한 어른처럼 성장하지만 한순간에 노쇠하므로 마음의 준비를 하는 것이 좋다.

양을 쫓아 넓은 대지를 달리고, 먼 곳까지 무거운 짐수레를 끌던 올드 잉글리시 십도그는 반려견이 된 지금도 그때의 체력이 그대로 남아 있다. 몸집도 큰 편이라 도시 환경에서는 운동량을 채울만한 장소를 찾기가 쉽지 않다. 자유롭게 운동할 만한 장소가 없으면 오래 걷기로 체력을 소모할 수밖에 없다. 적어도 아침 저녁 매일 2번, 1시간씩 가벼운 달리기를 포함한 산책을 함께 하자.

BREEDING DATA

- 키_ 수컷 56cm 이상 / 암컷 53cm 이상
- 체중_ 30kg
- 원산국_ 영국
- 잘 걸리는 질병_ 확장형심근증, 지속성 심방정지, 갑상선 기능저하증, 알레르기성피부병

Group 1	
중형견	
번호 38	

웰시 코기 카디건 Welsh Corgi Cardigan

쉽게 흥분하는 성격인 펨브로크의 형제견

지능이 높고 순종적이지만 낯선 사람을 보면 경계한다. 집에 있을 때도 수상한 소리에 곧바로 반응을 보이는 믿음직스러운 반려견이다. 호기심이 많아서 뭔가에 열중하면 순간적으로 흥분 상태가 되지만 그냥 내버려두면 곧 냉정을 되찾는다. 평화를 좋아하며, 밝고 명랑하여 시끄러울 정도이다.

키를 보면 소형견이지만 체중은 중형견 수준이다. 짧고 튼튼한 다리로 비교적 긴 몸을 지탱한다. 원래 양떼를 몰던 개이기 때문에 체력이 좋아서 짧은 산책으로는 만족하지 못하고 운동이 부족하면 집에 돌아가기를 거부한다. 적어도 아침 저녁 매일 2번, 30분씩 산책시켜야 한다.

상황판단력은 뛰어나지만 오랜 시간 행동을 통제하는 훈련은 좋아하지 않는다. 스스로 찾아낸 놀이나 일에는 무척 열중하지만 억지로 훈련시키기는 어렵다.

웰시 코기에는 카디건과 펨브로크 등 2가지 변종이 있다.

BREEDING DATA

- 키_ 27~32cm
- 체중_ 수컷 13.5~17kg / 암컷은 수컷보다 약간 가볍다
- 원산국_ 영국
- 잘 걸리는 질병_ 폰빌레브란트병, 고관절형성부전, 추간판헤르니아

웰시 코기 펨브로크 *Welsh Corgi Pembroke*

Group 1 · 중형견 · 번호 39

영국 왕실의 사랑을 한몸에 받는 펨브로크

외향적이고, 온순하며, 영리하다. 낯선 사람을 보면 심하게 경계하며 사납게 짖기도 하지만 그것은 집 지키는 임무를 다하기 위한 것이다. 일단 신뢰가 생기면 차분하고 부드럽게 행동하고, 아이들의 짓궂은 행동에도 관대하다. 어릴 때는 조금 까불기도 하지만 사회성을 길러주고 주인이 애정을 쏟아 커뮤니케이션한다면 훌륭한 반려견이 될 것이다.

펨브로크를 키울 때 가장 중요한 것은 식사관리와 운동이다. 간단한 산책만으로는 살찌기 쉬우므로 식사량과 운동량의 균형을 맞추는 것이 중요하다. 비만은 척추에 추간판 질환을 일으키고, 최악의 경우에는 마비를 일으키기도 한다. 비만 예방은 일반 가정에서도 할 수 있는 일이므로 철저하게 식사와 운동을 조절하자.

웰시 코기는 원래 소몰이 개였던 만큼 상황판단력이 뛰어나고 학습의 욕도 높으므로 식사 때마다 기본적인 명령을 짧게 반복해서 가르치면 효과적이다. 생후 6개월까지 기초적인 명령을 반복해서 가르치면 커서 정확하게 주인의 지시에 따라 행동하는 훌륭한 반려견이 될 것이다. 단, 소몰이를 하면서 소의 뒤꿈치를 물던 버릇이 남아 간혹 사람의 발뒤꿈치를 물기도 하므로 아이들은 주의시킬 필요가 있다.

카디건보다는 펨브로크가 더 널리 알려져 있으며, 펨브로크는 12세기 리처드 1세 때부터 영국 왕실의 총애를 받아온 것으로 유명한데, 여왕 엘리자베스 2세도 펨브로크에 대한 사랑이 각별해서 5마리의 펨브로크를 키우고 있다고 한다.

BREEDING DATA

- 키_ 25~30.5cm
- 체중_ 10~13.5kg
- 원산국_ 영국
- 잘 걸리는 질병_ 추간판 질환, 피부무력증, 각막궤양, 백내장, 수정체 탈구

성격 온순하고 우호적이며 주인에게 순종한다.

겨울나기 / 운동시간 (30분×2회) / 털관리

캐릭터 분석
- 상황판단을 잘한다: 4
- 사회성·협조성이 있다: 4
- 건강관리가 쉽다: 3
- 초보자에게 알맞다: 4
- 사람을 잘 따른다: 3
- 훈련을 잘 따라한다: 4

Group 1	# 베르제 드 보스 *Berger de Beauce*
대형견	
번호 44	프랑스 보스 지방의 오랜 역사와 함께 하는 양치기 개

세련된 스타일에서 민첩함이 느껴지는 베르제 드 보스는 '보스롱'이라고도 부른다. 이름은 원산지인 프랑스 중부의 보스지방에서 유래되었지만 실제로는 프랑스 북부지역에서 볼 수 있는 견종이었다고 한다. 16세기 이전부터 멧돼지를 사냥하거나 가축을 보호하는 일을 하였고 전투견·구조견 등으로도 활약하였다. 프랑스에서는 현재도 양떼를 지키거나 경찰견으로 활약하고 있다.

가족에게 충실하고 온순하며 부드러운 성격으로 아이들과도 사이좋게 지낸다. 경계심이 강하고 지능이 높아서 훈련을 빠르게 받아들이므로 일반 가정의 집 지키는 개로도 적합하다. 완벽하게 훈련시키고, 매일 1시간 정도 산책시킬 수 있는 환경이라면 아파트와 같은 곳에서도 키울 수 있다. 그러나 원래 양을 몰던 개이고, 주어진 임무를 완수하는 것을 좋아하기 때문에 스트레스가 쌓이지 않도록 가능한 넓은 장소에서 자유롭게 키우는 것이 좋다.

BREEDING DATA
- 키_ 61~70㎝
- 체중_ 30~29㎏
- 원산국_ 프랑스
- 잘 걸리는 질병_ 고관절형성부전, 피부병

성격: 순종적이며 온순하고 아이들을 좋아한다.

캐릭터 분석
- 상황판단을 잘한다: 4
- 사회성·협조성이 있다: 3
- 건강관리가 쉽다: 4
- 초보자에게 알맞다: 3
- 사람을 잘 따른다: 3
- 훈련을 잘 따라한다: 4

Group 1	# 코몬도르 *Komondor*
대형견	
번호 53	드레드 헤어의 대표주자인 커다란 몸집의 양치기 개

제2차 세계대전 당시 독일군과 러시아군에 의해 많은 수의 코몬도르가 살해당한 슬픈 과거가 있다. 그 전쟁 속에서 살아남은 코몬도르는 헝가리에서 양치기개로 활약했고 지금도 일하고 있다.

주인 가족과, 아이들, 친구에게는 부드럽게 대하고 정을 많이 준다. 낯선 사람은 경계하고 위험을 느끼면 적을 막는 방어본능으로 움직이지만, 위험하지 않다고 판단하면 마음을 열고 받아들인다. 주로 낮에는 쉬고, 밤에는 주인과 가족을 지키기 위해 깨어 있다.

마치 드레드 헤어(레게머리)처럼 보이는 꼬여 있는 두꺼운 털은 코몬도르의 특징으로 매우 중요한 역할을 한다. 농장이나 목장의 가축을 노리고 달려드는 늑대와 같은 맹수의 이빨과 발톱으로부터 피부를 보호하고, 비와 추위로부터 몸을 보호하기 때문이다. 그러나 털이 젖으면 완전히 마를 때까지 시간이 오래 걸린다.

BREEDING DATA
- 키_ 수컷 65~80㎝ / 암컷 55~70㎝
- 체중_ 수컷 50~59㎏ / 암컷 36~50㎏
- 원산국_ 헝가리
- 잘 걸리는 질병_ 관절질환, 눈병, 피부병

성격: 충실하며 상냥하고 경계심이 강하다.

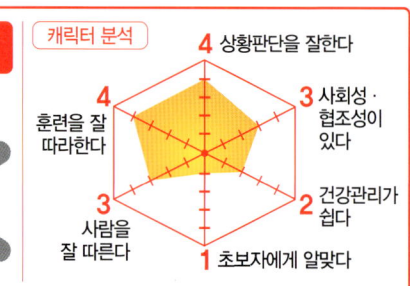

캐릭터 분석
- 상황판단을 잘한다: 4
- 사회성·협조성이 있다: 3
- 건강관리가 쉽다: 2
- 초보자에게 알맞다: 1
- 사람을 잘 따른다: 3
- 훈련을 잘 따라한다: 4

헝가리안 쿠바스 *Hungarian Kuvasz*

시대에 따라 직업이 바뀐 쿠바스

Group 1 | 대형견 | 번호 54

예전에는 늑대나 멧돼지 사냥에서 활약했지만 그 후 뛰어난 후각과 용감하고 과감한 기질로 맹수로부터 가축을 지키는 일을 하는 등 넘치는 힘을 살려 다양한 작업견으로 변화했다.

역사가 오래된 견종이지만 세계적으로 알려진 것은 1960년대이고, FCI는 1963년, AKC는 1974년에 공인했다.

슬로바키아의 슬로벤스키 쿠박이나 폴란드의 타트라 셰퍼드 도그의 탄생에도 관계가 있다.

지능이 높고 독립심이 강하며, 주인과 가족을 헌신적으로 지키려는 의무감이 강하다. 경계심이 강해서 낯선 사람은 좀처럼 받아들이지 않지만, 어릴 때부터 아이들과 함께 생활한 쿠바스는 아이들을 자신이 보호해야 하는 대상으로 인식하기 때문에 아이들을 안전하게 지켜주는 믿음직스러운 경호원이 되어준다.

BREEDING DATA
- 키_ 수컷 71~75cm / 암컷 66~70cm
- 체중_ 30~52kg
- 원산국_ 헝가리
- 잘 걸리는 질병_ 피부병, 관절질환

성격: 지능이 높고 가족에게 헌신적이다.

겨울나기 | 운동시간 30분×2회 | 털관리

캐릭터 분석: 상황판단을 잘한다 5, 사회성·협조성이 있다 4, 건강관리가 쉽다 3, 초보자에게 알맞다 1, 사람을 잘 따른다 5, 훈련을 잘 따라한다 5

헝가리안 풀리 *Hungarian Puli*

드레드 헤어는 맹수의 이빨과 발톱으로도 뚫을 수 없는 갑옷

Group 1 | 중형견 | 번호 55

기억력이 뛰어나서 주인의 지시에 정확하게 따른다. 겉모습만 보면 별로 활발할 것 같지 않지만 운동을 좋아해서 산책은 매일 해야 한다. 산책할 때는 풀리의 특징인 꼬인 털이 상하지 않게 걸을 때 방해가 되는 부위를 묶어주는 것이 좋다. 산책은 아침 저녁 매일 2번, 30분씩 하는 게 적당하다.

저절로 꼬이는 개성 넘치는 털은 농장을 지킬 때 늑대 등 맹수의 이빨이 피부에 닿지 못하게 하는 갑옷 역할을 했다. 일반 가정에서는 털을 관리하기 어려우므로 털을 잘라주는 것이 최선이다. 그러나 그 털이 없으면 풀리만의 독특한 매력이 사라지는 것도 사실이기에 힘들더라도 털을 길러보는 것이 어떨까. 하지만 걸을 때마다 바닥에 털이 끌리면서 쉽게 오염된다는 사실도 알아두자. 또한 털이 물에 젖으면 마르는 속도가 느리기 때문에 젖은 채로 그냥 두면 피부병이 생길 수도 있다.

BREEDING DATA
- 키_ 수컷 43cm / 암컷 40.5cm
- 체중_ 9~18kg
- 원산국_ 헝가리
- 잘 걸리는 질병_ 고관절형성부전, 눈병, 피부병

성격: 다정하고 가족을 생각하며 자존심이 강하다.

겨울나기 | 운동시간 30분×2회 | 털관리

캐릭터 분석: 상황판단을 잘한다 5, 사회성·협조성이 있다 3, 건강관리가 쉽다 2, 초보자에게 알맞다 2, 사람을 잘 따른다 2, 훈련을 잘 따라한다 5

Group 1	
중형견	
번호 56	

푸미 *Pumi*

테리어를 닮은 멀티 플레이어

푸미는 주로 양떼를 몰았지만 소나 돼지 무리를 지키는 일도 했다. 1920년에 독립견종으로 인정받았고, 1966년에는 FCI에서 공인을 받았지만 1970년 초반까지도 헝가리 이외의 나라에서는 찾아보기 어려웠다. 1973년에 스웨덴과 핀란드로 수출되면서 조금씩 유럽에 퍼지게 되었다. 미국에 수입된 것은 1990년대부터이다.

가축을 돌보고, 사냥을 하며, 집도 지키는 등 멀티 플레이어인 푸미는 테리어의 혈통을 이어받은 덕분인지 외모는 귀엽지만 성격이 강하고 공격적이며 잘 흥분하는 기질을 갖고 있다. 작은 소나 작은 동물의 움직임에도 민감하게 반응하고 공격한다. 따라서 어릴 때부터 충분히 커뮤니케이션을 하고, 다른 개나 사람을 많이 만나게 하면서 사회성을 길러 침착한 성격으로 키워야 한다.

운동을 좋아하므로 산책을 충분히 시킨다.

BREEDING DATA
- 키_ 33~48cm
- 체중_ 10~15kg
- 원산국_ 헝가리
- 잘 걸리는 질병_ 관절질환, 눈병

성격: 호기심이 많고 쉽게 흥분한다. 성격이 강하고 경계심이 많다.

겨울나기 | 운동시간 60분×2회 | 털관리

캐릭터 분석
- 상황판단을 잘한다 3
- 사회성·협조성이 있다 3
- 건강관리가 쉽다 3
- 초보자에게 알맞다 2
- 사람을 잘 따른다 2
- 훈련을 잘 따라한다 2

Group 1	
소형견	
번호 83	

스키퍼키 *Schipperke*

큰 배를 지키던 세계에서 가장 작은 양치기 개

스키퍼키의 조상은 몸집이 작았지만 큰 배를 지키던 개였다. 그 기질이 지금도 남아 있어 자신감이 넘치고 용감하다. 호기심이 많지만 낯선 사람에게는 조심스럽고, 갑자기 찾아온 방문객을 경계한다. 고양이나 다른 개 등 반려동물과는 사이좋게 지낸다. 상황과 분위기에 따라 애교도 부리는 사랑스러운 견종이다.

학습능력은 뛰어나지만 자유롭게 행동하기를 좋아해서 훈련에는 그다지 적극적으로 따라오지 않는다. 그러나 훈련 자체는 잘 받아들이고 다른 여러 가지 기술도 가르쳐주는 대로 잘 배운다. 가능하면 놀이 속에서 즐겁게 훈련하는 것이 좋다. 식사나 간식 시간을 이용하여 기초적인 「앉아」, 「기다려」 등을 가르치면 효과적이다.

활기가 넘치지만 운동량은 그다지 많지 않다. 하루 2번, 달리기도 섞어서 30분씩 산책시키자.

BREEDING DATA
- 키_ 수컷 28~33cm / 암컷 25.5~30.5cm
- 체중_ 5.4~7.3kg
- 원산국_ 벨기에
- 잘 걸리는 질병_ 갑상선 기능저하증, 대퇴골두 무혈성괴사, 고관절형성부전

성격: 다정하고 조용하며 사람을 잘 따른다.

겨울나기 |  운동시간  30분×2회 | 털관리

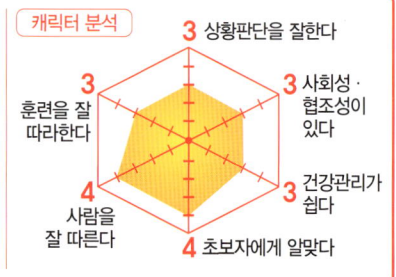

캐릭터 분석
- 상황판단을 잘한다 3
- 사회성·협조성이 있다 3
- 건강관리가 쉽다 3
- 초보자에게 알맞다 4
- 사람을 잘 따른다 4
- 훈련을 잘 따라한다 3

카탈란 십도그 *Catalan Sheepdog*

스페인 카탈로니아 지방에서 무엇이든 해내는 재주 많은 멀티견

Group 1 / 중형견 / 번호 87

1929년 '고스 다투라 카탈라(Gos d'atura Catala)'라는 이름으로 등록된 카탈란 십도그는 반려견으로 인기가 높고 원산국인 스페인의 거리에서 흔히 볼 수 있는 견종이다.

양치기 개로 상황판단력과 주의력 등이 뛰어나 훈련시키기 쉽다. 놀 때는 기운이 넘치지만 평소에는 침착하면서도 밝고 명랑한 유쾌한 견종이다. 사회성이 있어서 아이들이나 다른 반려동물과도 사이좋게 잘 지내고 혼자보다는 여럿이 함께 행동하기를 좋아한다. 반려견을 위한 스포츠인 어질리티나(agilty) 프리스비(fribee) 같은 경기를 잘 해내는 스포츠 도그로도 인기 있다. 주인에게는 순종하지만 낯선 사람은 상당히 경계한다.

입 주변이나 턱의 수염은 자주 닦아서 청결을 유지하고, 눈을 덮는 털도 정기적으로 손질해야 한다.

스페인 이외의 나라에서는 찾아보기 어려운 견종이다.

BREEDING DATA

- 키_ 수컷 47~55cm / 암컷 45~53cm
- 체중_ 수컷 18kg / 암컷 16kg
- 원산국_ 스페인
- 잘 걸리는 질병_ 피부병, 관절질환

성격: 활발하고 지능이 높다.

겨울나기 / 운동시간 30분×2회 / 털관리

캐릭터 분석
- 상황판단을 잘한다 4
- 사회성·협조성이 있다 4
- 건강관리가 쉽다 4
- 초보자에게 알맞다 3
- 사람을 잘 따른다 4
- 훈련을 잘 따라한다 4

포르투기즈 십도그 *Portuguese Sheepdog*

포르투갈에서도 보기 힘든 종류

Group 1 / 중형견 / 번호 93

포르투기즈 십도그는 1970년대까지만 해도 거의 멸종상태였다. 그 후 포르투갈 켄넬클럽에서 스탠더드(견종표준)가 확립되고, 1996년 FCI에서 공인받았다. 유럽에서는 일반적으로 '카오 다 세라 데 아이레스(Cão da Serra de Aires)'라는 이름으로 불리며, 포르투갈 이외의 나라에서는 지금도 보기 드문 견종이다.

주로 양치는 일을 했지만 통솔력과 판단력이 뛰어나서 소나 말, 돼지 등 가축을 돌보기도 했다.

지능이 높고 매우 활발하며 주인을 무척 좋아해서 절대적인 충성을 바친다. 일하는 것을 좋아해서 평소에 일거리를 주면 기쁘게 받아들인다. 학습의욕이 있어서 훈련하기 쉽지만 고집도 세서 훈련이 일관적이지 못하거나 지시가 애매모호하면 훈련에 응하지 않을 수도 있다.

BREEDING DATA

- 키_ 41~56cm
- 체중_ 12~18kg
- 원산국_ 포르투갈
- 잘 걸리는 질병_ 피부병, 눈병

성격: 충실하고 경계심이 강하다.

겨울나기 / 운동시간 30분×2회 / 털관리

캐릭터 분석
- 상황판단을 잘한다 4
- 사회성·협조성이 있다 3
- 건강관리가 쉽다 3
- 초보자에게 알맞다 1
- 사람을 잘 따른다 3
- 훈련을 잘 따라한다 3

Group 1	
소형견	# 세틀랜드 쉽도그 *Shetland Sheepdog*
번호 88	마음속에 사랑이 가득한 든든한 일꾼

지능이 높고 온순하며 주인에 대한 충성심이 깊어 훈련을 잘 받아들인다. 인내심이 강해 아이들과도 잘 어울린다. 가족 이외에는 경계심을 보이며 때로는 짖기도 한다. 밤중에 수상한 소리가 들리거나 인기척을 느끼면 강한 경계심을 드러내므로 반려견으로서나 집 지키는 개로도 믿음직스러운 존재이다.

몸집은 작아도 운동량이 많고 상황판단력이 뛰어나 스스로 판단하고 적절하게 행동한다. 짧은 산책만으로는 세틀랜드 쉽도그의 매력을 잘 발견하지 못할 것이다. 적어도 아침 저녁 하루 2번, 30분씩 산책을 시키는데 가능한 도그런 등 안전한 장소에서 자유롭게 뛰어놀게 해주는 것이 좋다. 또한, 집 지키는 임무도 책임감 있게 완수한다.

세틀랜드 쉽도그의 훈련은 일을 맡기듯이 하는 것이 포인트이다. 놀이 또는 훈련이라는 느낌보다 임무를 맡았다는 느낌을 주면 훈련을 즐겁게 받아들일 것이다. 그러나 주인과의 신뢰관계가 확실하게 이루어져 있어야 한다는 것이 전제조건이다. 이 견종은 머리가 너무 좋아서 주인이 애매모호한 지시를 내리거나 훈련 내용에 일관성이 없으면 받아들이지 않는다. 진지한 자세로 훈련에 임하기 때문에 주인의 그런 행동은 장난으로 받아들인다. 반려견이 똑똑한 만큼 주인도 정신을 똑바로 차려야 한다.

겉모습만 보면 마치 콜리를 축소시킨 것 같아서 꼬마콜리라고도 부르지만 콜리와는 전혀 다른 품종이다.

BREEDING DATA
- 키_ 33~41㎝ 이내
- 체중_ 6~7㎏
- 원산국_ 영국(세틀랜드제도)
- 잘 걸리는 질병_
  말라세지아(Malassezia) 감염증, 폰빌레브란트병, B형혈우병, 다발성관절염, 고관절형성부전, 콜리눈이상(CEA)

성격 참을성이 많고 온순하며 상냥하다.

겨울나기 | 운동시간 | 털관리

30분×2회

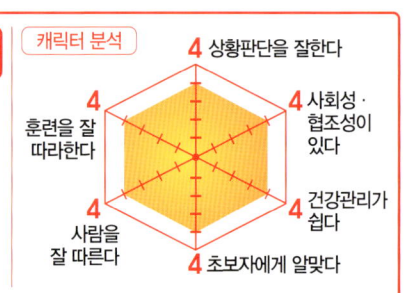

캐릭터 분석
- 4 상황판단을 잘한다
- 4 사회성·협조성이 있다
- 4 건강관리가 쉽다
- 4 초보자에게 알맞다
- 4 사람을 잘 따른다
- 4 훈련을 잘 따라한다

브리아르 *Briard*

Group 1 / 대형견 / 번호 113

유럽과 미국에서 인기 있는 가축을 돌보는 개

브리아르는 베르제 드 보스와 더불어 프랑스의 오래된 견종이다. 주로 농장에서 주인과 가축을 늑대와 같은 위험한 침입자로부터 지키는 일을 했으며, 세계대전 당시에는 전투에도 참가하여 의약품 등을 운반하는 적십자견이나 탄약을 나르는 군용견으로 활약했다.

귀가 완전히 늘어진 타입과 서 있는 타입의 2종류가 있다. 나라에 따라 공인되지 않은 경우도 있지만, 유럽에서는 늘어진 귀 타입이, 미국에서는 서 있는 귀 타입이 인기 있다.

한때는 상당히 신경질적이고 가끔 공격적인 행동 때문에 문제가 되기도 했지만, 그것은 주인이 너무 응석을 받아주거나 운동 부족으로 인한 스트레스가 원인이었다. 원래는 주인에 대한 충성심이 깊고, 조심성이 많으며, 보호본능이 강한 견종으로 놀기를 좋아하고 학습의욕도 높은 훌륭한 견종이다.

BREEDING DATA
- 키_ 57~69cm
- 체중_ 34kg
- 원산국_ 프랑스
- 잘 걸리는 질병_ 고관절형성부전, 피부병, 눈병

성격 애정이 깊고 다정하다.

겨울나기 / 운동시간 60분×2회 / 털관리

캐릭터 분석
- 상황판단을 잘한다 3
- 사회성·협조성이 있다 3
- 건강관리가 쉽다 3
- 초보자에게 알맞다 3
- 사람을 잘 따른다 4
- 훈련을 잘 따라한다 3

피레니언 십도그 스무드 페이스드 *Pyrenean Sheepdog-smooth faced*

Group 1 / 중형견 / 번호 138

롱헤어드와 형제지간인 스무드 페이스드

얼굴 주변의 털이 짧은 것이 특징인 피레니언 십도그 스무드 페이스드. 피레니즈 산맥에서는 피레니언 마운틴 도그와 함께 양떼를 몰았고, 지금도 그 광경을 볼 수 있다. 1916년 제1차 세계대전 때 프랑스 육군부대에서 전령견으로 눈부신 활약을 보였고, 제2차 세계대전에서도 군용견으로 이용되었다. 현재는 원산국 프랑스와 일본 이외의 나라에서는 보기 힘들다.

스무드 페이스드는 19세기 후반부터 20세기 초에 걸쳐서 오스트레일리안 셰퍼드 도그의 개발에도 관련되었다고 여겨진다.

활발하고 지능이 높으며 가족에 대한 사랑이 깊다. 낯선 사람은 경계하고 쉽게 마음을 열지 않는다. 사회성이 있어서 다른 개나 반려동물과 사이좋게 잘 지내고, 아이들과 노는 것도 매우 좋아한다. 몸집이 작지만 운동신경이 뛰어나서 지금은 스포츠 도그로도 활약하고 있다.

BREEDING DATA
- 키_ 수컷 40~54cm / 암컷 40~52cm
- 체중_ 12kg
- 원산국_ 프랑스
- 잘 걸리는 질병_ 피부병, 눈병

성격 지능이 높고 애정이 깊다.

겨울나기 / 운동시간 30분×2회 / 털관리

캐릭터 분석
- 상황판단을 잘한다 4
- 사회성·협조성이 있다 2
- 건강관리가 쉽다 3
- 초보자에게 알맞다 2
- 사람을 잘 따른다 4
- 훈련을 잘 따라한다 3

Group 1	
중형견	
번호 141	

피레니언 쉽도그 롱헤어드 *Pyrenean Sheepdog Long-haired*

긴 털을 지닌 작은 몸집의 피레니언 쉽도그

피레니언 쉽도그 롱헤어드는 제1차 세계대전 때 구조견, 탐색견, 전령견 등의 임무를 맡아 전쟁에 참가하여 많은 수가 희생되었다. 그러나 그 활약상을 높이 평가받아 제2차 세계대전에서도 군용견으로 활동했다.

지금도 프랑스 남부 피레네즈 산맥 고지대에서는 양치는 일을 하고 있고 유럽에서는 '베르제 드 피레니즈(Berger des Pyrenese)'라고 부른다.

FCI에서는 다른 견종으로 다루지만 피레니즈 쉽도그 가운데 스무드 페이스드라는 얼굴에 털이 없는 타입이 있다. 얼굴까지 털로 덮여 있는 롱헤어드의 시야를 확보하기 위해서 얼굴 주변의 털을 짧게 개량한 견종이다. 성격도 차이가 있는데, 롱헤어드가 스무드 페이스드보다 약간 신경질적이고, 낯선 사람에게 경계심이 강하며, 마음에 들지 않으면 짖는다. 체격이 작아서 한국에서 반려견으로도 충분히 키울 수 있지만 오랜 시간 혼자 두면 파괴적인 행동이 나타나므로 주의한다.

BREEDING DATA
- 키_ 수컷 40~48cm / 암컷 38~46cm
- 체중_ 12kg
- 원산국_ 프랑스
- 잘 걸리는 질병_ 피부병

Group 1	
대형견	
번호 142	

슬로벤스키 쿠박 *Slovensky Cuvac*

가족이나 양떼를 온힘을 다해 지키는 본능이 뛰어난 양치기견

늑대의 피를 이어받았다는 이야기도 있지만 사실은 쿠바스를 기초로 하여 탄생한 견종으로 양치기견의 능력 또한 이어받았다. 1964년에 스탠더드(견종표준)가 정해졌고 그 이듬해인 1965년 FCI에서 공인받았다.

용맹하고 과감하며 힘이 세다. 가족과 함께 있기를 좋아하고 애정이 깊다. 주인이 위험에 처하면 온힘을 다해서 지키려는 방어본능이 나타난다. 또한, 농장에 침입한 곰이나 늑대 등의 맹수와도 맞서서 양떼를 지켜내는 강인함이 있다.

믿음직스럽고 뛰어난 능력을 최대한 발휘하게 하려면 어릴 때부터 충분한 커뮤니케이션으로 제대로 훈련시켜야 한다. 만일 훈련과 커뮤니케이션이 부족하면 주인이 통제하지 못하는 상태가 되어 사람을 무는 상황도 일어날 수 있다. 결코 초보자가 가벼운 마음으로 키울 수 있는 견종이 아니다.

풍성하고 하얀 털은 많이 빠지는 편이라서 자주 브러싱해야 한다.

BREEDING DATA
- 키_ 수컷 62~70cm / 암컷 59~65cm
- 체중_ 수컷 36~44kg / 암컷 31~37kg
- 원산국_ 구 체코슬로바키아
- 잘 걸리는 질병_ 관절질환

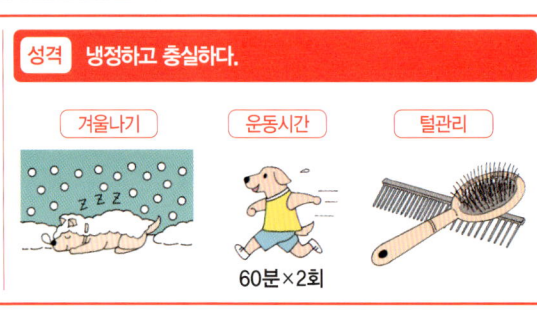

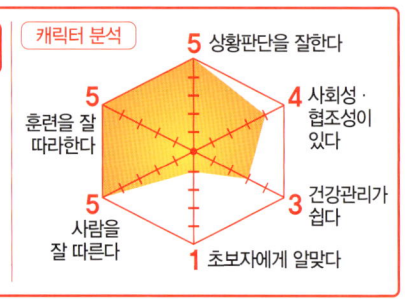

러프 콜리 *Rough Collie*

Group 1 / 대형견 / 번호 156

TV 드라마를 통해 스타로 거듭난 명견의 대명사 콜리

스코틀랜드 지방에서 수백년 동안 양치기 개로 일하던 견종으로, 콜리 중에서 털이 짧은 것은 스무드 콜리, 털이 긴 것은 러프 콜리라고 한다. 털의 길이만 다르고 외모는 2종류가 똑같으며, 스무드 콜리가 러프 콜리보다 활동적이다.

콜리는 운동능력과 학습능력이 뛰어나서 어릴 때부터 훈련을 시작해도 잘 받아들인다. 너무도 쉽게 훈련을 소화하는 모습을 보면 마치 늘 하던 일을 하고 있는 것처럼 보인다. 어릴 때는 완벽하게 해내지 못하더라도 자라면서 점점 완벽에 가까워진다. 생후 6개월까지의 훈련은 성견 훈련의 기초가 되므로 중요하다. 애정을 담아 커뮤니케이션하고, 많은 것을 가르치기보다는 기초를 확실하게 가르쳐야 한다.

1954년부터 1974년까지 미국의 TV 드라마 '명견 래시'가 인기를 끌면서 콜리는 세계적으로 사랑받는 견종이 되었다.

BREEDING DATA

- **키_** 수컷 61~66cm / 암컷 56~61cm
- **체중_** 수컷 27~34kg / 암컷 23~29.5kg
- **원산국_** 영국(스코틀랜드)
- **잘 걸리는 질병_** 부스럼증, 말라세지아(Malassezia) 감염증, 바르덴부르크증후군, 콜리눈이상(CEA)

성격 인내심이 강하고 순종적이며 온순하고 밝다.

겨울나기 / 운동시간 60분×2회 / 털관리

캐릭터 분석
- 상황판단을 잘한다 5
- 사회성·협조성이 있다 4
- 건강관리가 쉽다 3
- 초보자에게 알맞다 4
- 사람을 잘 따른다 4
- 훈련을 잘 따라한다 5

부비에 데 아르덴 *Bouvier des Ardennes*

Group 1 / 대형견 / 번호 171

불과 몇 마리 밖에 살아남지 못한 부비에 가족

뛰어난 재능을 자랑하는 아르덴은 벨기에 아르덴 지방에서 주로 소떼를 몰던 견종이지만 때로는 양, 돼지, 말도 몰고, 사슴이나 멧돼지 사냥에서도 활약했다. 2번에 걸친 세계대전의 영향으로 한때 멸종 위기에 놓였지만 간신히 살아남았다. 그러나 지금도 원산국인 벨기에 국내에서도 보기 드문 희소 견종으로 실용적인 목적 외에 일반 가정에서 키우는 경우는 거의 없다. '아르덴 캐틀 도그(Ardennes Cattle Dog)'라고도 부른다.

힘이 넘치고 호기심이 많으며 놀기를 좋아한다. 가족에게는 순종하고 애정이 깊다. 낯선 사람에게는 무뚝뚝하지만 위험한 인물이 아니라고 판단하면 믿을 수 없을 만큼 친근하게 다가온다. 가족을 지키기 위해서 수상한 소리나 인기척을 감지하면 짖어서 위협하고, 상황에 따라서는 공격하기도 한다. 사교적인 성격이므로 훈련만 잘 시키면 다른 개나 반려동물과도 사이좋게 지낼 수 있다.

BREEDING DATA

- **키_** 수컷 62~68cm / 암컷 59~65cm
- **체중_** 수컷 35~40kg / 암컷 27~35kg
- **원산국_** 벨기에
- **잘 걸리는 질병_** 고관절형성부전, 눈병, 녹내장

성격 활동적이며 경계심이 강하다.

겨울나기 / 운동시간 60분×2회 / 털관리

캐릭터 분석
- 상황판단을 잘한다 4
- 사회성·협조성이 있다 3
- 건강관리가 쉽다 4
- 초보자에게 알맞다 3
- 사람을 잘 따른다 3
- 훈련을 잘 따라한다 3

| Group 1 |
| 대형견 |
| 번호 166 |

저먼 셰퍼드 도그 *German Shepherd Dog*

군용견, 경찰견의 이미지가 강하지만 사실은 양치기견

주인에게 매우 순종적이고 지능이 높으며 학습능력이 뛰어난 견종이다. 세계에서 가장 수가 많은 견종으로, 독일의 국견으로 널리 알려져 있다. 일반적으로 셰퍼드라고 하며, '앨세이션(Alsation)'이라고도 한다. 어릴 때부터 비교적 차분하고, 대형견치고는 키우기 쉬운 편이지만 그렇다고 초보자가 준비 없이 키울 수 있는 견종은 아니다.

훈련하기는 쉽지만 머리가 좋은 만큼 고압적인 태도에는 반항할 수 있다. 어릴 때부터 깊은 애정과 신뢰를 쌓고 사회성을 길러준다면 훈련이 그리 어렵지 않을 것이다. 가장 나쁜 경우는 훈련뿐만 아니라 기르는 것 자체가 힘들어지는 경우이다. 특히, 경험이 없는 주인은 잘 따르지 않을 뿐더러 신경질적이고 공격적인 성향을 드러낼 수 있다. 경험자일지라도 훈련이 힘들면 전문 트레이너에게 맡기는 편이 좋다.

월등하게 뛰어난 체력과 지구력을 겸비한 저먼 셰퍼드 도그는 주인에게 충실한 성격이며, 산책하러 나가자고 보채는 일도 없다. 그러나 운동이 부족하면 당연히 스트레스를 받는다.

넓은 장소에서 자유롭게 돌아다니도록 놓아두면 자발적으로 경호업무를 훌륭하게 수행한다. 그렇게 할 수 있으면 운동부족이 될 일도 없지만 일반 가정에서 키울 경우에는 매일 상당 시간을 운동에 투자해야 한다. 적어도 아침 저녁 하루 2번, 1시간 이상씩 달리기를 포함한 산책을 해야 한다.

인명구조견, 시각장애인 안내견 등 여러 분야에서 활약하고 있다.

BREEDING DATA

- 키_ 수컷 60~65cm / 암컷 55~60cm
- 체중_ 수컷 33~38kg / 암컷 26~31kg
- 원산국_ 독일
- 잘 걸리는 질병_ 주관절형성부전, 고관절형성부전, 위염전, 거대식도증, 접촉과민증, A형혈우병, 하수체왜소증, 말라세지아(Malassezia) 감염증, 폰빌레브란트병

성격 주인에게 매우 충실하고 침착하다.

겨울나기 / 운동시간 60분×2회 / 털관리

캐릭터 분석
- 상황판단을 잘한다: 5
- 사회성·협조성이 있다: 3
- 건강관리가 쉽다: 4
- 초보자에게 알맞다: 2
- 사람을 잘 따른다: 3
- 훈련을 잘 따라한다: 4

피카르디 십도그 *Picardy Sheepdog*

프랑스의 가장 오래된 양치기견

Group	1
대형견	
번호	176

피카르디 십도그는 프랑스의 양치기견으로 역사가 오래되었으며, 1863년 도그쇼에 출장한 기록이 있다. 그러나 당시에는 별로 인기를 끌지 못했고 2번에 걸친 세계대전을 겪으면서 멸종 위기에 놓이기도 했다. 간신히 살아남은 몇 마리를 애견가가 번식시켜 지금에 이르렀지만 여전히 프랑스 이외의 나라에서는 찾아보기 어렵다.

양떼를 감시하고 관리하던 개라서 통찰력과 상황판단력이 뛰어나고 늘 주변 상황을 살핀다. 원래 사냥 본능은 별로 없지만 훈련을 어떻게 하느냐에 따라서 사냥개로도 훌륭하게 활약할 수 있다. 후각보다 시각에 의존해 사냥감을 추적하고 포획한다.

주인과 함께 있을 때는 활력이 넘치고, 야외에서 뛰어다니기를 좋아한다. 실내에서 지낼 때는 비교적 조용하다. 주인과 가족을 지키는 능력도 최고라고 할 수 있다. 어릴 때부터 사회성을 길러주면 아이들의 짓궂은 장난도 참을성 있게 잘 받아준다.

BREEDING DATA
- 키_ 55~66cm
- 체중_ 23~32kg
- 원산국_ 프랑스
- 잘 걸리는 질병_ 고관절형성부전, 눈병

성격: 감수성이 풍부하며 충실하고 조용하다.

겨울나기 / 운동시간 60분×2회 / 털관리

캐릭터 분석
- 상황판단을 잘한다: 4
- 사회성·협조성이 있다: 3
- 건강관리가 쉽다: 4
- 초보자에게 알맞다: 3
- 사람을 잘 따른다: 4
- 훈련을 잘 따라한다: 4

부비에 데 플랑드르 *Bouvier Des Flandres*

새까만 털을 가진 플란더스의 개

Group	1
대형견	
번호	191

원래 양치기 개로 태어난 부비에 데 플랑드르는 지금은 반려견으로 주인에게 봉사한다. 영국 여류 소설가 위다(Ouida)의 작품 『플랜더스의 개』에 등장하는 개의 모델이 된 견종이 부비에 데 플랑드르이다. 대단히 온순하고 평화를 좋아하는 성격으로 주인을 더없이 사랑한다. 일할 때 말고는 느긋하게 지내며 어리광도 부린다. 억지스러운 지시를 무시하는 고집도 있으며, 일관성 없는 훈련은 따라오지 않는다. 어릴 때부터 애정을 쏟아서 기르면서 어리광을 너무 받아주지 말고 의연한 태도를 보여야 리더로서 인정받고 신뢰관계를 맺을 수 있다. 영리한 부비에 데 플랑드르는 주인의 약점을 쉽게 간파하므로 올바른 관계를 만들기 위해 노력해야 한다.

털은 약간 거칠고 촘촘하게 자란다. 정기적으로 브러싱해서 빠진 털을 제거하고 콧수염과 눈썹 위의 털도 청결하게 관리한다.

BREEDING DATA
- 키_ 수컷 62~70cm / 암컷 60~67cm
- 체중_ 수컷 35~40kg / 암컷 27~35kg
- 원산국_ 벨기에, 프랑스(플랑드르 지방)
- 잘 걸리는 질병_ 관절질환, 소화기기능장애, 종양

성격: 얌전하고 온순하지만 제멋대로이고 고집이 있다.

겨울나기 / 운동시간 60분×2회 / 털관리

캐릭터 분석
- 상황판단을 잘한다: 5
- 사회성·협조성이 있다: 4
- 건강관리가 쉽다: 2
- 초보자에게 알맞다: 2
- 사람을 잘 따른다: 4
- 훈련을 잘 따라한다: 3

Group 1	
대형견	
번호 194	

베르가마스코 *Bergamasco*

갑옷 같은 털로 무장하고 가축을 지키는 개

베르가마스코는 독특한 털모양으로 유명한 풀리와 코몬도르의 그림자 뒤에 가려져 있었다. 털 색은 회색부터 석탄처럼 검은 색까지 있고 약간 때가 탄 것 같은 느낌이 든다. 독특한 털의 역할은 코몬도르와 마찬가지로 가축을 지키기 위해 곰이나 늑대와 맞서게 될 때 상대의 이빨이나 발톱으로부터 피부를 보호하는 것이다. 즉, 갑옷 같은 역할을 한다. 털은 약간 거친 바깥털, 촘촘하게 자라서 방한효과가 있는 속털, 지방분이 많아서 방수역할을 하는 중간털 등 삼중으로 이루어져 있어서 추위로부터 몸을 보호한다. 털이 완전히 꼬여서 제모습을 갖추기까지 생후 2~3년의 시간이 걸린다.

고집이 세고 인내심이 강하며, 똑똑하고 조용하다. 주인에게 순종적이지만 낯선 사람에게는 경계심을 풀지 않는다. 가족과 재산을 지키기 위해 늘 경계를 게을리 하지 않으며, 아이들에게는 너그러워서 요즘 환자들에게 정서적인 도움을 주는 치료견으로도 활약하고 있다.

BREEDING DATA

- 키_ 수컷 60~62cm / 암컷 56~58cm
- 체중_ 수컷 32~38kg / 암컷 26~32kg
- 원산국_ 이탈리아
- 잘 걸리는 질병_ 피부병

성격: 인내심이 강하며 지능이 높고 고집이 세다.

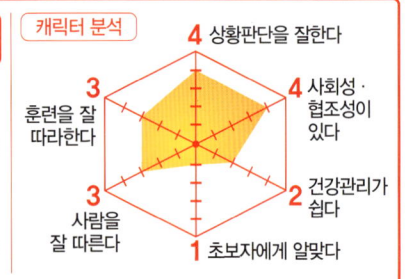

캐릭터 분석
- 상황판단을 잘한다 4
- 사회성·협조성이 있다 4
- 건강관리가 쉽다 2
- 초보자에게 알맞다 1
- 사람을 잘 따른다 3
- 훈련을 잘 따른다 3

Group 1	
대형견	
번호 201	

마렘마 십도그 *Maremma Sheepdog*

원산지에 분산되었던 개를 하나로 통일한 마렘마 십도그

마렘마 십도그는 슬로벤스키 쿠박이나 쿠바스처럼 늑대 등의 맹수로부터 가축을 지키는 일을 했다. 옛날에는 원산지에 분산되어 있던 개를 다른 견종으로 인식했지만 1850년 이후 마렘마 십도그라는 동일 견종으로 인정받게 되었다. 1872년 처음으로 영국으로 건너가서 유럽에도 널리 알려졌다. 세계대전 중에는 전령견으로 활약하면서 귀중한 전력(戰力)으로 대접받아 전쟁 속에서도 살아남을 수 있었다.

자립심이 강하고 상황판단력이 뛰어나서 상황에 따라 스스로 판단하고 행동한다. 그러나 제대로 훈련받지 않으면 능력을 발휘하지 못한다. 원래는 그다지 사교적인 성격이 아니기 때문에, 강한 리더십으로 일관성 있게 훈련시켜 침착하고 온순하며 부드러운 성격으로 키워야 한다. 위급한 상황에서도 슬기롭고 민첩하게 움직이기 때문에 집 지키는 개로도 적합하지만 초보자가 쉽게 다룰 수 있는 개는 아니다.

건강을 위해서 하루 2번 1시간씩 운동을 해야 한다.

BREEDING DATA

- 키_ 60~73cm
- 체중_ 30~45kg
- 원산국_ 이탈리아
- 잘 걸리는 질병_ 관절질환, 외이염

성격: 온순하고 자립심이 강하며 고집이 세다.

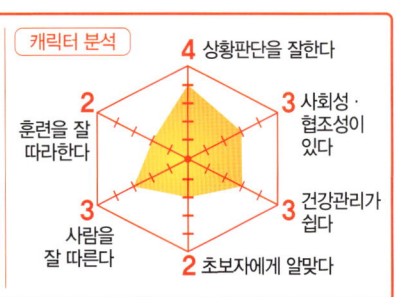

캐릭터 분석
- 상황판단을 잘한다 4
- 사회성·협조성이 있다 3
- 건강관리가 쉽다 3
- 초보자에게 알맞다 2
- 사람을 잘 따른다 3
- 훈련을 잘 따른다 2

더치 셰퍼드 도그 Dutch Shepherd Dog

Group 1 / 대형견 / 번호 223

다른 나라의 양치기견에게 뒤지지 않는 뛰어난 능력을 가진 견종

더치 셰퍼드는 오랜 세월 네덜란드 밖으로 나온 적이 없고, 지금도 세계적으로 알려지지 않은 무명의 양치기 개이지만 그 능력은 다른 나라의 어떤 양치기 개에게도 결코 뒤지지 않는다. 양떼를 모는 기술뿐만 아니라 여러 가지 농장일도 돕는 다재다능한 견종으로 수레를 끌거나 경비견으로도 활약한다.

약 100년 전쯤 도그쇼에 출장했을 때 털의 성질에 따라 롱, 스무드, 러프 등 3종류로 나뉘었다. 그 가운데 스무드가 가장 일반적이고 러프도 가끔 볼 수 있지만, 롱 타입은 네덜란드 안에서조차 찾아보기 어렵다. 주인과 가족에게 매우 충실하고 우호적이며 부드러운 성격이다. 또, 유능하고 애정이 깊으며 다가가기 쉽다. 상황판단력이 뛰어나 상황에 맞춰 재빠르게 대응하고, 학습의욕이 높아서 훈련에도 적극적으로 참여한다.

온순하고 평화를 좋아하는 견종이지만 운동을 많이 해야 하므로, 스트레스가 쌓이지 않게 충분히 산책시키자.

BREEDING DATA

- 키_ 수컷 58~63cm / 암컷 55~62cm
- 체중_ 29.5~30.5kg
- 원산국_ 네덜란드
- 잘 걸리는 질병_ 고관절형성부전

성격 진지하고 충실하며 우호적이다.

겨울나기 / 운동시간 60분×2회 / 털관리

캐릭터 분석
- 상황판단을 잘한다 5
- 사회성·협조성이 있다 3
- 건강관리가 쉽다 3
- 초보자에게 알맞다 2
- 사람을 잘 따른다 5
- 훈련을 잘 따라한다 5

무디 Mudi

Group 1 / 중형견 / 번호 238

원산국에서도 보기 힘든 존재

무디의 뿌리는 과거 풀리의 잡종화 과정과 관계가 있을지도 모른다. 잡종화 과정에서 무디와 푸미가 탄생한 것으로 짐작된다. '헝가리안 무디(Hungarian Mudi)'라고도 부른다. 1936년에 공인되었지만 도그쇼 무대에 오르는 일은 거의 없었다. 지금도 매우 보기 힘든 희소 견종으로 원산국인 헝가리에서는 동물원에서나 전시를 하고 있을 정도로 그 모습을 찾아보기 어렵다. 원래 가축 돌보는 일을 했고 때로는 멧돼지 사냥에서도 활약했다.

주인에게 충실하고 학습능력이 상당히 뛰어난 편이어서 배우는 속도가 보더 콜리보다도 빠르다고 한다. 한 사람에게만 충성을 바치는 성격이어서 주인 이외의 가족에게는 냉담하고, 낯선 사람에게는 쉽게 마음을 열지 않는다. 그러나 어릴 때부터 사회성을 길러주고, 애정을 담아 커뮤니케이션을 하면서 제대로 훈련한다면 반려견으로도 키울 수 있다.

털이 뭉치지 않아서 손질하기 쉽다.

BREEDING DATA

- 키_ 36~51cm
- 체중_ 8~13kg
- 원산국_ 헝가리
- 잘 걸리는 질병_ 고관절형성부전, 피부병

성격 순종적이고 충실하며 경계심이 강하다.

겨울나기 / 운동시간 30분×2회 / 털관리

캐릭터 분석
- 상황판단을 잘한다 3
- 사회성·협조성이 있다 3
- 건강관리가 쉽다 3
- 초보자에게 알맞다 1
- 사람을 잘 따른다 2
- 훈련을 잘 따라한다 3

Group 1
중형견
번호 251

폴리시 로우랜드 십도그 Polish Lowland Sheepdog

표정은 볼 수 없지만 모두에게 자상한 양치기견

온몸을 덮는 긴 털이 표정까지 감춰버려 기분을 알아내기가 쉽지 않지만 결코 공격적인 견종은 아니다. 온순하고 순종적이며 우호적인 성격으로 처음 만난 사람에게도 일단 애교부터 부린다. 아이들이나 다른 반려동물과도 사이좋게 지낸다. 붙임성 있는 성격 때문에 미국을 비롯한 여러 나라에서 인기를 얻고 있다.

상황판단력이 뛰어나고 학습능력도 낮은 편이 아니지만, 훈련에는 소극적이다. 훈련에 관심을 갖게 하려면 재미있는 놀이처럼 해야 한다. 식사나 간식 시간을 활용하거나 공놀이를 하면서 「앉아」, 「기다려」, 「엎드려」 같은 간단한 명령을 가르치면 좋다. 주인이 「안 돼」 등으로 제지할 수 있도록 훈련해야 한다.

바깥털은 길고 거칠며, 부드러운 속털이 촘촘하게 나 있어서 원산국인 폴란드의 추운 날씨에도 잘 견딘다. 털이 길고 가늘어서 엉키기 쉽기 때문에 매일 꼼꼼하게 브러싱해서 결을 정돈하고 빠진 털을 제거하자.

BREEDING DATA

- 키_ 수컷 31~41cm / 암컷 38~39cm
- 체중_ 13~15kg
- 원산국_ 폴란드
- 잘 걸리는 질병_ 피부병, 관절질환

성격: 온순하고 순종적이며 상황판단력이 뛰어나다.

겨울나기 / 운동시간 30분×2회 / 털관리

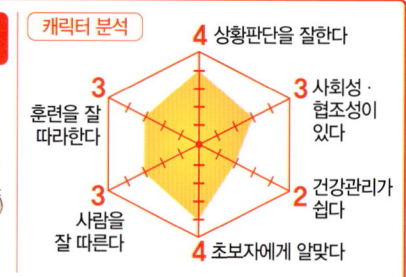

캐릭터 분석: 상황판단을 잘한다 4 / 사회성·협조성이 있다 3 / 건강관리가 쉽다 2 / 초보자에게 알맞다 4 / 사람을 잘 따른다 3 / 훈련을 잘 따라한다 3

Group 1
대형견
번호 252

타트라 셰퍼드 도그 Tatra Shepherd Dog

카르파티아 산맥 최고봉의 하얀 양치기견

타트라는 유럽 중앙부에 있는 카르파티아 산맥 가운데에서도 가장 높은 산맥을 말한다. 유럽에서는 주로 '오프차레크 포드할란스키(Owczarek Podhalanski)' 또는 '타트라 마운틴 도그(Tatra Mountain Dog)'라고 부른다.

맹수로부터 가축을 지키는 일을 한다. 하얀 털은 야간에 경호할 때 늑대와 타트라를 구별하고 어둠 속에서 실수로 개를 사살하지 않게 해준다. 털이 두껍고 풍성해서 목장에서는 털실의 원재료로 이용하기도 한다.

주인과 가족에게는 순종적이고 온순하다. 슬로벤스키 쿠박이나 쿠바스처럼 쌀쌀맞지 않고 비교적 붙임성 있는 성격이다. 아이들이나 다른 반려동물과도 잘 지내서 가정에서도 인기가 많다. 운동을 많이 해야 되므로 매일 충분히 오랜 시간 산책시킨다.

몸은 크고 무겁지만 놀랄 정도로 빠르고 민첩하게 움직인다. 용감하고 적응력이 뛰어나서 경찰견이나 군용견, 시각장애인 안내견으로도 활약한다.

BREEDING DATA

- 키_ 수컷 65~70cm / 암컷 60~65cm
- 체중_ 45~69kg
- 원산국_ 폴란드
- 잘 걸리는 질병_ 눈병, 관절질환, 피부병

성격: 주인에게 순종하나 약간 신경질적인 면이 있다.

겨울나기 / 운동시간 60분×2회 / 털관리

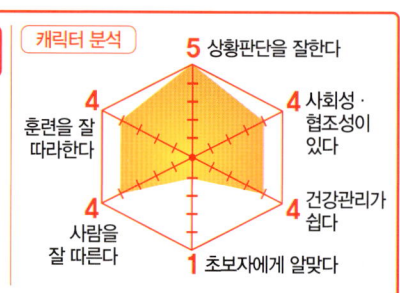

캐릭터 분석: 상황판단을 잘한다 5 / 사회성·협조성이 있다 4 / 건강관리가 쉽다 4 / 초보자에게 알맞다 1 / 사람을 잘 따른다 4 / 훈련을 잘 따라한다 4

비어디드 콜리 *Bearded Collie*

집도 잘 지키는 스코틀랜드의 양치기견

Group 1 / 중형견 / 번호 271

얼굴의 털이 수염(비어드)처럼 보인다고 해서 '비어디드 콜리'라는 이름이 붙여졌다. 엎드려서 기다릴 때는 아주 조용하지만 일단 명령이 떨어지면 번개처럼 재빠르게 움직이는 것으로 유명하다.

활력이 넘치고 어릴 때는 시끄러울 정도로 활동적이다. 차분해지기 시작하면 가족에 대한 애정이 넘치고 아이들과도 잘 어울린다. 어리광이 많지만 신뢰관계가 확실하게 이루어지면 외로워도 참고 혼자서 조용히 집을 지킨다. 상황판단력이 뛰어나고 눈치가 빨라서 반려견으로 적합하다.

운동을 많이 해야 하므로 아침 저녁 하루 2번, 1시간씩 산책하고, 넓고 안전한 곳에서 마음껏 뛰어놀게 해주면 좋다. 가까운 곳에 적당한 장소가 없으면 산책하면서 가볍게 조깅하는 것도 좋다.

털은 길고 감촉이 약간 거친 바깥털과 부드럽고 촘촘하게 자라는 속털로 이루어진 더블코트이다. 바깥털이 엉키지 않도록 부지런히 브러싱해야 한다.

BREEDING DATA

- 키_ 51~56cm
- 체중_ 18~27kg
- 원산국_ 영국(스코틀랜드)
- 잘 걸리는 질병_ 낙엽상천포창, 진행성망막위축증, 유전성 주관절 탈구, 백내장, 각막변성증

성격: 활발하고 장난을 좋아하며 어리광이 있다.

운동시간: 60분×2회

캐릭터 분석
- 상황판단을 잘한다: 4
- 사회성·협조성이 있다: 3
- 건강관리가 쉽다: 3
- 초보자에게 알맞다: 4
- 사람을 잘 따른다: 4
- 훈련을 잘 따라한다: 4

크로아티안 십도그 *Croatian Sheepdog*

중형견이지만 힘이 세고 점잖은 양치기견

Group 1 / 중형견 / 번호 277

크로아티안 십도그는 크로아티아 북부에 오래전부터 존재하던 양치기 개로 14세기부터 모습이 바뀌지 않은 것으로 보인다. 이 견종의 보존 계획이 시작된 것은 1935년부터인데 수의학 교수에 의해서 번식 프로그램이 시작되었다. 그 노력 덕분에 34년 후 FCI의 공인을 받았다. 그러나 지금도 원산국인 크로아티아에서도 상당히 보기 힘든 견종이다.

중형견이며 얌전하지만 엄청난 에너지가 숨어 있다. 따라서 운동을 많이 해야 한다. 용감하고 인내심이 강하며 주인에게 충실하다. 낯선 사람을 보면 경계하지만 공격적이지 않고 조금 냉담한 정도이다. 학습능력이 뛰어나서 기본적인 훈련은 쉽게 소화하고, 조금 어려운 응용 훈련도 훈련방법에 따라 잘 습득한다.

매일 충분히 운동할 수 있으면 아파트 등에서도 키울 수 있고, 밖에서도 살 수 있는 견종이다.

BREEDING DATA

- 키_ 40~51cm
- 체중_ 13~16kg
- 원산국_ 크로아티아
- 잘 걸리는 질병_ 관절질환

성격: 순종적이지만 조심성이 많고 경계심이 강하다.

운동시간: 30분×2회

캐릭터 분석
- 상황판단을 잘한다: 3
- 사회성·협조성이 있다: 3
- 건강관리가 쉽다: 3
- 초보자에게 알맞다: 1
- 사람을 잘 따른다: 2
- 훈련을 잘 따라한다: 3

Group 1	
중형견	
번호 287	

오스트레일리안 캐틀 도그 *Australlian Cattle Dog*

최고의 충성심을 지녔다고 평가받는 야성미 넘치는 양치기견

어떤 명령에도 인내심을 갖고 복종하는 오스트레일리안 캐틀 도그는 주인에 대한 충성심만큼은 최고라고 평가받는다. 상황판단력이 뛰어나 자신이 무엇을 해야 할지 정확하게 이해하고 민첩하게 행동으로 옮긴다. 영리하지만 약간 신경질적인 면도 있다. 낯선 사람을 보면 심하게 경계하고, 좀 더 다가가면 공격적인 행동까지도 서슴지 않으므로 주의해야 한다.

중형견이지만 일을 하던 견종이라 운동량이 많은 편이다. 적어도 아침 저녁 하루에 2번, 1시간씩 산책시켜야 한다. 산책 중에 가벼운 조깅을 같이 하는 것도 좋다. 다른 개나 사람을 만나는 시간은 사회성과 협조성을 배우는 기회이기도 하다. 산책하는 시간이 길어지겠지만 정신적으로 건강하게 키우려면 반드시 필요한 일이다.

털은 짧고 피부에 밀착해서 촘촘하게 자라기 때문에 비바람에 강하고 악천후에도 견딜 수 있다.

BREEDING DATA

- 키_ 43~51cm
- 체중_ 16~20kg
- 원산국_ 오스트레일리아
- 잘 걸리는 질병_ 고관절형성부전, 난청, 백내장

성격 약간 신경질적이고 경계심이 강하다. 주인에게 순종한다.

겨울나기 | 운동시간 60분×2회 | 털관리

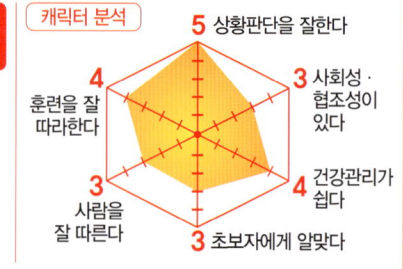

캐릭터 분석
- 5 상황판단을 잘한다
- 3 사회성·협조성이 있다
- 4 건강관리가 쉽다
- 3 초보자에게 알맞다
- 3 사람을 잘 따른다
- 4 훈련을 잘 따라한다

Group 1	
중형견	
번호 293	

오스트레일리안 켈피 *Australian Kelpie*

호주에서 실용견과 쇼도그 양쪽 다 인기가 좋은 양치기견

'켈피(Kelpie)'는 스코틀랜드 전설에 나오는 물의 요정을 의미한다. 평소에는 거의 짖지 않고 평화로운 분위기를 좋아한다. 주인에 대한 충성심이 깊고 일을 시키면 책임감을 갖고 열심히 한다. 가족에게 위험이 닥치면 자신을 희생해서라도 보호한다. 충실하고 성실한 성격이므로 할 일이 없으면 오히려 따분해하거나 스트레스를 받아 파괴적인 행동도 보일 수 있다.

실용 타입과 쇼 타입 2종류가 있다. 실용 타입은 외모보다 능력을 중요하게 여겨 소나 양, 염소 무리를 감시하는 일을 한다. 반대로 쇼 타입은 능력보다 외모를 따진다. 2종류 모두 스스로 문제를 해결할 만큼 영리하고 학습능력이 뛰어나기 때문에 훈련하기 어렵지 않다. 그러나 주인이 의연하게 리드하지 못하면 주인을 얕잡아 볼 수도 있다. 그러므로 영리하고 능력 있는 반려견으로 키우기 위해서는 주인의 마음가짐이 중요하다.

거친 바깥털과 짧고 촘촘한 속털이 있어 비바람이나 추위에 잘 견딘다.

BREEDING DATA

- 키_ 43~51cm
- 체중_ 11.5~14kg
- 원산국_ 오스트레일리아
- 잘 걸리는 질병_ 알레르기성피부염, 관절질환

성격 신경질이 있고 경계심이 강하며 주인에게 순종한다.

겨울나기 | 운동시간 30분×2회 | 털관리

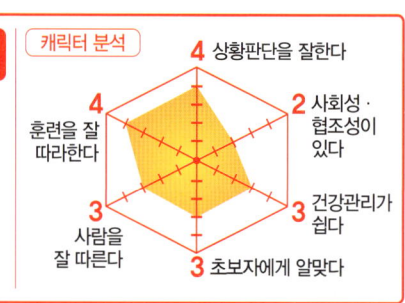

캐릭터 분석
- 4 상황판단을 잘한다
- 2 사회성·협조성이 있다
- 3 건강관리가 쉽다
- 3 초보자에게 알맞다
- 3 사람을 잘 따른다
- 4 훈련을 잘 따라한다

보더 콜리 *Border Collie*

운동능력이 뛰어난 양치기견

Group 1
중형견
번호 297

보더 콜리는 복종심이 높고 순발력이 좋으며 날렵하다. 게다가 영리하고, 상냥함까지 갖춘 훌륭한 견종이다. 운동능력이 워낙 뛰어나서 지금은 양떼를 모는 일보다 프리스비나 어질리티 등 여러 가지 도그스포츠에서 두각을 나타내고 있다.

일반 가정에서 키우려면 운동량을 채우기가 쉽지 않을 것이다. 매일 이렇게 운동을 많이 시켜도 될까 싶을 정도로 충분히 시키지 않으면, 개가 스트레스를 받아 신경질적이고 파괴적인 성격으로 변하며 집에서 도망치기도 한다. 날마다 엄청난 운동량을 감당할 만한 시간적 여유와 환경이 필요하다. 적어도 아침 저녁 하루 2번, 30분씩 산책하고, 거기에다 도그런에서 자유롭게 뛰어놀게 해주면 이상적이다.

운동능력과 더불어 학습능력도 매우 뛰어나서 훈련에 적극적으로 임한다. 가르치면 가르치는 대로 다양한 기술을 흡수하고, 주인의 지시대로 척척 움직이는 보더 콜리의 모습을 보면 반하지 않을 수 없을 것이다. 영리한 견종이므로 주인이 일관된 자세로 훈련해야 한다. 우유부단한 모습을 보이거나 이해할 수 없는 명령을 내리면 순식간에 신뢰를 잃어 주인을 상대하지 않을 수도 있다. 그만큼 지능이 높은 견종이므로 주인도 정신을 똑바로 차리고 훈련시켜야 한다.

프리스비 도그로 유명하지만 점프기술 등을 반복해서 훈련하다 보면 등뼈나 다리뼈를 다칠 수 있으므로, 격렬한 운동을 할 때는 무리하지 않도록 주의한다.

BREEDING DATA

- **키_** 수컷 53㎝ / 암컷은 수컷보다 약간 작다
- **체중_** 14~20㎏
- **원산국_** 영국(스코틀랜드)
- **잘 걸리는 질병_** 견골연골증, 유전성난청, 리소좀축적증, 간질, 만성표재성각막염(판누스), 백내장, 콜리눈이상(CEA)

성격 천진난만하고 사람을 잘 따르며 지능이 높다.

겨울나기 | 운동시간 (30분×2회) | 털관리

캐릭터 분석
- 상황판단을 잘한다 5
- 사회성·협조성이 있다 4
- 건강관리가 쉽다 4
- 초보자에게 알맞다 4
- 사람을 잘 따른다 4
- 훈련을 잘 따라한다 5

Group 1	# 스무드 콜리 *Smooth Collie*
대형견	
번호 296	러프 콜리와 형제처럼 가까우며 발이 빠른 양치기견

스무드 콜리는 러프 콜리의 기질을 이어받아 온순하고 지능이 높다. 공격적인 성향이 없으며 우호적이고, 학습능력이 뛰어나 훈련을 쉽게 익힌다. 또한, 경계심이 강해서 상대를 주의 깊게 관찰하고 그에 따라 대응하기 때문에 집 지키는 일에도 적합하다. 양떼를 몰거나 사냥개로도 또 반려견이나 시각장애인을 돕는 안내견으로도 전 세계에서 사랑받는 견종이다.

훈련은 비교적 어렵지 않지만 지시에 일관성이 없거나 지나치게 엄하게 명령하면 따르지 않을 수도 있다. 부드러운 목소리로 이야기하듯이 훈련하는 것이 좋다. 주인과 신뢰관계를 쌓는 것이 무엇보다 중요하므로 어릴 때부터 애정을 담아 커뮤니케이션을 하면서 응석을 부릴 때는 단호한 태도를 보여야 한다.

스무드 콜리는 원래 다리가 튼튼한 콜리를 개량해서 만든 견종이라 운동을 많이 해야 한다. 평소에는 정신없이 뛰어다니는 활발한 성격이 아니지만 숨겨진 체력은 엄청나다.

BREEDING DATA
- 키_ 56~66cm
- 체중_ 23~24kg
- 원산국_ 영국
- 잘 걸리는 질병_ 눈병, 피부병, 심장질환

성격: 온순하고 약간 내성적이며 경계심이 강하다.

겨울나기	운동시간	털관리
	 60분×2회	

캐릭터 분석
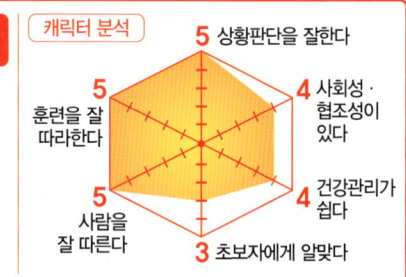
- 상황판단을 잘한다: 5
- 사회성·협조성이 있다: 4
- 건강관리가 쉽다: 4
- 초보자에게 알맞다: 3
- 사람을 잘 따른다: 5
- 훈련을 잘 따라한다: 5

Group 1	# 사를로스 울프도그 *Saarloos Wolfdog*
대형견	
번호 311	도시 생활에도 적응할 수 있는 늑대개

늑대와 저먼 셰퍼드를 교배해서 탄생시킨 사를로스 울프도그는 순종적이고 학습능력이 뛰어나서 처음에는 시각장애인 안내견으로 활약했다. 또한, 경찰견으로도 훈련을 받았지만 결과는 실패로 끝났다.

사를로스 울프도그를 만들어낸 렌데르토 사를로스가 죽은 뒤 6년이 지난 1975년에 네덜란드 켄넬클럽에서 공인했고, 1981년 FCI에서도 공인받았다.

개량이 더 진행된 지금도 훈련시키기는 쉽지만, 훈련 내용에 일관성이 없거나 낯선 사람이 훈련시키면 절대 복종하지 않는다. 오히려 늑대의 성향이 나타나 주종관계가 뒤바뀔 수 있으므로 정신적으로 유대관계를 맺고 있는 전문가가 훈련해야 한다. 주인의 강한 리더십을 느끼고 스트레스를 발산시키려면 매일 충분한 산책이 필요하다. 산책을 충분히 할 수 있다면 도시 생활에도 적응할 수 있다.

BREEDING DATA
- 키_ 60~75cm
- 체중_ 36~41kg
- 원산국_ 네덜란드
- 잘 걸리는 질병_ 피부병, 고관절형성부전

성격: 주인에게 충실하고 애정이 깊다.

겨울나기	운동시간	털관리
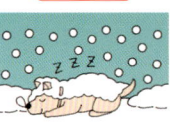	60분×2회	

캐릭터 분석
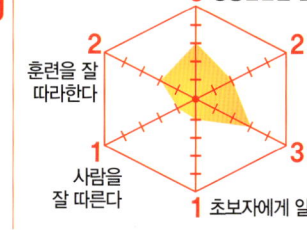
- 상황판단을 잘한다: 3
- 사회성·협조성이 있다: 2
- 건강관리가 쉽다: 3
- 초보자에게 알맞다: 1
- 사람을 잘 따른다: 1
- 훈련을 잘 따라한다: 2

스하펜도스 *Schapendoes*

네덜란드의 친근한 대중견

Group	1
중형견	
번호	313

스하펜도스는 제2차 세계대전 중에 수가 크게 줄었지만 1940년 네덜란드에서 토종견 분류작업을 할 때 남아 있던 스하펜도스 몇 마리가 우연히 발견되어 계획적인 번식 노력 끝에 1947년에 스하펜도스 켄넬클럽이 설립되었다. 네덜란드 켄넬클럽에서는 1952년 처음으로 스탠더드(견종표준)를 정했다. 그리고 1971년 FCI의 공인을 받았다.

활발하고 애정이 깊으며 친근한 성격이다. 운동신경도 뛰어나서 공이나 프리스비처럼 도구를 사용하는 경기나 어질리티, 플라이볼 경기를 소화하는 스포츠 도그로 유명하다. 사회성이 뛰어나 다른 개나 반려동물과도 사이좋게 지낸다. 그러나 성격이 너무 무난하고 공격성이 없어서 집 지키는 일에는 별로 도움이 되지 않는다.

체력이 뛰어나므로 매일 오랜 시간 산책과 운동을 해야 한다. 가능하면 도그런 같은 안전하고 넓은 장소에서 자유롭게 뛰어놀게 하는 것이 좋다.

BREEDING DATA

- **키_** 40~51cm
- **체중_** 15kg
- **원산국_** 네덜란드
- **잘 걸리는 질병_** 눈병, 피부병

성격 영리하며 순종적이고 다정하다.

겨울나기 / 운동시간 30분×2회 / 털관리

캐릭터 분석
- 상황판단을 잘한다 5
- 사회성·협조성이 있다 4
- 건강관리가 쉽다 3
- 초보자에게 알맞다 4
- 사람을 잘 따른다 4
- 훈련을 잘 따라한다 4

사우스 러시안 셰퍼드 도그 *South Russian Shepherd Dog*

군용견으로도 활약하는 강인한 양치기견

Group	1
대형견	
번호	326

1870년대 러시아에서 많이 키웠지만 목장을 습격하던 늑대의 수가 줄고 목장이 농지로 변하면서 일거리를 잃어버린 탓에 사우스 러시안 셰퍼드 도그의 수도 줄기 시작했다. 그 후 1930년에 수는 적지만 독일 쇼에 출장했지만 제2차 세계대전 때 다시 수가 줄어들었다. 1970년에는 식료품 부족 등으로 수가 더욱 줄었지만 지금은 모스크바 주변에서 사우스 러시안 셰퍼드 도그를 번식시키는 브리더가 늘고 있다.

매우 몸집이 큰 양치기 개로 독립심이 강하고 신경질적인 면도 있다. 따라서 제대로 키우려면 강한 리더십이 있는 주인이 엄격하게 훈련시켜야 한다. 훈련이 어중간하거나 응석을 받아주면 공격적인 성향이 드러나서 일반 주인은 감당할 수 없게 된다. 반대로 그런 성격을 이용해서 공격적인 군용견으로 활용하기도 한다.

약간 거친 바깥털과 두껍고 촘촘하게 난 속털 때문에 추운 날씨에도 끄떡없이 잘 지낸다.

BREEDING DATA

- **키_** 수컷 65cm / 암컷 62cm
- **체중_** 48~50kg
- **원산국_** 러시아
- **잘 걸리는 질병_** 피부병, 관절질환

성격 활발하고 용감하다.

겨울나기 / 운동시간 60분×2회 / 털관리

캐릭터 분석
- 상황판단을 잘한다 4
- 사회성·협조성이 있다 2
- 건강관리가 쉽다 3
- 초보자에게 알맞다 1
- 사람을 잘 따른다 3
- 훈련을 잘 따라한다 2

| Group 1 |
| 대형견 |
| 번호 332 |

체코슬로바키안 울프도그 *Czechoslovakian Wolfdog*

늑대와 아주 가까운 울프도그

체코슬로바키안 울프도그는 매우 활동적이고 대담하며 겁이 없고 용감하다. 그렇지만 수상한 소리나 인기척을 느껴도 문제가 생기지 않으면 쉽게 공격하지 않는다. 궂은 날씨도 잘 견뎌내는 강한 체력을 지녔으며, 늑대와 매우 가까운 견종이다.

주인뿐만 아니라 가족에게도 강한 유대감을 느낀다. 겉모습은 마치 늑대 같지만 다른 반려동물과 사이좋게 지낼 수 있는데, 그렇게 만들려면 형제견이나 다른 개들과 많이 접촉하게 하고, 어릴 때부터 사회성을 길러주면 얌전하고 순종적인 개로 자랄 수 있다.

주인이 신뢰할 만한 리더십을 갖추지 못하면 점점 더 독립심이 강해져 허공을 보고 이유 없이 짖는 일이 잦아지고, 주인의 지시를 따르지 않는 그야말로 통제할 수 없는 개가 되어버린다. 주인의 강한 리더십을 보여주기 위해서는 매일 오랜 시간 산책하는 것도 중요하다. 산책을 하면 정신적으로 안정되고 차분해진다.

BREEDING DATA

- 키_ 수컷 65cm / 암컷 60cm
- 체중_ 수컷 26kg / 암컷 20kg
- 원산국_ 슬로바키아
- 잘 걸리는 질병_ 관절질환, 눈병, 신장질환

성격 주인에게 순종하고 충실하다.

겨울나기 / 운동시간 60분×2회 / 털관리

캐릭터 분석
- 상황판단을 잘한다 4
- 사회성·협조성이 있다 4
- 건강관리가 쉽다 4
- 초보자에게 알맞다 1
- 사람을 잘 따른다 3
- 훈련을 잘 따라한다 2

| Group 1 |
| 대형견 |
| 번호 340 |

카오 필라 드 사오 미구엘 *Cao Fila de Sao Miguel*

포악해 보이는 얼굴과는 달리 똑똑한 소몰이견

카오 필라 드 사오 미구엘은 오랫동안 육지와 격리된 섬에서 생활한 탓에 포르투갈의 아조레스 제도 밖으로는 거의 알려지지 않았고, 외국으로 강아지가 수출된 일도 없었다. 기록이 남아 있는 1800년대부터 150년 이상이 지난 1984년이 되고서야 비로소 스탠더드가 정해졌다. 1995년 FCI로부터 공인을 받았다. 지금도 섬 외부에서는 희소 견종으로 좀처럼 보기 힘들다. FCI가 주최하는 국제 도그쇼에 출전하는 일도 극히 드물다.

포악하게 생긴 외모와는 반대로 학습능력이 뛰어나고 영리하다. 훈련을 빠르게 소화하고, 다양한 내용을 빨리 흡수한다. 노련한 훈련자가 훈련시켜야 하며 훈련이 부족하면 공격적인 성향을 보이므로 초보자가 키우기에는 적당하지 않다.

의외로 추위에 약하기 때문에 겨울에는 보온에 신경을 써야 한다. 원래 소떼를 몰던 개이므로 운동을 많이 해야 한다.

BREEDING DATA

- 키_ 수컷 50~60cm / 암컷 48~58cm
- 체중_ 수컷 25~35kg / 암컷 20~30kg
- 원산국_ 포르투갈(아조레스 제도)
- 잘 걸리는 질병_ 피부병, 눈병

성격 지능이 높고 충실하다.

겨울나기 / 운동시간 60분×2회 / 털관리

캐릭터 분석
- 상황판단을 잘한다 4
- 사회성·협조성이 있다 3
- 건강관리가 쉽다 4
- 초보자에게 알맞다 1
- 사람을 잘 따른다 4
- 훈련을 잘 따라한다 4

오스트레일리안 셰퍼드 도그 Australian Shepherd Dog

Group 1 / 대형견 / 번호 342

호주 야생개의 피를 이어받아 미국에서 자란 셰퍼드 도그

넓은 들판에서 제멋대로 돌아다니는 양을 지키던 견종이어서 순간적인 상황판단력이 뛰어나다. 늘 주인의 모습을 눈으로 쫓고, 무엇이든 지시를 받으면 신나게 따른다. 놀이를 무척 좋아해서 놀이하듯이 훈련하면 놀랄 만큼 다양한 일을 해낸다.

밝고 쾌활하며, 용감하고 충실한 그리고 깊은 애정을 지닌 오스트레일리안 셰퍼드 도그는 지능이 높아서 훈련하기 어렵지 않다. 그러나 만일 운동량이 부족하고 혼자 있는 시간이 길어지면 신경질적인 성격으로 변하고 파괴적인 행동을 하는 골칫덩이가 되기도 한다.

기본적인 훈련은 물론 모든 훈련을 놀이하듯이 하면 믿을 수 없을 만큼 많은 기술을 배운다. 기본 훈련뿐만 아니라 다양한 재주를 얼마든지 가르칠 수 있는 똑똑한 견종이므로 여러 기술에 도전해보는 것도 좋다. 스포츠 도그로서도 최적의 견종이다.

BREEDING DATA

- **키_** 46~58cm
- **체중_** 16~32kg
- **원산국_** 미국
- **잘 걸리는 질병_** 고관절형성부전, 눈병, 난청

성격 밝고 상냥하며 똑똑하다.

겨울나기 / 운동시간 60분×2회 / 털관리

캐릭터 분석
- 상황판단을 잘한다 5
- 사회성·협조성이 있다 4
- 건강관리가 쉽다 4
- 초보자에게 알맞다 4
- 사람을 잘 따른다 4
- 훈련을 잘 따라한다 4

화이트 스위스 셰퍼드 도그 White Swiss Shepherd Dog

Group 1 / 대형견 / 번호 347

상냥하고 충실한 일꾼, 순백의 셰퍼드 도그

화이트 스위스 셰퍼드 도그는 저먼 셰퍼드 도그보다 공격적이지 않고 성격이 부드럽다. 능력은 비슷하며 주인에게도 충실하다. 저먼 셰퍼드의 혈통을 이어받았기 때문에 학습능력이나 상황판단력이 뛰어나고 영리한 견종이다. 제대로 훈련한다면 그 매력을 충분히 발휘할 수 있을 것이다.

신뢰하는 주인이 가르치는 것이라면 전부 다 배우려고 할 만큼 학습의 욕이 왕성해서 훈련하기 쉽다. 어릴 때부터 차분하고, 언제나 주인 곁에서 주인의 모든 것을 이해하려고 하므로 기초적인 훈련은 물론이고 주인의 지시에 무조건 따른다. 그러나 그 능력을 제대로 발휘하기 위해서는 역시 주인의 마음가짐이 중요하다. 일관성 있는 내용과 단호한 리더십으로 훈련해야 한다. 훈련 경험이 없는 초보자는 이 견종의 매력을 제대로 이끌어내지 못할 것이다.

청초하고 기품 있는 새하얀 털 덕분에 꾸준히 인기를 끌고 있는 견종이다.

BREEDING DATA

- **키_** 수컷 60~66cm / 암컷 55~61cm
- **체중_** 수컷 30~40kg / 암컷 25~35kg
- **원산국_** 스위스
- **잘 걸리는 질병_** 주관절형성부전, 고관절형성부전, 위염전, 거대식도증, 접촉과민증, A형혈우병

성격 다정하고 주인에게 순종하며 학습의욕이 높다.

겨울나기 / 운동시간 60분×2회 / 털관리

캐릭터 분석
- 상황판단을 잘한다 5
- 사회성·협조성이 있다 5
- 건강관리가 쉽다 4
- 초보자에게 알맞다 1
- 사람을 잘 따른다 4
- 훈련을 잘 따라한다 4

| Group 1 |
| 대형견 |
| 번호 349 |

미오리틱 쉽도그 Mioritic Sheepdog

카르파티아 산맥에서 양을 지키는 대형견

루마니아 북부에서 중앙으로 이어지는 카르파티아 산맥에서 탄생한 미오리틱 쉽도그. 몇 세기 동안 카르파티아 산맥의 각 지역에서 카르파티안 쉽도그와 팀을 이루어 양떼를 몰면서 곰, 살쾡이, 때로는 도둑으로부터 양을 지켰다. '미오리틱' 또는 '루마니안 쉽도그'라고 부르기도 한다.

주인에게 순종적이고 가족에게 애정을 깊이 느끼며 아이들에게도 상냥하다. 경계심이 강해서 수상한 사람이나 소리에 민감하게 반응하므로 집 지키는 개로서도 믿을 수 있는 든든한 존재다. 신뢰관계가 잘 이루어지려면 주인이 위엄 있는 리더십을 보여주어야 하는데, 미오리틱이 주인에게 완전히 의지하면 자기 능력을 최대한 발휘할 수 있다.

체력의 한계가 어디인지 모를 정도로 체력이 좋아서 미오리틱을 키우려면 넓은 공간이 필요하다. 공간 확보가 어려우면 매일 운동을 충분히 시켜야 한다.

BREEDING DATA
- 키_ 수컷 70~75cm / 암컷 65~70cm
- 체중_ 45kg
- 원산국_ 루마니아
- 잘 걸리는 질병_ 피부병, 눈병

성격 경계심이 강하고 주인과 가족에게 다정하다.

겨울나기 | 운동시간 60분×2회 | 털관리

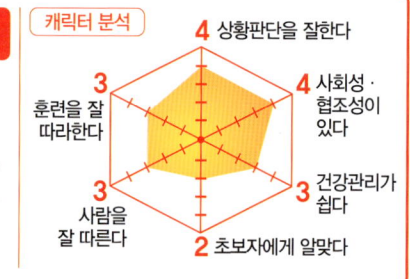

캐릭터 분석
- 상황판단을 잘한다 4
- 사회성·협조성이 있다 4
- 건강관리가 쉽다 3
- 초보자에게 알맞다 2
- 사람을 잘 따른다 3
- 훈련을 잘 따라한다 3

| Group 1 |
| 중형견 |
| 번호 351 |

오스트레일리안 스텀피 테일 캐틀 도그 Australian Stumpy Tail Cattle Dog

야생개의 피를 이어받은 가축을 돌보는 개

오스트레일리안 스텀피 테일 캐틀 도그는 오스트레일리아에서는 오래전부터 알려진 견종이지만 1920년대 초에는 그 수가 크게 줄어서 거의 멸종 위기까지 갔다. 그러나 퀸즐랜드 주에서 계획 번식을 계속한 덕분에 멸종 위기에서 벗어나 1988년 오스트레일리아 켄넬클럽에서 공인받았고, 2005년 FCI에서도 공인받았다.

매우 활기가 넘치고 자유로우며 조심성이 많은 견종이다. 주인에게는 순종하므로 신뢰할 수 있다. 낯선 사람에게는 경계심을 드러내지만 문제가 없으면 친근하게 다가간다. 원래 소떼를 몰던 견종이라 일하는 것을 좋아하고, 하루 종일 얌전하게 지내는 것을 오히려 힘들어한다. 때문에 일반 가정에서는 매일 운동을 많이 시켜야 한다. 운동이 부족하면 스트레스가 쌓여서 문제행동이 많아진다. 스텀피 테일을 확실하게 훈련시키고, 몸과 마음을 건강하게 관리한다면 가족에게도 상냥하고 늘 주인 곁을 지키는 훌륭한 반려견이 될 것이다.

BREEDING DATA
- 키_ 44~51cm
- 체중_ 16~23kg
- 원산국_ 오스트레일리아
- 잘 걸리는 질병_ 눈병

성격 충실하고 냉정하다.

겨울나기 | 운동시간 60분×2회 | 털관리

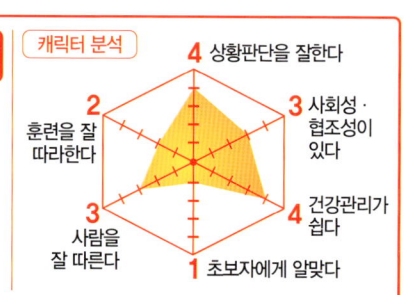

캐릭터 분석
- 상황판단을 잘한다 4
- 사회성·협조성이 있다 3
- 건강관리가 쉽다 4
- 초보자에게 알맞다 1
- 사람을 잘 따른다 3
- 훈련을 잘 따라한다 2

GROUP 2

Pinscher & Schnauzer,
Molossoid breeds,
Swiss Mountain and Cattle Dog,
and other breeds

가축뿐 아니라 가족을 보호하고,

조난사고가 일어났을 때 구조 활동을 하기도 하며,

군용견으로 활약하는 등 폭넓은 일을 해온 견종이다.

경계심이 강하지만 주인에게는 충실하다.

뉴펀들랜드, 세인트 버나드, 마스티프, 도베르만, 복서, 불도그,

스탠더드 슈나우저, 미니어처 핀셔, 샤 페이 등.

| Group 2 |
| 대형견 |
| 번호 41 |

사플라니낙 Sarplaninac

여러 곳에서 키운 덕분에 멸종 위기를 넘긴 견종

옛날에는 카르스트 셰퍼드 도그와 같은 견종으로 취급했지만, 1939년 FCI에서 '이리리안 쉽도그(Illyrian Sheepdog)'라는 이름으로 공인을 받았다. 1957년 유고슬라비아 견종 단체의 희망에 따라 사플라니낙으로 이름이 바뀌었다. 1970년까지는 유고슬라비아 법에 의해 수출이 금지되었지만, 1975년부터 미국과 캐나다에 코요테로 인한 피해를 막기 위해 수출되었다. 그 후 구 유고슬라비아 내전으로 원산국에서는 멸종 위기에 처했지만 해외의 안전한 나라로 수출된 덕분에 멸종을 피할 수 있었다.

원래 사플라니낙은 농장 등에서 양을 보호하고 집 지키는 일을 했다. 일하는 것을 좋아하므로 일반 가정에서 키우더라도 임무를 맡기는 것이 좋다. 주인에게 충실하고 주인과 가족을 지키려는 책임감으로 똘똘 뭉친 견종이므로 단순한 반려견으로 키우기에는 적합하지 않다.

운동을 많이 해야 되므로 산책을 충분히 시켜야 한다.

BREEDING DATA

- 키_ 56~61cm
- 체중_ 25~37kg
- 원산국_ 마케도니아, 세르비아, 몬테네그로
- 잘 걸리는 질병_ 관절질환, 피부병

성격: 조용하지만 경계심이 강하다.

겨울나기 / 운동시간 60분×2회 / 털관리

캐릭터 분석
- 상황판단을 잘한다: 4
- 사회성·협조성이 있다: 3
- 건강관리가 쉽다: 2
- 초보자에게 알맞다: 1
- 사람을 잘 따른다: 3
- 훈련을 잘 따라한다: 3

| Group 2 |
| 중형견 |
| 번호 46 |

아펜젤 캐틀 도그 Appenzell Cattle Dog

작지만 튼튼한 스위스의 마운틴 도그

'아펜젤 마운틴 도그(Appenzell Mountain Dog)', '아펜젤러 제넨훈트(Appenzeller Sennenhund)'라고도 부른다. 재주가 아주 많은 개라서 가축을 지키는 일 외에도 짐수레를 끌거나 눈 속에서 인명구조견으로 활약하기도 했다. 1889년 FCI에서 공인받았고 스위스의 아펜첼러란드에서는 지금도 양과 산양 무리를 모는 모습을 볼 수 있다. 스위스 이외의 지역에서는 보기 힘든 견종이다.

스위스 마운틴 도그 중에서는 중형견이고 말려 있는 꼬리가 특징이다. 근육질이고 에너지가 넘치며 지칠 줄 모르는 지구력과 체력을 가지고 있어서 운동을 많이 해야 한다. 경계심이 강하며 느낌이 조금만 이상해도 반응하고 큰 소리로 짖는다. 아파트나 다세대주택에서는 주위에 피해를 주게 되므로 키우기 힘든데, 아무래도 교외의 넓은 공간에서 키우는 편이 좋다.

지능이 높고 성격이 우호적이어서 주인과 가족은 물론 지인에게도 과장된 환영의 몸짓을 보인다. 사교성이 뛰어나 다른 개와도 잘 어울린다.

BREEDING DATA

- 키_ 48~58cm
- 체중_ 25~32kg
- 원산국_ 스위스
- 잘 걸리는 질병_ 관절질환, 피부병

성격: 주인에게 순종하며 활발하고 밝다.

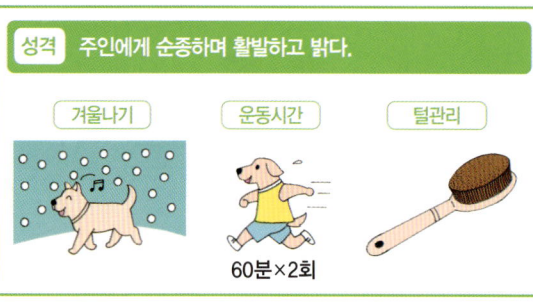

겨울나기 / 운동시간 60분×2회 / 털관리

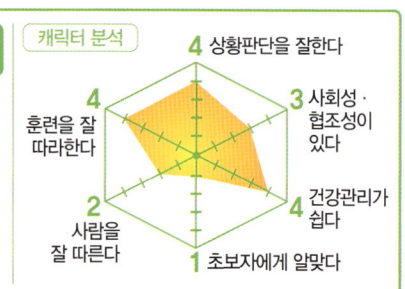

캐릭터 분석
- 상황판단을 잘한다: 4
- 사회성·협조성이 있다: 3
- 건강관리가 쉽다: 4
- 초보자에게 알맞다: 1
- 사람을 잘 따른다: 2
- 훈련을 잘 따라한다: 4

버니즈 마운틴 도그 *Bernese Mountain Dog*

상냥하고 지적인 대형 작업견

Group 2
대형견
번호 45

스위스 베른이 원산지이며, 베른의 영어식 발음인 버니즈에서 이름이 유래되었다.

외모에서 느껴지는 것처럼 상냥하고 영리하며 아이들과도 잘 어울린다. 집 지키는 능력이 뛰어나지만 결코 공격적이지는 않다. 다른 반려동물과도 사이좋게 지낼 수 있어서 가정에서 키우기에 적합하다.

원래 수레를 끌거나 가축을 모는 일을 하던 견종이어서 기술을 익히는 능력이 뛰어나고, 복잡한 기술도 잘 습득한다. 어릴 때부터 훈련의 기초인 기본적인 명령을 가르치면서 서서히 발전시켜나가는 것이 좋다.

그러나 지능이 매우 좋고 영리한 견종이라 주인이 성의 없이 훈련을 시키면 신뢰관계가 무너져 주인을 얕보면서 상대하지 않을 수도 있다. 따라서 전문 트레이너에게 훈련을 맡기는 것이 좋지만, 주인도 올바른 훈련 방법을 배워야 한다.

이 견종의 뛰어난 체력을 만족시키려면 아침 저녁 매일 2번, 1시간씩 산책하는 것이 좋다. 산책하면서 천천히 뛰는 것도 좋고, 가능하다면 안전한 도그런 등에서 자유롭게 뛰어놀게 하는 것도 좋다. 비교적 건강한 견종이지만 유전적으로 주관절형성부전 등 관절과 관련된 질병에 쉽게 걸린다. 평소 걷는 모습을 잘 관찰하여 꼬리를 흔들면서 걷는 등 걷는 모습이 조금이라도 평소와 다르면 빨리 동물병원에 데리고 가서 검사를 받는 것이 안전하다.

머리와 가슴 부분의 하얀 털이 버니즈 마운틴 도그의 특징이다.

BREEDING DATA
- 키_ 수컷 64~70cm / 암컷 59~66cm
- 체중_ 40~44kg
- 원산국_ 스위스
- 잘 걸리는 질병_ 주관절형성부전, 다발성관절염, 피부혈관육종, 백내장, 진행성망막위축증

성격: 상냥하고 온순하며 일을 좋아한다.

겨울나기 | 운동시간 (60분×2회) | 털관리

캐릭터 분석
- 상황판단을 잘한다: 5
- 사회성·협조성이 있다: 5
- 건강관리가 쉽다: 3
- 초보자에게 알맞다: 3
- 사람을 잘 따른다: 4
- 훈련을 잘 따라한다: 5

| Group 2 |
| 중형견 |
| 번호 47 |

엔틀레부흐 캐틀 도그 *Entlebuch Cattle Dog*

스위스 마운틴 도그 가운데 가장 작은 견종

엔틀레부흐 캐틀 도그의 이름은 스위스 루체른 주의 엔틀레부흐라는 도시 이름에서 유래되었다. 스위스의 마운틴 도그 4종류 가운데 가장 작은 견종으로, 현재 원산국인 스위스에서도 찾아보기 어렵다.

밝고 명랑하며 주인, 가족과 함께 있는 것을 무엇보다 큰 즐거움으로 여긴다. 학습능력이 뛰어나고 훈련을 받아들이는 속도가 빠른 견종이다.

일찍이 스위스 산악지대에서 소와 산양 등의 가축을 관리하던 견종이라서 그런지 중형견이지만 날렵하며 힘이 넘친다. 때문에 하루에 필요한 운동량이 많아서 아파트나 다세대주택에서 키우기에는 적합하지 않다. 한국에서 키우려면 매일 대형견만큼 산책과 운동을 시켜야 한다.

원래 농장에서 소를 관리하고 집을 지키던 개라서 가정에서 반려견으로 키우게 된 지금도 강한 경계심으로 낯선 사람의 행동에 신경을 곤두세운다. 그리고 수상한 인기척이나 소리에도 곧바로 반응한다.

BREEDING DATA

- 키_ 수컷 44~50cm / 암컷 42~48cm
- 체중_ 25~30kg
- 원산국_ 스위스
- 잘 걸리는 질병_ 피부병, 관절질환

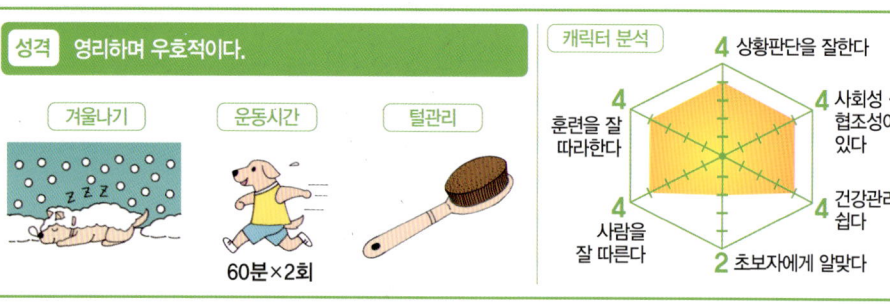

성격: 영리하며 우호적이다.

캐릭터 분석
- 상황판단을 잘한다 4
- 사회성·협조성이 있다 4
- 건강관리가 쉽다 4
- 초보자에게 알맞다 2
- 사람을 잘 따른다 4
- 훈련을 잘 따라한다 4

| Group 2 |
| 대형견 |
| 번호 50 |

뉴펀들랜드 *Newfoundland*

힘차고 빠르게 헤엄치는 수상구조의 프로

매우 온순하고 상냥한 성격의 평화주의자이다. 방문객이나 다른 반려동물에게도 우호적이다. 침을 많이 흘리기 때문에 집 안에 있을 때는 밴다나 등으로 침받이를 해줘야 한다.

수영을 잘하고 물놀이를 무척 좋아해서 여름철이면 강이나 바닷가에서 노는 것을 좋아한다. 발가락 사이의 피부가 물갈퀴처럼 이어져 있어서 물속에서 빠르고 힘차게 헤엄칠 수 있고, 사람을 구할 수 있을 만큼 체격도 커서 캐나다에서는 수상구조견으로 활약한다. 또, 몸 전체를 뒤덮고 있는 털에는 기름기가 있어서 물 속에서 완전방수가 된다.

커다란 몸집에 비해 활동적이지 않아서 식사량과 운동량의 균형을 맞추기가 어렵다. 운동이 부족하면 살이 찌고, 건강을 유지하는 데 필요한 근육이 부족해지므로, 아침 저녁 매일 적어도 2번, 1시간씩 산책과 운동을 시켜야 한다. 산책은 스트레스 발산에도 도움이 된다. 대형견이므로 주인이 확실하게 복종훈련을 시켜 언제든지 통제할 수 있어야 한다.

BREEDING DATA

- 키_ 수컷 71cm / 암컷 66cm
- 체중_ 수컷 59~68kg / 암컷 45~54kg
- 원산국_ 캐나다(뉴펀들랜드 섬)
- 잘 걸리는 질병_ 대동맥변변착, 심방중격결손, 확장형심근증, 갑상선 기능저하증, 백내장

성격: 온순하고 다정하며 우호적이다.

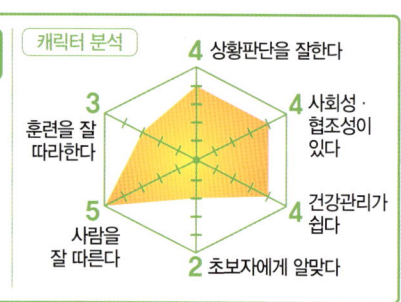

캐릭터 분석
- 상황판단을 잘한다 4
- 사회성·협조성이 있다 4
- 건강관리가 쉽다 4
- 초보자에게 알맞다 2
- 사람을 잘 따른다 5
- 훈련을 잘 따라한다 3

그레이트 스위스 마운틴 도그 Great Swiss Mountain Dog

Group 2 / 대형견 / 번호 58

스위스의 가장 오래된 마운틴 도그

소를 관리하던 견종이라서 '그레이트 스위스 캐틀 도그(Great Swiss Cattle Dog)'라고도 부른다. 버니즈 마운틴 도그 다음으로 몸집이 크고, FCI에서 공인을 받았다. 버니즈나 세인트 버나드의 탄생과도 관계가 있을 것으로 추측한다. 유럽에서는 '그로서 슈바이처 제넨훈트(Grosser Schweizer Sennenhound)'라는 이름이 일반적이다. 마치 버니즈의 스무드 헤어드 타입처럼 선명한 트라이 컬러와 짧고 촘촘한 털이 특징이다.

주인에게는 순종적이고 공격적인 성향이 없다. 아이들과 놀기 좋아하고 놀 때도 언제나 주변 상황을 조심스럽게 관찰하면서 보호해주는 믿음직스러운 견종이다. 방문자에게는 우호적이지만 수상한 인물이나 소리에는 즉시 반응하므로 집 지키는 개로 적합하다.

제대로 훈련하면 다세대주택이나 아파트에서도 키울 수 있지만 활동적인 견종이므로 묶거나 가두어 키우는 것은 좋지 않으며, 매일 충분히 운동시켜야 한다.

BREEDING DATA

- 키_ 60~70cm
- 체중_ 59~61kg
- 원산국_ 스위스
- 잘 걸리는 질병_ 고관절형성부전, 피부병

성격 우호적이며 충실하고 경계심이 있다.

겨울나기 / 운동시간 60분×2회 / 털관리

캐릭터 분석
- 상황판단을 잘한다 5
- 사회성·협조성이 있다 4
- 건강관리가 쉽다 4
- 초보자에게 알맞다 2
- 사람을 잘 따른다 4
- 훈련을 잘 따라한다 5

세인트 버나드 Saint Bernard

Group 2 / 대형견 / 번호 61

견종 중 가장 무거운 몸무게를 자랑하는 귀여운 어리광쟁이

체중이 가장 많이 나가는 대형견이다. 두려움이라고는 모르는 듯이 당당히 서 있는 자세가 믿음직스럽다. 흥미가 없으면 꿈쩍도 하지 않기 때문에 훈련하는 데 약간 어려움이 있다.

주인에게는 매우 온순하고 명랑하며 어리광을 부리기도 하는데, 의외로 섬세한 면도 있다. 대범하고 의젓한 성격이라서 격렬한 운동은 그다지 좋아하지 않는다. 주인과 함께 있는 것을 좋아하지만 자랄수록 외출하는 것을 귀찮아하고 편안한 장소에서 하루 종일 느긋하게 있는 것을 좋아한다.

거구를 지탱해줄 수 있는 다리와 허리를 건강하게 유지하려면 아침 저녁 매일 2번, 1시간 이상씩 산책해야 한다. 자유롭게 운동을 시키려고 해도 좀처럼 움직이지 않으므로, 산책하면서 가볍게 달리거나 빨리 걷게 하는 것이 좋다. 더위에 약하므로 한여름 뙤약볕은 피하고 가능한 시원한 시간대를 골라 산책하는 것이 좋다.

BREEDING DATA

- 키_ 수컷 70cm 이상 / 암컷 65cm 이상
- 체중_ 50~91kg
- 원산국_ 스위스
- 잘 걸리는 질병_ 확장형심근증, 엘러스-단로스 증후군, 모포염, 위염전, 주관절형성부전, 고관절형성부전, 골육종, 진성간질, 백내장

성격 주인에게 순종적이고 온순하며 어리광을 부린다.

겨울나기 / 운동시간 60분×2회 / 털관리

캐릭터 분석
- 상황판단을 잘한다 5
- 사회성·협조성이 있다 4
- 건강관리가 쉽다 4
- 초보자에게 알맞다 2
- 사람을 잘 따른다 4
- 훈련을 잘 따라한다 2

Group 2	
중형견	
번호 64	

오스트리안 핀셔 Austrian Pinscher

농장의 쥐잡기 달인

농장의 가축과 집을 경호하는 농장견으로 탄생하여 1928년에 오스트리아 켄넬클럽에서 공인받았다. 제2차 세계대전이 끝나고 멸종 위기에 처했지만, 적은 수의 오스트리안 핀셔를 모아 번식시켜 부활에 성공했다. 당시에는 '러프헤어드 핀셔'라고 불렸다. 지금은 슈나우저와 구별하기 위해서 '오스트리안 숏헤어드 핀셔'라고 부른다.

핀셔는 테리어와 비슷한 의미로 주로 쥐를 잡는 견종을 말한다. 그래서 농장일 외에도 테리어의 기질을 살려서 토끼나 여우 사냥에서도 활약했다. 지금도 고양이나 쥐처럼 움직이는 작은 동물을 쫓는 습성이 있는데, 일반 가정에서 키울 때 이 행동을 통제하지 못하면 뜻하지 않은 사고가 일어날 수 있으므로 주의해야 한다.

천진난만하고 날렵하여 훈련을 받아들이는 속도가 빨라서 요즘은 스포츠 도그로도 인기를 끌고 있다.

BREEDING DATA
- 키_ 35~50cm
- 체중_ 12~16kg
- 원산국_ 오스트리아
- 잘 걸리는 질병_ 관절질환, 피부병

성격: 명랑하며 밝지만 경계심도 있다.

캐릭터 분석
- 상황판단을 잘한다 3
- 사회성·협조성이 있다 3
- 건강관리가 쉽다 4
- 초보자에게 알맞다 2
- 사람을 잘 따른다 2
- 훈련을 잘 따른다 3

Group 2	
대형견	
번호 91	

스패니시 마스티프 Spanish Mastiff

느긋해 보여도 언제나 경계심을 풀지 않는 스페인의 국견

스패니시 마스티프는 주인에게 순종하며, 온순함과 냉정함을 모두 갖췄다. 또한 상황에 따라서 대담하게 맞서기도 하는 용기 있는 견종으로 몸집과는 달리 민첩하게 움직이는 믿음직스러운 파트너이다. 주인이 움직이면 따라서 움직일 정도로 주인과 가족을 매우 좋아하며 늘 함께 있고 싶어 한다.

평소에는 자신이 좋아하는 장소에서 느긋하게 지내는 것처럼 보이지만, 늘 청각과 후각을 곤두세워 경계하며, 수상한 느낌이 감지되면 곧바로 행동을 시작한다. 낯선 사람이나 동물 등 적으로 보이는 상대를 보면 우선 낮은 소리로 으르렁거리다가 짖으면서 경고한다. 그래도 상대가 물러나지 않으면 공격을 시작하는데, 이유 없이 먼저 공격하지는 않는다.

100kg이 넘는 스패니시 마스티프는 체중을 지탱할 수 있는 건강한 근육과 골격을 만들기 위해서라도 매일 운동과 일광욕을 해야 한다. 과격한 운동보다는 아침 저녁 매일 2번, 1시간씩 산책하는 정도면 충분하다.

BREEDING DATA
- 키_ 72~82cm
- 체중_ 55~70kg
- 원산국_ 스페인
- 잘 걸리는 질병_ 고관절형성부전, 안검내반증

성격: 용감하고 과감하다. 온순하고 냉정하며 주인에게 순종한다.

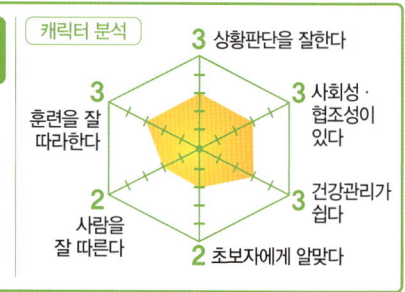

캐릭터 분석
- 상황판단을 잘한다 3
- 사회성·협조성이 있다 3
- 건강관리가 쉽다 3
- 초보자에게 알맞다 2
- 사람을 잘 따른다 2
- 훈련을 잘 따른다 3

피레니언 마스티프 *Pyrenean Mastiff*

Group 2 / 대형견 / 번호 92

맹수와도 맞서 싸우는 자신감 넘치는 견종

피레니언 마스티프는 맹수와 맞서 싸울 정도로 용감한 견종이지만, 주인과 가족에게는 매우 부드럽고 상냥하며 순종적이다. 자신감이 있기 때문에 다른 개에게도 여유롭게 대한다. 언제나 느긋하지만 위험한 순간이 닥치면 주인과 가족을 지키기 위해서 민첩하게 행동한다.

커다란 몸을 건강하게 유지하려면 무거운 체중을 지탱할 수 있는 튼튼한 다리와 허리가 필요하다. 어릴 때부터 운동과 일광욕을 충분히 시켜서 튼튼한 골격과 근육을 만들어야 한다. 아침 저녁 매일 2번, 적어도 1시간씩 산책을 시킨다. 비가 많이 오는 날까지 억지로 산책할 필요는 없지만 가급적 야외에서 시간을 많이 보내는 편이 정신건강에도 좋다.

눈 속에서도 견딜 수 있을 정도로 풍성한 털을 가졌지만 고온다습한 여름 날씨에는 약하다. 따뜻한 봄이 오면 속털이 많이 빠지기 시작하는데, 빠진 털을 제거하지 않으면 엉켜서 피부병을 일으킬 수 있으므로 털갈이 시기에는 자주 브러싱해야 한다.

BREEDING DATA

- 키_ 71~80cm
- 체중_ 55~75kg
- 원산국_ 스페인
- 잘 걸리는 질병_ 고관절형성부전, 피부병

성격 온순하고 다정하며 주인에게 순종한다.

겨울나기 / 운동시간 60분×2회 / 털관리

캐릭터 분석
- 상황판단을 잘한다: 4
- 사회성·협조성이 있다: 3
- 건강관리가 쉽다: 3
- 초보자에게 알맞다: 2
- 사람을 잘 따른다: 4
- 훈련을 잘 따라한다: 4

알렌테조 마스티프 *Alentejo Mastiff*

Group 2 / 대형견 / 번호 96

포르투갈의 가축 돌보는 개

유럽에서는 일반적으로 '라페이로 도 알렌테조(Rafeiro do Alentejo)'라고 부른다. 포르투갈 남부 알렌테조 지방에서 양떼를 지키는 양치기견이었다. 때로는 큰 몸집과 강한 체력을 바탕으로 멧돼지나 사슴을 사냥하기도 했다.

독립심이 강하고 조심성이 많으며 자신감이 넘친다. 낯선 사람이나 수상한 상대는 공격하기도 하지만, 리더십 있는 주인이 애정을 담아서 엄하고 일관성 있게 훈련시키면 반드시 기대에 부응하여 매우 충실한 반려견이 될 것이다. 그렇게 하면 평소에도 온순하고 주인 가족에게 애정이 깊으며, 아이들이나 다른 반려동물과도 잘 어울리는 상냥한 개가 된다. 그러나 결코 초보자가 쉽게 키울 수 있는 견종은 아니다.

성견은 체력이 뛰어나지만 별로 활발하게 움직이지 않으므로, 집에서는 집 지키는 임무를 맡기면 만족한다. 그러나 매일 충분한 산책을 빼놓으면 안 된다.

BREEDING DATA

- 키_ 수컷 66~74cm / 암컷 64~70cm
- 체중_ 수컷 45~55kg / 암컷 40~50kg
- 원산국_ 포르투갈
- 잘 걸리는 질병_ 피부병, 관절질환

성격 자신감이 넘치고 고집이 세다.

겨울나기 / 운동시간 60분×2회 / 털관리

캐릭터 분석
- 상황판단을 잘한다: 5
- 사회성·협조성이 있다: 4
- 건강관리가 쉽다: 4
- 초보자에게 알맞다: 1
- 사람을 잘 따른다: 4
- 훈련을 잘 따라한다: 2

Group 2	보르도 마스티프 *Bordeaux Mastiff*
대형견	
번호 116	와인 명산지 보르도 지방의 붉은 와인 빛을 닮은 가드 도그

프랑스 보르도 지방에서 포도밭을 지키는 견종이다. 스스로 자신의 강인함을 알고 있는 듯 언제나 자신감이 넘치고, 침착하게 행동한다. 외모에서부터 호위견으로서의 위압감이 느껴진다. 평소에는 조용하지만 경계심이 강해서 필요한 경우에는 차분하게 효과적으로 공격한다. 그러면서도 주인에게는 매우 순종적이다.

예전에 비해서 공격적인 성향이 개량되었다고는 하지만 초보자는 물론 일반 가정에서 쉽게 키울 만한 견종은 아니다. 어릴 때부터 올바른 방법으로 놀아주고, 함께 행동하며, 애정을 담아 커뮤니케이션을 해야 한다. 문제 행동은 단호하게 제지하거나 야단치고, 응석을 받아주면 안 된다. 한마디로 주인이 리더십을 발휘하면 두터운 신뢰관계가 이루어져 훈련하기도 쉬워진다. 어릴 때 기초적인 훈련을 시작하면 성장하면서 완벽해진다.

가능한 넓은 장소에서 키우는 것이 좋고, 매일 충분히 운동해야 한다.

BREEDING DATA
- 키_ 58~69cm
- 체중_ 36~46kg
- 원산국_ 프랑스
- 잘 걸리는 질병_ 고관절형성부전, 피부병, 간질

성격: 침착하고 주인에게 순종하며 경계심이 강하다.

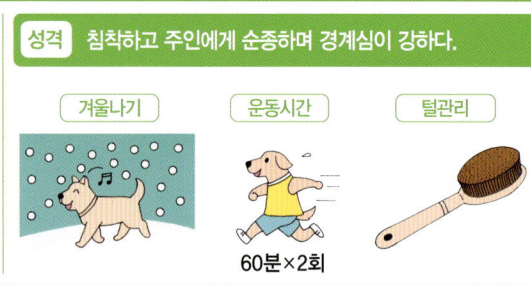

겨울나기 / 운동시간 60분×2회 / 털관리

캐릭터 분석
- 상황판단을 잘한다: 3
- 사회성·협조성이 있다: 2
- 건강관리가 쉽다: 3
- 초보자에게 알맞다: 1
- 사람을 잘 따른다: 2
- 훈련을 잘 따라한다: 3

Group 2	레온베르거 *Leonberger*
대형견	
번호 145	균형잡힌 몸매와 압도적인 체격을 자랑하는 견종

외모에서 위엄이 느껴지기도 하지만 사실은 온순하고 정이 많다. 인내심이 강하고 상냥하며 아이들과 잘 놀아준다. 주인과 가족에게는 전혀 공격적이지 않고 이유 없이 짖는 일도 거의 없다. 상황판단력이 뛰어나 가족이 위험에 빠지거나 비상사태가 일어났을 때 용감하게 행동한다. 체격과 기질 모두 믿음직스러운 좋은 파트너가 될 것이다. 주인에게 충실하기 때문에 훈련을 열심히 익힌다.

어릴 때는 천진난만하게 다른 개에게 다가가서 장난치기도 하는데 대형사고로 이어질 수 있으므로 주인이 완벽하게 통제할 수 있도록 훈련해야 한다. 하면 안 되는 일에는 엄하게 「안 돼」 또는 「노」라고 가르치자. 산책 도중에 리드줄을 잡아당기면서 앞서 가려고 하면 제지해야 한다. 무거운 체중을 지탱할 수 있는 강인한 다리와 허리를 만들기 위해서는 충분한 운동이 필요하다.

커다란 몸집 때문에 도시에서 살기에는 그다지 적합하지 않다.

BREEDING DATA
- 키_ 수컷 65~80cm / 암컷은 수컷보다 약간 작다
- 체중_ 수컷 34~50kg / 암컷은 수컷보다 약간 가볍다
- 원산국_ 독일
- 잘 걸리는 질병_ 고관절형성부전, 눈병

성격: 온순하고 다정하며 밝다.

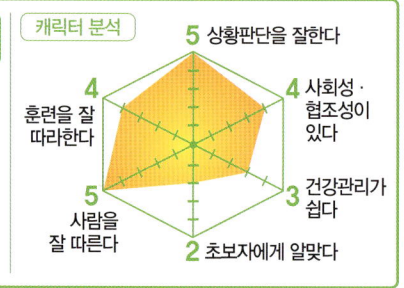

겨울나기 / 운동시간 60분×2회 / 털관리

캐릭터 분석
- 상황판단을 잘한다: 5
- 사회성·협조성이 있다: 4
- 건강관리가 쉽다: 3
- 초보자에게 알맞다: 2
- 사람을 잘 따른다: 5
- 훈련을 잘 따라한다: 4

그레이트 피레니즈 *Great Pyrenees*

피레니즈 산맥의 맹수와 싸워 가족과 양을 지키던 커다란 몸집의 상냥한 견종

Group 2
대형견
번호 137

'피레니언 마운틴 도그(Pyrenean Mountain Dog)'라고도 한다. 성격은 지극히 온순하고 가족에게 깊은 애정을 보인다. 용감하고 충실해서 수상한 소리를 듣거나 낯선 사람을 보면 경계하고, 특히 수컷은 공격적인 행동을 하기도 한다.

몸집이 크지만 고양이처럼 작은 반려동물에게도 부드럽게 대하고, 특히 함께 지내는 고양이는 가족처럼 사랑해준다. 그러나 사람에게 달려들거나 갑자기 달리기 시작하여 주인이나 주위 사람을 다치게 할 수도 있으므로 주인은 대형사고가 일어나지 않도록 확실하게 통제훈련을 시켜야 한다. 몸은 자라도 마음은 철없는 강아지에서 머물러 있기 때문에 성견이 되기까지 2년 동안은 인내심을 갖고 훈련해야 한다.

그레이트 피레니즈는 자랄수록 운동하는 것을 귀찮아한다. 원래 마음에 드는 장소에서 꼼짝 않고 느긋하게 지내는 것을 좋아하기 때문에 주인은 어떻게 하면 피레니즈를 밖으로 끌어내어 산책을 시킬지가 고민이 된다. 산책 코스를 자주 바꿔 새로운 느낌을 주는 등 여러 방법을 시도해 본다. 무거운 몸무게를 지탱할 수 있는 튼튼한 다리와 허리가 건강의 비결이므로 적당한 운동으로 근육과 골격을 만드는 것이 중요하다. 적어도 아침 저녁 하루 2번, 1시간씩 산책해야 한다.

주로 양치기를 도와서 양의 무리를 늑대나 곰으로부터 보호하는 일을 했다. 17세기에는 귀족들이 그레이트 피레니즈의 그런 믿음직스러운 모습에 반해 피레니즈를 서로 키우려고 경쟁을 벌였다고도 한다.

BREEDING DATA

- 키_ 수컷 69~81cm / 암컷 63~74cm
- 체중_ 수컷 45~57kg / 암컷 39~52kg
- 원산국_ 프랑스(피레네 산맥 일대)
- 잘 걸리는 질병_
  삼첨변형성부전, 고관절형성부전, 연골형성부전, 견골연골증, 유전성난청, 안검이상, 다발성후지낭조(다발성 뒷다리 며느리발톱)

성격: 냉정하고 참을성이 많으며 온순하고 상냥하다.

겨울나기 / 운동시간 60분×2회 / 털관리

캐릭터 분석
- 상황판단을 잘한다 5
- 사회성·협조성이 있다 5
- 건강관리가 쉽다 4
- 초보자에게 알맞다 2
- 사람을 잘 따른다 5
- 훈련을 잘 따라한다 4

Group 2
대형견
번호 143

도베르만 *Dobermann*

최강의 가드 도그를 만들기 위해 탄생한 칠흑처럼 검은 신사

당당하게 위엄 있는 자세로 경비를 서는 군용견의 모습이 도베르만의 이미지이다. 하지만 그렇게 되기까지는 상당히 많은 훈련이 필요하다고 한다. 일반 가정에서 키우는 도베르만의 모습은 매우 천진난만하고 활발하다. 주인과 함께 행동하기를 좋아하고 학습능력도 높아서 훈련하기는 어렵지 않다.

날렵하고 군살 없는 근육질 몸매를 유지하려면 매일 적절한 운동이 필요하다. 아침 저녁 하루 2번, 1시간 이상씩 달리기를 포함한 산책을 하는 것이 이상적이다. 가능하면 도그런 같은 안전한 곳에서 자유롭게 뛰어놀게 하면 좋다. 성견이 되면 실내에서 침착하고 조용하게 지내지만 마음 속으로는 마음껏 달리고 싶을 것이다. 가까운 곳에 잠시 외출 할 때도 될 수 있으면 데리고 나가는 것이 좋다.

최근까지도 뾰족하게 위로 곧추선 귀와 짧은 꼬리가 도베르만의 트레이드 마크이다. 그런데 이것은 후천적으로 귀와 꼬리를 자른 모습이다. 실제로는 늘어진 둥근 귀와 길고 끝이 뾰족한 꼬리를 가졌다. 이미 유럽의 많은 나라에서 미용을 위한 인위적인 단이, 단미를 금지했고, 한국도 서서히 그 추세를 따르고 있다.

도베르만은 독일의 세금징수자였던 루이스 도베르만이라는 사람이 자신을 보호하고 상대방을 위협하려는 목적으로 만들어낸 견종이다. '도베르만 핀셔(Doberman Pinscher)'라고도 부른다.

BREEDING DATA

- 키_ 수컷 66~71cm / 암컷 61~66cm
- 체중_ 30~40kg
- 원산국_ 독일
- 잘 걸리는 질병_ 지루성피부염, 모낭형성부전, 백반증, 확장형심근증, 위염전, 장염전, 폰빌레브란트병, 도베르만무도병

성격: 호기심이 많고 밝으며 주인에게 충실하다.

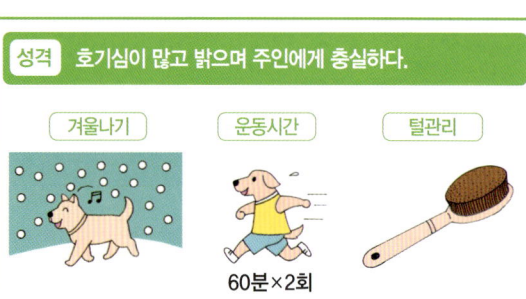

겨울나기 | 운동시간 (60분×2회) | 털관리

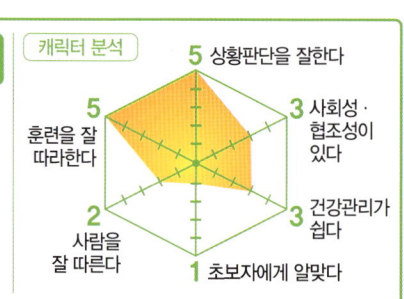

캐릭터 분석
- 5 상황판단을 잘한다
- 3 사회성·협조성이 있다
- 3 건강관리가 쉽다
- 1 초보자에게 알맞다
- 2 사람을 잘 따른다
- 5 훈련을 잘 따라한다

복서 *Boxer*

투견과 투우를 위해 탄생했지만 믿을 수 없을 만큼 상냥한 견종

Group 2
대형견
번호 144

싸울 때 권투선수처럼 강한 앞발로 상대를 때리는 데에서 '복서(boxer)'라는 이름이 유래되었다. 원래는 투견이나 투우를 목적으로 만들어낸 매우 사나운 견종이었지만, 지금은 부드럽고 애정이 깊은 성격으로 바뀌어 가정에서도 사랑받는다. 또한, 감시능력이 뛰어나 경찰견이나 군용견으로도 활약하고 있다.

강인한 근육과 넘치는 힘 덕분에 운동량이 많이 필요하다. 날마다 충분한 운동을 할 수 있으면 좋겠지만 그런 장소를 찾기가 쉽지 않다. 되도록 아침 저녁 하루 2번, 달리기를 포함해 1시간 이상씩 산책시킨다. 집에 넓은 마당이 있으면 마당에서 공놀이를 하는 것도 좋다.

복서는 순수해서 쉽게 상처받는 성격이기 때문에 체벌하거나 엄격하게 훈련시키면 주인을 원망하거나 마음에 담아두어 역효과가 날 수도 있다. 그러므로 부드러우면서도 단호하게 타이르듯이 말을 걸면서 훈련하는 방법이 훨씬 효과적이다. 주인과 신뢰관계가 잘 이루어져 있다면 조금 더 순조롭게 훈련이 진행될 것이다.

복서는 1880년대 독일의 마스티프 타입 견종과 벨기에 브라번 지방의 토종견 마스티프 불도그의 교배로 탄생했다. 1896년 독일에서 복서 클럽이 만들어졌다.

복서는 미국에서도 인기 있는 견종으로 독일의 복서와 모습이 조금 다른데, 미국의 복서는 머리가 작고 더 날씬하다.

BREEDING DATA

- **키**_ 수컷 57~64cm / 암컷 53~60cm
- **체중**_ 25~32kg
- **원산국**_ 독일
- **잘 걸리는 질병**_ 심실중격결손증, 대동맥변협착, 확장형심근증, 복서심근증, 고관절형성부전, 추간판헤르니아, 다발성관절염, 악관절형성부전, 청각장애, 위염전

성격: 영리하고 주인에게 순종하며 신경질이 있다.

겨울나기 / 운동시간 60분×2회 / 털관리

캐릭터 분석
- 상황판단을 잘한다: 3
- 사회성·협조성이 있다: 4
- 건강관리가 쉽다: 2
- 초보자에게 알맞다: 2
- 사람을 잘 따른다: 2
- 훈련을 잘 따라한다: 3

| Group 2 |
| 대형견 |
| 번호 147 |

로트와일러 *Rottweiler*

인상이 무서워서 다가가기 어렵지만 알고 보면 상냥하고 재능이 많은 견종

도베르만과 마찬가지로 사나운 경비견으로 영화나 TV 등에 자주 등장하는 로트와일러는 실제로 보아도 다가가기 어려운 무서운 인상이다. 그러나 실제 성격은 전혀 달라서 매우 온순하고, 학습능력도 뛰어나며, 다양한 훈련도 잘 따라하고, 맡겨진 일도 충실하게 수행한다. 영화배우, 경찰견, 군용견, 인명구조견 등 눈부신 활약상을 보여주는 견종이다.

어리광을 부리기도 하고 상냥해서 아이들의 좋은 놀이친구가 되어주기도 한다. 그러나 동시에 경계심이 강해서 주인과 가족을 지키기 위해서라면 수상한 사람과도 맞서 용맹하게 싸운다. 고통을 잘 참고, 위급할 때는 최강의 파이터가 되므로 가족에게는 더할 나위 없이 듬직한 존재이다.

체력은 좋지만 스스로 활발하게 활동하지는 않는다. 주인 명령이 있을 때까지 가만히 기다린다. 그래서 튼튼한 체격을 유지하고 비만을 방지하려면 적어도 아침 저녁 하루 2번, 달리기를 포함해서 1시간씩 산책하는 것이 좋다.

로트와일러의 조상은 로마군에 소속되어 알프스를 넘어간 마스티프계의 군용견이었다. 그 후 우수한 개를 뽑아 독일의 롯트바일 지방에서 소몰이 개로 개량되었다가 1800년대에 그 계통의 견종이 대부분 멸종했다. 하지만 20세기 초에 뜻있는 브리더의 노력으로 부활했다.

털은 짧고 몸에 밀착되어 자란다. 천연모 브러시로 자주 브러싱해주면 윤기 나는 털을 유지할 수 있다.

시간과 관심을 쏟을 수 있고 경험이 많은 주인에게 적합한 견종이다.

BREEDING DATA

- 키_ 수컷 61~69cm / 암컷 56~64cm
- 체중_ 41~59kg
- 원산국_ 독일
- 잘 걸리는 질병_ 대동맥변협착, 부스럼증, 유전성빈모증, 고관절형성부전, 골육종, 위염전

성격: 상냥하고 주인에게 순종한다.

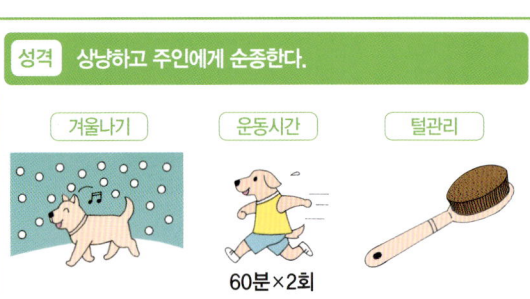

겨울나기 | 운동시간 60분×2회 | 털관리

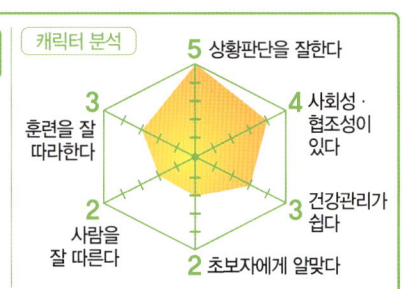

캐릭터 분석
- 상황판단을 잘한다: 5
- 사회성·협조성이 있다: 4
- 건강관리가 쉽다: 3
- 초보자에게 알맞다: 2
- 사람을 잘 따른다: 2
- 훈련을 잘 따라한다: 3

불도그 *Bulldog*

앞으로 스타일에 변화가 예상되는 불도그

Group 2
중형견
번호 149

불도그라고 하면 강인한 표정과 늘 잠자고 있는 모습이 떠오른다. 하지만 불도그는 누구보다 어리광이 많고 언제나 주인의 애정을 갈구한다. 또한 영리하고 상황을 냉정하게 관찰하는 면도 있다.

체형에서 짐작할 수 있듯이 산책하거나 몸을 움직이는 것을 귀찮아한다. 그래서 원래 두루뭉술한 체형이 한층 더 뚱뚱해지기 쉽고, 결코 건강하다고 볼 수 없는 모습이 되기도 한다. 잠깐씩이라도 산책을 데리고 나가 운동을 시켜야 한다. 아침 저녁 하루 2번, 10분씩 산책을 나가고, 상태를 보면서 조금씩 시간을 늘리는 것이 좋다. 더위에 약하기 때문에 열중증에 걸리지 않도록 한여름 뙤약볕은 피해야 한다.

털 손질은 크게 번거롭지 않지만 윤기를 내고 피부 마사지를 하기 위해 정기적으로 천연모 브러시로 브러싱하는 것이 좋다. 식사 후나 외출에서 돌아오면 펫 전용 물티슈나 물수건을 꼭 짜서 얼굴 주름 사이사이에 낀 먼지를 닦아 청결을 유지한다.

태아의 머리가 큰 편이라서 새끼를 낳을 때 제왕절개를 하는 경우가 많다. 출산 전에 먼저 수의사와 상담하는 것이 안전하다.

AKC에서는 무거운 체중이 다리와 허리에 부담을 주어 출산할 때 제왕절개가 필요한 점 등 불도그의 체형적인 특징이 건강에 해롭다는 사실이 문제가 되었다. 그래서 양쪽 볼의 늘어진 피부를 줄이고 긴 다리와 날씬한 체형으로 스탠더드(견종표준)를 변경하게 되었다.

BREEDING DATA

- 키_ 31~36cm
- 체중_ 수컷 25kg / 암컷 22.7kg
- 원산국_ 영국
- 잘 걸리는 질병_ 구개열, 눈병, 피부병, 난청, 신경질환, 요로결석, 호흡기질환, 심실중격결손증, 팔로사징증

성격 참을성이 많고 온순하며 상냥하다.

겨울나기 | 운동시간 10분×2회 | 털관리

캐릭터 분석
- 상황판단을 잘한다: 2
- 사회성·협조성이 있다: 3
- 건강관리가 쉽다: 2
- 초보자에게 알맞다: 2
- 사람을 잘 따른다: 4
- 훈련을 잘 따라한다: 2

| Group 2 | 대형견 | 번호 157 |

불마스티프 *Bullmastiff*

난폭해 보이지만 실제로는 순한 견종

19세기 영국에서 마스티프와 불도그를 교배하여 만든 견종이다. 난폭해 보이는 외모와는 달리 의외로 온순하고 주인과 친한 사람에게는 친근하게 다가가서 어리광을 부린다. 아이들이나 고양이 등 다른 반려동물에게도 부드럽게 대한다. 그러나 주인과 가족이 위험에 빠지면 강력한 경호견이 되어 침입자나 수상한 사람을 물리친다. 필요 이상으로 공격적인 행동이 나오지 않도록 통제 훈련을 확실하게 해야 한다.

건강에는 특별히 문제가 없지만 살이 찌기 쉬운 경향이 있어, 식사량과 운동량의 균형을 잘 맞추는 것이 중요하다.

털은 짧고 물방울을 튕겨낼 만큼 촘촘하게 나 있다. 손질은 천연모 브러시로 마사지를 해준다. 조심할 부위는 얼굴 부위의 처진 피부이다. 식사를 하거나 산책할 때 얼굴 주름 사이사이에 이물질이 낄 수 있는데 그냥 두면 피부병의 원인이 되므로 따뜻한 물수건 등으로 깨끗하게 닦아주자.

BREEDING DATA

- 키_ 수컷 63~69cm / 암컷 61~66cm
- 체중_ 수컷 50~59kg / 암컷 45~54kg
- 원산국_ 영국
- 잘 걸리는 질병_ 고관절형성부전, 내분비계 장해, 안검질환

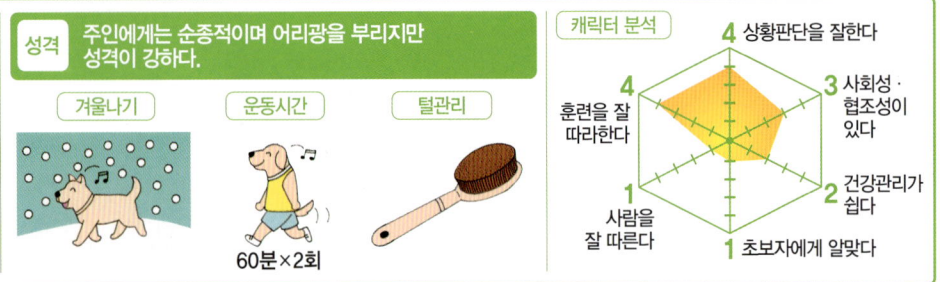

성격: 주인에게는 순종적이며 어리광을 부리지만 성격이 강하다.

캐릭터 분석
- 상황판단을 잘한다 4
- 사회성·협조성이 있다 3
- 건강관리가 쉽다 2
- 초보자에게 알맞다 1
- 사람을 잘 따른다 1
- 훈련을 잘 따라한다 4

| Group 2 | 대형견 | 번호 170 |

카오 데 카스트로 라보레이로 *Cao de Castro Laboreiro*

이베리아 반도의 가장 오래된 견종

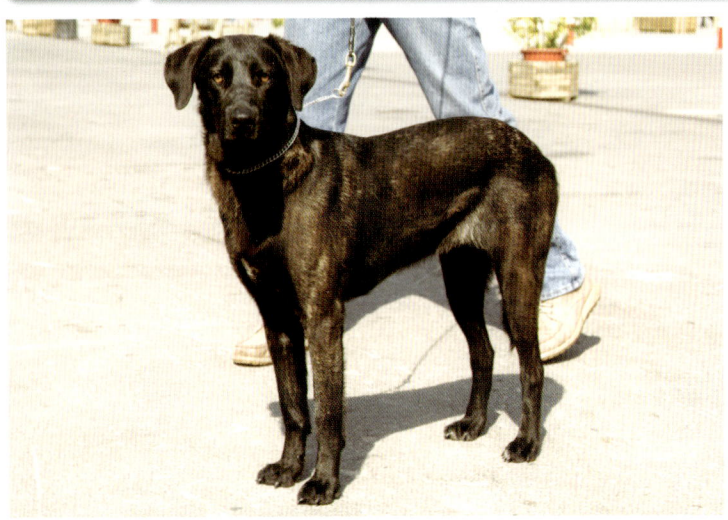

'카스트로 라보레이로'라는 이름은 지금도 늑대가 살고 있는 포르투갈 북부 산악지대에 있는 마을 이름에서 유래되었다. 포르투갈 국민이 자랑으로 여기는 견종으로, 이베리아 반도에서 가장 오래된 견종 중 하나로 추측된다. '포루투기즈 캐틀 도그(Portuguese Cattle Dog)'라고도 부른다.

주인에게 순종적이고 충실하며 주인을 보호하려는 정신도 투철하다. 낯선 사람은 경계하지만 결코 공격적이지 않으며 평화주의자에 가깝다. 원래의 기질을 끌어내려면 개에게 존경받는 주인이 되어야 한다. 강한 리더십과 어릴 때부터 애정을 담아 커뮤니케이션을 하는 것이 중요하다. 훈련 내용에 일관성이 없으면 결코 응하지 않는다.

집 지키는 능력도 뛰어나다. 이상한 기척을 느끼면 높은 음정의 독특하고도 잘 울리는 소리로 짖기 때문에 도시에서 생활하기에는 적합하지 않다.

강하고 거친 바깥털과 가늘고 촘촘한 속털이 있어서 추위에 강하다.

BREEDING DATA

- 키_ 수컷 55~60cm / 암컷 52~57cm
- 체중_ 수컷 30~40kg / 암컷 20~30kg
- 원산국_ 포르투갈
- 잘 걸리는 질병_ 피부병

성격: 주인에게 온순하고 순종적이며 용감하다.

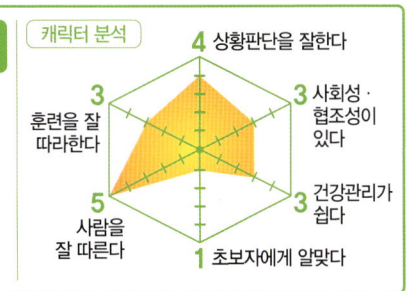

캐릭터 분석
- 상황판단을 잘한다 4
- 사회성·협조성이 있다 3
- 건강관리가 쉽다 3
- 초보자에게 알맞다 1
- 사람을 잘 따른다 5
- 훈련을 잘 따라한다 3

에스트렐라 마운틴 도그 Estrela Mountain Dog

Group **2**
대형견
번호 **173**

에스트렐라 산맥에서 가장 오래된 가축 돌보는 견종

기원은 명확하지 않지만 고대부터 포르투갈 북부의 에스트렐라 산맥에서 살고 있었으며, 이베리아 반도에서 가장 오래된 견종 중 하나로 보고 있다. 현재는 늑대로부터 소나 양, 산양 등의 무리를 지키는 일을 한다. 주인의 재산인 가축을 지키는 충실한 가드 도그로 어떤 침입자에게도 물러서지 않고 강력하게 대응한다.

주인에게 충실하고 애정이 깊다. 주인은 강한 리더십으로 사회성을 길러주어야 다른 개는 물론이고 고양이와도 사이좋게 지낼 수 있다.

경계심이 강하고 늘 주위를 조심스럽게 관찰하다가 위험을 감지하면 순간적으로 대응하기 때문에 경찰견, 군용견, 경비견 등으로 이용한다.

털 타입에는 롱코트와 쇼트코트가 있고 모두 더블코트여서 추위에 강하다. 롱코트 타입인 수컷의 목둘레에는 사자 갈기처럼 털이 풍성하게 자라는데, 쇼트코트와는 같은 견종이라는 생각이 들지 않을 정도로 모습이 다르다.

BREEDING DATA
- 키_ 62~72cm
- 체중_ 30~50kg
- 원산국_ 포르투갈
- 잘 걸리는 질병_ 고관절형성부전, 피부병

성격: 용감하고 공격적이다.

겨울나기 / 운동시간 60분×2회 / 털관리

캐릭터 분석
- 상황판단을 잘한다 3
- 사회성·협조성이 있다 3
- 건강관리가 쉽다 3
- 초보자에게 알맞다 1
- 사람을 잘 따른다 2
- 훈련을 잘 따라한다 3

자이언트 슈나우저 Giant Schnauzer

Group **2**
대형견
번호 **181**

슈나우저 삼형제 가운데 가장 몸집이 큰 만능견

세계 곳곳에서 다양한 일을 해내는 견종으로 능력을 인정받은 자이언트 슈나우저. 흥분해서 소란스럽게 짖어대는 일도 없고, 온순하고 얌전한 성격으로 일반 가정에서도 인기가 높다. 주인에게 충성심이 높고, 책임감이 강하며, 가족에게 애정이 깊은 훌륭한 반려견이다.

수상한 소리나 인기척은 철저히 경계하고, 주인을 지키는 일에 무엇보다 열심이기 때문에 안심하고 집을 맡길 수 있다. 근육질 몸과 건강을 유지하려면 아침 저녁 매일 2번, 적어도 1시간씩 산책해야 한다. 산책하면서 가볍게 달리거나 도그런 같은 넓은 장소에서 자유롭게 뛰어놀 수 있으면 더욱 좋다.

거칠고 뻣뻣한 털이 온몸을 덮고 있는데, 털 손질은 핀브러시나 빗으로 브러싱하는 것만으로도 충분하므로 크게 번거롭지 않다. 윤곽이 뚜렷한 얼굴과 큰 눈썹이 특징이다.

BREEDING DATA
- 키_ 수컷 65~70cm / 암컷 60~65cm
- 체중_ 32~35kg
- 원산국_ 독일
- 잘 걸리는 질병_ 고관절형성부전, 요로감염증, 알레르기성피부염

성격: 얌전하고 냉정하지만 방어본능이 강하다.

겨울나기 / 운동시간 60분×2회 / 털관리

캐릭터 분석
- 상황판단을 잘한다 5
- 사회성·협조성이 있다 4
- 건강관리가 쉽다 2
- 초보자에게 알맞다 3
- 사람을 잘 따른다 4
- 훈련을 잘 따라한다 4

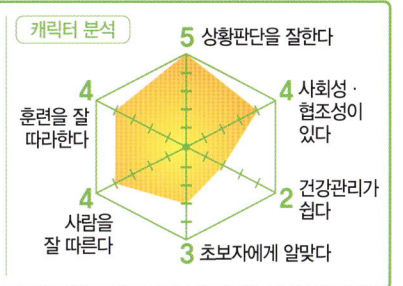

| Group 2 | 소형견 | 번호 183 |

미니어처 슈나우저 *Miniature Schnauzer*

까다로워 보이지만 밝고 애정이 가득한 견종

매우 밝고 활발한 성격에 영리하기까지 한 슈나우저. 낯선 사람은 심하게 경계하지만 일단 마음을 열면 우호적으로 다가온다. 사교성도 있고 다른 반려동물과 사이좋게 지낼 수 있지만 사람과 마찬가지로 모든 동물과 잘 지내는 것은 아니다. 주인은 자신의 개가 여러 상대를 어떻게 대하는지 잘 살펴서 상대에 대한 감정을 알아두도록 한다.

털 색은 솔트 앤드 페퍼, 블랙 앤드 실버, 블랙, 화이트 등이 있다. 철학자 같은 외모를 유지하려면 정기적인 트리밍이 필요하다. 털은 거칠고 뻣뻣하며, 길어지면 털끼리 엉켜버리므로 핀브러시나 빗으로 매일 브러싱해야 한다. 수염과 다리 털도 매일 빗겨주면 깔끔하게 유지할 수 있다. 예전에는 꼬리를 잘랐지만 현재 유럽에서는 미용을 위해 인위적으로 몸에 상처를 입히는 행위를 금지하고 있다. 스탠더드(견종표준)에서도 꼬리를 자르지 않아도 인정한다.

슈나우저는 살찌기 쉬운 체질인데 갖가지 병을 일으키는 원인인 비만을 예방하기 위해서는 식사량과 운동량의 균형에 신경 쓰고, 체격과 체중을 확실하게 관리해야 한다.

훈련은 크게 어려워하지 않고 잘 따라온다. 특히 놀이하듯이 가르치면 특별히 훈련이라는 것을 의식하지 않으면서 다양한 기술을 배운다. 「앉아」, 「기다려」, 「엎드려」 등의 기본적인 명령은 식사시간을 활용해서 가르치면 빨리 배우므로, 좀 더 발전시켜 다양한 기술을 가르치는 것도 좋다.

BREEDING DATA

- 키_ 30~35cm
- 체중_ 6~7kg
- 원산국_ 독일
- 잘 걸리는 질병_ 폐동맥변협착, 심내막증, 갑상선 기능저하증, 담석증, 백내장

성격 밝고 호기심이 많으며 경계심이 강하다.

겨울나기 | 운동시간 (20분×2회) | 털관리

캐릭터 분석
- 상황판단을 잘한다: 5
- 사회성·협조성이 있다: 2
- 건강관리가 쉽다: 3
- 초보자에게 알맞다: 4
- 사람을 잘 따른다: 4
- 훈련을 잘 따라한다: 4

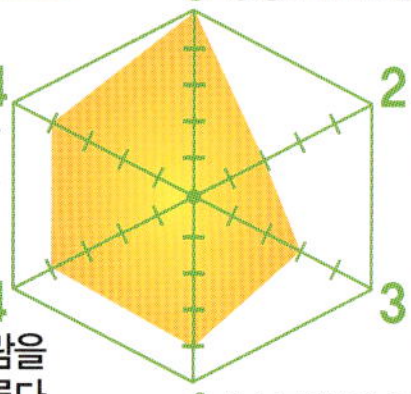

스탠더드 슈나우저 *Schnauzer*

슈나우저 삼형제의 기초견

Group **2**
중형견
번호 **182**

영리하고 활발하지만 침착한 면도 있고 아이들에게 상냥하다. 낯선 사람에게는 경계심을 드러내고 수상한 인기척이나 소리에도 민감하게 반응하므로 일반 가정에서 키우면 집 지키는 개로서 믿음직스러운 활약을 보여줄 것이다. 고집이 약간 있으므로 훈련을 제대로 해야 한다.

근육질의 다부진 몸에 에너지가 넘치므로 건강을 유지하려면 아침 저녁 하루 2번, 적어도 30분씩은 산책해야 한다. 산책할 때 가볍게 뛰거나 넓은 곳에서 뛰어놀게 하면 더욱 좋다.

털은 짧고 거칠며 촘촘하게 자란다. 손질은 핀브러시나 빗으로 브러싱해주는 정도면 충분하여 크게 번거롭지 않다. 눈과 입주변의 털이 더러워지기 쉬우므로 자주 닦아서 청결하게 유지하자. 1년에 2~3번 트리밍하는 것이 좋다.

앞으로 뻗은 눈썹과 구레나룻은 슈나우저의 특징이다.

BREEDING DATA
- 키_ 수컷 47~50cm / 암컷 44~47cm
- 체중_ 23~25kg
- 원산국_ 독일
- 잘 걸리는 질병_ 눈병, 피부병, 관절질환

성격: 가족을 생각하고 다정하지만 자존심이 강하다.

운동시간: 30분×2회

캐릭터 분석
- 상황판단을 잘한다 5
- 사회성·협조성이 있다 4
- 건강관리가 쉽다 4
- 초보자에게 알맞다 4
- 사람을 잘 따른다 3
- 훈련을 잘 따라한다 5

저먼 핀셔 *German Pinscher*

핀셔 계통의 기초가 된 견종

Group **2**
중형견
번호 **184**

1884년에 작성한 문헌에 의하면 당시에 와이어헤어드 핀셔와 스무드헤어드 핀셔 견종이 존재했는데, 그 후 와이어헤어드는 스탠더드 슈나우저로, 스무드헤어드는 저먼 핀셔로 불리게 되었고, 미니어처 핀셔와 도베르만의 기초가 되었다고 한다.

호기심이 많고 활발하며 애정이 풍부하고 명랑하다. 조금 신경질적인 성향도 있고 낯선 사람에게는 무뚝뚝하지만 주인에게는 매우 순종적이다. 그러나 야외에서 쥐나 고양이처럼 움직이는 동물을 발견하면 주인을 끌고 서라도 뒤쫓는 습성이 있다. 뛰어난 체력 덕분에 지칠 줄 모르고 끝없이 달려가기 때문에 주인이 통제할 수 있게 훈련시켜야 한다. 또, 집에서 수상한 기척을 느끼면 큰 소리로 짖는다. 실제로 침입자가 들어왔을 때는 큰 도움이 되겠지만 방문자에게도 마찬가지로 마구 짖어대기 때문에 주인이 통제할 수 있어야 한다.

몸집은 작지만 활동적이어서 운동을 많이 해야 한다.

BREEDING DATA
- 키_ 45~50cm
- 체중_ 11~16kg
- 원산국_ 독일
- 잘 걸리는 질병_ 관절질환, 피부병

성격: 놀기 좋아하고 우호적이며 순종적이다.

운동시간: 30분×2회

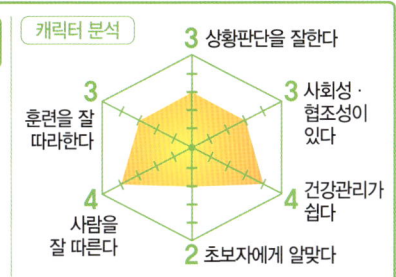

캐릭터 분석
- 상황판단을 잘한다 3
- 사회성·협조성이 있다 3
- 건강관리가 쉽다 4
- 초보자에게 알맞다 2
- 사람을 잘 따른다 4
- 훈련을 잘 따라한다 3

| Group 2 |
| 소형견 |
| 번호 185 |

미니어처 핀셔 *Miniature Pinscher*

작지만 경쾌한 발걸음으로 활기차게 걷는 핀셔

앞발을 높이 들고 마치 아기 사슴처럼 가벼운 걸음걸이로 걷는 미니어처 핀셔. '해크니(Hackney, 앞다리를 높이 들어올려 걷는 영국의 말)'라는 별명처럼 독특한 걸음걸이가 미니어처 핀셔의 화려한 이미지를 한층 더 돋보이게 한다. 비록 몸집은 작아도 프라이드가 높고 용감하며 빈틈이 없다. 성격이 밝고 영리하며 활발하고, 주인에 대한 충성심이 깊다. 경계심이 강해서 상대에 따라 심하게 짖는 경우도 있다.

작은 견종이므로 아파트에서 키울 수도 있지만 겉모습과 달리 힘이 넘쳐 매일 운동을 거르면 안 된다. 아침 저녁 하루 2번, 20분씩 산책하는 것이 이상적이다. 점프력도 좋지만 뼈가 가늘어서 골절과 탈골의 가능성이 있어 심할 경우에는 크게 다칠 수 있으니 조심한다.

학습능력과 상황판단력이 뛰어나서 훈련하기는 어렵지 않다. 기술을 잘 익히는 편이라서 주인에게도 훈련시간이 분명 즐거울 것이다. 어릴 때부터 애정을 담아 커뮤니케이션을 하고 주인이 훈련을 잘 시키면 어린 아이나 다른 반려동물에게도 부드럽게 대한다. 그러나 약간 신경질적인 면이 있고, 프라이드가 높아서 훈련이 부족하거나 이해할 수 없는 명령에는 오히려 히스테리를 일으키거나 아예 훈련에 흥미를 잃어버릴 수도 있다.

꼬리를 자르는 경우도 많지만 유럽에서는 미용을 위해서 인위적으로 단미, 단이를 금지하기 때문에 꼬리가 긴 모습이 일반적이다.

짧고 뻣뻣한 털은 조금만 손질해도 윤기가 흐른다.

BREEDING DATA

- 키_ 25.5~32cm
- 체중_ 4~5kg
- 원산국_ 독일
- 잘 걸리는 질병_ 패턴탈모증, 담색피모탈모증, 모포염, 당뇨병, 백내장, 녹내장

성격: 용감하고 빈틈이 없다. 명랑하고 똑똑하며 활발하다. 경계심이 강하고 주인에게 충실하다.

겨울나기 | 운동시간 (20분×2회) | 털관리

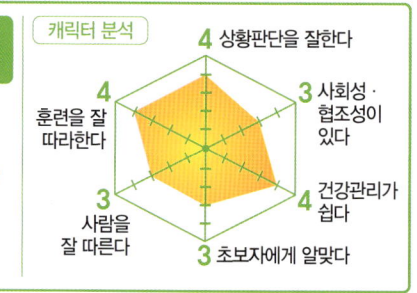

캐릭터 분석
- 상황판단을 잘한다: 4
- 사회성·협조성이 있다: 3
- 건강관리가 쉽다: 4
- 초보자에게 알맞다: 3
- 사람을 잘 따른다: 3
- 훈련을 잘 따라한다: 4

아펜핀셔 *Affenpinscher*

얼굴이 원숭이를 닮은 경계심이 강한 소형견

Group 2
소형견
번호 186

'원숭이 같은 얼굴'을 의미하는 아펜핀셔는 호기심이 많아서 여기저기 돌아다니기를 좋아한다. 밝고 명랑하며 활발하고 애정이 풍부하다. 장난을 치거나 우스꽝스러운 표정으로 집안 분위기를 띄우지만, 낯선 사람에게는 경계심을 드러낸 경우에 따라서는 심하게 짖기도 한다. 이 때 주인이 통제할 수 있도록 훈련해두지 않으면 이웃에게 피해를 줄 수 있으므로 주의해야 한다.

털 색은 블랙이 일반적이지만 실버, 블랙 앤드 탄, 레드 등도 있다. 털은 약간 뻣뻣하고 거칠며, 머리와 다리는 털이 길다. 털이 잘 빠지지 않지만 정기적으로 트리밍해야 한다. 거친 털을 가진 견종은 털을 뽑는 스트리핑 방법이 일반적이다.

호기심이 풍부한 아펜핀셔는 훈련할 때 관심을 끌만한 장난감을 사용하면 효과적이다.

BREEDING DATA

- 키_ 25~30cm
- 체중_ 3~4kg
- 원산국_ 독일
- 잘 걸리는 질병_ 무릎관절 탈구, 천문개존, 눈병, 피부병

성격: 호기심이 많고 어리광을 부리며 약간 신경질적이다.

겨울나기 / 운동시간 10분×2회 / 털관리

캐릭터 분석
- 2 상황판단을 잘한다
- 3 사회성·협조성이 있다
- 3 건강관리가 쉽다
- 3 초보자에게 알맞다
- 2 사람을 잘 따른다
- 2 훈련을 잘 따라한다

호바와트 *Hovawart*

유럽에서 인기 있는 우아하고 다재다능한 견종

Group 2
대형견
번호 190

본래의 순수한 혈통을 지닌 호바와트는 이미 멸종했고 지금 볼 수 있는 호바와트는 뉴펀들랜드와 레온베르거, 쿠바스 등을 교배해서 비슷한 모습으로 다시 만들어낸 것이라고 한다. 1936년 독일 켄넬클럽에서 공인받았다. 지금은 가정에서 반려견으로 키우기도 하지만 눈사태를 만난 조난자를 구조하는 일도 한다. 유럽에서는 비교적 인기가 많은 대형견이다.

호바와트는 원래 주인의 땅을 지키는 개였다. 학습능력이 뛰어나고 순종적이며 독립심이 있어서 스스로 판단하고 행동한다. 평소에는 온순하고 상냥한 견종이다. 주인과 가족, 아이들에게도 순종하고 부드럽게 대한다. 거의 짖지 않지만 조심성 있게 주위를 경계한다.

겉모습은 차분하고 우아하지만 성견이 되어도 어릴 때의 성격이 남아 있는데, 이는 제멋대로 굴거나 말을 안 듣는 의미가 아니므로 함께 즐겁게 생활할 수 있다. 운동을 충분히 시킬 수 있으면 도시에서도 생활할 수 있다.

BREEDING DATA

- 키_ 55~70cm
- 체중_ 25~40kg
- 원산국_ 독일
- 잘 걸리는 질병_ 고관절형성부전, 피부병, 갑상선질환

성격: 매우 온순하고 순종적이다.

겨울나기 / 운동시간 60분×2회 / 털관리

캐릭터 분석
- 5 상황판단을 잘한다
- 4 사회성·협조성이 있다
- 3 건강관리가 쉽다
- 4 초보자에게 알맞다
- 5 사람을 잘 따른다
- 5 훈련을 잘 따라한다

Group 2	네오폴리탄 마스티프 *Neapolitan Mastiff*
대형견	
번호 197	얼굴과 몸의 주름 사이사이를 청결하게 해야 하는 마스티프

외모로는 상상할 수 없을 정도로 조용한 견종이다. 체력과 힘이 너무 강하기 때문에 어린아이를 해치진 않지만 평소대로 행동하는 것만으로도 의도와 달리 사고로 이어질 가능성이 있다. 기초적인 훈련이나 복종훈련을 반드시 해야 하는 견종이다. 주위에 사람이 많을 때 「앉아」 등으로 통제할 수 있어야 한다.

자립심이 강하고 스스로 판단하는 능력이 뛰어나서 훈련하기가 쉽지 않다. 어릴 때부터 애정을 담아 커뮤니케이션을 하면서 결코 응석을 받아주어서는 안 된다. 늘 올바른 지시를 내려 서로 신뢰관계를 맺어야 한다.

얼굴이나 몸의 주름 사이사이를 잘 닦아주어야 한다. 주름 사이에 낀 때를 그대로 방치하면 악취나 피부병의 원인이 된다. 따뜻한 물수건 등으로 부지런히 주름 사이를 닦아 청결을 유지하자.

여러 겹으로 늘어진 목의 피부는 공격당할 경우에 몸의 주요 기관을 보호해주는 역할을 한다.

BREEDING DATA

- 키_ 수컷 65~72cm / 암컷 60~68cm
- 체중_ 50~68kg
- 원산국_ 이탈리아
- 잘 걸리는 질병_ 고관절형성부전, 제3안검노출증(체리아이), 피부병

성격: 제멋대로이고 자립심이 있으며 고집이 세다. 주인에게는 순종한다.

캐릭터 분석
- 3 상황판단을 잘한다
- 3 사회성·협조성이 있다
- 3 건강관리가 쉽다
- 1 초보자에게 알맞다
- 2 사람을 잘 따른다
- 2 훈련을 잘 따라한다

Group 2	브라질리안 마스티프 *Brazilian Mastiff*
대형견	
번호 225	도둑도 두려워하는 브라질의 가드 도그

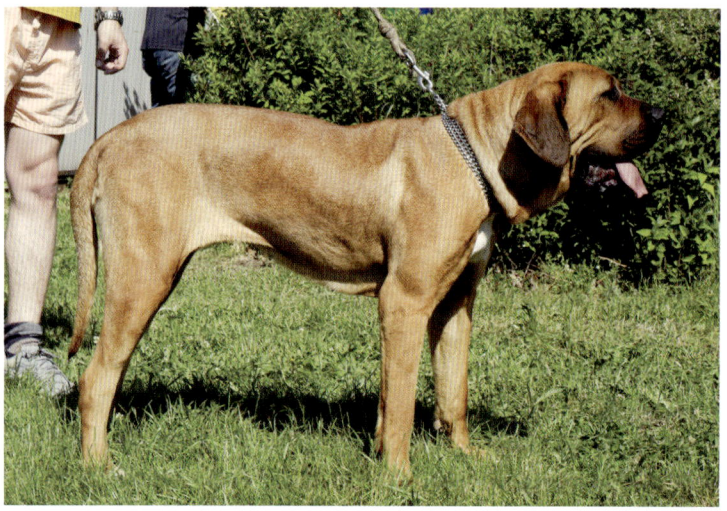

원래는 가축을 관리하거나 도둑이나 맹수로부터 가축을 보호하는 일을 했다. 넘치는 힘으로 사냥개로서의 역할도 훌륭하게 수행했다. 사냥할 때는 사냥감을 죽이지 않고 사냥꾼이 올 때까지 끈질기게 뒤쫓아 기운을 빼는 방법을 사용했는데, 이 능력을 높이 평가받아 브라질에 노예제도가 있던 시절에는 도망친 노예에게 상처를 입히지 않고 잡는 일에 이용되기도 했다. '브라질리안 가드 도그(Brazilian Guard Dog)'라고도 부르며, 브라질 국내는 물론이고 미국에서도 인기가 있다.

주인과 가족에게는 매우 순종적이고 애정이 깊지만, 낯선 사람은 경계하고 결코 마음을 열지 않는다. 집에서는 철저히 경비태세를 취하고 수상한 소리나 인기척에 민감하게 반응하는데, 필요하다면 위협을 하거나 공격을 하기도 한다.

공격적인 성격과 커다란 몸집 때문에 몇몇 나라에서는 기르는 것이 규제된 견종이다.

BREEDING DATA

- 키_ 65~75cm
- 체중_ 41~50kg
- 원산국_ 브라질
- 잘 걸리는 질병_ 위염전, 고관절형성부전

성격: 순종적이고 조심성이 많다.

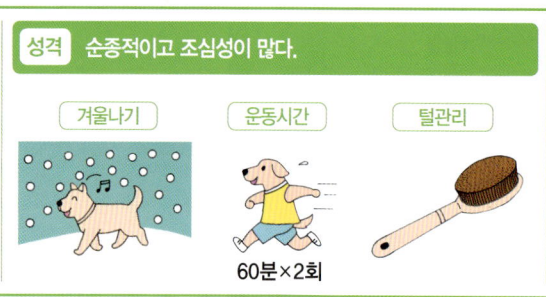
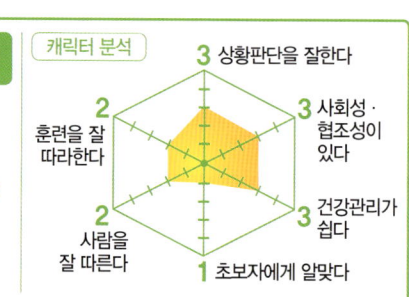

캐릭터 분석
- 3 상황판단을 잘한다
- 3 사회성·협조성이 있다
- 3 건강관리가 쉽다
- 1 초보자에게 알맞다
- 2 사람을 잘 따른다
- 2 훈련을 잘 따라한다

랜드시어 Landseer

침을 많이 흘리는 인형 캐릭터로 등장하는 개

Group 2
대형견
번호 226

미국과 영국에서는 랜드시어를 뉴펀들랜드와 같은 견종으로 인식해서 '랜드시어 뉴펀들랜드'라고 불렸으며 색상만 다르다고 생각했다. 그러나 유럽에서는 랜드시어를 뉴펀들랜드와 다른 견종으로 인정하고, FCI에서도 등록번호를 다르게 지정하였다. 랜드시어는 뉴펀들랜드보다 다리가 길고 몸집이 작다.

랜드시어는 온순하고 상냥하며 주인과 가족을 매우 좋아한다. 낯선 사람에게도 우호적이어서 주인의 친구는 처음 만나도 어리광을 부린다. 다른 개와 반려동물에게도 친절하고 공격적이지 않은 평화주의자이다.

한 가지 문제점은 침을 지나치게 많이 흘린다는 점이다. 특히 놀다가 흥분하면 입에서 하얀 침이 뚝뚝 떨어진다. 집 안에서 키우면 바닥이 침으로 더러워지므로 밴다나 등으로 침받이를 해주는 것이 좋다.

랜드시어의 가장 큰 특징은 수영을 잘한다는 것이다. 뛰어난 수영솜씨로 수상구조견으로 활약하기도 한다.

BREEDING DATA

- 키_ 66~72cm
- 체중_ 50~60kg
- 원산국_ 독일, 스위스
- 잘 걸리는 질병_ 관절질환, 외이염

성격: 매우 영리하며 순종적이고 아이들을 좋아한다.

겨울나기 / 운동시간 60분×2회 / 털관리

캐릭터 분석
- 상황판단을 잘한다 4
- 사회성·협조성이 있다 3
- 건강관리가 쉽다 3
- 초보자에게 알맞다 2
- 사람을 잘 따른다 4
- 훈련을 잘 따라한다 4

티베탄 마스티프 Tibetan Mastiff

풍성한 털로 덮여 있는 마스티프

Group 2
대형견
번호 230

긴 털로 덮여 있는 티베탄 마스티프는 다른 사나운 마스티프와는 조금 다르다. 평소에는 조용히 엎드려서 쉬고 있는 것처럼 보이지만 경계심이 강하고 관찰력이 예리해서 이상한 소리나 수상한 사람을 보면 곧바로 공격 태세로 위협한다. 숨이 멎을 만큼 박력 있는 모습을 보이지만 주인과 가족에게는 더없이 온순하다.

몸집이 크고 체력도 좋지만 그다지 활발하게 움직이지 않으므로 다리와 허리를 단련하려면 매일 운동시켜야 한다. 적어도 아침 저녁 하루 2번, 1시간씩 산책을 시킨다. 산책은 운동도 되지만 건강한 뼈를 만드는 데 꼭 필요한 일광욕도 할 수 있으며, 다른 개나 사람을 만나서 사회성을 기르는 기회도 된다. 개를 데리고 걸으려면 힘들겠지만 될 수 있으면 밖으로 데리고 나가는 것이 좋다.

몸집이 워낙 크기 때문에 다른 개나 사람에게 매달리지 않도록 확실하게 훈련을 통해 통제해야 한다.

BREEDING DATA

- 키_ 61~71cm
- 체중_ 64~82kg
- 원산국_ 티베트
- 잘 걸리는 질병_ 고관절형성부전, 안검이상, 피부병

성격: 조용하고 온순하며 경계심이 강하다.

겨울나기 / 운동시간 60분×2회 / 털관리

캐릭터 분석
- 상황판단을 잘한다 3
- 사회성·협조성이 있다 2
- 건강관리가 쉽다 3
- 초보자에게 알맞다 1
- 사람을 잘 따른다 2
- 훈련을 잘 따라한다 2

| Group 2 |
| 대형견 |
| 번호 235 |

그레이트 데인 *Great Dane*

세계에서 가장 키가 큰 독일의 온순한 거인

이 거대한 견종은 쉽게 다가가기 어려운 존재지만 알고 보면 온순하고 애정이 깊으며 큰 키만큼이나 여유가 있다. 상황판단력이 뛰어나고 인내심이 강하다. 완전한 성견이 되기 전까지 복종훈련을 잘 해두면 언제나 주인 곁에 머물면서 신호를 기다린다. 주인의 명령에 따라 행동하며, 아이들이나 다른 반려동물과도 사이좋게 잘 지낸다. 그러나 몸집이 크기 때문에 유아가 있는 가정에서는 주의해야 한다.

실내에서도 키울 수 있지만 스트레스를 발산시키기 위해서는 매일 오랜 시간 산책해야 한다. 아침 저녁 하루 2번, 1시간씩 산책하는 것이 좋다. 수상한 사람을 보거나 위험한 상황이 닥치면 공격적으로 변하기도 한다.

털이 매우 짧아서 관리하기가 크게 어렵지 않다. 천연모 브러시로 자주 브러싱하면 윤기가 흐르고 피부마사지 효과도 얻을 수 있다.

그레이트 데인은 기네스북에 세계에서 가장 키가 큰 개로 등록되어 있는데 수컷이 암컷보다 조금 더 크다. 현재 유럽에서는 미용을 위해 인위적인 단이, 단미가 금지되어 있어서 늘어진 귀에 긴 꼬리를 가진 그레이트 데인이 일반적이다.

조상은 고대 전쟁에서 활약하던 몰로시안(Molossian) 타입의 견종이다. 오랜 시간에 걸쳐 그레이 하운드와 아이리시 울프하운드, 마스티프 등을 교배시켜 1300년경에는 이미 완성되었을 것으로 짐작된다.

17세기에는 멧돼지 사냥에도 활약하며 '보아 하운드(Boar Hound)'라고도 불렸다.

BREEDING DATA

- 키_ 수컷 76~81cm / 암컷 70~76cm
- 체중_ 수컷 54kg / 암컷 45kg
- 원산국_ 독일
- 잘 걸리는 질병_ 진행성망막위축증, 백내장, 위염전, 확장형심근증, 다이아몬드아이(눈꺼풀이 찢어져서 안구가 노출되는 질병)

성격 조용하고 인내심이 강하며 침착하고 냉정하다.

캐릭터 분석
- 4 상황판단을 잘한다
- 4 사회성·협조성이 있다
- 4 건강관리가 쉽다
- 2 초보자에게 알맞다
- 5 사람을 잘 따른다
- 5 훈련을 잘 따른다

아이디 *Aidi*

Group 2 / 대형견 / 번호 247

사냥 능력도 뛰어난 집 지키는 개

원래는 늑대, 곰, 살쾡이 같은 맹수와 싸울 때 물려서 다치는 일이 없도록 크게 늘어진 귀나 꼬리를 잘랐지만 이제는 그럴 필요가 없어졌고, 게다가 유럽에서는 미용을 위해 인위적으로 단이, 단미를 금지하고 있으므로 지금은 거의 자연 그대로의 모습을 볼 수 있다. 유럽에서는 '시앵 드 라틀라스 (Chien de l'Atlas, 아틀라스의 개)'라고 불린다. 위기를 감지하는 능력이 뛰어나고, 냄새를 잘 맡기 때문에 냄새로 뱀을 찾아내서 대처할 수 있다고 한다. 사냥 능력도 뛰어나 일찍이 모로코의 유목민은 뛰어난 시력으로 사냥감을 쫓는 슬루기와 짝을 지어 다양한 사냥에 이용했다.

주인과 가족에게는 애정이 깊고 끈끈한 유대감을 느낀다. 주인에게 충실해서 주인이 무슨 생각을 하는지 이해하려고 노력한다. 낯선 사람에게는 좀처럼 경계심을 풀지 않는다. 주인과 가족, 재산을 지키기 위해 강한 책임감으로 경비를 선다. 초보자가 쉽게 키울 수 있는 견종은 아니다.

촘촘하게 난 양털처럼 포근한 털이 더위와 추위로부터 몸을 지켜준다.

BREEDING DATA

- 키_ 53~63.5cm
- 체중_ 25kg
- 원산국_ 모로코
- 잘 걸리는 질병_ 피부병, 관절질환

성격 경계심이 강하며 주인에게 애정이 깊다.

겨울나기 / 운동시간 60분×2회 / 털관리

캐릭터 분석
- 상황판단을 잘한다 3
- 사회성·협조성이 있다 2
- 건강관리가 쉽다 3
- 초보자에게 알맞다 2
- 사람을 잘 따른다 3
- 훈련을 잘 따라한다 3

마요르킨 마스티프 *Mallorquin Mastiff*

Group 2 / 대형견 / 번호 249

투견에서 쇼도그로 직업을 바꾸고 인기가 높아진 견종

'페로 데 프레사 마요르킨(Perro de Presa Mallorquin)', '카 데 부(Ca de Bou)'라고도 부른다. 원래는 가축을 모는 개였지만 투견 또는 수소와 싸우는 불베이팅(bullbaiting)용으로 개량된 탓에 사나운 이미지가 정착되었다. 그러나 실제로는 조용히 지내는 것을 좋아하는 성격이다. 투견이 금지된 이후 한때 멸종 위기에 놓였지만 쇼도그로 인기가 높아져서 살아남을 수 있었다.

특히 유럽에서 인기가 많은데 그 이유는 사람을 잘 따르고, 놀기 좋아하며, 주인에게 충실하기 때문이다. 도그쇼에서는 주인과 이야기를 나누는 낯선 사람에게도 친근하게 다가간다. 한편, 자기영역이기도 한 집 안에 있을 때는 조용하게 있으면서도 수상한 소리나 인기척에 경계를 늦추지 않고, 위급한 상황에서는 용감하게 상대방과 맞서 싸운다.

조용하게 지내지만 스트레스가 쌓이지 않게 매일 운동해야 한다. 적어도 아침 저녁 하루 2번, 1시간 이상씩 산책하는 것이 좋다.

BREEDING DATA

- 키_ 수컷 55~58cm / 암컷 52~55cm
- 체중_ 수컷 35~38kg / 암컷 30~34kg
- 원산국_ 스페인(발레아레스 제도)
- 잘 걸리는 질병_ 피부병, 눈병

성격 조용하고 주인에게 충실하다.

겨울나기 / 운동시간 60분×2회 / 털관리

캐릭터 분석
- 상황판단을 잘한다 3
- 사회성·협조성이 있다 5
- 건강관리가 쉽다 1
- 초보자에게 알맞다 1
- 사람을 잘 따른다 1
- 훈련을 잘 따라한다 3

| Group 2 |
| 대형견 |
| 번호 260 |

도사 *Tosa*

투견으로 유명한 일본의 대형견

'도사투견'이라고 부르기도 한다. 현재도 투견대회가 열리고 있지만 결코 서로를 죽이는 대회가 아니다. 투견대회에는 지켜야 할 많은 규칙이 있고, 또 도사의 경우 투견을 위해 개량된 견종이므로 상대방에게 쉽게 당하지도 않는다. 서로 물어뜯기도 하지만 두껍게 늘어진 피부가 보호막 역할을 한다. 투견대회는 어렸을 때부터 오랜 훈련으로 다져진 그야말로 힘과 기술의 만남이라고 할 수 있다.

도사는 투견이기 때문에 단순한 기본훈련을 가르치기는 어렵다. 주인은 응석을 받아주지 말고 단호하게 리더십을 보여야 한다. 주인과의 신뢰관계가 이루어진 다음 확실하게 복종훈련을 해야 한다. 성견이 되고 난 후에 훈련을 시작하면 경우에 따라서는 반항할 수도 있다. 어릴 때 기초적인 훈련과 함께 주인에게 절대 복종하는 것을 가르쳐야 한다. 복종훈련이 제대로 되어 있지 않으면 다른 사람이나 개에게 상처를 입히거나 달려들어 넘어뜨리는 사고를 일으킬 수 있다.

BREEDING DATA

- 키_ 수컷 60cm 이상 / 암컷 55cm 이상
- 체중_ 80~90kg
- 원산국_ 일본

- 잘 걸리는 질병_ 관절질환, 눈병

성격: 주인에게는 순종한다.

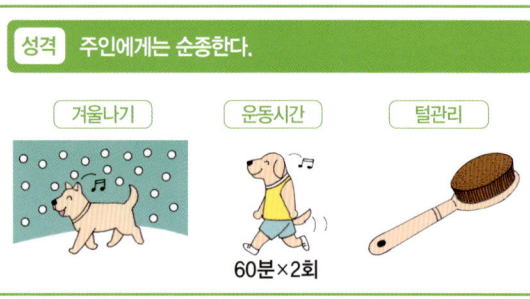

겨울나기 / 운동시간 60분×2회 / 털관리

캐릭터 분석
- 상황판단을 잘한다: 2
- 사회성·협조성이 있다: 3
- 건강관리가 쉽다: 4
- 초보자에게 알맞다: 1
- 사람을 잘 따른다: 1
- 훈련을 잘 따라한다: 2

| Group 2 |
| 대형견 |
| 번호 264 |

마스티프 *Mastiff*

강력한 경비견이 되는 거대견

마스티프는 인상은 강하지만 실제로는 매우 차분하여 사소한 일에 동요하지 않으며 위급한 상황에 적절하게 행동한다. 몸집이 커도 매우 날렵하게 행동하는 것을 보면 놀랄 정도이다. 주인에게 충성을 다하고, 명령이 떨어질 때까지 몇 시간이라도 같은 자세로 앉아서 기다릴 수 있는 끈기가 있다. 애교는 별로 없지만 다른 개나 고양이 등의 반려동물에게 부드럽게 대한다.

경호능력과 전투능력이 뛰어나 일반 가정에서는 수상한 사람이나 이상한 소리에 민감하게 반응하고 경계태세를 취한다. 능력으로 보나 외모로 보나 집 지키는 개로는 최강이다. 침입자도 마스티프의 모습을 보면 도망치게 될 것이다. 그러나 가장 중요한 것은 주인의 제지 명령을 따르는지 여부이다. 집 지키는 개로서는 최고라고 할 수 있지만 위험이 사라질 때까지 상대방을 계속 공격할 수도 있으므로, 그때는 주인이 마스티프를 제지할 수 있어야 한다.

BREEDING DATA

- 키_ 수컷 76cm / 암컷 70cm
- 체중_ 79~86kg
- 원산국_ 영국

- 잘 걸리는 질병_ 고관절형성부전, 위염전, 안검내반증, 심근증

성격: 조용하고 인내심이 강하며 주인에게 순종한다.

겨울나기 / 운동시간 60분×2회 / 털관리

캐릭터 분석
- 상황판단을 잘한다: 3
- 사회성·협조성이 있다: 2
- 건강관리가 쉽다: 3
- 초보자에게 알맞다: 2
- 사람을 잘 따른다: 2
- 훈련을 잘 따라한다: 3

카르스트 세퍼드 도그 *Karst Shepherd Dog*

슬로베니아의 천연기념물

Group **2**
대형견
번호 **278**

슬로베니아에서 천연기념물에 해당하는 슬로베니아 국가보물(Slovene Natural Treasure)로 지정된 견종이다. 20세기 후반에는 분쟁 때문에 그 수가 크게 줄었지만, 서서히 회복해서 2000년대 초에는 슬로베니아 국내에만 1,000마리 정도로 늘어났다. 국외에서도 인기가 높아져 유럽 여러 나라에서 번식되고 있다.

주인과 가족에게는 순종적이고 충실하며, 용감하고 독립심이 강하다. 순종적인 개로 키우려면 엄격한 훈련이 필요한데, 훈련할 때 체벌을 하거나 일관성 없는 훈련에는 절대 응하지 않으므로, 주인의 강한 리더십과 애정이 담긴 커뮤니케이션이 중요하다. 기본적으로는 안정된 기질을 갖고 있으므로 훌륭한 개로 키우려면 파트너로서 서로가 서로의 입장을 존중하는 태도가 필요하다.

방어본능이 매우 뛰어나 주인과 가족, 재산을 지키기 위해서 결코 경계를 게을리 하는 법이 없다.

BREEDING DATA

- 키_ 60cm
- 체중_ 40kg
- 원산국_ 슬로베니아
- 잘 걸리는 질병_ 고관절형성부전, 피부병

성격: 영역의식이 강하고 용감하다.

겨울나기 | 운동시간 60분×2회 | 털관리

캐릭터 분석
- 4 상황판단을 잘한다
- 3 사회성·협조성이 있다
- 4 건강관리가 쉽다
- 1 초보자에게 알맞다
- 2 사람을 잘 따른다
- 3 훈련을 잘 따라한다

도고 아르헨티노 *Dogo Argentino*

세계적으로 사육이 규제되어 있는 난폭한 견종

Group **2**
대형견
번호 **292**

용맹하고 과감한 도고 아르헨티노. 체력이 뛰어나고 훈련을 받으면 어떤 상황에서도 공격태세를 취한다. 도고 아르헨티노가 지키고 있으면 그 어떤 침입자도 쉽게 다가올 수 없다.

프라이드가 높아서 훈련하기가 결코 쉽지 않다. 아마도 일반인은 불가능할 것이다. 어릴 때부터 애정을 담아 커뮤니케이션을 하고 다른 개와 사람의 만남을 통해 사회성을 길러준다. 주인이 확실하게 리더십을 발휘하여 완벽하게 복종하도록 훈련하면 다세대주택이나 아파트에서도 키울 수 있다. 그러나 그렇게 되기까지는 숙련된 기술을 가진 전문 트레이너에 의한 훈련이 필요하다. 초보자가 키우기에는 어려운 견종이다.

1973년에 FCI의 공인견종이 되었다. 매우 훌륭한 견종인데 남미에서는 투견으로 이용되고 있다. 영국에서는 허가 없이 사육, 판매, 수입하는 일이 규제되어 있다.

BREEDING DATA

- 키_ 61~69cm
- 체중_ 36~45kg
- 원산국_ 아르헨티나
- 잘 걸리는 질병_ 고관절형성부전, 피부병

성격: 용감하고 과감하며 공격적이다. 프라이드가 높다.

겨울나기 | 운동시간 60분×2회 | 털관리

캐릭터 분석
- 3 상황판단을 잘한다
- 2 사회성·협조성이 있다
- 3 건강관리가 쉽다
- 1 초보자에게 알맞다
- 1 사람을 잘 따른다
- 2 훈련을 잘 따라한다

| Group 2 | 중형견 | 번호 308 |

더치 스모우스혼드 *Dutch Smoushond*

슈나우저와 핀셔에 가까운 견종

더치 스모우스혼드는 멸종상태에서 복원되었지만 아직까지 그 수가 적어서 지금도 유럽은 물론이고 네덜란드 국내에서도 찾아보기 어렵다.

몸집이나 성격으로 보면 전형적인 테리어에 속하지만, 독일의 슈나우저나 핀셔에 가까워서 FCI의 분류로는 2그룹에 속한다. 실제로 외모를 보면 부분적으로 슈나우저의 피를 이어받은 것으로 보인다.

순종적이고 지능이 높으며 활발하다. 사교적인 성격이라 다른 개나 고양이 등의 반려동물과도 사이좋게 지내고, 유머센스도 있어서 주인을 즐겁게 해주는 견종이다. 다만, 쥐처럼 작은 동물은 죽이는 경우도 있으므로 햄스터 등의 작은 반려동물을 키우면 조심해야 한다. 학습능력이 뛰어나서 주인과 일관성 있는 커뮤니케이션을 한다면 다양한 기술을 배울 수 있다.

운동을 충분히 시킨다면 아파트에서도 키울 수 있다. 단, 더위에 약하기 때문에 시원한 환경에서 키워야 한다.

BREEDING DATA

- 키_ 35~42cm
- 체중_ 9~10kg
- 원산국_ 네덜란드
- 잘 걸리는 질병_ 피부병, 눈병

성격: 다정하며 순종적이다.
겨울나기 / 운동시간 30분×2회 / 털관리

캐릭터 분석
- 상황판단을 잘한다: 3
- 사회성·협조성이 있다: 4
- 건강관리가 쉽다: 2
- 초보자에게 알맞다: 3
- 사람을 잘 따른다: 4
- 훈련을 잘 따라한다: 3

| Group 2 | 중형견 | 번호 309 |

샤 페이 *Shar Pei*

어릴 때의 주름은 크면서 사라진다

'차이니즈 샤 페이(Chinese Shar Pei)'라고도 부르는 샤 페이는 가족에게 깊은 애정을 나타내며 충실하다. 낯선 사람을 경계하고 독립심이 왕성하며 프라이드가 강해서 억지스러운 지시에는 반항한다. 기본적으로 인내심이 강한 성격이다. 학습능력이 떨어지는 편은 아니지만 자립심이 강해서 행동에 제한을 받거나 강요당하는 것을 싫어하므로 초보자는 훈련하기 어렵다. 훈련을 시작하기 전에 먼저 신뢰를 쌓아야 한다.

샤 페이란 '모래 피부'란 뜻으로, 이름 그대로 피부가 모래처럼 매우 짧은 털로 되어 있는 것을 의미한다. 원래는 농가에서 가족과 재산을 지키는 개였지만 나중에 투견의 세계로 들어가면서 피부가 상대 개에게 쉽게 물리지 않도록 된 것이다. 어릴 때는 온몸에 주름이 있지만 크면서 사라진다. 그러나 얼굴의 주름은 성견이 되어도 많이 남아 있다.

찡그린 듯한 표정과 주름진 피부가 샤 페이의 특징이다.

BREEDING DATA

- 키_ 46~51cm
- 체중_ 18~23kg
- 원산국_ 중국
- 잘 걸리는 질병_ 알레르기성피부염, 피부병, 눈병

성격: 자존심이 강하고 고집이 세며, 주인에게 순종한다.
겨울나기 / 운동시간 30분×2회 / 털관리

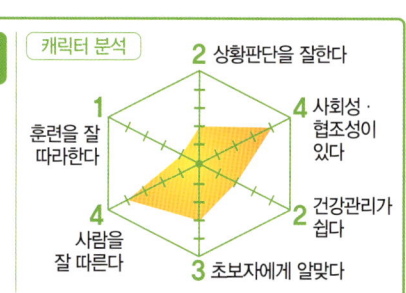

캐릭터 분석
- 상황판단을 잘한다: 2
- 사회성·협조성이 있다: 4
- 건강관리가 쉽다: 2
- 초보자에게 알맞다: 3
- 사람을 잘 따른다: 4
- 훈련을 잘 따라한다: 1

브로홀머 *Broholmer*

덴마크 토종견을 보호하기 위한 노력으로 살아남은 견종

Group 2 / 대형견 / 번호 315

원래는 소를 시장으로 몰고 가는 일을 했으며, 평소에는 농가를 지키는 개로 귀한 대접을 받았다. 한때 완전히 멸종되었다고 여겨졌지만 덴마크에서 토종견을 보호하기 위해 적은 수의 브로홀머를 찾아내어 부활시키는 데 성공했다. 그러나 지금도 여전히 보기 힘든 희소 견종이다.

처음에는 마스티프의 피를 물려받은 덕분에 사나운 기질을 갖고 있었지만, 브리더가 온순한 개체만 선택해 번식시킨 결과 보기와는 달리 온순하고 공격성이 없는, 상냥하고 힘센 이미지의 견종이 되었다.

주인과 가족에게 애정이 깊고 아이들과도 잘 어울린다. 경계심이 강해서 수상한 사람을 보면 조심스럽게 관찰하다가 이상한 점을 느끼면 방어 태세를 취하는 믿음직스러운 견종이다.

훌륭한 개로 키우려면 애정을 담은 커뮤니케이션과 주인의 강한 리더십이 필요하다. 힘만으로는 브로홀머를 통제할 수 없다.

BREEDING DATA

- 키_ 수컷 75cm / 암컷 70cm
- 체중_ 50~60kg
- 원산국_ 덴마크
- 잘 걸리는 질병_ 피부병

러시안 블랙 테리어 *Russian Black Terrier*

군용견으로 개발된 러시아의 대형견

Group 2 / 대형견 / 번호 327

이름에 테리어가 들어 있지만 분류상으로 볼 때 테리어는 아니다. 군용견으로 이용하기 위해 개발하기 시작했지만, 몇 년 후 러시아인 브리더가 외모에 중점을 두고 번식시켜서 1981년 FCI에서 공인받았다. '블랙 러시안 테리어' 또는 '러시안 베어 슈나우저(Russian Bear Schnauzer)'라고도 부른다.

군용견에서 해방되어 일반 가정의 반려견으로 자라면 주인과 가족의 따뜻한 사랑을 받아 애정이 깊고 상냥하며 충실한 개가 된다. 아이들이나 다른 개와 노는 것을 좋아하고 사회성도 있다. 원래 학습능력이 뛰어나서 생후 1년 반부터 2년에 걸쳐 많은 것을 매우 빠르게 배워나간다.

낯선 사람을 보면 경계하고, 집에서는 주인과 가족을 지키려는 강한 방어 본능이 작동하여 수상한 소리나 낯선 사람에게 바로 대응하는 등 집 지키는 개로도 훌륭하다.

악천후에도 잘 견뎌내는 힘과 지구력이 뛰어난 강인한 몸을 지녔다.

BREEDING DATA

- 키_ 63~75cm
- 체중_ 40~65kg
- 원산국_ 러시아
- 잘 걸리는 질병_ 고관절형성부전, 눈병

| Group 2 |
| 대형견 |
| 번호 328 |

코카시안 쉽도그 Caucasian Sheepdog

외모보다 역할을 중요하게 여기는 양치기견

1970년대에 구 서독으로 수입된 이후 인기 견종이 되었다. 이 견종의 다른 이름인 '코카시안 오브차카(Caucasian Ovtcharka)'는 러시아 말로 '코카서스의 양치기견'을 의미한다. 이 견종은 오랫동안 양을 몰던 개로 외모보다 역할을 중요하게 생각했기 때문에 어디까지나 실용견으로만 키우고 도그 쇼에 나오는 경우는 없었다.

주인과 가족에게는 순종적이지만 독립심이 강해서 엄격한 훈련이 필요하다. 방어본능과 경계심이 강하지만 주인의 친구라고 판단하면 친근하게 대한다. 그러나 낯선 사람에게는 마음을 열지 않고 수상하다고 생각되면 공격하기도 한다. 필요 이상으로 공격하지 않게 하려면 주인이 통제할 수 있도록 엄격하게 훈련해야 한다. 초보자는 다루기 힘든 견종이므로 경험이 풍부한 사람이 키우는 것이 좋다.

촘촘하게 난 속털과 거친 바깥털은 어떤 날씨에도 견딜 수 있기 때문에 실외에서 키울 수 있다.

BREEDING DATA
- 키_ 64~72cm
- 체중_ 45~70kg
- 원산국_ 러시아
- 잘 걸리는 질병_ 고관절형성부전, 피부병

성격: 가족에게 순종하고 독립심이 강하다.

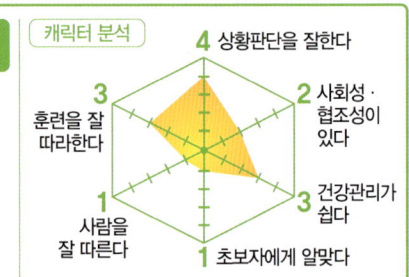

캐릭터 분석
- 4 상황판단을 잘한다
- 2 사회성·협조성이 있다
- 3 건강관리가 쉽다
- 1 초보자에게 알맞다
- 1 사람을 잘 따른다
- 3 훈련을 잘 따라한다

| Group 2 |
| 대형견 |
| 번호 331 |

아나톨리안 셰퍼드 도그 Anatollian Shepherd Dog

가축을 지키는 개에서 사냥개로, 때로는 군용견으로 변신

원래 가축을 보호하고 집을 지키는 개로 일했지만 가축을 노리는 맹수와 맞서 싸우는 용맹함을 인정받아 사냥할 때 사냥감을 추적하거나 전쟁에서는 군용견으로 활약하기도 했다. 1950년대 미국에 수입되어 인기 견종이 되었다. '카라바시(Karabash)'라는 터키 이름으로도 많이 알려져 있다.

지능이 높고 학습능력이 뛰어나며, 관찰력이 예리하다. 낯선 사람이나 동물을 보면 경계심을 갖고 대응한다. 그러나 상대에게 악의가 느껴지지 않으면 관찰만 하기도 하고, 이상함을 감지하면 때에 따라서는 공격적으로 변하기도 한다. 필요 이상으로 공격하면 주인이 바로 제지할 수 있도록 리더십 있는 주인의 엄격한 훈련이 필요하다. 어릴 때부터 일관성 있는 엄격한 훈련이 필요하다. 물론 애정이 담긴 커뮤니케이션도 중요하다.

역사가 아주 오래된 아나톨리안 셰퍼드 도그는 원산국인 터키에서는 국가적인 상징으로 여긴다.

BREEDING DATA
- 키_ 81cm
- 체중_ 65kg
- 원산국_ 터키
- 잘 걸리는 질병_ 고관절형성부전, 피부병

성격: 영리하고 순종적이다. 관찰력이 뛰어나며 경계심이 강하다.

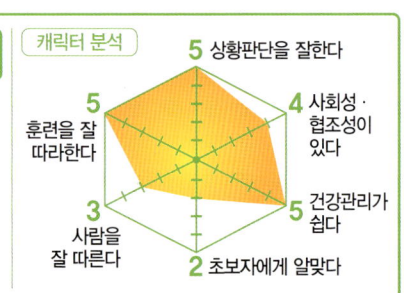

캐릭터 분석
- 5 상황판단을 잘한다
- 4 사회성·협조성이 있다
- 5 건강관리가 쉽다
- 2 초보자에게 알맞다
- 3 사람을 잘 따른다
- 5 훈련을 잘 따라한다

센트럴 아시안 십도그 *Central Asian Sheepdog*

굳건한 모습으로 가축을 지켜온 양치기견

Group **2**
대형견
번호 **335**

최근 유럽에서 인기가 높아졌고 미국, 일본에서도 고대의 분위기를 풍기는 센트럴 아시안 십도그가 화제가 되고 있다. 발음에 조금씩 차이가 있어서 '센트럴 에이지안 십도그'라고도 부른다.

매우 다부지고 고집이 세 보이는 외모로 귀와 꼬리를 자르는 경우가 많다. 미용을 위해 인위적으로 단이, 단미하는 것을 법으로 금지하는 유럽에서도 예외적으로 센트럴 아시안 십도그의 단이, 단미는 지금도 행해지고 있다.

주인 가족에게는 매우 순종적이지만, 독립심이 강하고 경계심으로 똘똘 뭉친 성격이다. 누가 다가오면 시선을 고정한 채 수상한 움직임이 없는지 관찰한다. 가족을 지키기 위해서는 언제나 전투태세를 갖추고 있다. 이 개를 통제하지 못하는 어린아이나 다른 개가 무심히 다가가지 않도록 주의해야 한다. 강한 리더십이 있고, 경험이 풍부한 주인이 아니면 센트럴 아시안 십도그를 통제하기 어렵다.

BREEDING DATA

- 키_ 60~78㎝
- 체중_ 40~79㎏
- 원산국_ 중앙아시아

- 잘 걸리는 질병_
  고관절형성부전, 피부병, 위염전

이탈리안 코르소 도그 *Italian Corso Dog*

세계적으로 점점 인기가 높아지는 견종

Group **2**
대형견
번호 **343**

유럽에서는 주로 '카네 코르소(Cane Corso)' 또는 '카네 코르소 이탈리아노(Cane Corso Italiano)'라고 불리며 절대적인 인기를 얻고 있다. 요즘은 미국도 그 매력에 빠져서 도그쇼에서도 많이 볼 수 있다.

강인하고 당당한 모습에 압도되어 쉽게 다가가기 어렵지만, 실제로는 사람을 따르고 좋아한다. 강아지도 힘이 넘치며 친근하게 다가와 매달리는데 오히려 사람이 힘겹게 느낄 정도이다. 가족을 사랑하고 인내심이 강해서 아이들과 함께 있어도 힘들어하지 않는다.

학습능력이 뛰어나서 훈련하기 쉬운 견종이다. 집에서도 경계를 푸는 법이 없고 가족과 재산을 철통같이 지킨다. 그런 모습 때문에 라틴어의 '보호자'를 의미하는 '코호스(Cohors)'라는 단어에서 이름이 유래되었다. 지금도 뛰어난 능력을 살려서 경찰견으로 활약한다.

매우 활발한 견종이므로 매일 운동을 해야 한다. 아침 저녁 하루 2번, 1시간씩 산책하는 것이 좋다.

BREEDING DATA

- 키_ 수컷 64~68㎝ / 암컷 60~64㎝
- 체중_ 수컷 45~50㎏ / 암컷 40~45㎏
- 원산국_ 이탈리아

- 잘 걸리는 질병_
  눈병, 급성위확장

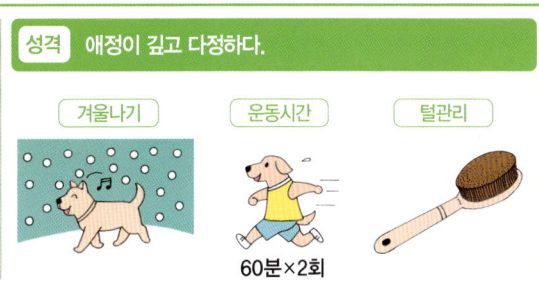
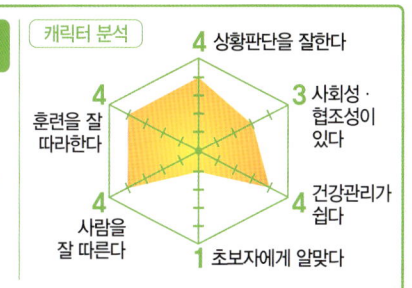

| Group 2 |
| 대형견 |
| 번호 346 |

도고 카나리오 *Dogo Canario*

카나리아 제도의 오래된 투견 혈통

카나리아 제도에 오래전부터 살고 있는 토종견이다. 강한 투견으로 만들기 위해 마스티프, 불도그, 저먼 셰퍼드 도그, 도베르만 등을 교배해서 만들었다. 투견이 법으로 금지된 후에는 멸종 위기에 놓였지만, 1970년대 미국의 수의사가 살아남은 몇 마리로 번식에 성공하여 부활할 수 있었다. 유럽에서는 '프레사 카나리오(Presa Canario)'라는 이름이 일반적이다.

투견으로 만들어졌지만 주인에게 충실하고 부드러운 성격이며, 가족과 재산, 가축 등을 철저하게 지키는 등 집 지키는 일에도 뛰어나다.

그러나 다른 개나 낯선 사람에게는 과격한 기질을 드러내므로 어릴 때부터 사회성을 길러주고 애정이 담긴 커뮤니케이션을 해야 한다. 주인이 강한 리더십을 발휘하여 확실하게 제어해야 하므로 초보자가 다룰 수 있는 견종은 아니다.

BREEDING DATA
- 키_ 수컷 60~65cm / 암컷 56~61cm
- 체중_ 수컷 50kg / 암컷 40kg
- 원산국_ 스페인
- 잘 걸리는 질병_ 피부병

성격: 경계심이 강하며, 일하는 것을 좋아한다.

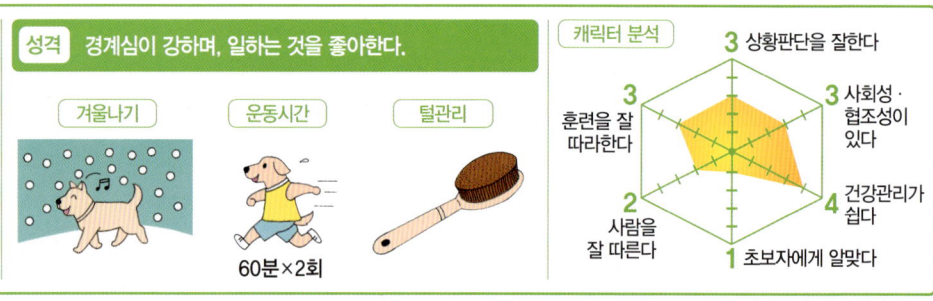

운동시간 60분×2회

캐릭터 분석
- 상황판단을 잘한다: 3
- 사회성·협조성이 있다: 3
- 건강관리가 쉽다: 4
- 초보자에게 알맞다: 1
- 사람을 잘 따른다: 2
- 훈련을 잘 따라한다: 3

| Group 2 |
| 소형견 |
| 번호 356 |

대니시 스웨디시 팜도그 *Danish-Swedish Farmdog*

멸종 위기에서 부활하여 2008년에 공인된 견종

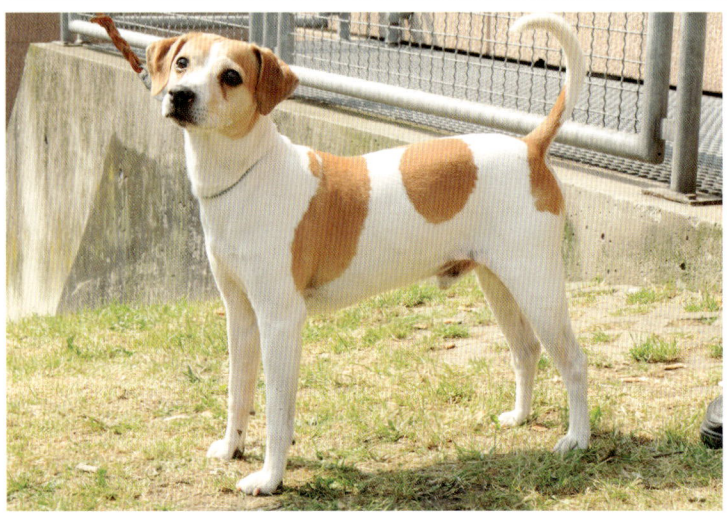

2008년 FCI에서 공인한 새로운 견종이다. 덴마크와 스웨덴 켄넬클럽은 멸종 직전이던 이 견종을 모아 번식계획을 진행시켜서, 1987년 대니시 스웨디시 팜도그를 견종명으로 등록했다. 최근에는 미국에서 수입하여 반려견으로 키우는 경우가 많다. '단스크 스벤스크 가르훈트(Dansk-svensk Gaardhund)'라고도 한다.

밝고 활발하며 호기심이 많고 개성적이다. 아이들과 노는 것도 좋아한다. 그러나 햄스터나 기니피그, 작은 새처럼 몸집이 작은 동물은 장난감처럼 갖고 놀다가 상처를 입히는 경우가 있기 때문에 함께 두어서는 안 된다. 조심성이 많고 경계심도 강해서 집 지키는 임무를 훌륭하게 완수한다.

몸집은 작아도 활발해서 매일 아침 저녁 하루 2번, 30분씩 산책해야 한다. 운동만 충분히 시킬 수 있다면 아파트나 다세대주택에서도 키울 수 있다.

털은 짧고 촘촘하게 자라는 스무드코트이고 색상은 하얀색 바탕에 검정, 탄, 밤색, 옅은 황갈색 등의 반점이 있다.

BREEDING DATA
- 키_ 수컷 34~37cm / 암컷 32~35cm
- 체중_ 7~12kg
- 원산국_ 덴마크, 스웨덴
- 잘 걸리는 질병_ 피부병

성격: 조용하고 용감하다.

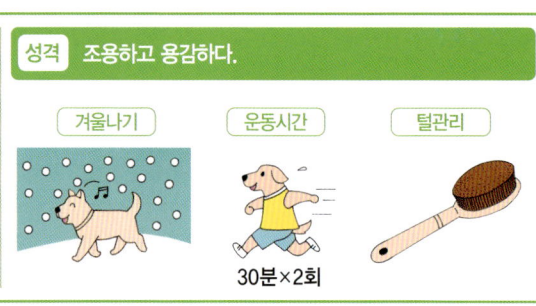

운동시간 30분×2회

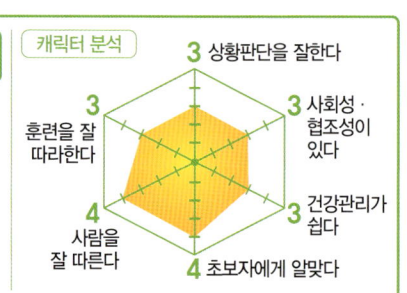

캐릭터 분석
- 상황판단을 잘한다: 3
- 사회성·협조성이 있다: 3
- 건강관리가 쉽다: 3
- 초보자에게 알맞다: 4
- 사람을 잘 따른다: 4
- 훈련을 잘 따라한다: 3

GROUP 3

Scottish Terrier

Terriers

여우나 오소리 등을 굴멍에서 쫓아내는 사냥을 주로 해왔던 견종.
사냥할 때 땅굴 속에 숨어 있는 사냥감을 밖으로 유도하거나
끄집어내던 습성이 남아 있어서 활발하고 승부욕이 강하다.
요크셔 테리어, 케언 테리어, 불 테리어,
웨스트 하이랜드 화이트 테리어, 잭 러셀 테리어 등.

Jack Russell Terrier

Bull Terrier

Wire Fox Terrier

| Group 3 |
| 중형견 |
| 번호 3 |

케리 블루 테리어 *Kerry Blue Terrier*

시끄러울 정도로 활발하고 적극적인 블루 테리어

대담하고 적극적이며 때로는 시끄러울 정도로 활발하다. 친근한 성격이지만 낯선 사람에게는 경계심을 나타낸다. 자주 봐도 어딘지 모르게 서먹하게 대하지만 주인이 정식으로 소개하면 상대방의 얼굴을 기억하고 늘 우호적으로 다가온다. 가끔 마음에 들지 않는 일이 있으면 짜증도 내지만 그것도 애교로 볼 수 있을 정도이다.

대형 테리어에 속하며 활력이 넘치고 지칠 줄 모르는 지구력을 지녔다. 따라서 매일 운동을 많이 해야 한다. 아침 저녁 하루 2번, 적어도 1시간씩 산책하는 것이 좋다.

독특한 색상의 털은 어릴 때는 검정색을 띠다가 성견이 되면서 아름다운 푸른빛이 감도는 검은 털로 바뀐다. 살짝 컬이 있어서 손질이 그다지 어렵지 않다. 다만, 털이 빨리 자라므로 6주 정도의 간격으로 손질해야 한다. 빠진 털이 몸에 남아 있지 않도록 자주 브러싱한다.

BREEDING DATA

- **키_** 수컷 46~50cm / 암컷 44~48cm
- **체중_** 수컷 15~18kg / 암컷은 수컷보다 약간 가볍다
- **원산국_** 아일랜드
- **잘 걸리는 질병_** 백내장, 안검내반, 고관절형성부전

성격 수선스러울 만큼 활발하고 제멋대로이며 성격이 급하다.

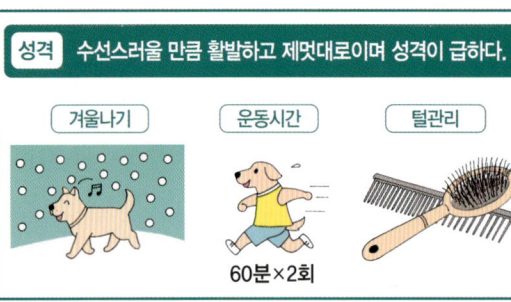

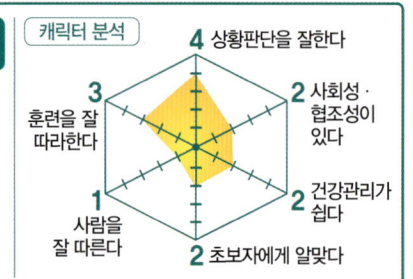

| Group 3 |
| 대형견 |
| 번호 7 |

에어데일 테리어 *Airedale Terrier*

사람을 매료시키는 테리어 중의 테리어

에어데일 테리어는 테리어 중에서도 대형견에 속하고 '테리어의 왕'이라고 불린다. 한번 키워본 사람은 다음에도 또 키우고 싶어할 만큼 매력이 넘치는 테리어이다. 그 무엇도 두려워하지 않는 용감한 성격이지만 그렇다고 싸움을 좋아한다는 의미는 아니다. 늘 냉정하고 날쌔게 움직인다. 다른 개나 고양이와 사이좋게 지내지만 가끔 다른 개를 지배하려는 에어데일도 있으므로 산책할 때 주의한다.

학습능력이 매우 뛰어나고 독립심도 강해서 어중간한 훈련이나 일관성 없는 지시에는 절대 따르지 않는다. 주인도 에어데일 테리어로부터 관찰을 당하고 있음을 의식하고 있어야 한다. 에어데일 테리어는 매우 활발하고 운동능력이 뛰어나다. 테리어답게 힘이 좋아 운동량도 많다. 매일 아침 저녁 하루 2번, 1시간씩 산책시킨다.

털은 억세고 촘촘하게 나 있으며 빨리 자라지만 정기적으로 브러싱해주면 깨끗하게 유지할 수 있다.

BREEDING DATA

- **키_** 56~61cm
- **체중_** 20~30kg
- **원산국_** 영국
- **잘 걸리는 질병_** 확장형심근증, 모포형성부전, 갑상선 기능저하증, 폰빌레브란트병

성격 활발하고 인내심이 강하며 프라이드가 높다.

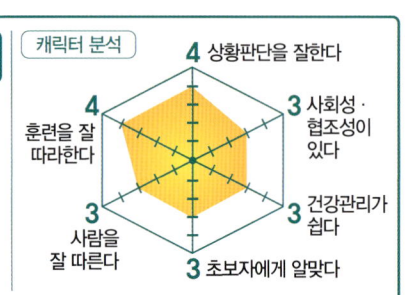

케언 테리어 *Cairn Terrier*

대담하고 겁이 없지만 외로움을 잘 타는 테리어

Group 3
소형견
번호 4

매우 활발하고 명랑하며 놀기 좋아하는 테리어. 호기심이 왕성하고 대담하게 행동하는 성향이 있다. 재미있는 놀거리를 발견하고 흠뻑 빠져서 즐겁게 노는 모습을 보면 그야말로 테리어 이미지 그대로이다. 어리광이 많고 혼자서 집 지키는 일을 힘들어한다. 영역의식이 강하고, 수상한 사람이 나타나면 맹렬히 짖어대므로 집 지키는 경비견으로 아주 적합하다. 가족과의 평화로운 분위기를 가장 소중하게 생각하기 때문에 집이 늘 비어 있거나 손님이 너무 많이 찾아오는 집에서는 잘 짖는 신경질적인 개가 될 수 있다.

영리하지만 엄격한 훈련에는 그다지 적극적이지 않다. 그렇다고 응석을 다 받아주면서 키우면 신경질적인 개가 되고, 이유 없이 짖는 일도 많아진다. 훈련은 좋은 습관을 가르치는 목적도 있지만 복종훈련의 의미도 있다. 반려견의 성격을 잘 파악하여 요령껏 훈련을 받도록 유도해야 한다.

뚱뚱해지기 쉬우므로 식사량과 운동량의 균형을 잘 맞춰야 하는데, 균형이 깨지면 금세 살이 찌는 타입이다. 비만은 만병의 근원이므로 체중관리에 신경 써야 한다. 매일 아침 저녁 하루 2번, 20분씩 산책시키는 것이 좋다.

거친 털은 비바람에도 잘 견딜 수 있으며, 대부분의 케언 테리어는 털이 많아서 털 손질을 해도 텁수룩해 보이는 것이 특징이다.

케언 테리어는 이미 1500년경부터 알려진 견종으로 스코티시 테리어, 웨스트 하이랜드 테리어, 스카이 테리어 등의 탄생과도 관련이 있다.

BREEDING DATA

- 키_ 수컷 25.5cm / 암컷 24cm
- 체중_ 수컷 6.5kg / 암컷 6kg
- 원산국_ 영국(스코틀랜드)
- 잘 걸리는 질병_
  당뇨병, B형혈우병, 서혜헤르니아, 수정체 탈구, 백내장, 망막형성부전, 아토피성피부염

성격 호기심이 많지만 침착하고 조용하다.

겨울나기 | 운동시간 (20분×2회) | 털관리

캐릭터 분석
- 상황판단을 잘한다 3
- 사회성·협조성이 있다 2
- 건강관리가 쉽다 4
- 초보자에게 알맞다 3
- 사람을 잘 따른다 2
- 훈련을 잘 따라한다 3

Group 3	
소형견	
번호 8	

오스트레일리안 테리어 *Australian Terrier*

오스트레일리아에서 처음으로 공인된 열정적인 성격의 테리어

오스트레일리안 테리어는 흥분을 잘하는 테리어 혈통이기 때문인지 쥐 같은 작은 동물을 발견하는 순간 정신없이 달려간다. 평소에는 천진난만하고 상냥하며 정이 많다. 순종적이고 지능이 높아서 훈련도 빨리 받아들인다. 수상한 소리나 인기척에 바로 반응하여 주인에게 알려주는 등 집을 지키는 데에도 뛰어난 능력을 발휘한다. 그 용감함은 대형견과 비교해도 뒤지지 않을 정도이다.

몸집은 작아도 에너지가 넘치고 운동을 매우 좋아한다. 운동을 위해 적어도 아침 저녁 매일 2번, 20분씩 산책을 시킨다. 산책하면서 다른 개나 사람을 만나면 사회성을 기를 수도 있다. 오스트레일리안 테리어는 조금 거친 면이 있기 때문에 신경질적으로 자라지 않도록 어릴 때부터 사회성과 협조성을 길러주는 것이 좋고, 주인의 지시에 따르도록 훈련시켜야 한다. 테리어는 기본적으로 영리하므로 학습의욕만 잘 북돋워주면 여러 훈련을 비교적 빨리 습득한다.

BREEDING DATA
- 키_ 24.5~25.5cm
- 체중_ 5~6kg
- 원산국_ 오스트레일리아
- 잘 걸리는 질병_ 피부병

성격: 천진난만하고 밝으며 기가 조금 세고 경계심이 강하다.

겨울나기 / 운동시간 20분×2회 / 털관리

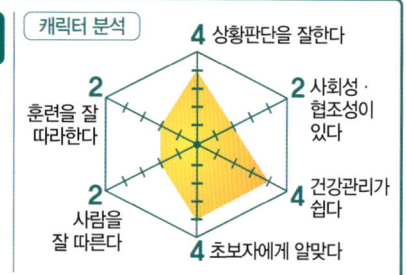

캐릭터 분석
- 4 상황판단을 잘한다
- 2 사회성·협조성이 있다
- 4 건강관리가 쉽다
- 4 초보자에게 알맞다
- 2 사람을 잘 따른다
- 2 훈련을 잘 따라한다

Group 3	
중형견	
번호 9	

베들링턴 테리어 *Bedlington Terrier*

리젠트 스타일이 독특한 기가 센 테리어

매우 활기가 넘치고 노는 것을 좋아한다. 어릴 때 사회성을 길러주면 아이들과도 잘 지낼 수 있다. 애정이 풍부하고 관대해서 아이들이 조금 거칠게 대해도 참는다. 낯선 사람을 보면 경계하고, 상대방의 움직임에 따라서는 공격적으로 변하기도 한다. 고집이 상당히 세서 일단 마음을 먹으면 전혀 양보하지 않기 때문에 다른 개와 싸우는 경우가 많다. 일단 싸우기 시작하면 주인이 통제할 수 없는 경우도 생기므로 주의해야 한다. 자신이 좋아하는 일 이외에는 관심을 보이지 않는 고집 때문에 훈련이 쉽지 않다. 어릴 때부터 애정을 담아 커뮤니케이션을 하고, 응석을 너무 받아주지 않으며 의연한 태도로 대해야 한다.

머리에서 코까지의 털을 리젠트(regent, 앞머리를 위로 높이 올리고 옆머리를 뒤로 빗어서 붙인 남자 머리 모양) 스타일로 유지하려면 정기적인 손질이 필요하다.

BREEDING DATA
- 키_ 38~43cm
- 체중_ 8~10kg
- 원산국_ 영국
- 잘 걸리는 질병_ 신장질환, 전반적인 진행성 망막위축증, 백내장, 갑상선 기능저하증

성격: 호기심이 많고 섬세하며 신경질적이다. 참을성이 조금 부족하다.

 겨울나기  운동시간 30분×2회 털관리

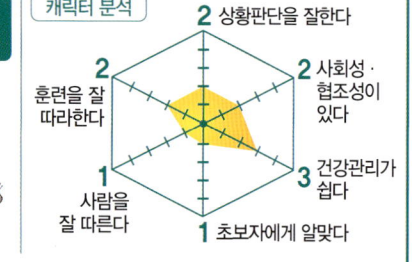

캐릭터 분석
- 2 상황판단을 잘한다
- 2 사회성·협조성이 있다
- 3 건강관리가 쉽다
- 1 초보자에게 알맞다
- 1 사람을 잘 따른다
- 2 훈련을 잘 따라한다

보더 테리어 *Border Terrier*

Group 3 / 소형견 / 번호 10

영국에서 가장 오래된 테리어 중 하나

온순하고 정이 많은 보더 테리어. 일단 밖으로 나가면 활기가 넘치고 산만하다 싶을 정도로 이리저리 움직인다. 낯선 사람에게도 비교적 우호적이다. 집 지키는 일을 맡기려면 어릴 때부터 사회성을 길러주고 도시의 소음에 적응시켜야 하는데, 왜냐하면 겁이 매우 많아서 허공을 보고 이유 없이 짖거나 공격적인 성격이 나올 수 있기 때문이다.

훈련 자체는 어렵지 않다. 놀이하듯이 훈련하면 빠르게 받아들일 것이다. 사회성도 있고 다른 개와도 사이좋게 지내지만, 마음에 들지 않는 일에는 공격성을 보이고, 일단 폭발하면 주인도 쉽게 막지 못한다.

털은 거친 바깥털과 짧고 촘촘한 속털로 이루어진 더블코트이다. 털 손질은 크게 번거롭지 않지만 털갈이 시기에는 속털이 많이 빠지므로 특히 겨울에서 봄이 되는 시기에는 자주 브러싱해야 한다. 핀브러시나 빗을 사용하여 결을 정돈하고 빠진 털을 제거한다.

BREEDING DATA

- 키_ 25~30.5cm
- 체중_ 10~13.5kg
- 원산국_ 영국
- 잘 걸리는 질병_ 추간판 질환, 의식장해발작, 요로계질환

성격: 온순하고 우호적이며 상황판단력이 뛰어나다.

캐릭터 분석
- 상황판단을 잘한다 4
- 사회성·협조성이 있다 4
- 건강관리가 쉽다 3
- 초보자에게 알맞다 4
- 사람을 잘 따른다 3
- 훈련을 잘 따라한다 3

미니어처 불 테리어 *Miniature Bull Terrier*

Group 3 / 소형견 / 번호 11

집도 잘 지키고, 놀기도 좋아하는 애교 많은 테리어

애교스러운 표정에서 짐작할 수 있듯이 미니어처 불 테리어는 놀기 좋아하는 명랑한 성격이다. 활동적이고 늘 활기가 넘치는 모습이다. 낯선 사람을 보아도 별로 경계하지 않지만, 집에 있을 때는 수상한 소리나 인기척에 바로 반응하고 집 지키는 개로서의 능력을 최대한 발휘한다. 정원에 풀어놓으면 좋아하는 땅파기를 하므로 특히 잘 가꾼 정원에 풀어놓을 때는 주의해야 한다.

미니어처 불 테리어는 엄격하게 훈련해도 그다지 효과가 없을지도 모른다. 왜냐하면 훈련을 훈련으로 생각하지 않고 놀이로 받아들이기 때문에 끈질기게 훈련을 시도하면 짜증낼 수도 있다. 원래 호기심이 많고 놀기 좋아하는 성격이므로 훈련은 놀이하듯이 자연스럽게 하는 것이 좋다.

몸집이 작은 데 비해 온몸이 근육질 덩어리라고 할 정도로 지칠 줄 모르는 강인한 체력을 지녔고, 순발력도 뛰어나다.

BREEDING DATA

- 키_ 36cm
- 체중_ 11~15kg
- 원산국_ 영국
- 잘 걸리는 질병_ 무릎뼈탈구, 승모변폐쇄부전, 대동맥변협착, 부스럼증, 모포충증

성격: 호기심이 많고 놀기 좋아한다.

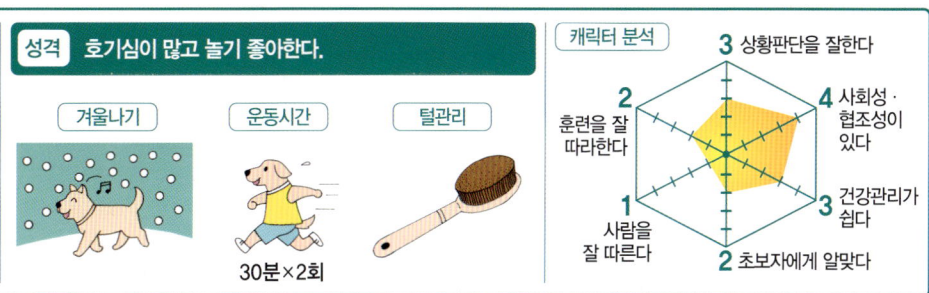

캐릭터 분석
- 상황판단을 잘한다 3
- 사회성·협조성이 있다 4
- 건강관리가 쉽다 3
- 초보자에게 알맞다 2
- 사람을 잘 따른다 1
- 훈련을 잘 따라한다 2

Group 3	
중형견	
번호 11	

불 테리어 *Bull Terrier*

익살맞은 얼굴과 묵직한 몸으로 돌진하는 어리광 많은 테리어

19세기 영국에서 날쌔고 민첩한 투견을 만들기 위해 불도그와 테리어를 교배하면서 탄생한 견종이다.

밝고 명랑하며 매우 활발하다. 가족과 지인에게는 곧잘 어리광을 부리고, 달려들기를 좋아하므로 무게에 밀려 뒤로 넘어지지 않도록 조심해야 한다. 익살스러운 희극배우처럼 사람들을 즐겁게 해주는 것을 좋아한다. 특히 가족에게는 늘 애정과 힘이 넘치는 모습을 보여준다. 독점욕이 강하고 응석 부리기도 좋아하지만, 기분이 상하거나 마음에 들지 않는 경우에는 갑자기 공격적인 성격을 드러내기도 한다.

고집이 상당히 센 편이어서 훈련하기가 쉽지 않다. 하지만 불 테리어는 원래 주인의 지시를 잘 따르는 순종적인 성격도 있으므로 훈련방법에 따라서는 예상외로 기술을 빨리 배우기도 한다.

불 테리어는 외모가 다른 테리어 종류와 많이 다르다. 머리에서부터 밋밋하게 이어진 코와 계란형 얼굴, 그리고 다른 테리어에 비해 훨씬 건장한 체격을 자랑한다. 어떤 일이든 해낼 수 있을 것 같은 믿음직스러운 느낌을 준다. 보통 불 테리어는 하얀색 털이 가장 많지만 머리 부위에 다른 색의 반점이 있는 경우도 흔하다. 짧은 털이 몸에 밀착되어 나 있으며, 감촉은 거칠다. 털 손질은 별로 어렵지 않다.

근육질 덩어리라고 부를 정도로 체력이 좋은데, 여기에 테리어의 활발한 성격까지 더해져 힘이 넘친다. 이런 불 테리어의 체력을 만족시키려면 아침 저녁 매일 2번, 1시간씩 천천히 달리기를 포함한 산책을 한다.

BREEDING DATA

- 키_ 50cm
- 체중_ 20kg
- 원산국_ 영국
- 잘 걸리는 질병_ 승모변폐쇄부전, 대동맥변협착, 부스럼증, 모포충증, 유전성 난청

성격: 밝고 애교가 많으며 어리광을 부린다. 독점욕이 강하다.

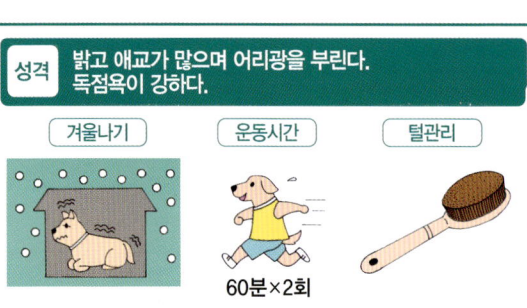

겨울나기 | 운동시간 60분×2회 | 털관리

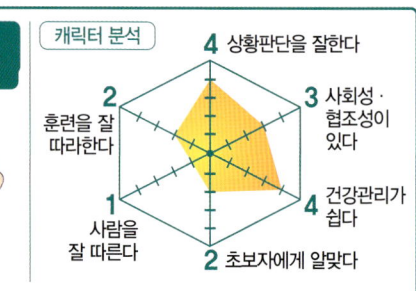

캐릭터 분석
- 상황판단을 잘한다: 4
- 사회성·협조성이 있다: 3
- 건강관리가 쉽다: 4
- 초보자에게 알맞다: 2
- 사람을 잘 따른다: 1
- 훈련을 잘 따라한다: 2

스무드 폭스 테리어 Smooth Fox Terrier

지칠 줄 모르는 여우 사냥의 달인

Group 3 · 소형견 · 번호 12

1900년대 초까지 스무드 폭스 테리어와 와이어 폭스 테리어를 같은 견종으로 취급하고 교배하였다. 스무드 폭스 테리어는 맨체스터 테리어, 불 테리어, 그레이 하운드, 비글 등의 피가 섞이면서 개량되었고, 1985년이 되어서야 비로소 독립견종으로 공인받았다.

지능이 높고 활발하며 가족에게 순종적이고 애정이 깊다. 몸집은 작아도 힘이 좋고 움직임이 날렵하다. 언제 봐도 힘이 넘치며 활발하게 돌아다니는 모습을 보면 마치 지친다는 것이 어떤 것인지 모르는 것 같다. 도전정신이 강해 늘 용감하게 이것저것 시도하려고 한다. 후각과 시력이 뛰어나고 인내심이 강하여 폭스하운드 무리와 함께 여우를 쫓거나 쥐를 잡는 역할도 훌륭하게 해낸다.

늘 즐거워 보이지만 신경질적인 면도 있고, 약간 공격적인 성향도 보인다. 일단 흥분하면 주인도 통제할 수 없으므로 다른 개와 접촉할 때는 항상 조심해야 한다.

BREEDING DATA

- 키_ 39cm
- 체중_ 7~8kg
- 원산국_ 영국
- 잘 걸리는 질병_ 관절질환, 피부병

성격: 순종적이며 애정이 깊지만 공격적인 면도 있다.

겨울나기 / 운동시간 30분×2회 / 털관리

캐릭터 분석
- 상황판단을 잘한다 3
- 사회성·협조성이 있다 3
- 건강관리가 쉽다 4
- 초보자에게 알맞다 3
- 사람을 잘 따른다 2
- 훈련을 잘 따라한다 3

토이 맨체스터 테리어 Toy Manchester Terrier

호기심이 왕성하고 외로움을 많이 타는 테리어

Group 3 · 소형견 · 번호 13

호기심이 많고 언제나 무언가에 열중하며 소란스러운 성격이다. 주인이 잠시만 한눈을 팔아도 고양이를 뒤쫓거나 생각지도 못한 사고를 일으키므로 주의해야 한다. 그러나 기본적으로는 온순하고 애정이 많아서 주인을 아주 좋아한다. 주인이 곁에 있으면 늘 당당하고 용기가 넘치며, 힘이 넘치고 늘 들떠 있어 뛰어다닌다. 그런데 한편으로는 외로움을 많이 타서 오랫동안 혼자 집에 두거나, 주인이 돌봐주지 않으면 스트레스를 받아서 위축되고 우울해하거나 신경질적으로 변해 공격적인 모습을 보인다.

소형견이어서 운동량이 적을 것으로 예상하지만 테리어의 활동적인 기질 때문에 중형견 못지않게 운동을 많이 해야 한다. 정신건강을 위해서도 아침 저녁 매일 2번, 20분씩 산책하는 것이 좋다. 산책은 다른 개나 사람들을 만나는 등 다양한 환경을 접할 수 있는 기회로, 사회성과 감수성을 높이는 데 도움이 된다. 또한 스트레스 해소에도 매우 중요하다.

BREEDING DATA

- 키_ 25~30cm
- 체중_ 2.7~3.6kg
- 원산국_ 영국
- 잘 걸리는 질병_ 추간판헤르니아, 수정체탈구, 대퇴골두 무혈성괴사, 폰빌레브란트병

성격: 호기심이 많고 활발하며 온순하고 순종적이다.

겨울나기 / 운동시간 20분×2회 / 털관리

캐릭터 분석
- 상황판단을 잘한다 3
- 사회성·협조성이 있다 3
- 건강관리가 쉽다 3
- 초보자에게 알맞다 3
- 사람을 잘 따른다 3
- 훈련을 잘 따라한다 3

| Group 3 |
| 중형견 |
| 번호 40 |

아이리시 소프트 코티드 휘튼 테리어 *Irish Soft Coated Wheaten Terrier*

상냥함과 배려심이 충만한 테리어

아일랜드에서 가장 오래된 테리어로 줄여서 '소프트 코티드 휘튼 테리어'라고도 부른다. 옛날 곳간에서 쥐를 잡던 습성이 남아 있어서인지 탐구심이 많고 늘 뭔가 재미있는 일을 찾아다니는 것처럼 냄새를 따라 촐랑촐랑 돌아다닌다. 신경질이 거의 없고, 밝고 유쾌하며, 주인과 가족에게는 순종적이고, 자상함과 배려하는 마음이 넘친다. 테리어라고 생각할 수 없을 만큼 온순하고 시끄럽지도 않다. 아마도 조상견이 쥐를 잡기보다 주로 가축을 지켰기 때문이 아닐까 여겨진다.

주인과 가족뿐만 아니라 지인이나 방문객까지도 친근하게 맞아주며, 다른 개나 고양이 등의 반려동물과도 사이좋게 지내는 사교적인 견종이다.

온순하지만 힘이 넘치기 때문에 매일 산책시켜야 한다. 의외로 근육질 몸의 다부진 체격을 갖고 있다.

털 색깔은 태어날 때는 검정색에 가까운 어두운 색을 띠다가 2년에 걸쳐 빛깔이 옅어지면서 마침내는 특유의 다 자란 밀(Wheaten) 색깔로 변한다.

BREEDING DATA
- 키_ 46~48cm
- 체중_ 16~20kg
- 원산국_ 아일랜드
- 잘 걸리는 질병_ 눈병, 관절질환

성격: 밝고 순종적이다.

캐릭터 분석
- 상황판단을 잘한다 4
- 사회성·협조성이 있다 2
- 건강관리가 쉽다 3
- 초보자에게 알맞다 3
- 사람을 잘 따른다 4
- 훈련을 잘 따라한다 3

| Group 3 |
| 소형견 |
| 번호 70 |

레이크랜드 테리어 *Lakeland Terrier*

유쾌함과 용감함을 겸비한 소형 테리어

유쾌하고 정이 많은 성격이다. 약간 공격적인 성향도 있다. 자신감과 용감함이 있어 주인과 가족을 지키기 위해서라면 자신보다 큰 상대도 겁내지 않고 공격한다. 평소에는 아이들과 놀기 좋아하고 훈련을 받아들이는 속도도 빠른 편이다. 다만, 야외에서 고양이 등을 발견하면 뒤쫓는 습성이 있으므로 산책할 때 방심은 금물이다. 리드줄을 단단히 잡고 다녀야 한다.

정원에 구멍 파는 것을 좋아하므로 잘 가꾸어진 정원에 풀어놓을 때는 특히 주의해야 한다. 지형이 험한 곳도 무리 없이 걸을 수 있을 정도로 긴 다리를 가지고 있으며, 발을 곧게 펴고 경쾌하게 걷는다.

학습능력이 뛰어나 다양한 기술을 잘 배운다. 약간 거친 면도 있으므로 너무 끈질기게 훈련시키거나 지시에 일관성이 없으면 신경질을 내면서 훈련을 포기할 수 있다. 자존심을 상하게 하지 않으면서도 호기심을 일으키는 훈련방법을 연구해본다. 집중력이 지속되는 짧은 시간 안에 훈련을 끝내는 것이 좋다.

BREEDING DATA
- 키_ 수컷 37cm / 암컷 34cm
- 체중_ 수컷 8kg / 암컷은 수컷보다 약간 가볍다
- 원산국_ 영국
- 잘 걸리는 질병_ 눈병, 피부병

성격: 명랑하고 용감하며 대담하고 기가 약간 세다.

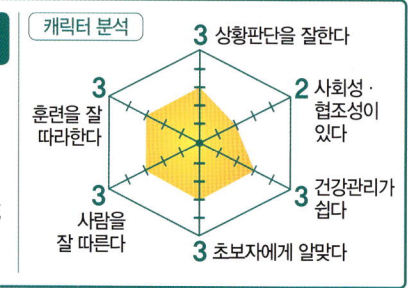

캐릭터 분석
- 상황판단을 잘한다 3
- 사회성·협조성이 있다 2
- 건강관리가 쉽다 3
- 초보자에게 알맞다 3
- 사람을 잘 따른다 3
- 훈련을 잘 따라한다 3

맨체스터 테리어 *Manchester Terrier*

조용하고 차분한 테리어

Group **3**
중형견
번호 **71**

토이 맨체스터 테리어와 랭카셔 힐러 등의 탄생에 기초가 된 견종이다.

테리어치고는 드물게 온순하고 차분한 인상을 풍긴다. 늘 재미있는 일을 생각하며 밝고 명랑하지만 약간의 악동기질도 있다. 차분하다고는 해도 혈기 왕성한 테리어의 피를 갖고 있어서 오랫동안 그냥 내버려두거나 혼자 집을 지키게 하면 짜증을 내고 실내를 엉망으로 만들 수도 있는데, 테리어 스스로는 정작 대수롭지 않게 생각할 것이다. 그러나 반대로 늘 함께 있을 수만 있다면 맨체스터 테리어보다 더 키우기 쉬운 테리어는 없다. 개를 키워본 경험이 없는 사람도 키우기 쉬운 견종으로 가족에게 상냥하고 배려심이 많다.

근육질의 몸으로 활기차게 놀기 때문에 매일 오랫동안 산책해서 체력을 소모시키는 것이 스트레스 발산에 도움이 된다. 몸을 움직이는 것을 매우 좋아하므로 자유롭게 뛰어놀게 하면 아주 좋아한다.

BREEDING DATA

- 키_ 38~41cm
- 체중_ 5~10kg
- 원산국_ 영국
- 잘 걸리는 질병_ 피부병, 관절질환

성격: 침착하며 명랑하고 애정이 깊다.

겨울나기 / 운동시간 30분×2회 / 털관리

캐릭터 분석
- 상황판단을 잘한다 4
- 사회성·협조성이 있다 4
- 건강관리가 쉽다 4
- 초보자에게 알맞다 3
- 사람을 잘 따른다 4
- 훈련을 잘 따라한다 4

노리치 테리어 *Norwich Terrier*

학습능력이 뛰어난 가장 작은 워킹 테리어

Group **3**
소형견
번호 **72**

사냥용이 아니라 작업용 워킹 테리어로 분류되는데, 그 중에서도 가장 몸집이 작은 견종이다. 나름대로 활발하게 놀지만 소란스럽지는 않다. 그러나 어릴 때 주인의 사랑이나 커뮤니케이션이 부족하면 사회성이 부족하고 신경질적이며 산만한 개가 될 수도 있다.

어릴 때부터 길들이면 고양이와는 함께 키울 수 있지만, 햄스터나 기니피그처럼 작은 동물에게는 달려들 수 있기 때문에 함께 키우지 않는 것이 좋다. 두뇌회전이 빠르고 학습능력이 뛰어나서 놀이하듯이 훈련하면 다양한 기술을 쉽게 받아들인다. 그러나 일단 신뢰가 쌓여야만 진정한 주인으로 인정하므로 훈련하기에 앞서 애정을 담은 커뮤니케이션으로 신뢰관계를 만드는 것이 중요하다.

섬세한 표정과 곧추선 두 귀가 노리치 테리어의 특징이다. 노리치 테리어와 비슷하지만 역사가 좀 더 짧은 노퍽 테리어는 귀 끝이 앞쪽으로 처져 있다.

BREEDING DATA

- 키_ 25.5cm 이내
- 체중_ 5.5kg
- 원산국_ 영국
- 잘 걸리는 질병_ 알레르기성피부염, 무릎뼈탈구

성격: 호기심이 많고 명랑하다.

겨울나기 / 운동시간 10분×2회 / 털관리

캐릭터 분석
- 상황판단을 잘한다 5
- 사회성·협조성이 있다 3
- 건강관리가 쉽다 3
- 초보자에게 알맞다 4
- 사람을 잘 따른다 4
- 훈련을 잘 따라한다 5

| Group 3 | 소형견 | 번호 73 |

스코티시 테리어 *Scottish Terrier*

철학자와 같은 깊이가 느껴지는 분위기의 테리어

철학자처럼 진지해 보이는 외모의 스코티시 테리어는 짧은 다리로 종종거리며 걷는 모습이 귀엽다. 프랭클린 루즈벨트 전 미국대통령이 각별히 사랑했던 반려견이 스코티시 테리어였던 것으로 유명하며, 전 세계에 애호가가 많다. 원래 수달, 여우, 오소리, 토끼 등을 사냥하던 견종이어서 용감하고, 눈치가 빠르며, 날쌔고, 조심성이 많다. 신뢰관계가 이루어지면 주인에게 깊은 애정과 배려심을 보이며 고분고분하게 순종한다. 함께 지내는 시간이 길어질수록 서로에 대한 이해가 깊어지는 타입으로 개답지 않은 성품을 지닌 신기한 견종이다.

완고한 면이 있고 자존심이 강해서 자신이 내린 판단과 다르게 지시하면 무시하고, 납득할 수 없는 이유로 야단을 맞거나 일관성 없는 지시를 받으면 '나와 상관없는 일'이라는 식의 태도로 결코 기죽지 않는 뻔뻔한 면도 있다. 따라서 훈련이 결코 쉽지 않으므로 주인은 인내심을 갖고 훈련시켜야 한다.

운동량이 그다지 많지 않지만 몸집에 비해서는 활동적이므로 아침 저녁 매일 2번, 20분씩 산책하면 좋다. 실내나 정원에서 노는 것만으로도 필요한 운동량은 채워지지만, 운동량을 채우기 위해서가 아니라 성미가 까다로운 스코티시 테리어의 정신건강을 위해서 산책을 나간다고 생각하는 편이 좋다. 야외에 나가서 다른 개나 사람과의 만남을 통해 사회성이 생기고 스트레스도 풀 수 있을 것이다.

풍성한 턱수염은 스코티시 테리어만의 특징이다.

BREEDING DATA

- **키_** 25.5cm
- **체중_** 수컷 8.5~10kg / 암컷 8~9.5kg
- **원산국_** 영국(스코틀랜드)
- **잘 걸리는 질병_** 폐동맥변협착, 전신성모포충증, 스코티경련, 폰빌레브란트병, 지루성피부염, 유전성난청, 수정체 탈구, 백내장, 악성림프종

성격 냉정하며 고집이 세고 영리하다.

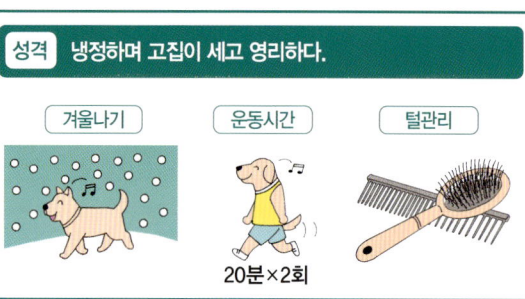

겨울나기 | 운동시간 20분×2회 | 털관리

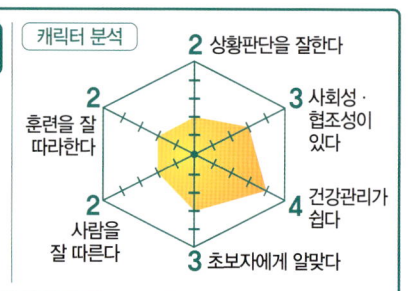

캐릭터 분석
- 2 상황판단을 잘한다
- 3 사회성·협조성이 있다
- 4 건강관리가 쉽다
- 3 초보자에게 알맞다
- 2 사람을 잘 따른다
- 2 훈련을 잘 따라한다

실리엄 테리어 *Sealyham Terrier*

귀여운 모습이지만 성격이 강하고 싸움을 좋아하는 테리어

Group 3 / 소형견 / 번호 74

'실리엄'이라는 이름은 원산지인 영국 웨일즈 지방의 마을 이름에서 유래되었다. 성격이 강하고 싸움을 좋아해서 자신에게 무례하게 굴거나 평화롭고 조용한 분위기를 깨는 대상이 있으면 상대가 누구이건 화를 내며 공격한다.

주인에게는 충실하고 애정이 깊다. 그러나 낯선 사람에게는 신경을 곤두세우고 시끄럽게 짖기도 한다. 고집이 조금 세서 훈련하기가 쉽지 않다.

활발한 테리어지만 운동량은 별로 많지 않아서 아파트 등에서도 충분히 키울 수 있다. 그러나 성격이 강하고 경계심이 많아서 수상한 소리나 인기척에 곧바로 짖으면서 반응한다. 아파트에서 키우려면 이유 없이 짖는 행동을 주인이 통제할 수 있을 때 가능하다.

아침 저녁 매일 2번, 30분씩 산책시킨다. 산책은 다른 사람과 개를 만날 수 있는 기회이며, 사회성을 길러주기 위해서도 중요하다.

BREEDING DATA

- 키_ 수컷 27㎝ / 암컷 25㎝
- 체중_ 수컷 9㎏ / 암컷 8㎏
- 원산국_ 영국(웨일스 지방)
- 잘 걸리는 질병_ 알레르기성피부염, 눈병, 추간판헤르니아, 관절염

성격 용감하고 과감하며 기가 약간 세다.

겨울나기 / 운동시간 30분×2회 / 털관리

캐릭터 분석
- 상황판단을 잘한다: 3
- 사회성·협조성이 있다: 3
- 건강관리가 쉽다: 3
- 초보자에게 알맞다: 3
- 사람을 잘 따른다: 2
- 훈련을 잘 따라한다: 3

스카이 테리어 *Skye Terrier*

인형 같은 외모로 쉽게 흥분하는 테리어

Group 3 / 소형견 / 번호 75

'스카이 테리어'라는 이름은 이 견종의 원산지인 스코틀랜드 북서부에 위치한 스카이섬에서 유래되었다. 19세기 말에 에드윈 헨리 랜드시어(Edwin Henry Landseer)라는 화가가 그린 스카이 테리어 그림이 빅토리아 여왕의 관심을 끌면서 유명해졌다고 한다. 1887년에 AKC에서 공인되었다.

땅속에 굴을 파고 사는 작은 동물들을 전문적으로 사냥하기 위해 태어난 스카이 테리어는 누구보다 호기심이 왕성하며, 일단 흥분상태에 빠지면 그 누구도 막을 수 없는 테리어다운 성격을 지닌 사냥개이다. 그러나 현재는 오히려 쇼도그나 반려견으로 키우는 경우가 많다.

가족에게는 애교가 넘치고 밝고 천진난만하다. 인형 같은 사랑스런 외모를 가졌지만 의외로 체격이 크고 대담하며, 용감하고 고집스럽다. 경계심이 강해서 낯선 사람에게는 무뚝뚝하고 자꾸 다가오면 계속 짖거나 물기도 한다. 집에서는 주인과 가족, 재산을 지켜주는 든든한 경비견이 될 수 있다.

BREEDING DATA

- 키_ 수컷 26㎝ 전후 / 암컷 24㎝ 전후
- 체중_ 8.5~10.5㎏
- 원산국_ 영국(스코틀랜드)
- 잘 걸리는 질병_ 소화기계질환, 피부병

성격 경계심이 강하고 고집이 세다.

겨울나기 / 운동시간 20분×2회 / 털관리

캐릭터 분석
- 상황판단을 잘한다: 5
- 사회성·협조성이 있다: 4
- 건강관리가 쉽다: 4
- 초보자에게 알맞다: 3
- 사람을 잘 따른다: 3
- 훈련을 잘 따라한다: 4

Group 3
중형견
번호 76

스태퍼드셔 불 테리어 *Staffordashire Bull Terrier*

근육질의 다부진 체격으로 친근하고 상냥한 불도그

근육질의 다부진 몸, 넓적한 얼굴, 크고 강한 턱 등으로 전체적인 이미지가 강인하지만, 영리하고 충실하다. 주인과 가족에게는 상냥하고 애정이 넘치며 명령을 잘 따르는 순종적인 면도 있다. 주인 아닌 사람에게도 매우 친근하게 다가가 애교스럽게 행동하는 명랑하고 유쾌한 성격이다. 원래 투우용으로 개량된 견종이라 체력이 뛰어나다.

활발하고 체력이 좋은 탓에 몸집이 작아도 산책하는 데 많은 시간을 투자해야 한다. 아침 저녁 매일 2번, 30분씩 산책하기를 권한다. 산책하면서 넓은 곳에서 자유롭게 뛰어놀 수 있으면 더욱 좋다. 코끝이 약간 막혀 있어서 체내의 열을 잘 발산하지 못하기 때문에 여름철 더위에 약하다. 그러므로 한여름 뙤약볕에서 운동하는 일은 피해야 한다. 훈련에 별로 적극적이지는 않지만, 학습능력은 뛰어나서 가르치는 방법에 따라 여러 가지 기술을 배울 수도 있다.

BREEDING DATA

- 키_ 35.5~40.5cm
- 체중_ 11~17kg
- 원산국_ 영국
- 잘 걸리는 질병_ 눈병, 고관절형성부전

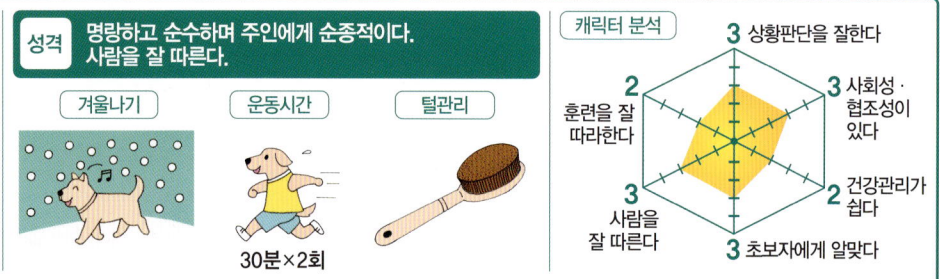

Group 3
소형견
번호 78

웰시 테리어 *Welsh Terrier*

한발자국도 양보하지 않는 지기 싫어하는 고집쟁이 테리어

새침한 얼굴에 살짝 애교도 있지만, 내면에는 대단한 에너지가 넘치는 테리어이다. 활발하고 명랑하며 단순하다. 그러나 조심성이 많고 호기심도 강하다. 애정이 풍부해서 아이들과 잘 어울리고 아이들이 조금 거칠게 굴어도 참아준다.

누구보다 경계심이 강하고 고집이 세서 한번 정한 것은 조금도 양보하지 않는 근성이 있다. 그래서 주변에 있는 다른 개와 자주 싸우게 되는데, 일단 싸우기 시작하면 주인도 말리지 못하므로 조심해야 한다.

보기와는 달리 근육질 몸매에 체력도 좋기 때문에 어린아이가 산책시키기는 힘들다. 수영을 좋아하고, 구멍 파기도 좋아해서 물가에 놀러 가거나 정성껏 손질한 정원에 풀어놓을 때는 조심해야 한다.

테리어는 기본적으로 지능이 높고 영리해서 주인의 지시대로 움직이지 않더라도 지시한 내용을 이해하고 있는 경우가 많다. 끈기와 인내심을 갖고 훈련해야 한다.

BREEDING DATA

- 키_ 수컷 38.5cm / 암컷은 수컷보다 약간 작다.
- 체중_ 수컷 9~10kg / 암컷 9kg 이하
- 원산국_ 영국
- 잘 걸리는 질병_ 눈병, 피부병

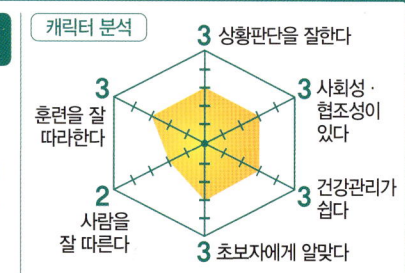

웨스트 하이랜드 화이트 테리어 — West Highland White Terrier

까다로워 보이지만 친해지기 쉬운 순백색 테리어

Group 3
소형견
번호 85

'웨스티(Westie)'라는 애칭으로 더욱 친근한 웨스트 하이랜드 화이트 테리어. 차분해 보이지만 활발하고, 까다로울 것 같지만 우호적이어서 의외로 친해지기 쉬운 견종이다. 노는 것을 좋아해서 다른 개에게 다가가 참견하고 장난치면서 건드리거나 고양이를 뒤쫓아가기도 하지만 해치지는 않는다.

성격이 강하고 고집이 제법 있는 탓에 싫어하는 일을 강요하면 반항심을 드러내므로 훈련하기가 쉽지 않다. 어릴 때부터 식사시간에 「앉아」, 「기다려」, 「엎드려」 등의 기본적인 훈련을 반복하고, 자라면서 놀이 속에서 점점 다음 단계의 훈련으로 유도하면 좋다. 너무 서두르지 말고 서서히 개의 페이스에 맞추되, 성공하면 주인이 과장되게 반응을 보이며 칭찬을 듬뿍 해주는 것이 비결이다. 칭찬과 함께 상을 주면 더욱 효과적이다.

힘이 넘치고 명랑한 웨스티는 매일 충분히 운동하지 않으면 스트레스가 쌓여 짜증을 내거나 파괴적인 행동도 할 수 있다. 체력을 소모하고 스트레스를 발산시키기 위해서라도 아침 저녁 매일 2번, 30분씩 산책하는 것이 좋다.

털은 더블코트이기 때문에 슬리커브러시나 빗을 사용해서 정기적으로 브러싱하여 빠진 털을 제거한다. 털이 하얀색이어서 잘 더러워지는데, 특히 눈과 입 주위가 쉽게 더러워지므로 눈물자국을 자주 닦아주고, 식사 후에는 입 주변도 잘 닦아주자. 또한 피부가 약해서 아토피성피부염 등에 잘 걸리므로 식생활에도 주의할 필요가 있다.

BREEDING DATA

- 키_ 수컷 28cm / 암컷 25.5cm
- 체중_ 7~10kg
- 원산국_ 영국(스코틀랜드)
- 잘 걸리는 질병_ 폐동맥변 협착, 아토피성피부염, 지루성피부염, 표피형성이상, 대퇴골두 무혈성괴사

성격: 활발하며 제멋대로이고 참을성이 없으며 고집이 세다.

겨울나기 / 운동시간 30분×2회 / 털관리

캐릭터 분석
- 상황판단을 잘한다: 2
- 사회성·협조성이 있다: 3
- 건강관리가 쉽다: 3
- 초보자에게 알맞다: 3
- 사람을 잘 따른다: 4
- 훈련을 잘 따라한다: 2

요크셔 테리어 Yorkshire Terrier

윤기 나는 털을 자랑하는 활동적인 소형견

Group 3
소형견
번호 86

아름다운 모습과는 달리 자기 주장이 강하고, 힘껏 짖어서 자신을 드러낸다. 고집이 세고 상황에 따라서는 용감하게 맞서기도 하는데, 스스로 집 지키는 개로서의 본분을 다하려는 모습을 보인다. 어리광이 많고 외로움도 많이 타는데다가 경계심이 강하다. 따라서 오랫동안 집을 비우거나 다른 곳에 맡기면 풀이 죽고 스트레스가 쌓여 병이 나는 섬세한 성향도 있다. 주인에게 완전히 의지하고 살아가기 때문에 마음이 통하지 않으면 스트레스를 받아 신경질적으로 변하고, 허공을 향해 이유 없이 짖는 경우도 많다. 과잉보호하거나 응석을 그저 받아주는 것이 아니라 제대로 하는 커뮤니케이션이 중요하다.

어릴 때는 몸 전체의 털이 검정색에 가깝지만 2살이 넘으면서 아름답게 변신한다. 성견은 머리부분의 털이 선명한 골든 탄(golden tan) 컬러이고, 머리 양쪽 측면의 색이 조금 더 진하다. 가슴부분의 털은 선명한 탄(tan) 컬러로 뿌리쪽이 진하고 끝으로 갈수록 밝아진다.

털은 짧게 트리밍하는 편이 손질하기 편하다. 매일 간단한 브러싱으로 마사지해주면 빠진 털을 제거하고 피부에 자극을 주어 털을 건강하게 유지할 수 있다.

쇼도그로 키우려면 시간과 정성을 들여 관리해야 한다. 특히 바닥에 닿는 털은 정리해서 래핑(종이로 털을 감싸서 묶어주는 것)해야 털끝이 상하지 않는다. 눈과 입 주변의 털도 래핑해서 리본으로 묶어준다. 윤기가 흐르는 화려한 모습을 유지하려면 매일 브러싱해야 한다.

BREEDING DATA

- 키_ 23cm 전후
- 체중_ 3kg 이하
- 원산국_ 영국
- 잘 걸리는 질병_ 무릎관절 탈구, 심장질환, 요로결석

성격: 자기주장이 강하고 고집이 세지만 주인에게는 밝게 행동한다.

겨울나기 | 운동시간 10분×2회 | 털관리

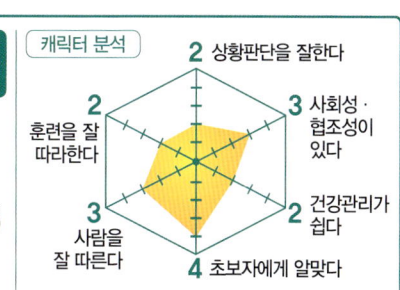

캐릭터 분석
- 상황판단을 잘한다: 2
- 사회성·협조성이 있다: 3
- 건강관리가 쉽다: 2
- 초보자에게 알맞다: 4
- 사람을 잘 따른다: 3
- 훈련을 잘 따라한다: 2

Group 3
소형견
번호 103

저먼 헌팅 테리어 German Hunting Terrier

너구리부터 퓨마까지 맞서 싸우는 용맹한 테리어

사냥을 위해서 태어난 견종이라고 해도 과언이 아니다. 1951년 미국에 수입되기 시작했을 당시만 해도 인기가 별로 없었다. 그러나 몸집이 작아서 여우굴에 들어가기에 적당했고, 미국너구리나 퓨마와 맞서 싸울 만큼 용감하고 대담해서 서서히 인기를 얻게 되었다. 동물의 냄새를 추적하는 능력이 뛰어나서 훈련하기에 따라서는 총에 맞고 물속에 떨어진 사냥감을 찾아오는 작업도 해낼 만큼 다재다능한 사냥개이다.

주인과 가족에게는 순종적이고 인내심이 강하지만, 협조성이 부족하고 고집이 세며 공격성도 있다. 운동량이 워낙 많아서 실내에서 키우기에는 적합하지 않다. 체력을 소비할 수 있도록 운동을 충분히 시켜야 한다.

열심히 놀아줘서 운동량을 채우고 애정을 담아서 커뮤니케이션한다면 주인에게 응석부리지 않는, 듬직하고 훌륭한 충견이 될 수 있다.

독일에서는 많이 기르지만 대부분 사냥에 이용되어 도그쇼에는 잘 나오지 않으며, 유럽 이외의 국가에서는 상대적으로 보기 힘들다.

BREEDING DATA
- 키_ 40cm
- 체중_ 9~10kg
- 원산국_ 독일
- 잘 걸리는 질병_ 피부병, 관절질환

성격: 인내심이 강하고 자립심이 왕성하다. 주인에게 충실하지만 공격성이 있다.

캐릭터 분석: 4 상황판단을 잘한다 / 2 사회성·협조성이 있다 / 3 건강관리가 쉽다 / 2 초보자에게 알맞다 / 2 사람을 잘 따른다 / 3 훈련을 잘 따라한다

Group 3
중형견
번호 139

아이리시 테리어 Irish Terrier

진지하고 용감한 아이리시 테리어

최초의 아이리시 테리어 클럽은 1879년 아일랜드의 더블린에서 설립되었다. 1880년대에는 아이리시 테리어의 인기가 절정에 다다르면서 미국과 영국에도 수출되었는데 지금은 인기가 떨어져서 조금 보기 힘든 견종이 되었다.

테리어치고는 몸집이 크고 기가 세고, 자립심이 강하고 고집이 있다. 학습능력은 뛰어나지만 이해하지 못하는 명령에는 따르지 않으므로 훈련할 때 애를 먹을 수도 있다. 주인과 가족에게는 애정이 깊고 상냥하며 밝게 행동하는 테리어다운 성격을 지녔다. 낯선 사람을 보면 경계하고 좀처럼 마음을 열지 않는다. 낯선 사람이 계속해서 자신을 귀찮게 하거나 불쾌하게 하면 갑자기 공격적인 모습으로 변하므로 조심해야 한다.

일단 행동을 개시하면 용맹하고 과감하게 강한 힘을 발휘한다. 신뢰하는 주인에게는 충성을 다하고, 명령을 내리면 민첩하고 진지하게 따른다.

다른 개들과 잘 어울리지 못하기 때문에 과격한 행동을 보일 때는 주인이 나서서 통제해야 한다.

BREEDING DATA
- 키_ 46cm 전후
- 체중_ 수컷 12.5kg / 암컷 11.5kg
- 원산국_ 아일랜드
- 잘 걸리는 질병_ 신장병, 비뇨기질환, 피부병

성격: 기가 세고 자립심이 강하지만 주인에게는 충실하며 애정이 깊다.

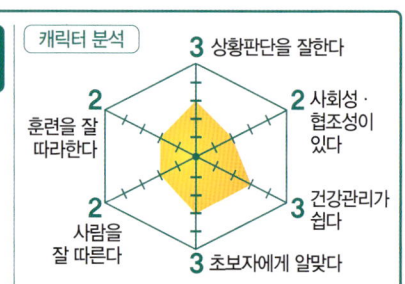

캐릭터 분석: 3 상황판단을 잘한다 / 2 사회성·협조성이 있다 / 3 건강관리가 쉽다 / 3 초보자에게 알맞다 / 2 사람을 잘 따른다 / 2 훈련을 잘 따라한다

댄디 딘몬트 테리어 *Dandie Dinmont Terrier*

머리 위에 폭신한 모자를 쓴 것 같은 귀여운 테리어

Group 3
소형견
번호 168

'댄디 딘몬트 테리어'라는 이름은 영국의 역사소설가 월터 스콧의 소설 『가이매너링(Guy mannering)』에 나오는 용감한 테리어를 키우는 농부의 이름에서 딴 것이다.

장난꾸러기에 소란스러운 다른 테리어와 비교하면 매우 차분한 성격의 테리어이다. 조용한 것을 좋아하는 평화주의자로 밝고 활발하며 재미있는 것을 매우 좋아한다. 독립심이 강하고 지능이 높다. 낯선 사람이나 다른 반려동물에게는 경계심을 드러낸다.

훈련시키기는 별로 어렵지 않다. 그러나 어떤 방법으로 훈련에 흥미를 갖고 적극적으로 참여하게 할지가 중요하다. 놀이를 좋아하므로 공이나 장난감을 이용해 놀이하듯이 조금씩 훈련하는 방법도 좋다.

활발한 견종이지만 운동량은 많지 않다. 그러나 키보다 몸길이가 긴 체형이기 때문에 추간판헤르니아가 잘 생긴다. 추간판헤르니아를 예방하기 위해서는 식사량과 운동량의 균형을 맞춰서 비만을 예방하고, 점프나 계단 오르내리기 등 척추에 무리가 가는 운동은 피하는 것이 좋다.

머리부분에 '탑 노트'라고 부르는 목화솜처럼 부드러운 털이 자라서 독특한 헤어스타일을 연출한다. 이 부분이 없으면 댄디 딘몬트 테리어라고 할 수 없으므로 정성스러운 브러싱으로 스타일을 살려준다. 몸에는 와이어에 가까운 거친 털이 자라고, 앞다리에는 5cm 정도의 장식털이 있다.

다른 테리어에 비해 온순하지만 작은 몸집과 달리 짖는 소리가 매우 우렁차서 집 지키는 일에 적합하다.

BREEDING DATA

- 키_ 20~28cm
- 체중_ 8~11kg
- 원산국_ 영국
- 잘 걸리는 질병_ 추간판헤르니아, 관절질환, 피부병, 외이염

성격 온순하고 순종적인 평화주의자이다.

겨울나기 | 운동시간  20분×2회 | 털관리

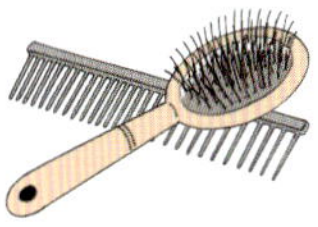

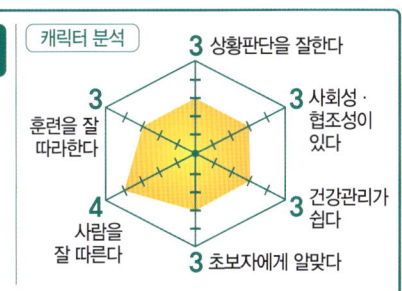

캐릭터 분석
- 상황판단을 잘한다: 3
- 사회성·협조성이 있다: 3
- 건강관리가 쉽다: 3
- 초보자에게 알맞다: 3
- 사람을 잘 따른다: 4
- 훈련을 잘 따라한다: 3

| Group 3 |
| 소형견 |
| 번호 169 |

와이어 폭스 테리어 *Wire Fox Terrier*

유쾌하고 활기가 넘치는 에너자이저

와이어 폭스 테리어는 역사가 오래된 견종으로 영국에서 여우 사냥이 활발했을 당시에 개량되어 발전했다. 18세기로 접어들면서 '폭스 테리어'라는 이름을 갖게 되었다.

활기가 넘치는 견종으로 아이들과 노는 것을 매우 좋아하지만 가끔은 도가 지나친 행동을 하므로 주의해야 한다. 건강하고 유쾌하며 주인 가족을 사랑한다. 그러나 작은 동물을 보면 자제력이 없어지는 경우가 있으므로 집에 작은 동물을 키우고 있다면 조심해야 한다. 경계심도 있고 집도 잘 지키지만 짖는 소리가 약간 높고 날카로워서 시끄러울 때도 있다. 허공을 향해 이유 없이 짖는 행동을 주인이 통제할 수 있도록 훈련해야 한다.

근육질 몸에 한계를 모르는 엄청난 체력을 갖고 있어서 평범한 산책으로는 만족하지 못한다. 적어도 아침 저녁 하루 2번, 30분 이상 산책시키고, 산책하면서 달리기와 자유운동, 공놀이 등을 함께 하면 이상적이다.

조금 신경질적인 성향도 있으므로 어릴 때부터 자주 산책을 데리고 나가서 다른 개나 사람을 만나게 하여 사회성을 키워주어야 한다. 또한 외부의 다양한 환경을 경험시켜 감수성을 높이고 차분한 성격으로 키우는 것이 좋다.

털을 청결하게 유지하려면 약간의 노력이 필요하다. 눈과 입 주변의 털에 늘 신경쓰고, 특히 입가는 식사할 때마다 더러워지므로 매번 닦아주어야 한다.

BREEDING DATA

- 키_ 수컷 39cm / 암컷은 수컷보다 약간 작다
- 체중_ 수컷 8kg / 암컷 7kg
- 원산국_ 영국
- 잘 걸리는 질병_ 심실중격결손증, 팔로사징증, 폐동맥변협착, 진성간질, 각막궤양, 녹내장, 백내장, 수정체 탈구

성격: 기운이 넘치고 주인에게 순종하며 경계심이 강하다.

겨울나기 | 운동시간 30분×2회 | 털관리

캐릭터 분석
- 상황판단을 잘한다: 2
- 사회성·협조성이 있다: 2
- 건강관리가 쉽다: 2
- 초보자에게 알맞다: 2
- 사람을 잘 따른다: 2
- 훈련을 잘 따라한다: 2

체스키 테리어 *Cesky Terrier*

체코를 대표하는 유쾌한 성격의 테리어

Group 3
소형견
번호 246

체스키 테리어의 탄생에는 스코티시 테리어와 실리엄 테리어가 깊이 관련되어 있다. 집을 지키고 해로운 동물을 잡는 능력은 그대로 보유한 상태에서 쇼도그로도 활약할 수 있는 견종을 목표로 만들어졌다.

1963년 FCI에서 공인되었고, 체코에서는 국견으로 공인되었다.

스코티시, 실리엄과는 형제나 마찬가지인데, 완고한 3형제 가운데 성격이 가장 온순하고 상냥하다. 그러나 흥분하면 자제하지 못할 때도 있으므로 주의해야 한다. 낯선 사람에게는 조심스럽고 좀처럼 경계심을 풀지 않는다. 집에서도 주인과 가족, 재산을 지키기 위해서 수상한 소리나 인기척에 바로 반응하고 짖어서 알려주는 영리한 개이다.

학습능력이 뛰어나 훈련하기 쉬우며, 공격적인 면이 없고, 장난기 있는 성격을 지녔다. 사교성이 있기 때문에 다른 개나 사람을 많이 만나게 해주면 더욱 차분하고 부드러운 성격이 될 수 있다. 어릴 때부터 함께 생활한 개나 고양이, 토끼 등의 반려동물과도 사이좋게 지낸다.

체스키 테리어는 장거리 이동도 잘 견디고, 몸집 또한 가족과 함께 여행하기에 적당한 크기이므로 여행을 통해서 다양한 환경을 경험하게 하는 것도 좋다.

가족 모두와 애정이 담긴 커뮤니케이션을 하고, 응석받이가 되지 않도록 주인이 강한 리더십으로 통제하면서 키우면 우아하면서도 유쾌하고 함께 즐거움을 나눌 수 있는 훌륭한 충견이 될 것이다.

BREEDING DATA

- 키_ 30cm
- 체중_ 9kg
- 원산국_ 구 체코슬로바키아
- 잘 걸리는 질병_ 추간판헤르니아, 눈병, 알레르기

성격: 온순하고 다정하며 협조적이다.

겨울나기 | 운동시간 30분×2회 | 털관리

캐릭터 분석
- 상황판단을 잘한다: 4
- 사회성·협조성이 있다: 4
- 건강관리가 쉽다: 3
- 초보자에게 알맞다: 4
- 사람을 잘 따른다: 4
- 훈련을 잘 따라한다: 4

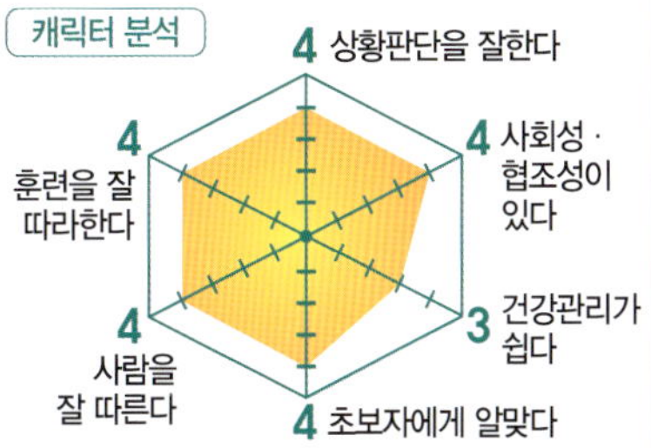

Group 3	오스트레일리안 실키 테리어 *Australian Silky Terrier*
소형견	
번호 236	실크 같은 윤기가 흐르는 스트레이트 헤어

제2차 세계대전이 한창이었을 때 오스트레일리아에 배속되어 있던 미군이 전쟁이 끝난 후에 오스트레일리안 실키 테리어를 데리고 귀국하여 화제가 되었다. 오스트레일리아에서 유일하게 반려견으로 만들어진 견종이다.

실크처럼 윤기가 흐르는 긴 털이 아름다운 테리어이지만, 겉모습과는 달리 쥐 등의 작은 동물을 찾아내면 흥분해서 맹렬하게 끝까지 쫓아가 잡거나 죽인다.

주인과 가족에게는 애정을 표현하고, 호기심도 왕성하며, 아름다운 모습에서는 상상할 수 없을 만큼 활발하다. 낯선 사람을 보면 경계심을 느끼고, 때로는 짖으면서 공격적으로 행동하기도 한다. 일단 흥분하면 제지하기 어려운 경우도 있으므로 주의한다.

실크처럼 윤기가 흐르는 털은 잘 빠지지 않고, 냄새도 거의 나지 않는다. 아름다운 결을 유지하려면 브러싱을 자주 해야 하며, 평소에도 털을 보호하기 위한 래핑이 필요하다.

BREEDING DATA

- 키_ 22.5~23.5cm
- 체중_ 4~5kg
- 원산국_ 오스트레일리아
- 잘 걸리는 질병_ 관절질환, 기관허탈, 당뇨병, 수두증

성격 호기심이 많고 명랑하며 활발하지만 약간 공격적이다.

겨울나기 / 운동시간 10분×2회 / 털관리

캐릭터 분석
- 상황판단을 잘한다: 3
- 사회성·협조성이 있다: 1
- 건강관리가 쉽다: 3
- 초보자에게 알맞다: 2
- 사람을 잘 따른다: 1
- 훈련을 잘 따라한다: 1

Group 3	재패니즈 테리어 *Japanese Teria*
소형견	
번호 259	일본 개량종 가운데 유일하게 세계에서 인정받은 테리어

주인과 함께 있을 때는 활발하고 명랑하지만 낯선 사람 앞에서는 겁을 먹고 움츠러든다. 흥미가 없으면 전혀 반응하지 않으므로 훈련 방법에 따라서 결과가 달라진다. 놀이하듯이 재미있게 가르치는 방법이 효과적이다. 영리하고 요령도 있지만 고양이처럼 제멋대로라서 자기 기분에 따라 어리광을 부리거나 냉담하게 행동하는 등 태도가 바뀌기 때문에 훈련시키기도 힘들다. 식사나 간식 시간을 이용해서 끈기 있게 매일 조금씩 계속 훈련해야 한다.

왜소한 겉모습에서 예상할 수 있듯이 운동량은 그리 많지 않다. 그러나 제멋대로인 성격 때문에도 그렇고, 정신건강을 위해서라도 산책은 필요하다. 산책은 개의 스트레스를 해소하는 데 중요한 역할을 한다. 다른 개나 사람을 만나서 사회성과 협조성을 배우고, 바깥 공기나 분위기를 느끼면서 감수성을 키울 수 있으므로 산책은 꼭 필요하다.

BREEDING DATA

- 키_ 30~33cm
- 체중_ 5kg 전후
- 원산국_ 일본
- 잘 걸리는 질병_ 고관절형성부전, 알레르기성피부염, 구개열, 부정교합, 정류고환, 백내장, 배꼽헤르니아

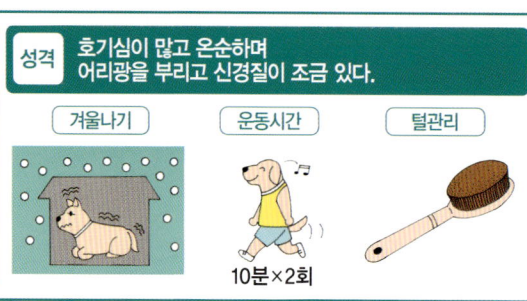

성격 호기심이 많고 온순하며 어리광을 부리고 신경질이 조금 있다.

겨울나기 / 운동시간 10분×2회 / 털관리

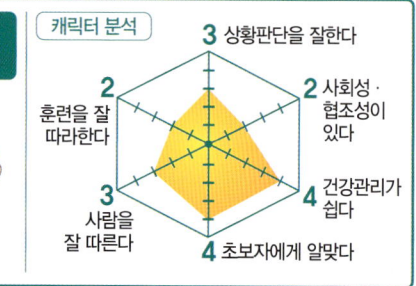

캐릭터 분석
- 상황판단을 잘한다: 3
- 사회성·협조성이 있다: 2
- 건강관리가 쉽다: 4
- 초보자에게 알맞다: 4
- 사람을 잘 따른다: 3
- 훈련을 잘 따라한다: 2

노퍽 테리어 *Norfolk Terrier*

테리어의 피가 흐르지만 작고 얌전한 애교덩어리

Group **3**
소형견
번호 **272**

작은 몸집에 종종거리며 걷는 모습이 애교스러운 노퍽 테리어. 산만하게 까부는 성격은 아니다. 활발하고 용감하며 아이들과도 친하게 지내는 상냥한 성격이다.

그러나 오랫동안 혼자 놔두거나 눈 앞에서 주인이 다른 개를 예뻐하는 모습을 보이면 질투심에 불타서 마구 짖어대거나 정원에 구멍을 파는 등 문제를 일으키기도 한다. 훈련하기는 그다지 어렵지 않으며, 늘 함께 놀아주는 것이 좋다.

활발한 성격을 지닌 테리어 그룹의 일원이지만 노퍽 테리어는 비교적 얌전하다. 소형견이므로 아침 저녁 매일 2번, 20분씩 산책하면 좋다. 주인과 노는 것을 좋아하기 때문에 함께 산책하면서 천천히 달리거나 안전한 도그런 등에서 자유운동을 시키면 정신건강에도 도움이 될 것이다.

노퍽 테리어를 트리밍할 때는 털을 뽑는 스트리핑이라는 방법을 사용하기도 한다. 그러나 이 방법은 개가 아파하므로 유럽에서는 금지하고 있다. 털이 눈을 가리거나 입 주변이 더러워졌을 때에는 정기적으로 트리밍을 해야 한다.

1880년대에 영국에서 몸집은 작아도 일을 잘하는 노리치 테리어가 탄생했다. 노리치 테리어는 귀가 위로 곧추 서 있는데 그 중에 귀가 밑으로 늘어진 개가 있었다. 그 개가 바로 노퍽 테리어의 조상이다. 당시에는 노리치 테리어와 노퍽 테리어를 같은 견종으로 취급했지만, 1964년에 다른 견종으로 분리되었다.

BREEDING DATA

- 키_ 수컷 23~25.5cm / 암컷은 수컷보다 약간 작다
- 체중_ 5~5.5kg
- 원산국_ 영국
- 잘 걸리는 질병_ 무릎관절 탈구, 수정체 탈구, 시신경결손증, 비대성심근증, 피부병

성격: 호기심이 많으며 밝고 활발하다.

겨울나기 / 운동시간 20분×2회 / 털관리

캐릭터 분석
- 상황판단을 잘한다 4
- 사회성·협조성이 있다 4
- 건강관리가 쉽다 3
- 초보자에게 알맞다 4
- 사람을 잘 따른다 4
- 훈련을 잘 따라한다 4

| Group 3 |
| 중형견 |
| 번호 286 |

아메리칸 스태퍼드셔 테리어 American Staffordshire Terrier

애교와 충성심으로 살아남은 불도그

인상은 강해도 애교가 많고 충성심이 높다. 그러나 어릴 때 너무 응석을 받아주어 제멋대로 행동하도록 놓아두거나, 주인과 커뮤니케이션이 소홀하고 다른 개나 사람과의 만남이 부족하면 사회성이 떨어져서 신경질적이고 난폭한 면이 겉으로 드러난다. 그렇게 된 다음에는 통제하기 어렵다.

중형견으로 분류되지만 체력과 지구력이 뛰어나고 단단한 근육질을 자랑하는 견종으로 운동량도 많다. 아침 저녁 매일 2번, 적어도 30분씩 산책시킨다. 산책할 때 중간중간 달리기도 하고 넓고 안전한 장소에서 자유롭게 뛰어놀게 하면 더욱 좋다.

다른 개나 사람을 만날 기회를 많이 만들어서 사회성과 협조성을 키워줘야 하는데, 이것은 주인이 확실하게 통제할 수 있을 때만 가능하다. 사회성이 부족해서 다른 개나 사람들에게 싸움을 거는 성격으로 자라면 주위에 폐를 끼치게 되므로 도그런 등에서도 즐길 수 없게 된다.

BREEDING DATA

- 키_ 수컷 46~48cm / 암컷 43~46cm
- 체중_ 18~23kg
- 원산국_ 미국
- 잘 걸리는 질병_ 고관절형성부전, 백내장, 선천성심장병

성격: 인내심이 있고 주인에게 순종하지만 약간 신경질이 있다.

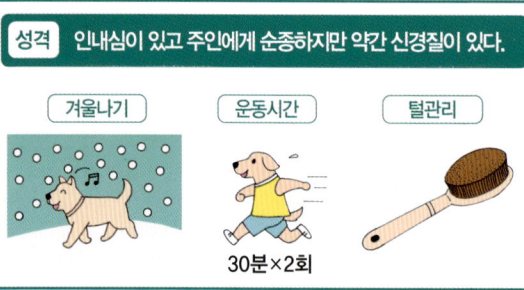

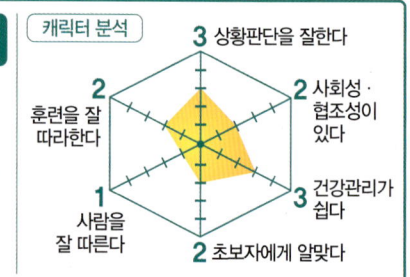

캐릭터 분석
- 3 상황판단을 잘한다
- 2 사회성·협조성이 있다
- 3 건강관리가 쉽다
- 2 초보자에게 알맞다
- 1 사람을 잘 따른다
- 2 훈련을 잘 따라한다

| Group 3 |
| 소형견 |
| 번호 302 |

아이리시 글렌 오브 이말 테리어 Irish Glen of Imaal Terrier

아일랜드의 귀여운 소형 테리어

귀여운 외모와는 달리 사냥감이 숨어 있는 구멍에 들어가 사냥감을 죽여서 끌어내는 잔인한 방법으로 사냥한다. 1966년에는 그런 방식의 사냥이 법으로 금지되었다. 그러나 혈기가 왕성하여 지금도 쥐와 같은 해로운 동물을 잡아서 죽이는 경우가 종종 있다.

본업은 사냥개였지만 힘이 넘치고 민첩하며 노는 것을 좋아해서 지금은 가정에서도 많이 기른다. 경계심이 많고 용감해서 주인과 가족, 재산이 위험한 상황에 놓이면 짖으면서 대항하기 때문에 집 지키는 개로서도 든든하다. 간혹 다른 개에게 싸움을 걸기도 하지만, 아이들을 좋아해서 좋은 놀이상대가 되어준다.

약간 제멋대로인 성격도 있으므로 어릴 때부터 훈련을 통해서 주인이 강한 리더십을 보여주어 순종적인 성격으로 길들여야 한다. 응석을 너무 받아주면 이유 없이 허공을 보고 짖는 일이 많아진다.

BREEDING DATA

- 키_ 35.5~36.5cm
- 체중_ 13.5~16.5kg
- 원산국_ 아일랜드
- 잘 걸리는 질병_ 추간판헤르니아

성격: 노는 것을 매우 좋아하고 아이들을 좋아한다.

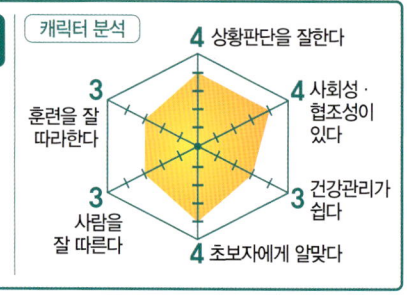

캐릭터 분석
- 4 상황판단을 잘한다
- 4 사회성·협조성이 있다
- 3 건강관리가 쉽다
- 4 초보자에게 알맞다
- 3 사람을 잘 따른다
- 3 훈련을 잘 따라한다

파슨 러셀 테리어 *Parson Russell Terrier*

다리가 긴 잭 러셀

Group **3**
소형견
번호 **339**

전체적인 모습은 잭 러셀 테리어와 거의 비슷하지만, 다리가 길고 더 영리해 보이는 인상이며, 움직임도 날렵하다. 세계적으로는 다리가 짧은 타입이 잭 러셀 테리어로 많이 알려지게 되었고, 다리가 긴 파슨은 나중에 다른 견종으로 분리되었다.

전형적인 테리어의 성격을 지닌, 활발하고 밝은 장난꾸러기이다. 사소한 일에는 풀이 죽지 않고 혼을 내도 금방 잊어버린다. 대담하고 명랑하며 애교가 많다. 늘 재미있는 일이 없는지 눈을 반짝거리며 찾아다닌다. 온종일 몸을 움직이고, 뭔가에 열중하지 않으면 못 견딜 만큼 에너지가 넘치는 호기심 덩어리이다. 학습능력이 뛰어나서 놀면서 배운 것을 잘 기억한다.

털에는 스무드와 와이어 2종류가 있고, 스무드코트는 1년 내내 털이 빠지고, 빠진 털이 옷에 잘 달라붙는다.

BREEDING DATA

- 키_ 28~38cm
- 체중_ 5~8kg
- 원산국_ 영국
- 잘 걸리는 질병_ 피부병, 관절질환

성격 명랑하고 순종적이며 익살맞고 호기심이 많다.

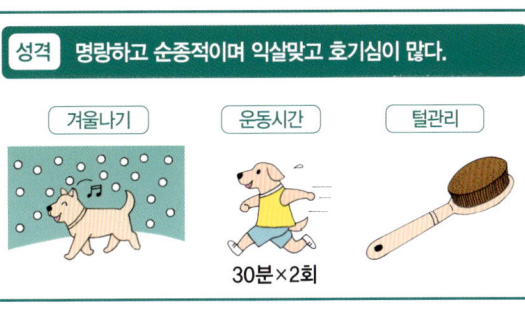

겨울나기 / 운동시간 30분×2회 / 털관리

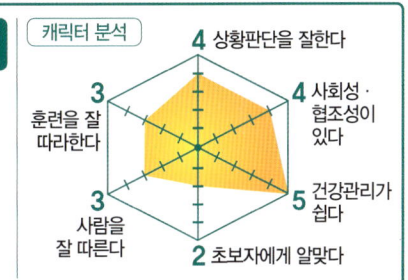

캐릭터 분석
- 4 상황판단을 잘한다
- 4 사회성·협조성이 있다
- 5 건강관리가 쉽다
- 2 초보자에게 알맞다
- 3 사람을 잘 따른다
- 3 훈련을 잘 따른다

브라질리안 테리어 *Brazilian Terrier*

잔꾀를 부릴 만큼 영리한 테리어

Group **3**
소형견
번호 **341**

브라질의 농장에서 브라질리안 마스티프와 함께 키우던 견종으로, 게으른 브라질리안 마스티프를 높은 소리로 짖어서 재촉하고, 쥐 등의 해로운 동물을 없애는 일로 활약했다. 브라질 국내에서는 대중적인 견종이지만 다른 나라에서는 쉽게 볼 수 없다.

성격은 몸집이 큰 잭 러셀 테리어라고 할 수 있다. 주인에게 순종하고 충실하며 명랑하고 활발하다. 잔꾀를 부릴 수 있을 만큼 영리하고 늘 뭔가 재미있는 일을 찾는다. 훈련을 잘 시키면 재주도 부릴 수 있다. 상대 개에 따라서 공격적으로 변하기도 하며, 경계심이 많아서 많이 짖는다.

아파트나 다세대주택에서는 이웃집에 피해를 줄 수 있으므로 이유 없이 짖지 않도록 훈련해야 한다. 가르친 것을 이해는 하지만 일부러 무시하기도 한다. 놀이와 훈련을 확실하게 구분할 수 있도록 애정을 쏟을 땐 쏟으면서 단호한 태도로 훈련해야 한다.

BREEDING DATA

- 키_ 수컷 34~40cm / 암컷 33~38cm
- 체중_ 7~9kg(최대 10kg)
- 원산국_ 브라질
- 잘 걸리는 질병_ 피부병, 관절질환

성격 활발하며 명랑하고 지능이 높다.

겨울나기 / 운동시간 30분×2회 / 털관리

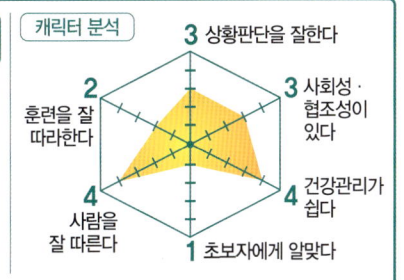

캐릭터 분석
- 3 상황판단을 잘한다
- 3 사회성·협조성이 있다
- 4 건강관리가 쉽다
- 1 초보자에게 알맞다
- 4 사람을 잘 따른다
- 2 훈련을 잘 따른다

| Group 3 | 소형견 | 번호 345 |

잭 러셀 테리어 *Jack Russell Terrier*

미워할 수 없는 악동 캐릭터

늘 활발하고 힘이 넘치는 잭 러셀 테리어. 19세기 중반, 영국의 목사 잭 러셀이 하운드 견종보다 뛰어난 여우 사냥개를 목표로 테리어를 개량해서 만들어낸 품종이다. 잭 러셀 테리어라는 이름은 만든 사람의 이름에서 따온 것이다.

소형견이지만 체력을 보면 중형견이라고 생각하는 편이 좋을 것이다. 그 작은 몸 어디에 그런 엄청난 체력이 숨어 있는지 신기할 정도이다. 영리함과 악동기질을 동시에 지닌 결코 미워할 수 없는 캐릭터이다.

산책은 기본적으로 아침 저녁 하루 2번, 30분 이상씩 해야 한다. 주인이 개의 성격을 잘 파악한 다음, 다른 개와 트러블이 없다고 판단하면 도그런에서 자유롭게 노는 것을 허락해도 좋다.

개는 자신이 훈련 받는 것을 모르겠지만 주인이 가르치는 것을 대부분 이해하고 기억한다. 하지만 할 수 있는데도 복종하지 않거나 주인을 무시하기도 하므로 훈련이 제대로 이루어졌는지 판단하기 어려울 때도 있다. 하지만 지능이 높고 학습능력도 뛰어나 주인이 강한 어조로 지시하면 잠깐은 명령을 따른다. 또한, 산책시간이 너무 짧으면 반항한다. 일단 밖에 나가면 1시간이든 2시간이든 만족할 때까지 놀고 싶어한다.

털의 종류는 스무드와 러프가 있다. 그 중 특히 스무드 타입은 조금만 움직여도 털이 많이 빠지는데 부드럽고 폭신한 털이 아니라 마치 바늘처럼 옷감을 뚫고 꽂힐 정도로 뻣뻣하다. 러프는 그렇게까지 많은 털이 빠지진 않는다.

BREEDING DATA

- 키_ 25~38cm
- 체중_ 4.5~6.8kg
- 원산국_ 영국
- 잘 걸리는 질병_ 말라세지아(Malassezia) 감염증, 대퇴골두 무혈성괴사, 부신피질기능항진증(쿠싱증후군)

성격 활발하고 명랑하며 장난을 좋아한다.

겨울나기 / 운동시간  30분×2회 / 털관리

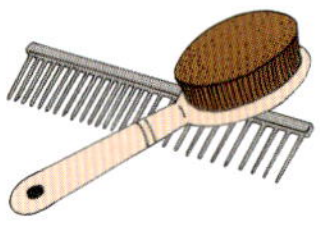

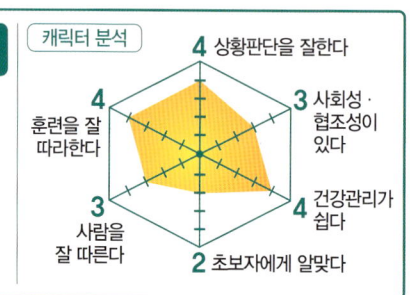

캐릭터 분석
- 4 상황판단을 잘한다
- 3 사회성·협조성이 있다
- 4 건강관리가 쉽다
- 2 초보자에게 알맞다
- 3 사람을 잘 따른다
- 4 훈련을 잘 따른다

Dachshunds

토끼나 오소리 등의 사냥개로 활약하던 견종.

몸통이 길고 다리가 짧은 체형은 오소리 구멍에 들어가기 쉽도록 개량된 것.

밝고 활동적이며 용감하다.

닥스훈트.

Spitz & Primitive Types

독일어로 스피츠란 '뾰족한 것'이라는 뜻.

스피츠계 견종은 주둥이가 튀어나오고 귀가 곧추선 것이 특징이다.

프리미티브는 원시적인 체형의 견종으로 사냥개로 활약하던 진돗개도 이에 속한다.

진돗개, 포메라니안, 사모예드, 차우차우, 재패니즈 스피츠, 시베리안 허스키 등.

GROUP 4 5

닥스훈트 *Dachshund*

변함없는 인기를 자랑하는 닥스훈트

Group 4 / 소형견 / 번호 148

닥스훈트는 독일어로 '오소리 개'라는 뜻이다. 닥스훈트가 원래 땅속에 숨어 있는 오소리를 찾아내는 일을 했던 것에서 이름이 유래되었다. 일반적으로 크기에 따라 스탠더드, 미니어처, 카닌헨 등 3종류로 분류하고, 유럽에서는 가슴둘레 길이로 분류한다. 미니어처 닥스훈트는 토끼나 담비 등 작은 동물을 사냥하기 위해 스탠더드 닥스훈트를 작게 만든 것이다.

털의 종류에 따라 성격도 조금씩 차이가 있는데, 모두 사람을 매우 좋아하고 밝고 활발해서 초보자도 키우기 쉽다. 가장 인기 많은 종류는 늘 부드럽고 차분한 롱코트 닥스훈트로 그 성격이 바로 미니어처 닥스훈트의 대표적인 성격이다. 스무드코트는 활발하고 성격이 조금 강하다. 테리어의 피를 이어받은 와이어코트는 기가 매우 세고 고집이 강해서 낯선 사람을 만나면 작은 몸집에서 나오는 소리라고는 믿지 않을 정도로 큰 소리로 짖는다.

닥스훈트의 가장 큰 특징은 긴 허리와 짧은 다리이다. 때문에 척추를 다치기도 쉽고 심각한 경우에는 추간판헤르니아를 일으킬 수도 있다. 주된 원인은 지나치게 살이 쪘거나 지나치게 말랐기 때문이고, 과격한 운동에 의해서도 다칠 수 있다. 비만일 경우에는 허리 주변의 체중이 척추에 부담을 주고, 지나치게 마르면 척추 주변의 근육이 약해져 쉽게 다친다. 높은 곳에서 뛰어내리는 등의 과격한 운동은 척추에 부담을 주어 부상의 원인이 된다. 식사량과 운동량의 균형을 맞추고, 산책하거나 실내에서 계단을 오르내릴 때 조심해야 한다.

BREEDING DATA

- 키_ 21~27cm
- 체중_ 4.8kg 이하
- 원산국_ 독일
- 잘 걸리는 질병_ 추간판헤르니아, 서혜헤르니아, 갑상선 기능저하증

성격
- 롱코트 : 밝고 부드러우며 어리광이 많고 약간 신경질적이다.
- 스무드코트 : 사람을 잘 따르며 밝고 활발하다.
- 와이어코트 : 고집이 세고 명랑하며 호기심이 많다.

겨울나기 / 운동시간 30분×2회 / 털관리 털의 종류에 따라 다르다

캐릭터 분석
- 상황판단을 잘한다: 3
- 사회성·협조성이 있다: 3
- 건강관리가 쉽다: 4
- 초보자에게 알맞다: 5
- 사람을 잘 따른다: 4
- 훈련을 잘 따라한다: 3

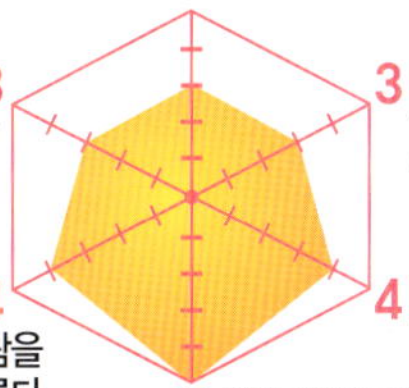

Group 5
중형견
번호 14

스웨디시 발훈트 Swedish Vallhund

농장에서 일하는 힘이 넘치는 만능견

'농장의 개'를 의미하는 발훈트는 농장의 소중한 재산인 소떼를 모는 일을 했다. 체격은 웰시 코기와 비슷해서 소떼 사이를 종횡무진 뛰어다니며 소를 지키기에 적합하다. 그 외에도 집을 지키거나 쥐와 같은 해로운 동물을 잡는 일에도 능력을 발휘해서 농장에서는 중요한 일꾼으로 대접받았다.

지금은 주로 쇼도그나 반려견으로 키우며 그 수가 적어서 좀처럼 보기 힘든 견종이다.

주인이 강한 리더십으로 이끌어주는 것을 좋아하며 임무를 맡기면 기뻐한다. 용감하고 활발하며 정력적이다. 언제나 경계태세를 취하고 있으며, 독립심이 강하다. 주인에게는 순종적이고 가족이나 아이들에게도 부드럽게 대한다. 몸집은 작아도 운동을 많이 해야 하므로 운동만 충분히 시킬 수 있다면 도시에서도 키울 수 있다.

원래 소의 뒤꿈치를 물어서 소를 몰던 습성이 남아 있어 무는 버릇이 있고, 여러 마리를 같이 키우면 잘 싸운다.

BREEDING DATA

- 키_ 33~40cm
- 체중_ 11~15kg
- 원산국_ 스웨덴

- 잘 걸리는 질병_
  추간판헤르니아, 피부병

성격 주인에게 순종하며 부드러운 성격이다.

겨울나기 / 운동시간 30분×2회 / 털관리

캐릭터 분석
- 상황판단을 잘한다 4
- 사회성·협조성이 있다 3
- 건강관리가 쉽다 3
- 초보자에게 알맞다 4
- 사람을 잘 따른다 3
- 훈련을 잘 따라한다 3

Group 5
대형견
번호 42

스웨디시 엘크하운드 Swedish Elkhound

도시생활에 어울리지 않는 스웨덴의 국견

1946년까지는 노르웨이 엘크하운드와 같은 견종으로 다루었지만 각각 독립견종으로 알려지면서 지금은 스웨덴의 국견이 되었다. 이름에서 알 수 있듯이 큰 사슴(elk)이나 곰을 사냥하던 견종이다. 추위에 강해서 눈 덮인 산에서도 문제없이 사냥감을 쫓는다.

북유럽의 여러 엘크하운드 가운데 가장 크다. 오래전부터 사람과 함께 생활했기 때문에 주인과 가족에게 우호적이며 아이들에게도 부드럽게 대한다. 용감하고 주의력도 강해 낯선 사람은 경계하고 쉽게 다가가지 않는다. 도시생활에는 적합하지 않으며 자유롭게 뛰어다닐 수 있는 환경에서 키워야 한다.

튼튼하고 활발한 스웨디시 엘크하운드는 운동량이 많기 때문에 도시에서 생활하면 심한 스트레스에 시달릴 것이다. 운동량이 부족해서 스트레스가 쌓이면 주인에게도 공격적으로 행동할 수 있다. 달리기를 좋아하므로 넓은 곳에서 자유롭게 뛰어놀게 하면 좋다.

BREEDING DATA

- 키_ 58~64cm
- 체중_ 29.5~30.5kg
- 원산국_ 스웨덴

- 잘 걸리는 질병_
  피부병, 관절질환

성격 사람에게 우호적이며 용감하고 경계심이 강하다.

 겨울나기  운동시간 60분×2회 / 털관리

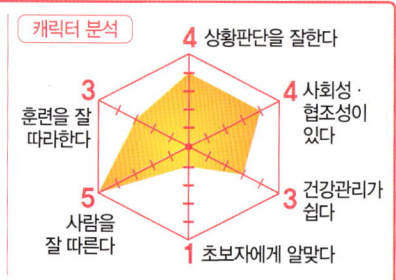

캐릭터 분석
- 상황판단을 잘한다 4
- 사회성·협조성이 있다 4
- 건강관리가 쉽다 3
- 초보자에게 알맞다 1
- 사람을 잘 따른다 5
- 훈련을 잘 따라한다 3

바센지 *Basenji*

아프리카 오지에서 원주민과 함께 살던 고대견

Group	5
중형견	
번호	43

늘 난처한 듯 미간을 찌푸리고 있는 모습의 바센지는 그다지 애교 있는 견종은 아니다. 신중하고 조심성이 많으며 신비스러운 이미지를 갖고 있다. 그러나 주인과 가족에게는 깊은 애정을 보여준다.

개 이외의 반려동물과 함께 있을 때는 바센지에게서 눈을 떼서는 안 된다. 야생 본능이 살아 있기 때문에 공격할 위험이 있다. 물어뜯고 장난칠 수 있는 장난감을 주는 것이 좋다.

바센지는 주인과 함께 있는 것만으로도 만족한다. 활발하게 움직이는 편은 아니지만 산책을 전혀 하지 않으면 스트레스가 쌓이므로 아침 저녁 매일 2번, 30분씩 산책하는 것이 좋다. 스트레스를 풀고 건강도 지킬 수 있다. 가끔은 넓고 안전한 장소에서 자유롭게 뛰어놀게 하는 것도 좋다. 밖에서 다른 개나 사람을 만나면 사회성을 기르는 데도 도움이 된다.

짧고 촘촘한 털은 매끄럽고 윤기가 흐르며 손질하기가 아주 쉽다. 바센지는 고양이처럼 스스로 그루밍을 하기도 한다.

BREEDING DATA

- 키_ 42~43cm
- 체중_ 9.5~11kg
- 원산국_ 콩고
- 잘 걸리는 질병_
  알레르기성피부염, 서혜헤르니아, 배꼽헤르니아, 신장질환

성격 제멋대로 행동하고 낯선 사람에게는 무뚝뚝하다.

겨울나기 / 운동시간 30분×2회 / 털관리

캐릭터 분석
1. 상황판단을 잘한다 — 1
2. 초보자에게 알맞다 — 2
3. 건강관리가 쉽다 — 3
4. 사람을 잘 따른다 — 4
5. 사회성·협조성이 있다 — 5
훈련을 잘 따라한다 — 1

카렐리안 베어 도그 *Karelian Bear Dog*

카렐리아 지방에서 볼 수 있는 곰 사냥 전문 견종

Group	5
대형견	
번호	48

핀란드에서는 흔히 볼 수 있는 견종이다. '카렐리안'이라는 이름은 원산지가 핀란드와 러시아의 국경 근처에 위치한 카렐리안 지방인 데서 유래되었다. 주로 곰 사냥에서 활약했으며 곰 이외에도 사슴, 멧돼지 등의 사냥도 했던 매우 용맹스러운 사냥개이다. 일본의 가루이자와 지방에서 곰에 의한 피해가 발생했을 때 카렐리안 베어 도그를 수입하여 도움을 받았을 정도로 유능한 견종이다. 지금은 핀란드에서 곰이 사라지고 다른 대형 동물도 그 수가 크게 줄어든 탓에 작은 동물 사냥에 주로 이용된다.

주인과 가족에게 정이 깊고, 집에서는 온순하고 얌전하지만 낯선 사람이나 다른 개에게는 공격적이다. 야성미가 넘치고 자신의 판단으로 사냥하기 때문에 아무에게나 복종하지 않고 강한 리더십이 있는 주인에게만 충성한다. 일관성 있는 훈련은 잘 따르고 받아들이지만, 개를 키워본 경험이 적은 사람은 키울 수 없다.

BREEDING DATA

- 키_ 수컷 57~60cm / 암컷 52~55cm
- 체중_ 수컷 25~28kg / 암컷 17~20kg
- 원산국_ 핀란드
- 잘 걸리는 질병_
  피부병

성격 용기가 넘치며 자신만만하다.

겨울나기 / 운동시간 60분×2회 / 털관리

캐릭터 분석
1. 상황판단을 잘한다 — 4
2. 초보자에게 알맞다 — 1
3. 건강관리가 쉽다 — 4
4. 사람을 잘 따른다 — 4
5. 사회성·협조성이 있다 — 4
훈련을 잘 따라한다 — 3

| Group 5 | 중형견 | 번호 49 |

피니시 스피츠 *Finnish Spitz*

핀란드를 대표하는 국견

피니시 스피츠는 핀란드를 대표하는 견종으로, 1892년 핀란드 켄넬클럽에서 공인하고 핀란드의 국견이 되었다. 1959년에 미국으로 수출되어 1975년에는 미국에도 피니시 스피츠 클럽이 설립되었다.

예전에는 뇌조(들꿩과의 새) 등의 새를 사냥하는 새 전문 사냥개로, 짖어서 새의 위치를 알리는(Barking bird dog) 것으로 유명했다. 마치 요들송을 부르듯이 멀리 퍼지는 소리로 짖어서 사냥꾼에게 새의 위치를 알려준다. 지속적으로 짖는 소리는 매우 시끄러우며, 1분 동안 150번 이상 짖는 일도 드물지 않다. 뛰어난 새 사냥개로 스칸디나비아 반도의 사냥꾼들 사이에서 절대적인 인기를 누렸지만, 미국에서는 짖는 소리가 너무 크고 시끄러워서 별로 인기를 끌지 못했다.

주인과 가족에게 충실하고 외로움을 많이 타서 가족과 함께 있는 것을 좋아한다. 몸집은 작지만 대형견 못지않게 힘이 세고, 생후 3~4년까지는 장난을 좋아하는 어릴 때 성격을 그대로 갖고 있어서 친해지기 쉽다. 어릴 때부터 함께 생활한 다른 개나 고양이 등의 반려동물과도 사이좋게 지낸다. 그러나 사회성을 길러주지 않으면 내성적이고 낯을 가리게 되어 심각할 경우 신경과민으로 공격적인 성격이 될 수 있다.

큰 소리로 잘 짖기 때문에 집 지키는 일에 적합하지만 도시에서 생활하기에는 어려움이 있다. 이웃에 피해를 주지 않으려면 이유 없이 짖는 일이 없도록 잘 훈련시켜야 한다.

BREEDING DATA

- 키_ 38~50cm
- 체중_ 14~16kg
- 원산국_ 핀란드
- 잘 걸리는 질병_ 피부병

성격: 가족과 함께 있는 것을 좋아하며 외로움을 많이 탄다.

겨울나기 / 운동시간 / 털관리

30분×2회

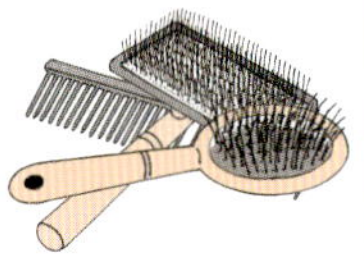

캐릭터 분석

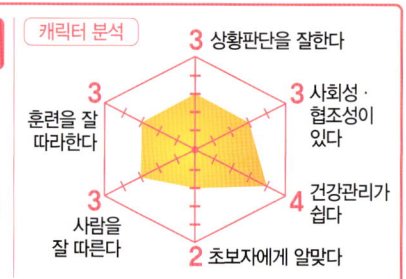

- 3 상황판단을 잘한다
- 3 사회성·협조성이 있다
- 3 훈련을 잘 따라한다
- 4 건강관리가 쉽다
- 3 사람을 잘 따른다
- 2 초보자에게 알맞다

이비잔 하운드 *Ibizan Hound*

적응력이 뛰어나서 도시생활도 잘 적응하는 사냥개

Group 5 | 대형견 | 번호 89

이비잔 하운드는 스페인과 유럽에서 '포덴코 이비센코(Podenco Ibicenco)' 라는 이름으로 친숙한 견종이다. 최근의 DNA 연구에 의하면 이비잔 하운드는 고대견에 포함되지 않는다고 한다. 따라서 비교적 최근에 개량을 위해 새로운 견종과 교배된 것으로 여겨지는데 확실한 사실은 아직 판명되지 않았고 논의가 계속되고 있다.

기본적으로는 뛰어난 시력을 이용해서 사냥하는 사이트 하운드이지만 후각과 청각도 뛰어나 모든 감각을 사용하는 만능 사냥개이다. 원산지인 발레아레스 제도의 이비사 섬에서는 토끼사냥을 주로 했다.

주인에게 순종하며 충실하고 지능이 높다. 애정이 풍부해서 가족은 물론이고 다른 반려동물과도 사이좋게 지낸다. 원래 사냥개 출신이라 산과 들을 뛰어다니는 것을 좋아하기 때문에 도시생활에는 잘 맞지 않지만, 적응력이 뛰어나서 매일 충분히 운동할 수 있다면 도시생활에도 어느 정도 적응할 수 있다. 그러나 그렇게 되려면 엄격한 훈련이 필요하다.

BREEDING DATA
- 키_ 56~74cm
- 체중_ 19~25kg
- 원산국_ 스페인
- 잘 걸리는 질병_ 고관절형성부전, 눈병

성격: 순종적이고 영리하며 애정이 깊다

운동시간: 60분×2회

캐릭터 분석: 상황판단을 잘한다 4 / 사회성·협조성이 있다 4 / 건강관리가 쉽다 3 / 초보자에게 알맞다 2 / 사람을 잘 따른다 2 / 훈련을 잘 따라한다 3

포덴고 포르투기즈 *Podengo Portuguese*

포르투갈의 3가지 하운드

Group 5 | 소·중·대형견 | 번호 94

포덴고 포르투기즈는 털에 따라 스무드코트와 러프코트 등 2종류, 크기에 따라 그란데(Grande), 미디오(Medio), 페노케(Penoqe) 등 3종류로 나뉜다. 그러나 FCI가 공인한 견종번호는 모두 같다.

가장 몸집이 큰 그란데는 사슴과 멧돼지 사냥을 위해 만들어진 견종이지만 원산국인 포르투갈에서조차 보기 어려울 만큼 그 수가 적어졌다. 중형인 미디오는 주로 토끼 사냥을 위해 만들어진 견종으로 고양잇과 동물처럼 사냥감의 흔적을 추적해서 찾아내는 사냥개이다. 가장 작은 페노케는 토끼를 굴에서 나오게 하거나 쥐 같은 해로운 동물을 없애는 일에 한몫을 했다. 현재 포르투갈 북부에서는 미디오가 가장 인기 있으며 '포르투기즈 하운드(Portuguese Hound)'라고도 부른다.

성격은 명랑하고 온순해서 아이들의 놀이상대로 좋다. 낯을 가리지만 반려견의 소질은 충분하다. 그러나 몸집이 큰 미디오와 그란데는 아파트나 다세대주택에서 키우기에 적합하지 않다.

BREEDING DATA
- 키_ 페노케 20~31cm / 미디오 39~56cm / 그란데 55~70cm
- 체중_ 페노케 4~6kg / 미디오 16~20kg / 그란데 20~30kg
- 원산국_ 포르투갈
- 잘 걸리는 질병_ 관절질환

성격: 명랑하며 온순하고 아이들의 놀이상대가 되어준다.

운동시간: 10~60분×2회

캐릭터 분석: 상황판단을 잘한다 3 / 사회성·협조성이 있다 4 / 건강관리가 쉽다 4 / 초보자에게 알맞다 4 / 사람을 잘 따른다 4 / 훈련을 잘 따라한다 3

| Group 5 |
| 소·중형견 |
| 번호 97 |

저먼 스피츠 *German Spitz*

한국에서도 흔히 볼 수 있는 스피츠

저먼 스피츠는 세계 각국의 켄넬클럽에 의해 크기가 4~10단계로 분류되어 있고, 각각 의견이 다르다. 여기서는 FCI의 공인견종 기준을 따르기 때문에 큰쪽부터 울프(Wolf), 그로스(Gross), 미텔(Mittel), 클라인(Klein), 츠베르크(Zwerg) 등 5종류로 분류한다.

이 중에서 울프 스피츠는 케이스혼트, 츠베르크 스피츠는 포메라니안이라고 부르는데, 저먼 스피츠와 이름은 다르지만 같은 견종으로 분류한다. 2번째로 큰 그로스는 얼굴이 작은 여우처럼 생겼고, 자이언트 저먼 스피츠(Giant German Spitz)라고도 부른다. 중간 크기인 미텔과 클라인은 둘 다 곤추선 귀와 작지만 탄탄한 몸매, 등 위로 말려 올라간 꼬리, 날카로운 외모까지 몸 크기를 제외하고는 똑같은 모습이다.

크기와 상관없이 모두 지능이 높고, 냉정하며, 조심성이 많고, 경계심이 강하다. 이상한 낌새를 느끼면 높고 날카로운 소리로 짖어서 주인에게 알린다. 그 중에서도 미텔과 그로스는 낯선 사람이 다가오기만 해도 짖는 경우가 많다. 하지만 친한 사람인 것을 확인하면 금세 좋아서 달려든다. 도시에서도 기를 수 있지만 클라인 스피츠를 제외하고는 운동을 많이 해야 한다.

저먼 스피츠는 모두 털이 무성하고, 길고 가늘기 때문에 엉키지 않도록 매일 브러싱해야 한다. 털을 세심하게 관리하면 아주 멋져 보이지만, 게으른 사람에게는 어울리지 않는 견종이다.

BREEDING DATA
- 키_ 클라인 23~29cm / 미텔 30~38cm / 그로스 40.5~41.5cm
- 체중_ 클라인 5~8kg / 미텔 7~11kg / 그로스 17.5~18.5kg
- 원산국_ 독일
- 잘 걸리는 질병_ 피부병

성격: 순종적이지만 낯선 사람은 경계한다.

캐릭터 분석
- 상황판단을 잘한다 3
- 사회성·협조성이 있다 3
- 건강관리가 쉽다 3
- 초보자에게 알맞다 3
- 사람을 잘 따른다 3
- 훈련을 잘 따라한다 3

케이스혼트 *Keeshond*

어릴 때부터 차분한 성격을 지닌 스피츠

Group 5
중형견
번호 97

지능이 높고 사람에게 호의적인 케이스혼트는 성격이 매우 밝고 애교가 많은 친근한 견종이다. 놀기 좋아하고 흥분해서 짖는 일도 없기 때문에 아이들이나 다른 개와도 잘 지낸다. 수상한 소리나 사람에게는 반응을 보이므로 가족을 지키는 개로도 적합하다.

어릴 때부터 비교적 차분하고 주인에게 순종하며 학습의욕이 뛰어나 훈련시키는 데 큰 어려움은 없다. 풍성한 털에 싸여서 별로 활발해 보이지 않지만 아침 저녁 하루 2번, 30분씩 산책시키는 것이 좋다. 집에서도 정원 같은 넓은 공간이 있다면 자유롭게 돌아다니도록 하면 더욱 좋다. 사교적인 성격이므로 산책하면서 다른 개나 사람을 만나게 해주면 좋아한다.

털은 전체적으로 길고 풍성하게 자라는데, 머리 부분과 다리 앞쪽 털은 두껍고 짧게 자란다. 풍성한 털 때문에 추위에는 무척 강하지만 반대로 덥고 습기가 많은 여름 날씨에는 약하다.

BREEDING DATA
- 키_ 수컷 46cm / 암컷 43cm
- 체중_ 25~30kg
- 원산국_ 네덜란드
- 잘 걸리는 질병_ 고관절형성부전, 심장병, 피부병

성격: 명랑하고 사교적이며 인내심이 강하다.

겨울나기 / 운동시간 30분×2회 / 털관리

캐릭터 분석
- 상황판단을 잘한다: 4
- 사회성·협조성이 있다: 3
- 건강관리가 쉽다: 3
- 초보자에게 알맞다: 2
- 사람을 잘 따른다: 4
- 훈련을 잘 따라한다: 4

스웨디시 라프훈트 *Swedish Lapphund*

지금도 라플란드에서 순록을 지키는 견종

Group 5
중형견
번호 135

스웨디시 라프훈트는 1903년 스웨덴 켄넬클럽에서 공인된 견종이다. 1944년 FCI에서 공인되었고, 1960년대까지 몇몇 브리더가 스웨디시 라프훈트의 보존을 위해 노력했다. 아직도 그다지 많은 수가 아니지만 세계 각 지역에서 키우고 있고, 핀란드나 노르웨이 북쪽에 있는 라플란드 지역에서는 지금도 순록을 지키거나 썰매를 끈다.

혹독한 추위도 견뎌낼 수 있는 두꺼운 털을 가진 매우 튼튼한 견종이다. 평소에는 온순하고 애교스러운 표정을 보이지만 빈틈이 없고, 용감하며, 주인에게는 매우 충실하다. 경계심이 강해서 낯선 사람을 보면 공격적으로 행동하기도 한다.

일반 가정에서 키울 때는 온도관리에 주의해야 한다. 매우 추운 라플란드 지역에서 생활하던 견종이기 때문에 덥고 습한 기후는 견디기 어렵다.

혹한의 날씨도 견뎌내는 털은 중간 길이로 검정과 갈색이 섞여 있지만 간혹 가슴과 다리 부분이 하얀 경우도 있다. 털 손질은 어렵지 않다.

BREEDING DATA
- 키_ 수컷 45~51cm / 암컷 40~46cm
- 체중_ 19~21kg
- 원산국_ 스웨덴
- 잘 걸리는 질병_ 피부병

성격: 온순하지만 용기가 있고 경계심도 강하다.

겨울나기 / 운동시간 60분×2회 / 털관리

캐릭터 분석
- 상황판단을 잘한다: 4
- 사회성·협조성이 있다: 4
- 건강관리가 쉽다: 3
- 초보자에게 알맞다: 2
- 사람을 잘 따른다: 4
- 훈련을 잘 따라한다: 3

포메라니안 *Pomeranian*

풍성한 털을 가진 크기가 작은 북방 스피츠

Group 5 / 소형견 / 번호 97

성격이 매우 활발하고 지적이며 학습의욕이 높다. 그러나 뜻대로 되지 않으면 신경질을 부리기도 한다. 호기심이 왕성하고 조심성이 많아서 이상한 소리가 들리거나 낯선 사람을 보면 짖는다. 상대방을 위협하려고 짖기는 하지만 약간 뒤로 물러나 있는 모습을 보면 겁이 많은 성격임을 알 수 있다.

털은 대개 오렌지색이나 크림색이지만 블랙이나 블루도 있다. 풍성한 더블코트라 더위에 약하며 열중증을 조심해야 하므로, 여름에는 털을 짧게 자르기도 한다.

산책 시간은 짧아도 괜찮다. 단, 매일 일정한 시간에 산책하는 것은 좋지 않다. 매일 그 시간이 되면 예민하게 짖으며 주인에게 산책을 가자고 보채기도 하므로 산책 시간은 불규칙한 편이 좋다.

포메라니안을 훈련할 때 중요한 것은 성격을 잘 이용하는 것이다. 특히 학습의욕과 호기심을 잘 이용하자. 고집이 센 편이어서 훈련이 반복되면 쉽게 지루해하고 짜증도 내므로 훈련 시간을 가능한 짧게 해서 집중시켜야 한다.

풍성한 몸집에 비해 뼈가 가는 편이라 높은 곳에서 떨어지거나 넘어지면 골절되기 쉽다. 산책하거나 실내에서 놀 때도 늘 조심해야 한다. 또 눈물이 계속 나오는 유루증에 걸리는 경우도 많기 때문에 눈가를 깨끗하게 관리해야 한다. 특히, 포메라니안은 이빨이 일찍 빠지는 경우가 많으므로 이빨관리에도 신경을 써야 한다.

BREEDING DATA

- 키_ 20cm
- 체중_ 1.5~3kg 이하
- 원산국_ 독일
- 잘 걸리는 질병_ 무릎관절 탈구, 유루증, 내분비질환, 기관허탈, 골절

성격 호기심이 왕성하고 밝지만 신경질적인 면도 있다.

겨울나기 / 운동시간 30분×1회 / 털관리

캐릭터 분석
- 상황판단을 잘한다: 2
- 사회성·협조성이 있다: 2
- 건강관리가 쉽다: 2
- 초보자에게 알맞다: 3
- 사람을 잘 따른다: 2
- 훈련을 잘 따라한다: 2

| Group 5 |
| 중형견 |
| 번호 189 |

피니시 라프훈트 *Finnish Lapphund*

디스템퍼 때문에 멸종 직전까지 갔던 라플란드의 썰매개

제2차 세계대전이 일어나기 전 스웨덴과 노르웨이에서 피니시 라프훈트를 공인받으려고 노력했지만 전쟁 중에 디스템퍼(개홍역)가 유행하는 바람에 멸종 직전의 상황이 되었다. 1940년대부터 견종보존 프로그램이 진행되어 1967년 핀란드 켄넬클럽에서 공인되었다. 지금도 순록 무리를 지키거나 썰매개로 일을 하고 있다. 유럽에서는 '라핀코이라(Lapinkoira)'라는 이름을 일반적으로 사용하는데 '라핀'은 '라플란드'를, '코이라'는 '개'를 의미한다.

조심성이 많고 낯선 사람이나 수상한 소리에 반응하여 잘 짖는다. 그러나 주인에게는 대단히 순종적이다. 조금 엄격한 훈련이 필요하지만 학습 의욕이 있으므로 일반 가정에서도 키울 수 있다. 주인이 강한 리더십으로 이끌어주면 많은 것을 배울 수 있다.

원래 썰매를 끌던 개라서 힘이 넘치고 운동을 많이 해야 한다. 매일 산책과 운동을 충분히 시키자.

BREEDING DATA
- 키_ 46~52cm
- 체중_ 20~21kg
- 원산국_ 핀란드
- 잘 걸리는 질병_ 피부병

성격: 조심성이 많고 주인에게 순종한다.

겨울나기 / 운동시간 60분×2회 / 털관리

캐릭터 분석
- 상황판단을 잘한다 4
- 사회성·협조성이 있다 4
- 건강관리가 쉽다 4
- 초보자에게 알맞다 4
- 사람을 잘 따른다 4
- 훈련을 잘 따라한다 5

| Group 5 |
| 소형견 |
| 번호 195 |

볼피노 이탈리아노 *Volpino Italiano*

이탈리아의 인기견이었지만 지금은 보기 힘든 희소견

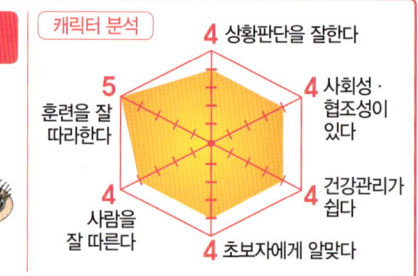

재패니즈 스피츠와 닮은 볼피노 이탈리아노는 몸집은 작아도 높고 날카로우며 잘 퍼지는 소리로 짖어서 집 지키는 개로 기르던 견종이다. 침입자가 있으면 격렬하게 짖어서 알린다. 예전에는 이탈리아의 인기 견종이었지만 요즘은 수가 줄어들어 원산국인 이탈리아에서도 보기 어려운 희소 견종이 되었다.

주인과 가족에게 애정이 깊고, 아이들한테 좋은 놀이상대가 되어준다. 놀기 좋아하고 활발하며 명랑하다. 집을 지키던 개인 만큼 조심성이 많고, 낯선 사람을 보면 짖으면서 경계하므로 집 지키는 능력은 충분하다. 도시 생활에도 쉽게 적응하므로 반려견으로도 적합하다. 다만, 이웃에게 피해를 줄 수 있으므로 이유 없이 짖지 않도록 훈련시켜야 한다.

털은 부드러우며 길다. 엉키지 않게 자주 브러싱해서 결을 정리하자. 색은 일반적으로 화이트이고 드물게 레드도 있다.

BREEDING DATA
- 키_ 27~30cm
- 체중_ 4~5kg
- 원산국_ 이탈리아
- 잘 걸리는 질병_ 피부병

성격: 활발하고 명랑하며 놀기 좋아한다.

겨울나기 / 운동시간 30분×2회 / 털관리

캐릭터 분석
- 상황판단을 잘한다 3
- 사회성·협조성이 있다 3
- 건강관리가 쉽다 3
- 초보자에게 알맞다 4
- 사람을 잘 따른다 4
- 훈련을 잘 따라한다 3

시르네코 델레트나 *Cirneco dell'Etna*

이탈리아에서 인기가 많은 고대견

Group 5
중형견
번호 199

시르네코 델레트나는 현재 원산국인 이탈리아 어디에서나 흔히 볼 수 있는 견종이다. 고대의 분위기가 감도는 이 견종은 매우 활발하고 영리하며 날렵하다. 성격이 밝고 가족에게 애정이 깊다. 낯선 사람에게는 냉담하지만 결코 공격적이지는 않다.

체격이 길고 늘씬해서 얼핏 보면 파라오 하운드와 인상이 비슷하며, 아파트나 다세대주택에서도 충분히 키울 수 있지만 운동을 많이 해야 한다. 도시생활도 가능하지만 타인에게 피해를 주지 않고 자유롭게 뛰어놀 수 있는 넓은 공간이 있는 환경이 좋다.

따뜻한 지역 출신이라 더위에 강하고, 추위에는 약하다. 겨울철에는 옷을 입히고 보온에 신경 써야 한다.

학습능력이 뛰어나서 훈련을 빠르게 소화하므로 잘 훈련시키면 훌륭한 반려견이 될 것이다.

BREEDING DATA
- 키_ 42~50㎝
- 체중_ 8~12㎏
- 원산국_ 이탈리아
- 잘 걸리는 질병_ 피부병, 관절질환

성격 명랑하고 정이 많다.

겨울나기 / 운동시간 60분×2회 / 털관리

캐릭터 분석
- 3 상황판단을 잘한다
- 4 사회성·협조성이 있다
- 3 건강관리가 쉽다
- 1 초보자에게 알맞다
- 3 사람을 잘 따른다
- 4 훈련을 잘 따라한다

사모예드 *Samoyed*

사람을 너무 좋아해서 집 지키는 일은 불합격

Group 5
중형견
번호 212

몸집이 크고 자신감 넘치는 인상이지만 사실은 외로움을 많이 타고, 주인을 졸졸 따라다닐 만큼 어리광이 많다. 천진난만한 장난꾸러기로 장난을 너무 좋아해서 마치 강아지가 그냥 몸만 커진 것 같은 견종이다.

평화주의자로 주인에게 충실하며 사람을 좋아한다. 지나치게 사람을 따르고 친근해서 집 지키는 개로는 적합하지 않다. 그러나 한밤중에 들리는 수상한 소리나 인기척에는 짖어서 반응한다. 지능이 매우 높지만 오히려 그것이 훈련을 방해하는 요인이 되므로 주인도 인내심을 갖고 대응해야 한다.

털은 더블코트로, 긴 바깥털과 부드럽고 촘촘한 속털의 2중구조로 되어 있다. 다른 견종에 비해서 털이 길고 엉키기 쉬우므로 브러싱을 자주 해야 한다. 그러나 털이 브러시에 걸리기 쉬워서 브러싱하는 것을 아파하고 싫어하는 경우도 있다. 윤기가 흐르는 아름다운 털을 유지하려면 꼭 필요하므로 어릴 때부터 빗에 익숙해지도록 길들여야 한다.

BREEDING DATA
- 키_ 수컷 53~60㎝ / 암컷 48~53㎝
- 체중_ 19~30㎏
- 원산국_ 러시아(시베리아 지방)
- 잘 걸리는 질병_ 알레르기성피부염, 위염전, 항문주위선종, 고관절형성부전, 백내장

성격 사람을 잘 따르고 외로움을 많이 타며 어리광이 있다.

겨울나기 / 운동시간 30분×2회 / 털관리

캐릭터 분석
- 3 상황판단을 잘한다
- 2 사회성·협조성이 있다
- 4 건강관리가 쉽다
- 3 초보자에게 알맞다
- 4 사람을 잘 따른다
- 3 훈련을 잘 따라한다

| Group 5 |
| 중형견 |
| 번호 205 |

차우차우 *Chow Chow*

더위에 약하고 침을 많이 흘리는 중국개

차우차우는 스피츠 종류 중 하나로 벌어진 어깨에 꼬리는 돌돌 말려 올라갔고, 두 귀는 곧추서 있다. 성격은 그다지 밝지 않고, 애교가 없으며, 애정표현도 서툴다. 아주 느긋한 성격이라서 몸을 일으켜 빠르게 움직이는 일이 좀처럼 없다. 거드름을 피우듯이 다리를 뻣뻣하게 하고 걷는다. 그런데 겁도 없고 경계심이 많아서 집 지키는 개로는 매우 훌륭하다. 주인에게는 충실하지만 낯선 사람에게는 별로 우호적이지 않아서 한때는 성질이 고약한 개로 여겨지기도 했다.

풍성한 털 덕분에 실제 몸집보다 더 커 보이며, 한겨울 추위에는 강하지만 여름철 더위에는 무척 약하다. 침을 많이 흘리므로 집 안에서는 수건으로 침받이를 해주는 것이 좋다. 운동을 많이 할 필요는 없지만 건강을 위해서 아침 저녁 하루 2번, 30분씩 운동을 한다. 운동이 부족하면 쉽게 살이 찌는 체질이다.

털이 풍성해서 손질하는 데 시간과 노력이 필요한데, 특히 겨울부터 봄에 걸친 털갈이 시기에는 털이 많이 빠진다. 자주 브러싱해서 빠진 털을 제거하지 않으면 털이 엉키고 피부병이 생길 수도 있다. 핀브러시나 빗을 사용해서 자주 손질한다.

차우차우라는 이름은 중국어로 '음식' 이라는 단어의 속어라는 설과, 차우차우를 중국에서 영국으로 수송한 배의 이름이라는 설이 있다. 원산국인 중국에서는 수레를 끌거나 경비견, 반려견, 심지어는 식용으로도 이용되는 등 아주 다양한 용도로 쓰였다.

BREEDING DATA

- 키_ 43~51cm
- 체중_ 20~32kg
- 원산국_ 중국
- 잘 걸리는 질병_ 폐동맥협착, 소뇌기형, 고관절형성부전, 연구개과장증

성격 경계심이 강하고 신경질적인 면이 있다.

겨울나기	운동시간	털관리
	 30분×2회	

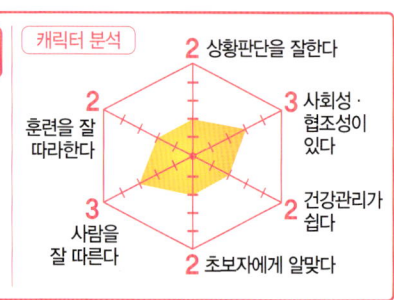

캐릭터 분석
- 상황판단을 잘한다: 2
- 사회성·협조성이 있다: 3
- 건강관리가 쉽다: 2
- 초보자에게 알맞다: 2
- 사람을 잘 따른다: 3
- 훈련을 잘 따라한다: 2

멕시칸 헤어리스 도그 *Mexican Hairless Dog*

Group 5 / 소형견 / 번호 234

멕시코의 고대 헤어리스 도그

멕시칸 헤어리스 도그는 스페인이 멕시코를 정복했을 때 그 수가 크게 줄어서 멸종 위기에 놓였지만 원주민이 기르던 개로 멸종을 피할 수 있었다. 1492년 콜럼버스가 유럽으로 데리고 갔다는 설이 있다. 19세기 말에는 반려견으로 키우게 되었고, 1956년에는 멕시코 켄넬클럽에서 공인받았다. 유럽에서는 '쇼로이츠퀸틀리(Xoloitzcuintli)'라고 부른다.

밝고 놀기 좋아하는 활발한 성격이지만 조금 냉정한 면이 있다. 낯선 사람은 조심스럽게 대한다.

머리 위에 아주 조금 털이 있는 것 외에는 거의 털이 없는 헤어리스 도그이다. 털을 손질할 필요는 없지만 정기적으로 목욕시키고 피부를 관리해 주어야 한다. 몸을 보호하는 털이 없는 만큼 온도 변화에 민감해서, 추운 겨울에는 난방을 해주고 옷을 입히는 등 보온에 신경 써야 한다. 한여름 뙤약볕은 피하고 기온이 너무 높은 날에는 냉방을 하거나 피부 보호를 위해 옷을 입혀야 한다. 반려견 전용 크림을 발라주면 좋다.

BREEDING DATA

- 키_ 30~38cm
- 체중_ 6~10kg
- 원산국_ 멕시코
- 잘 걸리는 질병_ 관절질환, 피부병

성격: 애정이 깊고 명랑하며 냉정하다.

겨울나기 / 운동시간 30분×2회 / 털관리 거의 필요 없음

캐릭터 분석: 상황판단을 잘한다 4, 사회성·협조성이 있다 4, 건강관리가 쉽다 2, 초보자에게 알맞다 2, 사람을 잘 따른다 4, 훈련을 잘 따라한다 4

노르웨지안 부훈트 *Norwegian Buhund*

Group 5 / 중형견 / 번호 237

도시 생활에도 적응하는 양치기견

근대의 부훈트는 서(西)노르웨이에서 개량된 견종으로, 1920년대 노르웨이의 예렌에서 개최된 도그쇼에 처음 출장했고, 1939년에 노르웨지안 부훈트 클럽이 설립되었다. 가축을 지키고 관리하거나 농장을 지키는 일을 했는데, 특히 양을 모는 능력이 뛰어나며 양 이외에도 무리지어 있는 동물을 모으는 습성이 있다.

가족에 대한 정이 깊고 명랑하다. 용감하지만 낯선 사람에게도 공격적이지 않고 우호적인 성격이다. 학습의욕이 있어서 다양한 훈련에 즐겁게 참여한다. 최근에는 경찰견이나 장애인 보조견으로도 활약한다.

적응능력이 뛰어나 도시생활에도 잘 적응한다. 일반 가정에서 키우기에 적당한 크기이지만 운동을 많이 시켜야 한다. 가능하면 마당 같은 넓은 공간이 있는 환경이 가장 좋고, 아파트나 다세대주택에서 키우려면 매일 산책과 운동을 충분히 시켜야 한다.

털이 짧아서 손질하는 데 특별한 기술이 필요하지 않다.

BREEDING DATA

- 키_ 41~46cm
- 체중_ 18kg
- 원산국_ 노르웨이
- 잘 걸리는 질병_ 피부병

성격: 기억력이 좋고 우호적이다.

겨울나기 / 운동시간 60분×2회 / 털관리

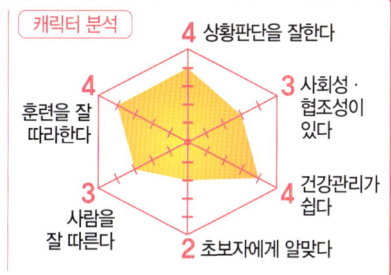

캐릭터 분석: 상황판단을 잘한다 4, 사회성·협조성이 있다 3, 건강관리가 쉽다 4, 초보자에게 알맞다 2, 사람을 잘 따른다 3, 훈련을 잘 따라한다 4

| Group 5 |
| 중형견 |
| 번호 242 |

노르웨이안 엘크하운드 *Norwegian Elkhound*

두꺼운 털 때문에 더위에 약한 견종

기가 세고 대담하며 민첩하게 움직인다. 한편으로는 섬세한 주의력과 관찰력도 겸비했다. 충성심이 강해서 주인에게 순종하고 따른다. 처음 만난 사람에게도 붙임성 있게 행동하고 애교를 부린다. 그러나 일단 경계태세로 들어서면 잘 퍼지는 높은 소리로 계속 짖어서 이상이 있음을 알려주므로 집 지키는 개로도 손색이 없다. 경우에 따라서는 공격적인 행동도 할 수 있으므로 필요 이상으로 공격하지 않게 훈련해야 한다.

털은 두꺼운 더블코트로 악천후에도 잘 견디지만 덥고 습한 여름 날씨에는 약하다. 겨울부터 봄에 걸친 털갈이 시기에는 부지런히 브러싱하여 빠진 털을 제거해야 한다.

노르웨지안 엘크하운드의 털 색은 그레이와 블랙이 있는데, 각각 다른 견종으로 취급한다. 털의 색상뿐 아니라 체형도 약간 다르며, 조상견과 발전 과정도 다른 것으로 알려져 있다.

BREEDING DATA

- 키_ 수컷 52cm 전후 / 암컷 47cm 전후
- 체중_ 수컷 약 23kg / 암컷 약 22kg
- 원산국_ 노르웨이
- 잘 걸리는 질병_ 망막위축증, 피부병

성격 주인에게 순종하고 사람을 잘 따르지만 경계심이 강하다.

겨울나기 / 운동시간 60분×2회 / 털관리

캐릭터 분석
- 상황판단을 잘한다 3
- 사회성·협조성이 있다 4
- 건강관리가 쉽다 3
- 초보자에게 알맞다 3
- 사람을 잘 따른다 3
- 훈련을 잘 따라한다 3

| Group 5 |
| 대형견 |
| 번호 243 |

알래스칸 맬러뮤트 *Alaskan Malamute*

주인을 너무 좋아하는 알래스카 출신의 썰매개

허스키를 닮은 늑대 같은 외모의 알래스칸 맬러뮤트는 차분하고 충성심이 강하며 사람을 좋아한다. 특히, 한번 주인은 영원한 주인으로 끝까지 믿는다. 인내심이 강해서 아이들과 잘 놀아준다. 가족과 함께 있는 것을 좋아해서 오랜 시간 집에 혼자 두면 스트레스를 받아 집 안을 엉망으로 만들어 놓는 경우도 있다. 주인으로 인정한 사람에게 충실하고, 평소에는 차분하게 생활한다.

훈련시키는 일 자체는 특별히 어렵지 않지만 먼저 주인과 신뢰를 쌓는 것이 중요하다. 어릴 때부터 너무 응석을 받아주거나 커뮤니케이션이 부족하면 훈련은커녕 충실한 모습도 전혀 볼 수 없을 것이다. 그것은 알래스칸 맬러뮤트가 당신을 주인으로 인정하지 않는다는 의미이다. 어느 정도 자란 후에 일방적으로 무리하게 훈련을 시작하기보다는 어릴 때부터 조금씩 커뮤니케이션에 의미를 두고 훈련하는 것이 좋다.

BREEDING DATA

- 키_ 58~71cm
- 체중_ 39~56kg
- 원산국_ 미국(알래스카 지방)
- 잘 걸리는 질병_ 모포형성부전, 갑상선 기능저하증, 아연반응성피부염, 고관절형성부전, 녹내장, 백내장

성격 조용하고 침착하며 온순하고 순종적이다.

겨울나기 / 운동시간 60분×2회 / 털관리

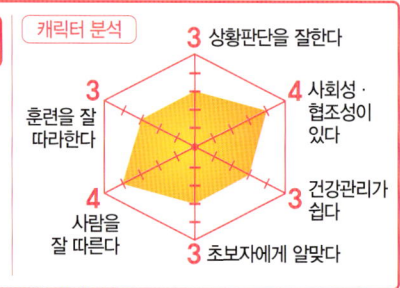

캐릭터 분석
- 상황판단을 잘한다 3
- 사회성·협조성이 있다 4
- 건강관리가 쉽다 3
- 초보자에게 알맞다 3
- 사람을 잘 따른다 4
- 훈련을 잘 따라한다 3

파라오 하운드 *Pharaoh Hound*

신비스럽지만 친근한 고대견

Group 5
대형견
번호 248

겉모습에서 고대의 신비스러운 분위기가 느껴지는 성격이 부드럽고 호의적인 견종이다. 가족 앞에서는 늘 두 눈을 반짝이며 놀아주기를 기대한다. 낯선 사람을 보면 조금 경계하지만 공격하지는 않는다.

스프링과 같은 순발력이 있고, 날렵하게 생긴 몸은 체력과 지구력이 뛰어나다. 많은 운동량이 필요한데 만족하지 못하는 짧은 산책으로는 스트레스가 쌓여서 파괴적인 성격이 나올 수도 있다. 몸과 마음 모두 건강하게 키우려면 아침 저녁 매일 2번, 적어도 1시간씩 산책해야 한다. 산책하면서 가볍게 뛰는 것은 좋지만 조금이라도 속도를 내면 흥분해서 마구 달릴 수 있으니 조심한다. 고양이나 비둘기를 발견해도 쫓아가므로 리드줄을 단단히 쥐고 주인이 통제할 수 있게 훈련시켜야 한다.

짧지만 부드러운 털은 손질하기 쉽지만 반면에 추위에 약하기 때문에 주의해야 한다.

BREEDING DATA

- **키_** 수컷 58~64cm / 암컷 53~61cm
- **체중_** 20~25kg
- **원산국_** 몰타
- **잘 걸리는 질병_** 피부병

성격 온순하고 다정하며 사람을 잘 따르지만 경계심이 강하다.

 겨울나기
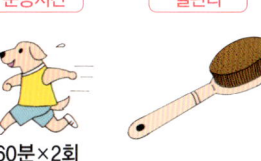 운동시간 60분×2회
털관리
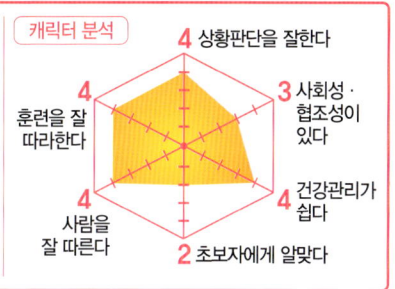

캐릭터 분석
- 4 상황판단을 잘한다
- 3 사회성·협조성이 있다
- 4 건강관리가 쉽다
- 2 초보자에게 알맞다
- 4 사람을 잘 따른다
- 4 훈련을 잘 따라한다

재패니즈 아키타 *Japanese Akita*

외국에서도 인기 있는 일본을 대표하는 대형견

Group 5
대형견
번호 255

지능이 높고 성실하며 어지간한 일에는 꿈쩍도 하지 않지만, 사실은 매우 상냥하고 정이 많으며 온순한 성격이다. 주인에게 순종적이고 한번 주인으로 인정하면 죽을 때까지 충성한다. 그러나 어릴 때 주인과의 애정 어린 커뮤니케이션이 부족하면 다른 사람 또는 동물에게 공격적으로 행동할 수 있다.

대형견이므로 묶어놓고 사육하면 운동 부족으로 스트레스가 쌓이고, 그러다 보면 갑자기 사람에게 달려들어 무는 사고를 일으키기 쉽다. 그런 점이 아키타의 인기가 낮아지는 원인이 되기도 한다. 건강을 유지하고 스트레스를 해소하려면 운동을 충분히 해야 한다. 적어도 아침 저녁 매일 2번, 1시간씩 산책시킨다.

해외에서도 인기가 높아서 제2차 세계대전이 끝나고 군대와 함께 미국으로 건너간 것이 '아메리칸 아키타', 유럽에서는 '그레이트 재패니즈 도그'라고 불리면서 재패니즈 아키타와 다른 견종으로 발전하였다.

BREEDING DATA

- **키_** 60~71cm
- **체중_** 34~50kg
- **원산국_** 일본
- **잘 걸리는 질병_** 심실중격결손, 낙엽상천포창, 위확장, 위염전, 유전성난청, 고관절형성부전

성격 주인에게 순종적이고 충실하며 다정하고 온순하다.

 겨울나기
 운동시간 60분×2회
 털관리
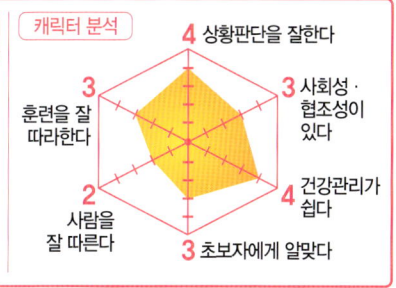

캐릭터 분석
- 4 상황판단을 잘한다
- 3 사회성·협조성이 있다
- 4 건강관리가 쉽다
- 3 초보자에게 알맞다
- 2 사람을 잘 따른다
- 3 훈련을 잘 따라한다

| Group 5 |
| 소형견 |
| 번호 257 |

시바 이누 *Shiba Inu*

예로부터 사람들과 함께 생활해온 일본의 대표견

일본의 대표견인 시바 이누는 매우 조심성이 많고 용감하며 독립심이 강하다. 또한, 정이 많고 놀기 좋아해서 주인과 함께 놀면서 하는 훈련도 좋아한다. 가족을 더없이 사랑해서 밤에도 빈틈없이 집을 지킨다. 어릴 때부터 사회성을 길러주면 다른 반려동물과도 사이좋게 지낼 수 있는데 새나 햄스터처럼 작은 동물을 보면 사냥 본능이 살아날 수 있으므로 주의해야 한다. 한편 시바 이누는 주인에 대한 충성심이 강해서 다양한 훈련도 힘들지 않게 소화한다. 그러나 이것은 어디까지나 훈련하는 사람을 주인으로 인정했을 경우이다. 깊은 신뢰관계가 맺어지면 훈련에 도움이 될뿐 아니라, 말을 걸면 마치 그 내용을 알아듣기라도 하는 듯 조용히 듣고 있다.

소형견으로 분류되지만 중형견 정도의 운동량이 필요하므로 아침 저녁 하루 2번, 30분씩 산책시킨다. 이 때 개의 생활리듬을 주인이 주도하는 대로 따르게 하면 충성심 깊은 시바 이누는 항상 주인의 움직임을 관찰하면서 행동하게 된다. 정성을 들이는 만큼 분명히 좋은 가족의 일원이 될 것이다.

BREEDING DATA
- 키_ 37~40cm
- 체중_ 9~14kg
- 원산국_ 일본
- 잘 걸리는 질병_ 피부병

성격 경계심이 강하고 주인에게 충실하다.

겨울나기 / 운동시간 30분×2회 / 털관리

캐릭터 분석
- 상황판단을 잘한다: 3
- 사회성·협조성이 있다: 2
- 건강관리가 쉽다: 5
- 초보자에게 알맞다: 4
- 사람을 잘 따른다: 2
- 훈련을 잘 따라한다: 3

| Group 5 |
| 중형견 |
| 번호 261 |

홋카이도 *Hokkaido*

초보자가 키우기에는 까다로운 TV 스타

홋카이도는 일본에서 TV 광고 덕분에 유명해졌지만 지금도 사냥개의 기질을 그대로 간직하고 있다. 주인과 가족의 안전을 지키기 위해서라면 목숨까지 던질 만큼 충성심이 강한 견종이다. 참을성이 많고 의지가 강하다. 하지만 결코 가벼운 마음으로 키울 수 있는 견종은 아니다. 운동량이 많이 필요하기 때문에 매일 만족할 만큼 산책시키기가 쉽지 않다. 하지만 산책은 운동뿐만 아니라 정신건강을 위해서도 중요하며, 다른 개와 사람을 만나서 사회성을 기를 수 있는 좋은 기회이기도 하다. 아침 저녁 하루 2번, 적어도 30분씩 산책을 시킨다. 산책하면서 가볍게 뛰는 것도 좋다.

홋카이도는 주인에게 충실해서 다른 사람에게는 절대 애교를 부리지 않으며, 주인에게 접근하는 사람이나 다른 개에게 공격적으로 행동할 수 있으므로 어릴 때부터 사회성을 길러주어야 한다. 홋카이도는 반려견을 키워본 경험이 많은 사람이 키우는 것이 좋다.

BREEDING DATA
- 키_ 46~56cm
- 체중_ 20~30kg
- 원산국_ 일본
- 잘 걸리는 질병_ 피부병

성격 용맹스럽고 과감하며 인내심이 강하다. 주인에게 순종한다.

겨울나기 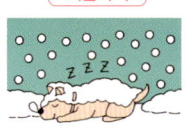 / 운동시간  30분×2회 / 털관리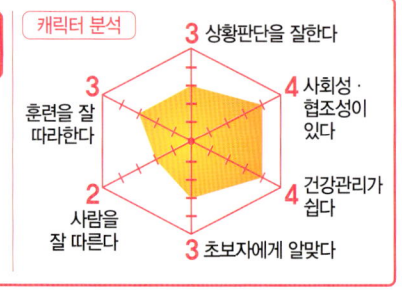

캐릭터 분석
- 상황판단을 잘한다: 3
- 사회성·협조성이 있다: 4
- 건강관리가 쉽다: 4
- 초보자에게 알맞다: 3
- 사람을 잘 따른다: 2
- 훈련을 잘 따라한다: 3

재패니즈 스피츠 *Japanese Supittsu*

이유 없이 짖지 않는 하얀색 스피츠

Group 5
소형견
번호 262

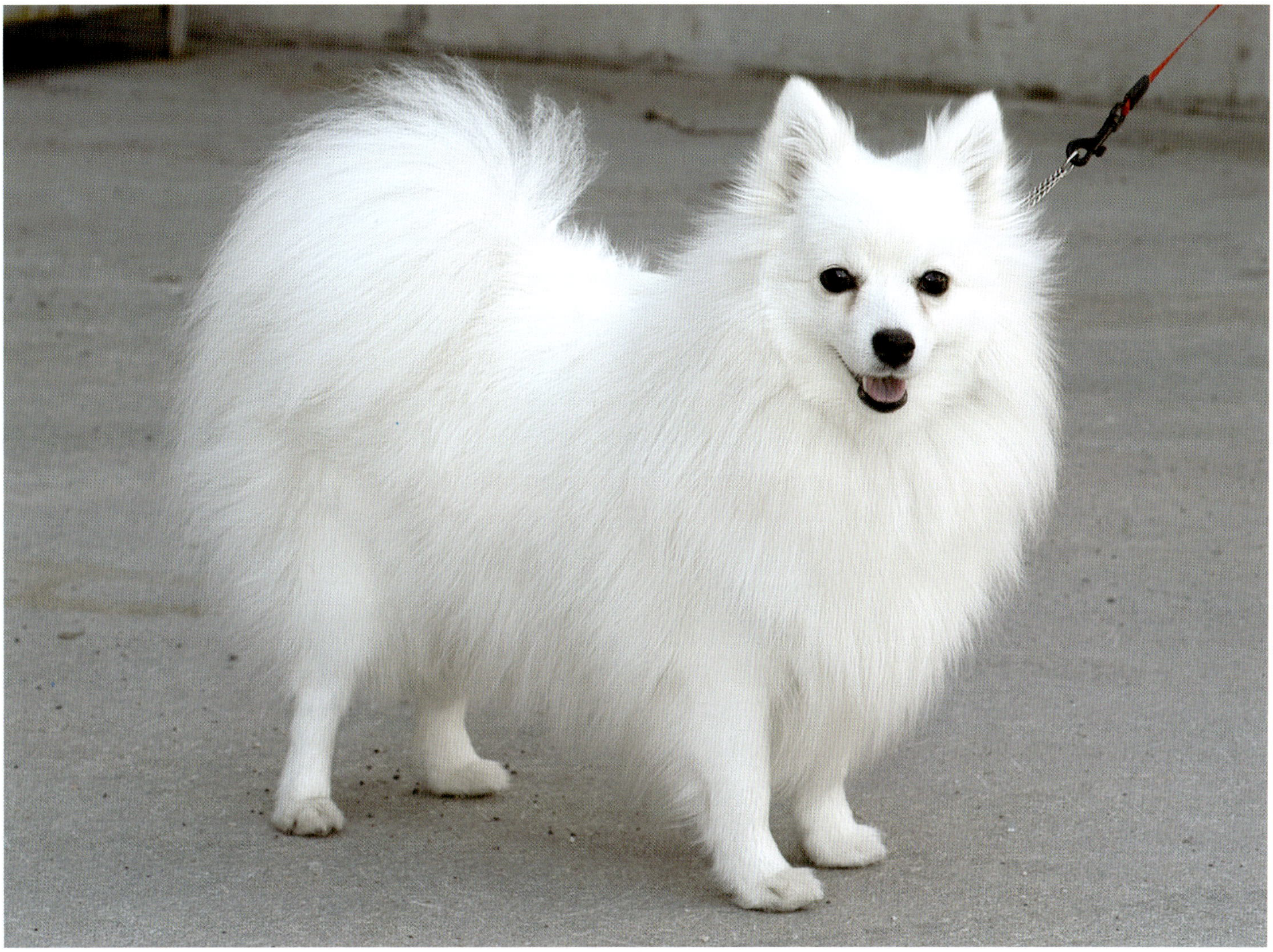

최근에는 이유 없이 짖지 않는 온순한 성격으로 개량되었다. 실제로 많은 재패니즈 스피츠를 관찰해 보면 아주 얌전하고, 사람에게 우호적이며, 호기심 왕성한 성격이 된 것 같다.

재패니즈 스피츠는 훈련시키기가 쉽지 않다. 결코 머리가 나쁘거나 학습능력이 떨어지지 않는데 집중력이 조금 부족한 편이다. 훈련을 받다가 싫증을 내는 속도가 빠르지만 더 큰 특징은 소극적인 모습이다. 소극적인 개를 훈련하는 비결은 흥미를 느낄 수 있도록 특별한 계기를 만들어 주는 것이다. 그것은 식사나 간식이 될 수도 있고, 놀이가 될 수도 있다. 개체에 따라 흥미를 느끼는 부분이 다르기 때문에 잘 살펴보고 좋아하는 것을 찾아야 한다. 예를 들어, 놀이에 흥미를 많이 보인다면 공놀이를 하면서 가끔씩 「앉아」, 「기다려」 등을 가르치고, 조금이라도 성공하면 다시 공놀이를 하면서 끈기 있게 가르쳐야 한다.

숱이 많은 하얀색 털은 봄이 되면 많이 빠진다. 겨울부터 봄 사이의 털갈이 시기에는 빠진 털을 제거하고 엉킴을 방지하기 위해서, 가을부터 겨울 사이에는 발모를 촉진하고 피부를 활성화하기 위해서 마사지를 하듯이 매일 브러싱해야 한다.

스피츠의 기초가 된 견종에 대해서는 여러 가지 설이 있지만, 그 가운데 '사모예드(Samoyed)'를 소형으로 개량했다는 설이 가장 유력하다. 스피츠라는 이름은 러시아어의 '스피치(火)'에서 유래되었다.

BREEDING DATA

- 키_ 수컷 30~38cm / 암컷은 수컷보다 약간 작다
- 체중_ 5~6kg
- 원산국_ 일본
- 잘 걸리는 질병_ 낙엽상천포창, 면역개재성 혈소판감소증, 진성간질, 무릎뼈탈구

| Group 5 |
| 소형견 |
| 번호 265 |

노르웨지안 퍼핀 도그 Norwegian Puffin Dog

특이한 신체를 가진 새 사냥개

노르웨지안 퍼핀 도그는 400년 전부터 절벽을 기어올라 퍼핀(Puffin, 바다쇠오리)을 산 채로 포획하던 새 사냥개이다. 그런 적응과정을 거치면서 놀라운 신체적 특징을 지닌 견종이 되었다. 다리가 좌우 90도로 벌어지고, 발가락이 6개 있으며, 머리가 등에 닿을 정도로 젖힐 수 있고, 귓바퀴를 접어서 귓속에 물이 들어가지 않게 막을 수도 있다. 그야말로 해안가의 낭떠러지를 오르기에 가장 적합한 신체로 변화한 것이다. '노르웨지안 룬데훈트(Norwegian Lundehund)'라고도 부른다.

대단히 명랑하고 온순한 성격으로 다른 개와 쉽게 친해지고 사이좋게 지낸다. 공격성이 전혀 없어서 아이들이 꼬리를 잡아당기면서 괴롭혀도 싫은 내색만 할 뿐 물지 않는다.

성격이 밝기 때문에 놀이를 통한 훈련이 더욱 효과적이다. 운동량이 많지 않지만 좁은 실내보다는 정원이 있는 환경에서 키우는 편이 좋다.

스칸디나비아 반도에 있는 나라 이외의 지역에서는 보기 힘들다.

BREEDING DATA
- 키_ 38cm
- 체중_ 7kg
- 원산국_ 노르웨이
- 잘 걸리는 질병_ 피부병

| Group 5 |
| 대형견 |
| 번호 273 |

케이넌 도그 Canaan Dog

이스라엘에서 국민적인 인기를 자랑하는 고대견

고대 이스라엘에서도 번성한 오랜 역사를 지닌 견종이다. 이스라엘과 중동 사막지역에서 경비견과 양치기견으로 활약하였으며, 유럽과 미국에는 비교적 최근에 소개되었다. 케이넌 도그는 재주가 많은 견종이다. 양떼를 지키고, 전쟁이 일어나면 전령견이나 지뢰탐색견으로도 활약했다. 1953년에는 케이넌 도그를 시각장애인 안내견으로 만들기 위해 훈련시켰지만 몸집이 작아서 실패로 돌아갔다. 1973년 케이넌 도그를 보존하는 데 공헌한 루돌피나 멘첼(Rudolphina Menzel)이 죽은 후에도 그녀의 유언에 따라서 번식프로그램이 계속되어 지금은 전 세계에서 키우는 고대 견종이 되었다.

가족에게 매우 순종적이며 아이들을 좋아하고 부드럽게 대한다. 그러나 낯선 사람에게는 경계심을 풀지 않으며 절대로 마음을 허락하지 않는다. 계속 귀찮게 굴면 공격하기도 한다. 가정에서 키우면 경계심이 강해서 집을 잘 지킨다. 이스라엘에서는 국민적인 인기를 자랑하는 견종이다. 집 지키는 능력이 뛰어나지만 그렇게 되기까지는 엄격한 훈련이 필요하다.

BREEDING DATA
- 키_ 48~61cm
- 체중_ 16~25kg
- 원산국_ 이스라엘
- 잘 걸리는 질병_ 관절질환, 피부병

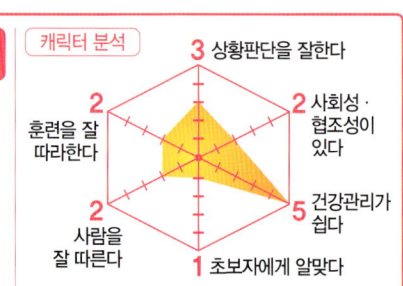

시베리안 허스키 *Siberian Husky*

실제로는 주인에게 순종하고 낙천적인 성격의 허스키

Group 5
대형견
번호 270

애틱허스키 또는 허스키라고도 한다. 에스키모개로 북방 스피츠 계통의 품종이다. 알래스카와 같은 북쪽지방에서는 재산의 일부로 대접받는 견종이다. 제2차 세계대전 때는 수색견·구조견 등으로 활약하였다. 짖을 때 거친 소리로 짖기 때문에 허스키라는 이름이 붙었다.

늑대같이 날카로운 눈빛으로 쳐다보면 다가가기가 쉽지 않지만 실제로는 사람을 좋아하고 낙천적이며 우호적이다. 주인에게 마음을 허락하면 밝은 모습으로 친근하게 대하고 순종한다. 낯선 사람은 경계하지만 사교적인 성격이므로 다른 개나 사람을 많이 만나게 해서 사회성을 길러준다.

시베리안 허스키는 먼거리를 계속 달릴 수 있도록 개량된 활동적인 견종으로 민첩하고 가벼운 걸음으로 미끄러지듯이 걸으며, 자유롭게 뛰어다니는 것을 좋아한다. 썰매개 중에서도 빠르기로 유명하며, 털이 길어서 혹한의 날씨에도 몸을 따뜻하게 유지할 수 있다. 털 색깔과 무늬는 매우 다양하다.

썰매견으로 활동하던 혈통 덕분인지 가정에서 키우는 지금도 지칠 줄 모르는 체력과 지구력이 그대로 남아 있다. 운동량을 감당하려면 매일 오랜 시간 산책시켜야 한다. 적어도 아침 저녁 하루 2번, 1시간씩 산책하는 것이 이상적이다. 가능한 안전한 도그런 등에서 자유롭게 뛰어놀게 하는 것이 가장 좋다. 강한 체력을 지녔기 때문에 주인이 먼저 지쳐서 주저앉을 때도 있다. 허스키를 키우려면 주인도 그에 맞는 체력을 키워야 한다.

BREEDING DATA

- 키_ 수컷 54~60cm / 암컷 51~56cm
- 체중_ 수컷 20~27kg / 암컷 16~23kg
- 원산국_ 미국
- 잘 걸리는 질병_ 본능성 고혈압, 원판상 홍반성낭창, 모낭형성부전, 코색소탈실, 아연반응성 피부염, 피지선종양, 진성간질, 안검내반증, 판누스, 원발성녹내장, 백내장, 유전성심장비대, 인두마비

성격 밝고 낙천적이며 온순하고 순종적이다.

겨울나기 / 운동시간 60분×2회 / 털관리

캐릭터 분석
- 상황판단을 잘한다 3
- 사회성·협조성이 있다 4
- 건강관리가 쉽다 3
- 초보자에게 알맞다 2
- 사람을 잘 따른다 4
- 훈련을 잘 따라한다 3

| Group 5 |
| 대형견 |
| 번호 274 |

그린란드 도그 Greenland Dog

고대부터 혹독한 환경에서 살아남은 에스키모견

고대부터 에스키모 사람들의 생활과 밀착되어 있던 견종으로, 주로 사냥이나 썰매 끄는 일을 하였다. 그린란드에 처음으로 상륙한 유럽의 바이킹과 미국, 캐나다의 탐험대가 데리고 온 개와 그린란드 토종개의 피가 섞였지만 그린란드 도그는 잡종화되지 않았다. 예로부터 에스키모와 함께 혹독한 추위 속에서도 살아남았고, 열악한 식생활에도 견딜 만큼 인내력이 뛰어난 견종이다.

낯선 사람에게도 우호적이라서 집 지키는 일에는 적합하지 않지만 체력만큼은 그 어떤 개보다도 뛰어나며, 활기가 넘치고 맡은 일을 즐겁게 해낸다. 털은 추위에도 견딜 수 있는 더블코트로 촘촘하게 자란 속털과 거친 바깥털로 이루어져 있다. 털갈이 시기에는 많이 빠지므로 자주 브러싱해야 한다.

가벼운 산책으로는 만족하지 못할 정도로 많은 운동량이 필요하므로 실외에서 키우는 것이 좋다. 도시에서는 키우기 어렵다.

BREEDING DATA
- 키_ 수컷 60cm / 암컷 55cm
- 체중_ 30~32kg
- 원산국_ 그린란드
- 잘 걸리는 질병_ 피부병

| Group 5 |
| 중형견 |
| 번호 276 |

노르보텐 스피츠 Norrbotten Spets

도시생활에도 잘 적응하는 믿음직스럽고 재주 많은 멀티플레이어

'노르딕 스피츠(Nordic Spitz)'라고도 부르는데, 사냥 이외에도 새 사냥, 농장 지키기, 반려견 등 다양한 목적을 위해 키우는 견종이다. 그러나 현재는 원산국인 스웨덴에서도 찾아 보기가 어렵다.

주인과 가족을 비롯하여 아이들에게도 애정이 깊어서 지금은 대부분 반려견으로 키운다. 신경질적이지는 않지만 수상한 소리나 인기척을 경계하고 때로는 공격하기도 한다. 매우 튼튼하며 인내심이 강하다. 새처럼 작은 동물부터 큰 동물까지 상대하는 용감한 개다.

몸집이 작아도 체력은 뛰어나다. 아침 저녁 하루 2번, 1시간씩 산책해야 하고, 운동을 충분히 할 수 있으면 도시생활에도 적응할 수 있다.

털은 두꺼운 속털과 중간 길이의 바깥털로 이루어진 더블코트이다. 털갈이 시기에는 자주 브러싱해야 한다.

BREEDING DATA
- 키_ 41~43cm
- 체중_ 12~15kg
- 원산국_ 스웨덴
- 잘 걸리는 질병_ 피부병

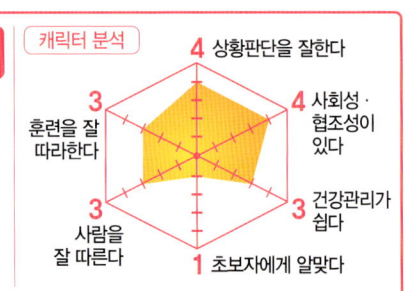

라핀포로코이라 *Lapinporokoila*

라플란드에서 순록을 지키는 개

Group 5
중형견
번호 284

라핀포로코이라의 라핀은 '라플란드'를, 포르는 '순록'을, 코이라는 '개'를 의미한다. 라플란드는 핀란드, 노르웨이, 스웨덴, 러시아에 걸쳐 있는 유럽 최북단 지역을 가리킨다. '라포니안 허더(Lapponian Herder)'라는 별명으로도 부른다. 매우 부지런한 일꾼으로 순록무리를 짖어서 통제하는데, 라핀포로코이라 한 마리가 어른 몇 사람의 몫을 해낸다고 한다.

최근에는 기계화로 일거리가 줄어들어 라핀포로코이라의 수도 크게 줄었지만 기름값이 오르면서 라핀포로코이라의 가치가 다시 평가되고 있다. 본업은 순록 관리지만 간혹 도그쇼에 참가하기도 하고, 일반 반려견으로도 키운다.

주인에게 충실하고 온순하며 우호적이다. 학습능력이 뛰어나서 훈련하기 쉽고, 일반 가정에서도 여러 가지 실용기술을 가르치면 도움이 될 것이다. 리더십 있는 주인의 지시에는 충실하게 따르고 너무 많다고 생각될 정도로 많은 일을 처리하는 능력이 있다. 지구력이 뛰어나서 매일 장시간 이동해도 전혀 힘들어하지 않는다. 운동이 부족하면 스트레스가 쌓여서 많이 짖는 신경질적인 개가 될 수도 있으므로 하루 2번, 1시간씩 산책한다. 촘촘하게 자라는 털은 혹한의 추위에도 견딜 수 있지만 고온다습한 환경에는 약하다.

운동량도 많고, 맡겨진 일을 잘 해내는 능력을 제대로 발휘하려면 도시에서 키우는 것보다 넓은 공간에서 마음껏 뛰어놀게 해주는 것이 좋다.

BREEDING DATA

- 키_ 48~56cm
- 체중_ 27~30kg
- 원산국_ 핀란드
- 잘 걸리는 질병_ 피부병, 관절질환

성격 조용하며 주인에게 충실하다.

겨울나기 / 운동시간 (60분×2회) / 털관리

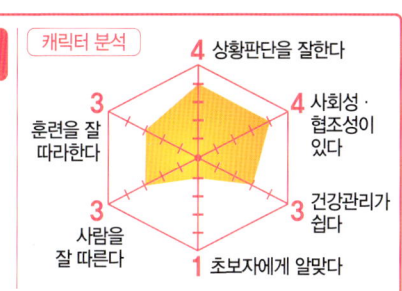

캐릭터 분석
- 상황판단을 잘한다 4
- 사회성·협조성이 있다 4
- 건강관리가 쉽다 3
- 초보자에게 알맞다 1
- 사람을 잘 따른다 3
- 훈련을 잘 따라한다 3

| Group 5 |
| 중형견 |
| 번호 289 |

아이슬란드 십도그 *Iceland Sheepdog*

양을 관리하는 스피츠

19세기 후반 아이슬란드에서는 질병과 디스템퍼(Distemper, 개홍역)가 크게 유행하여 아이슬란드 동물의 약 75%가 피해를 입었다. 그래서 1901년 이후부터 아이슬란드로 동물을 반입하는 일이 법으로 금지되었고, 아이슬란드 십도그도 섬 안에서만 번식시키게 되면서 그 수가 크게 줄어 거의 멸종 직전의 위기상황을 맞았다. 연구자들은 살아남은 아이슬란드 십도그를 번식시키기 위해서 애썼고 국외에서도 번식시켰다. 1969년에 아이슬란드 켄넬클럽에서 아이슬란드 십도그를 문화유산으로 지정했고, 최근에는 인기도 높아지고 있다.

아이슬란드 십도그는 양을 돌보는 기술이 무척 뛰어나서 방목해서 키우는 양떼의 마지막 한 마리까지도 확실하게 모을 정도이다. 외모는 스피츠지만 일하는 모습을 보면 양치기 개로 매우 훌륭하다.

일할 때 외에는 온순하고 명랑하며 친근한 성격이며, 대단히 영리하고 주인에게 순종적이다.

BREEDING DATA

- 키_ 수컷 46cm / 암컷 42cm
- 체중_ 9~14kg
- 원산국_ 아이슬랜드
- 잘 걸리는 질병_ 피부병

성격: 우호적이며 놀기 좋아하고 명랑하다.

캐릭터 분석
- 상황판단을 잘한다 4
- 사회성·협조성이 있다 4
- 건강관리가 쉽다 3
- 초보자에게 알맞다 1
- 사람을 잘 따른다 4
- 훈련을 잘 따라한다 2

| Group 5 |
| 중형견 |
| 번호 291 |

유라시아 *Eurasier*

상냥하고 아이들을 좋아하는 훌륭한 경호견

독일 견종 가운데 가장 최근에 공인된 유라시아는 부드러운 성격으로 만들기 위해 사모에드의 피를 섞어서 개량한 견종이다. 1973년 지금의 이름인 '유라시아'로 FCI에서 공인받았다. 이 이름은 아시아와 유럽의 견종을 기초로 만들어졌다는 데에서 유래하는데 외국에서는 발음하기 편하게 '오이라지아'라고도 부른다. 노벨상 수상자인 동물학자 콘래드 로렌츠에게 선물로 증정하기도 했다. 현재는 전 세계적으로 인기가 높으며, 도그쇼에도 많이 출장한다.

상냥하고 온순하며 아이들과 놀기 좋아한다. 어릴 때는 조금 수선스럽고 짓궂으며 장난치는 것을 좋아하지만, 경계심이 많아서 밤에 잠도 자지 않고 가족과 재산을 지킨다. 낯선 사람을 보면 곧바로 공격하지 않고 관찰하기 때문에 집 지키는 일도 믿고 맡길 수 있다. 혼자 남겨지거나 묶여 있는 것을 싫어한다.

털이 풍성해서 더위에 약하고, 털갈이 시기에는 자주 브러싱해야 한다.

BREEDING DATA

- 키_ 45~56cm
- 체중_ 20~32kg
- 원산국_ 독일
- 잘 걸리는 질병_ 고관절형성부전, 피부병

성격: 경계심이 강하지만 다정하다.

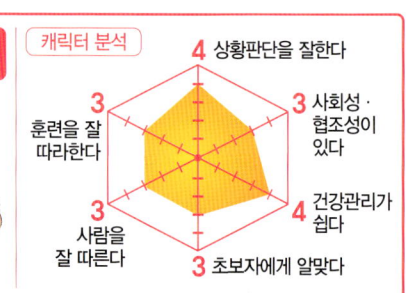

캐릭터 분석
- 상황판단을 잘한다 4
- 사회성·협조성이 있다 3
- 건강관리가 쉽다 4
- 초보자에게 알맞다 3
- 사람을 잘 따른다 3
- 훈련을 잘 따라한다 3

러시안 유러피안 라이카 *Russian-European Laika*

마구 짖어대는 중형 라이카

Group 5 | 중형견 | 번호 304

처음에는 러시안 유러피안 라이카와 카렐리안 베어 도그를 같은 견종으로 취급했지만 각각 다른 견종으로 개량되고, 기질과 크기가 달라지면서 독립견종으로 공인되었다. 유럽에서는 '루소 유러피안 라이카(Russo-European Laika)'라고 부른다. 엘크, 곰, 늑대와 같이 몸집이 큰 동물을 사냥할 때는 물론 다람쥐, 담비처럼 작은 동물의 사냥에도 이용된다.

가족에게는 애정이 깊고 충실하다. 아이들에게 너그러운 편이지만 러시아어로 '짖다'라는 의미의 이름처럼 잘 짖는다. 처음 본 사람은 물론이고 주인에게도 무엇인가를 요구하는 것처럼 짖어댄다. 흥분을 잘하며, 산책하다가 고양이를 발견하면 뒤쫓는다. 가정에서 반려동물로 키우는 토끼도 뒤쫓으며 최악의 경우에는 공격도 하므로 다른 반려동물과 같은 공간에서 키워서는 안 된다.

운동량이 무척 많아서 일반 가정이나 도시생활에 적합하지 않다.

BREEDING DATA

- 키_ 수컷 52~58cm / 암컷 50~56cm
- 체중_ 20~23kg
- 원산국_ 러시아
- 잘 걸리는 질병_ 피부병

이스트 시베리안 라이카 *East Siberian Laika*

차분하게 경계를 늦추지 않는 사냥개

Group 5 | 대형견 | 번호 305

이 개를 키우던 사냥꾼은 외모보다 능력을 중요하게 생각했기 때문에 초창기의 이스트 라이카는 몸의 크기나 귀의 형태가 제각각이었다. 지금도 모습에는 약간씩 차이가 있지만 1970년대에 접어들어 독립견종으로 계통을 잇기 위한 번식이 시작되었다. 러시아의 3종류 라이카(이스트 시베리안 라이카, 웨스트 시베리안 라이카, 러시안 유러피안 라이카) 가운데 가장 큰 견종이다. 순록이나 사슴, 곰, 담비 같은 큰 동물과 작은 동물을 사냥하거나 썰매를 끄는 작업견으로 활약했다.

주인에게 충실하고 경계심이 강해서 낯선 사람을 보면 마음을 놓지 않고, 위험한 순간에 적절하게 행동하므로 집 지키는 개로 적합하다. 평소에는 얌전하고 온순해서 라이카 중에서도 키우기 쉽고, 도시생활에도 잘 적응한다.

털은 두꺼운 더블코트로 방한성이 뛰어나며, 털갈이 시기에는 털이 많이 빠진다.

BREEDING DATA

- 키_ 56~64cm
- 체중_ 18~23kg
- 원산국_ 러시아
- 잘 걸리는 질병_ 피부병

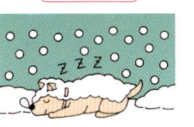

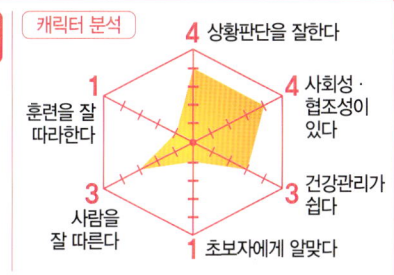

| Group 5 |
| 대형견 |
| 번호 306 |

웨스트 시베리안 라이카 *West Siberian Laika*

운동 능력이 뛰어난 대중적인 라이카

원산국인 러시아에서 근대화가 이루어지면서 주민들의 생활이 파괴되었는데 그 영향으로 일거리를 잃어버린 라이카는 멸종 위기에 놓이게 되었다. 그러나 모스크바와 스베르들롭스크의 사냥꾼들은 이 훌륭한 견종을 보존하기 위해서 1920년대부터 계획번식을 시작했고, 1944년까지 모스크바에서 제법 많은 수의 웨스트 시베리안 라이카가 태어났다. 1960년대에는 완전히 부활에 성공하여 이제는 인기 견종이 되었다.

웨스트 시베리안 라이카는 일반적으로 라이카라고 불리는 가장 대중적인 견종이다. 얼굴은 늑대와 비슷하고 야성미가 넘친다. 이스트 시베리안 라이카와 마찬가지로 가족에게는 충실하고 온순하며 우호적이다. 신경질은 거의 없으며, 경계심이 강해서 수상한 소리나 인기척에 반응하여 가족을 지킨다. 사슴이나 곰, 멧돼지 등을 사냥하던 체력을 제대로 소모시키려면 리드줄 없이 자유롭게 뛰어다닐 수 있는 환경이 가장 이상적이다.

BREEDING DATA
- 키_ 53~61cm
- 체중_ 18~23kg
- 원산국_ 러시아
- 잘 걸리는 질병_ 피부병

| Group 5 |
| 소·중·대형견 |
| 번호 310 |

페루비안 헤어리스 도그 *Peruvian Hairless Dog*

페루의 고대 헤어리스 도그

스페인에서 중국에 선물로 보낸 '페루비안 헤어리스 도그'가 중국의 차이니즈 크레스티드 도그의 조상일 것으로 추측했지만, 최근의 DNA 연구결과에 따르면 혈연관계가 아닌 것으로 밝혀졌다.

몸 크기는 스몰, 미디엄, 라지 등 3종류가 있고 FCI의 견종번호는 모두 같다. 운동량은 크기에 따라 다른데, 가장 큰 라지와 중간인 미디엄은 운동량이 많다.

주인은 물론 가족에게 애정이 깊고, 낯선 사람을 보면 조심스럽게 대응하므로 집 지키는 개로나 반려견으로도 손색이 없다. 활발하고 지능이 높아서 다양한 훈련도 잘 소화한다.

털이 없기 때문에 피부관리가 중요하다. 한여름 뙤약볕은 피하고, 외출할 때는 자외선 차단을 위해 반드시 옷을 입힌다. 한겨울의 건조한 환경도 털이 없는 피부에 좋지 않으므로 보습크림을 발라 보호해야 한다.

BREEDING DATA
- 키_ 스몰 25~40cm / 미디엄 40~50cm / 라지 50~65cm
- 체중_ 스몰 4~8kg / 미디엄 8~12kg / 라지 12~25kg
- 원산국_ 페루
- 잘 걸리는 질병_ 피부병

카이 *Kai*

일본의 산악지대를 자유자재로 뛰어다니던 호랑이 줄무늬의 견종

Group 5
중형견
번호 317

주인에게 평생을 바칠 만큼 충성심이 깊지만 그 이외의 사람에게는 관심이 없다. 움직임이 매우 빨라서 거친 산길도 가볍게 뚫고 달리는 뛰어난 운동능력을 지녔다. 다른 어떤 견종보다도 경계심이 강해서 일반 가정에서 집 지키는 개로도 믿음직스러운 파트너가 된다.

원래는 일본 아키타현 지방의 사냥꾼들이 사냥에 이용하던 토종견으로 곰 또는 사슴 사냥에서 활약하던 사냥개이다. 험준한 산악지대를 자유자재로 뛰어다니는 끝없는 지구력을 지녔다. 따라서 중형견이지만 매일 많은 운동량이 필요하다. 일반 가정에서도 아침 저녁 하루 2번, 30분 이상씩 산책해야 한다. 산책하면서 달리거나, 자유롭게 뛰어다닐 수 있는 장소에서는 자유운동을 시키면 더욱 좋다. 카이는 그저 주인과 함께 있을 수만 있다면 충분히 행복하다고 느끼므로 굳이 산책하고 싶어 하지 않을 것이다. 하지만 정원 한쪽 구석에 리드줄로 묶어놓고 키우는 방법은 정신건강에 좋지 않다.

BREEDING DATA

- 키_ 수컷 53cm / 암컷 48cm
- 체중_ 16~18kg
- 원산국_ 일본
- 잘 걸리는 질병_ 알레르기성피부염

성격 주인에게 충실하며 독립심이 강하다.

겨울나기 / 운동시간 30분×2회 / 털관리

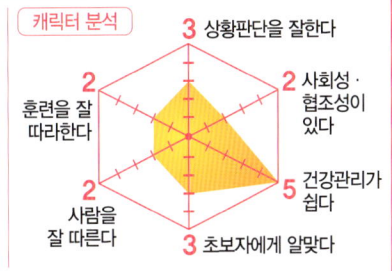

캐릭터 분석
- 상황판단을 잘한다: 3
- 사회성·협조성이 있다: 2
- 건강관리가 쉽다: 5
- 초보자에게 알맞다: 3
- 사람을 잘 따른다: 2
- 훈련을 잘 따라한다: 2

기슈 *Kishu*

냉정하고 용맹한 일본의 개

Group 5
중형견
번호 318

어떤 일에도 동요하지 않고 우선 분석한 다음에 행동하는 냉정함과, 위급한 상황이 닥치면 주인을 위해서 모든 것을 바치는 용맹함을 지닌 견종이다. 재롱떠는 성격은 아니며 주인으로 인정한 사람에게만 충성을 다한다. 현재는 사냥견과 반려견 타입 2종류가 있다. 평소의 성격은 온순하고 충실해서 반려견으로 적합하다.

반려견이라고 해도 결코 운동량이 적지 않다. 사냥감을 쫓아 산과 들을 달리던 사냥개의 체력이 그대로 남아 있기 때문이다. 아침 저녁 하루 2번, 적어도 30분씩 산책하고, 넓은 장소에서는 자유롭게 뛰어다니게 해주면 더욱 좋다.

초보자도 키울 수 있지만 어릴 때 지나치게 응석을 받아주면 안 된다. 애정을 쏟고, 잘했을 때는 아낌없이 칭찬해주며, 잘못했을 때는 따끔하게 야단치는 위엄 있는 주인이 되어야 한다. 우유부단한 태도로 일관성 없는 모습을 보이면 충견으로 키울 수 없다.

BREEDING DATA

- 키_ 수컷 52cm / 암컷 46cm
- 체중_ 20~30kg
- 원산국_ 일본
- 잘 걸리는 질병_ 심실중격결손, 갑상선 기능저하증, 진성간질, 알레르기성피부염, 녹내장, 백내장

성격 용감하고 과감하며 냉정하고 침착하다. 주인에게 순종적이다.

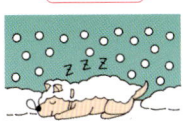  

겨울나기 / 운동시간 30분×2회 / 털관리

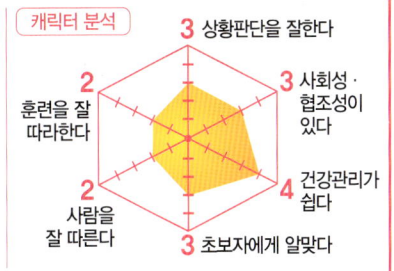

캐릭터 분석
- 상황판단을 잘한다: 3
- 사회성·협조성이 있다: 3
- 건강관리가 쉽다: 4
- 초보자에게 알맞다: 3
- 사람을 잘 따른다: 2
- 훈련을 잘 따라한다: 2

Group 5
중형견
번호 319

시코쿠 *Shikoku*

일본 시코쿠의 산악지대에서 곰과 맞서 싸우던 사냥개

시코쿠는 사냥개로서 주인에게만 충성을 맹세하고, 주인 이외에는 설령 가족일지라도 절대로 마음을 허락하지 않는다. 요즘 일반 반려견으로 키우는 종류는 성격이 상당히 부드럽게 바뀌었지만 여전히 야성적인 면이 남아 있어서 일반 반려견과는 조금 다르다.

자기영역이기도 한 집에서는 인내심을 갖고 조용히 지낸다. 낯선 사람이 다가오면 꼬리를 흔드는 법이 없고, 방문객이 조심성 없이 다가섰다가는 공격을 당할 수도 있다. 운동량이 많아서 상당히 오랜 시간 산책시켜야 한다. 산책 도중에 다른 개에게 싸움을 걸지 않도록 조심하자.

주인 이외에는 이 견종을 훈련시킬 수 없다. 어릴 때부터 신뢰관계를 맺고 기초적인 훈련부터 시작한다. 처음에는 완벽하게 해내지 못하더라도 절대로 야단쳐서는 안 되고, 조금이라도 성공하면 칭찬해주어야 한다. 중요한 것은 계속해서 반복학습을 하는 것이다.

BREEDING DATA

- ● 키_ 수컷 52cm / 암컷 46cm
- ● 체중_ 20~30kg
- ● 원산국_ 일본
- ● 잘 걸리는 질병_ 알레르기성피부염

성격: 주인에게 순종하며 인내심과 경계심이 강하다.

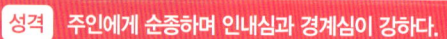

| 겨울나기 | 운동시간 | 털관리 |

30분×2회

캐릭터 분석
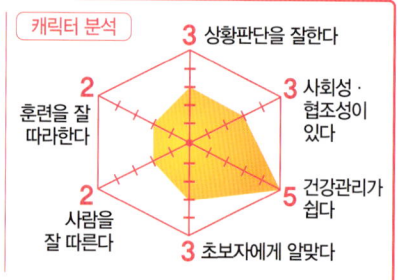
- 3 상황판단을 잘한다
- 2 훈련을 잘 따라한다
- 3 사회성·협조성이 있다
- 2 사람을 잘 따른다
- 5 건강관리가 쉽다
- 3 초보자에게 알맞다

Group 5
대형견
번호 329

카나리안 와렌 하운드 *Canarian Warren Hound*

고대의 분위기가 감도는 희생정신이 강한 하운드

카나리안 와렌 하운드는 원래 뛰어난 시력으로 사냥을 하는 사이트 하운드이지만 후각과 청각까지 모두 사용해서 사냥감을 몰고 간다. 16세기 카나리아 제도에 토끼가 반입되었는데 순식간에 엄청난 수로 늘어났다. 그래서 토끼 사냥을 위해서 선택한 견종이 바로 카나리안 와렌 하운드였고, 토끼의 개체수를 조절하는 데 큰 몫을 했다. 카나리아 제도 안에서는 어디서나 쉽게 볼 수 있고 특히 그란카나리아 섬과 테네리프 섬에서 많이 볼 수 있다. 카나리아 제도에서는 개체관리를 위해 귀에 일련번호를 표시하는 것을 법으로 의무화하였다. 세계적으로는 개체수가 적은 희소 견종이다. 원산국인 스페인을 비롯한 유럽에서는 '포덴코 카나리오(Podenco Canario)'라는 이름으로 더욱 친숙하다. 또한, '카나리안 그레이 하운드'라고도 부른다.

매우 용감하고 희생정신이 강해서 주인과 가족, 재산을 안전하게 지킨다. 그러나 다른 개, 특히 수컷끼리는 협조성이 없어서 잘 싸운다.

BREEDING DATA

- ● 키_ 수컷 55~64cm / 암컷 53~60cm
- ● 체중_ 20~25kg
- ● 원산국_ 스페인
- ● 잘 걸리는 질병_ 눈병

성격: 배짱이 있고 희생정신이 강하다.

| 겨울나기 | 운동시간 | 털관리 |

60분×2회

캐릭터 분석
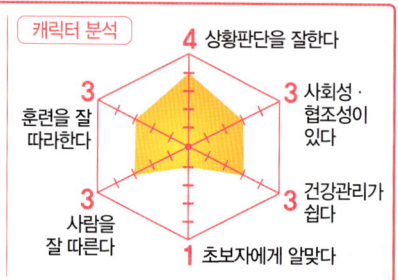
- 4 상황판단을 잘한다
- 3 훈련을 잘 따라한다
- 3 사회성·협조성이 있다
- 3 사람을 잘 따른다
- 3 건강관리가 쉽다
- 1 초보자에게 알맞다

진돗개 *Jindo Dog*

수천년 전부터 진도에 존재해오던 한국을 대표하는 천연기념물

Group 5
중형견
번호 334

진돗개는 1962년 문화재보호법에 의해 천연기념물 제53호로 지정된 한국의 대표적인 토종견이다. 1995년에는 국제보호육성동물로 공식 지정되었고, 2005년에는 FCI의 공인을 받았다. 한국의 전남 진도군에 위치한 진돗개시험연구소에서 진돗개에 관한 연구와 혈통관리, 번식 등을 담당한다. 현재는 문화재관리법과 한국진돗개보호육성법에 따라 보호 육성되고 있다.

빠르고 날쌔게 움직이고, 거침없는 용기와 강한 경계심을 갖고 있다. 집 지키는 일도 훌륭하게 해내지만 독립심이 강해서 개를 처음 키우는 사람은 진돗개의 능력을 제대로 끌어내기 어렵다. 또한, 진돗개는 뛰어난 귀소성을 자랑한다. 첫정을 준 주인을 오랫동안 잊지 못하기 때문에 어릴 때부터 기르지 않고 성견을 데려올 경우 옛주인을 찾아 돌아가는 일이 종종 일어난다.

주인에게는 순종적이지만 낯선 사람을 경계하며, 만지는 것을 좋아하지 않는다. 또, 다른 견종들을 경계하며 특히 수컷을 좋아하지 않는다. 옛날에는 큰 사슴부터 작은 설치동물까지 사냥하던 만능사냥견으로 활약했다. 사냥감을 한 번 물면 놓지 않는 지독한 근성을 지녔으며, 본래 사냥개였던 만큼 운동능력이 뛰어나 늘 자기영역을 조사하러 돌아다니므로 운동을 충분히 시켜야 한다. 하루 2번, 30분 이상씩 산책하고, 산책할 때는 강한 리더십으로 개가 주인을 끌고 가지 않도록 제지해야 한다.

BREEDING DATA

- 키_ 수컷 50~55cm / 암컷 45~50cm
- 체중_ 수컷 18~23kg / 암컷 15~19kg
- 원산국_ 한국
- 잘 걸리는 질병_ 갑상선기능부전

성격: 순종적이며 용감하고 독립심이 강하다.

겨울나기 | 운동시간 (30분×2회) | 털관리

캐릭터 분석
- 상황판단을 잘한다: 4
- 사회성·협조성이 있다: 3
- 건강관리가 쉽다: 4
- 초보자에게 알맞다: 3
- 사람을 잘 따른다: 3
- 훈련을 잘 따라한다: 3

Group 5
중형견
번호 338

타이 리지백 도그 Thai Ridgeback Dog

주인의 능력에 따라 중견이 될 수 있는 고대견

자립심이 강하고 조용하며 침착한 기질을 지녔다. 가족을 지키려는 보호 본능이 강해서 집 지키는 일에 적합하다. 옛날에 사냥개로 뛰어난 활약을 보였던 견종이기 때문에 상황에 따라서는 짖어서 위협하고, 공격적인 모습도 보인다.

독립심이 강하고 상황판단이 뛰어나 제대로 준비되지 않은 훈련에는 적극적으로 참여하지 않는다. 주인에게는 충실하지만 신뢰 여부에 따라 달라진다. 만일 주인이 일관성 없는 지시를 내리거나 응석을 받아주면서 키우면 주인을 완전히 무시할 수도 있다. 그러나 주인을 신뢰하면 충실하게 행동하므로 훈련이 별로 어렵지 않다.

타이 리지백은 야성미가 넘치고 그에 맞게 체력도 특출하다. 지구력이 있고, 특히 점프 능력이 뛰어나다. 몸집은 중형견이지만 운동량은 대형견만큼 필요하다. 아침 저녁 하루 2번, 1시간씩 산책시킨다.

BREEDING DATA
- 키_ 58~66cm
- 체중_ 23~24kg
- 원산국_ 타이
- 잘 걸리는 질병_ 피부병

성격: 온순하고 냉정하며 제멋대로이고 자립심이 강하다.

겨울나기 / 운동시간 60분×2회 / 털관리

캐릭터 분석
- 상황판단을 잘한다 3
- 사회성·협조성이 있다 3
- 건강관리가 쉽다 4
- 초보자에게 알맞다 2
- 사람을 잘 따른다 2
- 훈련을 잘 따라한다 3

Group 5
대형견
번호 344

아메리칸 아키타 American Akita

미국으로 건너가서 개량된 아키타

주인에게 매우 순종적이고 용감하며 대담하다. 경계심이 강해서 집 지키는 일에 적합하다. 그런데 최근 미국에서 제대로 훈련받지 못하고 애정이 결핍된 아메리칸 아키타가 사람을 무는 사고가 일어났다. 이런 사고를 방지하려면 단호하고 리더십이 있는 주인과 올바른 신뢰관계를 맺어야 한다. 재패니즈 아키타와 마찬가지로 어릴 때부터 애정을 담아 커뮤니케이션을 하고 응석을 너무 받아주지 않는 것이 중요하다.

신뢰가 가지 않는 주인을 만나면 뭐든지 자기 뜻대로 조종할 수 있다고 여기며, 자신이 주인보다 위에 있다고 착각하여 가족에게까지 공격적으로 행동할 수 있다. 먼저 신뢰관계를 맺고 어릴 때부터 기초적인 훈련을 해야 하며, 주인이 리더십을 발휘해서 주종관계를 확실하게 알려줘야 한다. 학습능력이 뛰어나므로 주인이 가르치는 것은 금세 배운다. 훈련할 때 외에는 사랑을 듬뿍 주어서 순종하는 아메리카 아키타로 키운다.

BREEDING DATA
- 키_ 60~71cm
- 체중_ 36~59kg
- 원산국_ 미국
- 잘 걸리는 질병_ 고관절형성부전, 갑상선 기능저하증, 천포창, 피부병

성격: 주인에게는 순종하지만 신경질이 조금 있다.

겨울나기 / 운동시간 60분×2회 / 털관리

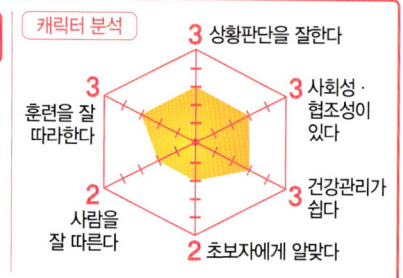

캐릭터 분석
- 상황판단을 잘한다 3
- 사회성·협조성이 있다 3
- 건강관리가 쉽다
- 초보자에게 알맞다 2
- 사람을 잘 따른다 2
- 훈련을 잘 따라한다 3

GROUP 6

Scenthounds & related breeds

뛰어난 후각을 발휘하여 냄새로 사냥감을 추적하는 센트(후각) 하운드.
길고 처진 귀가 특징이며, 사냥개로 활약했던 만큼 체력이 아주 좋다.
비글, 달마티안, 바셋 하운드, 프티 바세 그리퐁 방뎅,
해리어, 로디지안 리지백 등.

| Group 6 |
| 대형견 |
| 번호 17 |

그리퐁 니베르네 *Griffon Nivernais*

스피드보다는 지구력이 돋보이는 거친 털의 고대견

조상견으로 지금의 그리퐁 니베르네보다 몸집이 큰 것과 작은 것, 2종류가 있었는데 작은 쪽이 멸종되어 지금의 그리퐁 니베르네만 살아남았다. 14세기에는 늑대와 멧돼지 사냥에서 활약했다. 당시에는 '그리즈 드 세인 트루이스(Gris de st. Louis)'라고 불렀다.

그런데 사냥개의 종류가 다양해지고 늑대의 수가 줄어든데다가 프랑스 혁명까지 일어나는 바람에 그리퐁 니베르네는 멸종 직전까지 갔다. 지금도 간신히 혈통이 남아 있기는 하지만 프랑스 국내에서도 찾아보기 어렵고 그밖의 나라에도 몇 마리 없을 정도이다. 드물게 곰 사냥에 이용하는 나라도 있다고 한다.

그리퐁 니베르네의 인기가 낮은 이유는 견종이 다양해졌기 때문이지 결코 능력이 떨어져서가 아니다. 1900년에 켄넬클럽이 설립되었고, 미미하기는 해도 지금까지 활동하고 있다. 날렵한 움직임보다는 오랫동안 끈질기게 사냥감을 추적하는 지구력이 돋보이는 견종이다.

BREEDING DATA
- 키_ 53~64cm
- 체중_ 23~25kg
- 원산국_ 프랑스
- 잘 걸리는 질병_ 관절질환, 피부질병

| Group 6 |
| 중형견 |
| 번호 19 |

브리케 그리퐁 방뎅 *Briquet Griffon Vendeen*

고집이 세고 그 수가 적은 훌륭한 사냥개

브리케 그리퐁 방뎅은 그랑 그리퐁 방뎅을 작게 만든 중형견이다. 주로 멧돼지 사냥에 이용되던 사냥개인데, 2번의 세계대전으로 거의 멸종에 이르렀다가 간신히 부활했다. 해외로도 수출되었지만 거의 찾아보기 어렵다. 가시덤불 속에서도 몸을 보호해주는 거친 털 덕분에 추위에도 잘 견디는 뛰어난 사냥개이다. 그럼에도 인기가 낮은 이유는 결코 능력이 떨어져서가 아니라 아무래도 구하기 쉬운 다른 사냥개를 많이 선택하기 때문이다.

브리케 그리퐁 방뎅은 아이들에게도 상냥하며 애정이 풍부하다. 약간 내성적이고 고집이 센 면도 있지만, 상황을 판단하는 능력과 협조성이 뛰어나다. 체력과 지구력이 좋아서 운동을 충분히 시킬 수 있다면 도시에서도 키울 수 있다. 그런데 훈련 내용에 일관성이 없으면 완고한 성격을 드러내 훈련에 응하지 않을 수도 있다. 경험이 풍부한 주인이 키우기에 적당한 견종이다.

BREEDING DATA
- 키_ 50~55cm
- 체중_ 22~24kg
- 원산국_ 프랑스
- 잘 걸리는 질병_ 고관절형성부전, 피부병

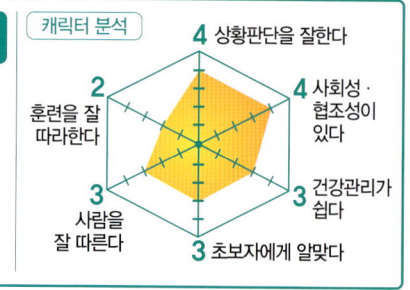

아리에쥬아 *Ariegeois*

Group 6 / 대형견 / 번호 20

은근히 인기 있는 에너지 넘치는 사냥개

'아리에쥬 하운드'라고도 불리는 아리에쥬아는 원산국인 프랑스 이외에서는 보기 어려운 견종이다. 프랑스 지방에서는 지금도 사냥개로 활약하고 있는데, 사냥 능력이 뛰어나고 튼튼하며 힘이 넘친다. 아리에쥬아는 후각이 발달한 센트 하운드로 발도 딛기 어려운 암벽 사이를 토끼, 사슴, 멧돼지 등의 냄새를 따라 큰 소리로 짖으면서 쫓아간다. 이탈리아에서도 적은 수지만 멧돼지 사냥에 이용되는 등 사냥꾼들 사이에서는 은근히 인기 있는 견종이다.

주로 사냥개로 키우지만 가정에서 키우는 경우도 많다. 가정에서는 밝고 명랑하게 행동하며 온순한 모습을 보여준다.

운동 능력이 뛰어나 자유롭게 돌아다닐 수 있는 넓은 장소가 필요하기 때문에 도시생활에는 별로 적합하지 않다. 여러 마리가 함께 움직이면서 사냥하던 견종이기 때문에 기본적인 사회성은 있다. 스탠더드(견종표준)에서는 사람이나 다른 개에 대한 공격성이 있으면 감점된다.

BREEDING DATA

- 키_ 수컷 52~58cm / 암컷 50~56cm
- 체중_ 30kg
- 원산국_ 프랑스
- 잘 걸리는 질병_ 고관절형성부전

성격: 다정하고 온순하다.

운동시간: 60분×2회

캐릭터 분석:
- 상황판단을 잘한다 3
- 사회성·협조성이 있다 5
- 건강관리가 쉽다 3
- 초보자에게 알맞다 2
- 사람을 잘 따른다 3
- 훈련을 잘 따라한다 3

그랑 가스콩 생통쥬아 *Grand Gascon Saintongeois*

Group 6 / 대형견 / 번호 21

귀족의 사랑을 받던 그 수가 적은 대형 하운드

그랑 가스콩 생통쥬아는 후각이 특히 발달한 센트 하운드로 일찍이 귀족들의 늑대, 멧돼지, 사슴 사냥에 동행하던 견종이다. 프랑스 혁명으로 귀족들이 힘을 잃자 함께 모습을 감추었다. 멸종 직전이던 그랑 가스콩 생통쥬아를 번식시키려고 노력하던 가운데 몸집이 유난히 작은 개들이 태어났는데, 그런 개들만 골라서 번식시킨 견종이 '프티 가스콩 생통쥬아'이다. 이 견종의 보존에 공헌한 남작의 이름을 따서 '비르라드 하운드(Virelade Hound)'라고도 부른다. 그랑 가스콩 생통쥬아와 프티 가스콩 생통쥬아는 FCI에서 같은 견종으로 공인받았다.

가족에게 순종적이고 영리하며 아이들에게도 상냥하다. 뛰어난 힘과 지구력을 지녔으며 매우 빨리 달리고 짖는 소리가 멀리까지 잘 울려서 애견가를 매료시킨다. 지금도 프랑스에는 애호가가 있지만, 그랑 가스콩 생통쥬아의 수가 매우 적기 때문에 앞으로 번식프로그램을 충분히 진행하지 않는다면 보존하기 어려울 것이다.

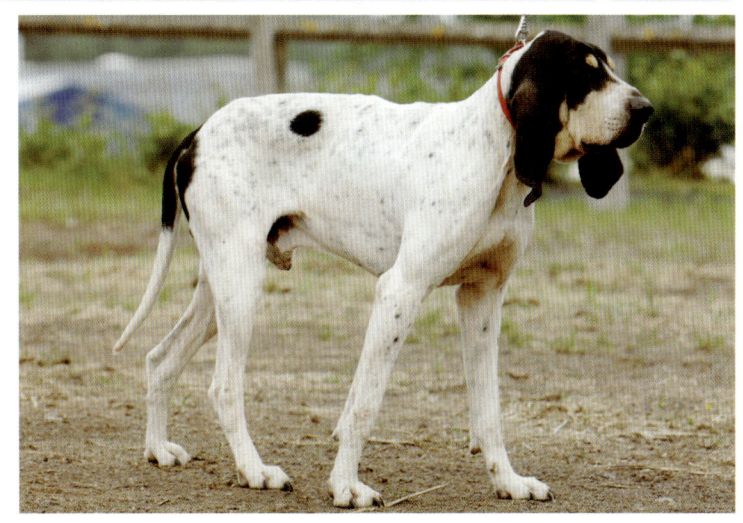

BREEDING DATA

- 키_ 수컷 65~72cm / 암컷 62~68cm
- 체중_ 30~32kg
- 원산국_ 프랑스
- 잘 걸리는 질병_ 고관절형성부전

성격: 지성적이며 애정이 깊다.

운동시간: 60분×2회

캐릭터 분석:
- 상황판단을 잘한다 4
- 사회성·협조성이 있다 4
- 건강관리가 쉽다 3
- 초보자에게 알맞다 2
- 사람을 잘 따른다 3
- 훈련을 잘 따라한다 4

Group 6 | 중형견 | 번호 21
프티 가스콩 생통쥬아 Petit Gascon Saintongeois
몸은 작아도 사냥 능력은 절대적인 견종

프티 가스콩 생통쥬아는 그랑 가스콩 생통쥬아의 소형 버전으로 털 컬러 등은 같다. FCI에서도 2가지 견종을 같은 견종으로 보고 같은 번호를 지정하였다.

닥스훈트처럼 사냥감에 맞춰 만들어진 견종으로 그랑 가스콩 생통쥬아가 늑대나 멧돼지, 사슴을 주로 사냥했던 것에 비해, 프티 가스콩 생통쥬아는 움직임이 민첩하여 토끼를 사냥했다. 후각이 예리한 센트 하운드로 낮고 강한 소리로 짖으면서 사냥감을 추적하기 때문에 몸집은 작지만 사냥 능력은 높이 평가받는다.

주인과 가족에게 충실하고 애정이 풍부하다. 사교적인 성격이라서 낯선 사람에게도 경계심을 크게 드러내지 않는다. 일단 밖으로 나오면 자신의 무기인 뛰어난 후각을 발휘하여 땅에 코를 바짝 대고 탐색작업을 시작한다. 장거리 이동도 힘들어하지 않는다.

BREEDING DATA
- 키_ 수컷 52~60cm / 암컷 50~56cm
- 체중_ 25kg
- 원산국_ 프랑스
- 잘 걸리는 질병_ 요로질환, 고관절형성부전

Group 6 | 대형견 | 번호 22
그레이트 블루 가스코니 하운드 Great Blue Gascony Hound
사냥 능력이 뛰어난 하운드

4종류의 가스코니 하운드 가운데 가장 몸집이 큰 견종으로, 이 견종에서 각각의 가스코니 하운드가 만들어졌다. 유럽에서는 '그랑 블뢰 드 가스코뉴(Grand Bleu de Gascogne)'라고 부른다. 이름에 'Blue'가 들어간 이유는 작은 검정색 얼룩무늬가 모인 부분이 푸른색으로 보이기 때문이다.

그레이트 블루 가스코니 하운드는 친해지기 쉽고 사교적인 성격이지만, 간혹 내성적이고 신경질적인 개도 있다. 낯선 사람을 경계하며 처음에는 냉담하게 대한다.

뛰어난 후각과 어떤 날씨에도 견딜 수 있는 털로 무장하고, 옛날에는 늑대나 멧돼지를 쫓았다. 지금도 산토끼나 여우, 사슴 등을 사냥하는 용맹하고 과감한 사냥개이다.

주인에게만큼은 순종적이고 상냥하지만 일반 가정에서 키우기에는 적합하지 않다. 좁은 환경에서 반려견으로 키우기에 힘든 견종이다.

BREEDING DATA
- 키_ 62~72cm
- 체중_ 32~35kg
- 원산국_ 프랑스
- 잘 걸리는 질병_ 고관절형성부전, 피부병

프와트뱅 *Poitevin*

늑대를 사냥하던 프랑스의 대형 사냥개

Group 6 / 대형견 / 번호 24

멸종 위기에서 간신히 부활했지만 제2차 세계대전과 근친교배로 말미암아 다시 멸종 위기에 놓였던 프와트뱅. 그때마다 잉글리시 폭스하운드의 힘을 빌려 살아남았다.

예전에는 팩(Pack, 사냥개의 무리)으로 사슴이나 늑대 사냥에 이용되었기 때문에, 용기가 넘치고 통솔력이 있으며 건강한 몸과 날렵함이 돋보인다. 근래에 프랑스에서 늑대가 사라져 토끼나 사슴만 사냥하게 되면서 일을 잃고 그 수가 줄어들어 지금은 프랑스 국내에서도 보기 드문 희소견종이 되었다.

뼛속부터 사냥개라서 가정에서 키우기에 적당하지 않지만 사람을 잘 따르고 온순하며 순종적이다. 혼자 방치되는 것을 좋아하지 않고 매일 주인과 함께 산과 들을 달리는 것을 좋아한다. 그래서 도시 생활에는 적합하지 않다. 가정에서 키우려면 매일 오랜 시간 장거리 운동을 해야 한다.

BREEDING DATA
- 키_ 수컷 62~72cm / 암컷 60~70cm
- 체중_ 30kg
- 원산국_ 프랑스
- 잘 걸리는 질병_ 고관절형성부전, 귀질환

성격: 용기가 넘친다.
운동시간: 60분×2회

캐릭터 분석
- 상황판단을 잘한다 4
- 사회성·협조성이 있다 4
- 건강관리가 쉽다 3
- 초보자에게 알맞다 2
- 사람을 잘 따른다 3
- 훈련을 잘 따라한다 4

포르셀렌 *Porcelaine*

세계로 퍼져 나간 프랑스의 센트 하운드

Group 6 / 중형견 / 번호 30

무리를 지어 작은 사슴이나 멧돼지, 산토끼를 쫓는 사냥개 포르셀렌은 하얀 바탕에 오렌지색 둥근 점이 특징이다. 프랑스나 스위스 외에 이탈리아, 일본, 미국 등에서도 적은 수의 포르셀렌이 자라고 있다. 프랑스의 센트 하운드로서 세계적으로 퍼져나간 견종이다. 포르셀렌이라는 이름은 유럽에서 인기 있는 하얀 도자기 '포슬린'에서 유래한다.

성격이 온순하며 아이들에게 상냥하다. 다루기가 쉬워서 원산국 외에는 가정에서도 많이 키운다. 그러나 낯선 사람에게 경계심이 별로 없어서 집 지키는 일에는 적합하지 않다.

일단 야외에 나가면 튼튼한 몸으로 매우 활기차게 뛰어다닌다. 다른 개나 고양이 등 반려동물과도 친하게 지내는 등 협조성과 사회성이 있지만, 사냥감을 보면 사납고 공격적으로 변한다. 사냥할 때와 평소 집에서 생활할 때는 마치 다른 개가 된 것처럼 성격도 달라진다.

BREEDING DATA
- 키_ 수컷 55~58cm / 암컷 53~56cm
- 체중_ 25~28kg
- 원산국_ 프랑스
- 잘 걸리는 질병_ 피부병, 외이염

성격: 온순하고 다정하다.
운동시간: 60분×2회

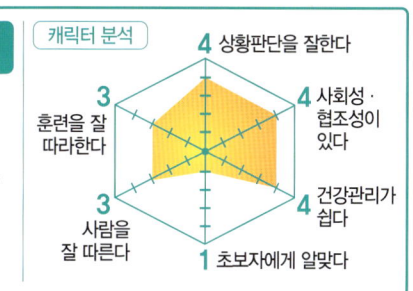

캐릭터 분석
- 상황판단을 잘한다 4
- 사회성·협조성이 있다 4
- 건강관리가 쉽다 4
- 초보자에게 알맞다 1
- 사람을 잘 따른다 3
- 훈련을 잘 따라한다 3

| Group 6 |
| 중형견 |
| 번호 31 |

스몰 블루 가스코니 하운드 Small Blue Gascony Hound

방문자도 환영하는 밝은 성격의 하운드

사슴이나 멧돼지 같은 큰 동물을 사냥하는 그레이트 블루 가스코니 하운드와는 달리, 스몰 블루 가스코니 하운드는 토끼 같은 작은 동물을 사냥하기 위해 만들어낸, 가스코니 하운드 종류 중 가장 작은 견종이다. 그레이트 블루 가스코니 하운드와 비교하면 키가 20cm 정도 작다. 유럽에서는 일반적으로 '프티 블뢰 드 가스코뉴(Petit Bleu de Gascoigne)'라고 부른다.

명령에 충실하고, 주인과 가족에게는 물론이고 방문자에게도 환영의 몸짓을 보인다. 사냥개의 자질 가운데 하나인 크고 낮게 울리는 소리를 갖고 있다. 그러나 이 소리는 가정에서 키울 때 문제가 된다. 지나치게 흥분하면 주인의 지시를 잘 듣지 못하기 때문에 이유 없이 짖는 것을 멈출 수 있도록 훈련시켜야 한다.

운동 능력이 뛰어나서 하루 2번, 적어도 30분씩 산책시켜야 한다.

BREEDING DATA
- 키_ 50~60cm
- 체중_ 18~22kg
- 원산국_ 프랑스
- 잘 걸리는 질병_ 귀질환, 관절질환

성격: 밝고 호의적이다.

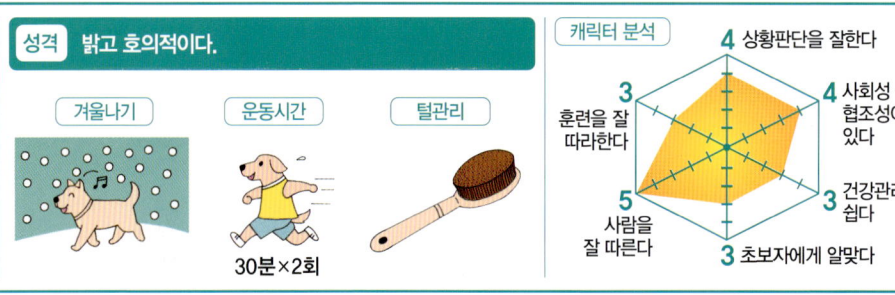

겨울나기 / 운동시간 30분×2회 / 털관리

캐릭터 분석
- 상황판단을 잘한다: 4
- 사회성·협조성이 있다: 4
- 건강관리가 쉽다: 3
- 초보자에게 알맞다: 3
- 사람을 잘 따른다: 5
- 훈련을 잘 따라한다: 3

| Group 6 |
| 중형견 |
| 번호 32 |

그리퐁 블뢰 드 가스코뉴 Griffon Bleu de Gascogne

거친 털의 가스코니 하운드

그리퐁 블뢰 드 가스코뉴는 훌륭한 사냥개이지만 프랑스 국내에서조차도 보기 어려운 희소 견종으로, 국외로도 몇 마리가 수출되었지만 찾아보기 어렵다. 뛰어난 후각과 잘 울려 퍼지는 소리로 산토끼나 멧돼지처럼 큰 사냥감뿐만 아니라 다양한 종류의 사냥감을 추적하는 유능한 사냥개이다. 무리를 이루어 행동하고 사냥감을 쫓을 때는 공격적인 면을 보인다.

몸집이 약간 작고 털의 색상은 그레이트 블루 가스코니 하운드와 비슷하다. 살짝 웨이브가 있는 털은 비나 바람을 막아주기 때문에 거친 날씨에도 잘 견딜 수 있다.

평소에는 의젓하고 유연하며 가족에게 애정을 많이 느낀다. 외출하려고 하면 가끔 주인을 잡아당기면서 재촉하기도 하지만 사냥할 때는 사냥감에 집중해서 매우 민첩하게 행동한다.

도시 생활에는 적응하기 어렵기 때문에 가정에서 키우기에는 적합하지 않다.

BREEDING DATA
- 키_ 수컷 50~57cm / 암컷 48~55cm
- 체중_ 18~20kg
- 원산국_ 프랑스
- 잘 걸리는 질병_ 관절질환, 피부병

성격: 밝고 성질이 급하다.

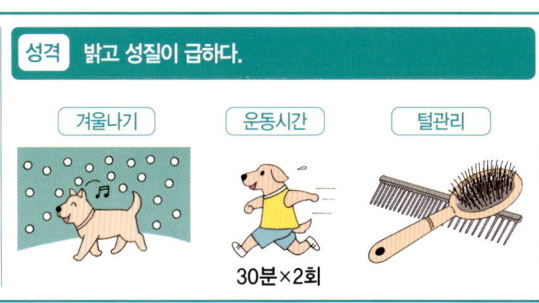

겨울나기 / 운동시간 30분×2회 / 털관리

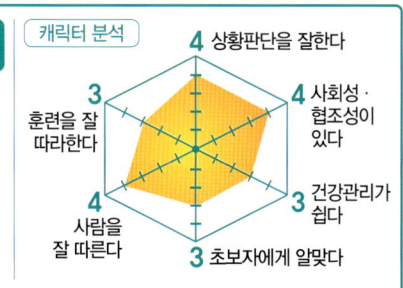

캐릭터 분석
- 상황판단을 잘한다: 4
- 사회성·협조성이 있다: 4
- 건강관리가 쉽다: 3
- 초보자에게 알맞다: 3
- 사람을 잘 따른다: 4
- 훈련을 잘 따라한다: 3

그랑 바세 그리퐁 방뎅 *Grand Basset Griffon Vendeen*

프티 바세와 형제지간인 몸집이 큰 그리퐁 방뎅

Group 6 / 중형견 / 번호 33

그리퐁 방뎅 계통에는 4종류가 있고 그 가운데 바셋(basset) 종류로는 프티와 그랑이 있다. 그랑 바세 그리퐁 방뎅은 그랑 그리퐁 방뎅의 직계혈통으로 태어난 개체 중에 다리가 짧은 개체를 개량해서 만든 견종이다.

사냥에서는 다리가 짧은 것이 결코 단점이 아니다. 보통 키의 개가 들어가지 못하는 덤불 속이나 구멍 등에도 쉽게 들어갈 수 있기 때문이다. 그런 특성을 살려서 개량한 견종이 바로 그랑 바세 그리퐁 방뎅이다.

주로 토끼 사냥에 능력을 발휘해 1890년에는 이미 토끼 전문 사냥개로 유명했다. 토끼는 초원에서 위기를 느끼면 덤불 속으로 도망치므로 토끼를 뒤쫓기에는 그야말로 최적의 체형이었던 것이다.

가족에게 순종적이며 밝고 활달한 성격이다. 다른 개와 사이좋게 지내는 사교성도 갖추었다. 거친 바깥털 아래에 두꺼운 속털이 있어서 추운 날씨에도 잘 견딘다.

BREEDING DATA
- 키_ 38~42cm
- 체중_ 18~20kg
- 원산국_ 프랑스
- 잘 걸리는 질병_ 관절질환, 눈병, 외이염, 피부병

성격: 매우 우호적이고 사랑도 깊으며 순종한다.

운동시간: 30분×2회

캐릭터 분석: 상황판단을 잘한다 3 / 사회성·협조성이 있다 4 / 건강관리가 쉽다 3 / 초보자에게 알맞다 3 / 사람을 잘 따른다 4 / 훈련을 잘 따라한다 3

바세 아르테시앙 노르망 *Basset Artesian Normand*

군살 없는 몸매의 바셋 하운드

Group 6 / 중형견 / 번호 34

원래 바세 아르테시앙 노르망은 토끼 사냥 전문이었지만 다른 대형 하운드와 함께 여우 사냥을 하기도 했다. 키가 작아서 덤불을 빠져나가기에 적합하여 대형 하운드가 들어가지 못하는 곳까지 뚫고 들어갈 수 있었다. 군살 없는 몸매의 바셋 하운드라는 인상을 주며, 프랑스 국내는 물론이고 영국, 네덜란드, 벨기에 등에서 사냥개, 가정에서 키우는 반려견으로 인기를 모으고 있다.

활기가 넘쳐 무엇이든 열심히 한다. 주인과 가족에게 순종적이며, 경계심이 있기는 해도 방문자나 모르는 사람에게도 친근하게 다가가고 공격적인 면이 없다.

도시의 다세대주택 등에서도 충분히 키울 수 있지만 낮게 짖는 소리 때문에 이웃에게 피해를 줄 수 있으므로, 주인이 통제할 수 있도록 훈련해야 한다. 훈련은 그다지 어렵지 않다.

BREEDING DATA
- 키_ 수컷 36cm / 암컷 30cm
- 체중_ 15~20kg
- 원산국_ 프랑스
- 잘 걸리는 질병_ 관절질환, 눈병

성격: 주인에게 순종적이고 사교적이다.

운동시간: 30분×2회

캐릭터 분석: 상황판단을 잘한다 4 / 사회성·협조성이 있다 5 / 건강관리가 쉽다 3 / 초보자에게 알맞다 2 / 사람을 잘 따른다 4 / 훈련을 잘 따라한다 4

| Group 6 |
| 중형견 |
| 번호 35 |

바세 블뢰 드 가스코뉴 Basset Bleu de Gascogne

프랑스에서도 보기 어려운 짧은 다리의 하운드

20세기 초까지 바세 블뢰 드 가스코뉴의 수가 크게 줄어들어 제2차 세계대전이 끝난 후에는 불과 몇 마리밖에 살아남지 못했다. 그 후 브리더의 열정과 노력으로 복원되었지만 지금도 프랑스 국내에서조차 보기 어려운 견종이다. 뛰어난 후각으로 무리를 짓거나 혼자서 사냥감을 뒤쫓다가 울려 퍼지는 큰 소리로 짖어서 사냥꾼에게 알린다.

주인에게 충실하며, 조심성이 매우 많고, 영리하며 판단력이 뛰어나다. 가족에게 애정이 깊고 가족과 함께 있을 때 행복을 느낀다.

몸집이 크지만 체중은 그리 많이 나가지 않는다. 평소에는 별로 민첩하게 움직이는 편이 아니지만 사냥을 나가면 짧은 다리로 덤불 속을 누비면서 의외로 날렵하게 움직인다.

프랑스의 브리더들은 이 견종이 너무 많이 먹어서 위염전에 걸릴 수 있다고 경고한다. 식사를 조금씩 자주 주고, 식후에 바로 하는 운동은 피해야 한다.

BREEDING DATA
- 키_ 34~42cm
- 체중_ 16~18kg
- 원산국_ 프랑스
- 잘 걸리는 질병_ 위염전, 추간판 질환

성격 조심성이 많고 주인에게 충실하다.

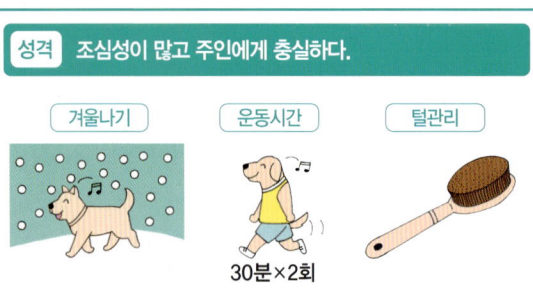

겨울나기 / 운동시간 30분×2회 / 털관리

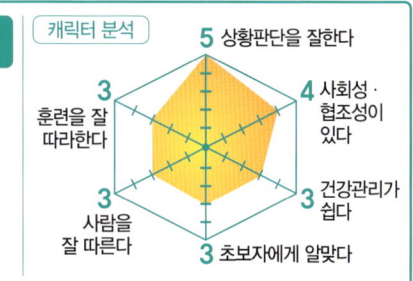

캐릭터 분석
- 5 상황판단을 잘한다
- 4 사회성·협조성이 있다
- 3 건강관리가 쉽다
- 3 초보자에게 알맞다
- 3 사람을 잘 따른다
- 3 훈련을 잘 따라한다

| Group 6 |
| 중형견 |
| 번호 36 |

바세 포브 드 브르타뉴 Basset Fauve de Bretagne

영국에서 사랑받는 애교 많은 프랑스의 하운드

프랑스 브르타뉴 태생의 바세 포브 드 브르타뉴는 영국에서 인기가 높은 대중적인 사냥개이다. 그러나 제2차 세계대전 후에 그 수가 급격히 줄어서 멸종 직전까지 갔다. 바세 포브 드 브르타뉴의 수를 다시 늘리기 위해 살아남은 몇 마리와 프티 바세 그리퐁 방뎅, 와이어헤어드 닥스훈트를 교배했지만 프랑스 켄넬클럽에서는 처음부터 이 견종을 공인하지 않았다. 원산국인 프랑스보다 영국에서 인기가 높아서 2007년 영국의 희소 견종리스트에서 제외되었고, 비글과 어깨를 견줄 만큼 사랑을 받으며 도그쇼 등에도 출장하고 있다.

주인에게는 순종하고 충실하다. 사교성이 있어서 어릴 때부터 함께 생활하는 아이들은 물론 다른 개나 작은 반려동물과도 사이좋게 지낸다.

털은 와이어코트로 브러싱은 빠진 털을 제거하는 정도면 충분하기 때문에 손질은 그다지 번거롭지 않다.

아파트 등에서도 키울 수 있지만 운동을 충분히 시켜야 한다.

BREEDING DATA
- 키_ 32~38cm
- 체중_ 16~18kg
- 원산국_ 프랑스
- 잘 걸리는 질병_ 추간판헤르니아, 눈병, 관절질환, 피부병

성격 기운이 넘치고 애교가 있으며 충직하다.

겨울나기 / 운동시간 30분×2회 / 털관리

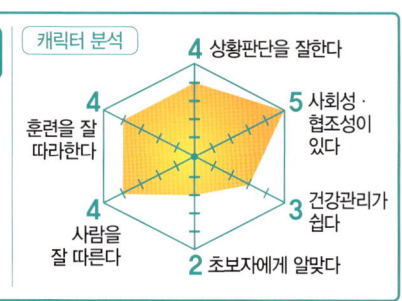

캐릭터 분석
- 4 상황판단을 잘한다
- 5 사회성·협조성이 있다
- 3 건강관리가 쉽다
- 2 초보자에게 알맞다
- 4 사람을 잘 따른다
- 4 훈련을 잘 따라한다

피니시 하운드 *Finnish Hound*

사냥은 물론 집 지키는 능력도 뛰어난 견종

Group **6** / 대형견 / 번호 **51**

피니시 하운드는 주로 여우, 산토끼, 사슴, 살쾡이 등의 냄새를 추적하고, 도망친 사냥감을 끝까지 수색해서 사냥꾼에게 위치를 알려주는 사냥개이다. 핀란드에서는 '수오멘아요코이라(Suomenajokoira)'라고 부르는데 외국인은 알아듣기 힘들다. 핀란드에서는 인기 견종이지만 다른 나라에서는 보기 힘들다.

가족에게는 순종적이며 애정이 깊다. 낯선 사람에게 우호적이라고는 할 수 없지만 공격성이 없으며, 온순하고 냉정하며 침착하다. 경계심이 있어서 사냥개의 역할 외에도 주인과 가족, 재산을 지키는 임무를 충실히 수행한다. 활기 넘치고 늘 일을 하고 싶어 한다. 지금도 사냥개로 활약하고 있다.

넘치는 체력을 발산시키려면 상당히 많은 운동이 필요하다. 도시에서는 거의 불가능하므로 시골에서 키우는 것이 좋다.

BREEDING DATA
- 키_ 수컷 55~61cm / 암컷 52~58cm
- 체중_ 20~25kg
- 원산국_ 핀란드
- 잘 걸리는 질병_ 눈병, 피부병

성격: 냉정하며 우호적이다.
운동시간: 60분×2회

캐릭터 분석
- 상황판단을 잘한다 3
- 사회성·협조성이 있다 4
- 건강관리가 쉽다 3
- 초보자에게 알맞다 2
- 사람을 잘 따른다 4
- 훈련을 잘 따라한다 2

폴리시 하운드 *Polish Hound*

반려견으로도 소질 있는 하운드

Group **6** / 대형견 / 번호 **52**

멸종 위기에서 벗어난 지금도 매우 보기 힘든 견종인 폴리시 하운드는 원산국 폴란드 이외의 나라에서는 거의 볼 수 없다. 유럽에서는 '오가르 폴스키(Ogar Polski)'라는 이름으로 친숙하다. 폴란드에서는 토끼, 여우 등을 사냥했는데 사냥감을 발견하면 큰 소리로 짖어서 사냥꾼에게 알린다.

매우 무거운 견종으로 알려져 있지만 겉으로는 그다지 무거워 보이지 않고 움직임도 느리지 않다. 사냥할 때는 활발하고 민첩한데 그 밖의 시간에는 너무 느긋하게 있어서 게으름뱅이로 보이기도 한다. 운동량이 대단히 많은 사냥개이지만 매일 운동만 충분히 시킬 수 있다면 의외로 가정에서도 잘 지낼 수 있을지 모른다.

학습의욕이 있어서 좋아하는 주인이 강한 리더십으로 이끌어주고, 애정을 담아 커뮤니케이션을 하면 훈련을 즐겁게 받아들인다.

BREEDING DATA
- 키_ 56~66cm
- 체중_ 25~32kg
- 원산국_ 폴란드
- 잘 걸리는 질병_ 관절질환, 외이염, 피부병

성격: 우호적이며 충실하고 애정이 깊다.
운동시간: 60분×2회

캐릭터 분석
- 상황판단을 잘한다 3
- 사회성·협조성이 있다 4
- 건강관리가 쉽다 4
- 초보자에게 알맞다 3
- 사람을 잘 따른다 5
- 훈련을 잘 따라한다 3

Group 6
중형견
번호 59

스위스 하운드 *Swiss Hound*

후각과 지구력이 뛰어난 스위스의 하운드

스위스 출신의 사냥개 스위스 하운드는 유럽에서는 스위스의 중형 하운드라는 의미로 '베르너 라우프훈트(Berner Loufhund)'라는 이름이 더 친숙하다. 스위스 하운드에는 하얀 바탕에 붉은 반점이 있는 슈비츠, 화이트, 블랙, 브라운이 혼합된 트라이컬러의 버니즈, 회색 바탕에 하얀털이 섞인 검은 반점이 있는 루체른, 블랙 앤드 탄 또는 갈색 바탕에 검정색 반점이 있는 쥬라 등 4종류가 있다. 각각 성격이 조금씩 다르지만 FCI에서 지정한 견종번호는 같다. 1882년에는 5종류가 있었는데 그 중 1종류가 1990년에 멸종하였다. 나머지 4종류는 1933년에 스탠더드(견종표준)가 정해졌다.

사냥 능력이 뛰어나서 인기가 높으며, 특히 후각과 지구력이 뛰어나다. 사냥감을 쫓아가 힘차게 짖어서 주인에게 알린다. 이웃나라 프랑스에서는 큰 인기를 끌지 못했지만 토끼 사냥에는 빼놓을 수 없는 견종이다.

BREEDING DATA
- 키_ 46~58cm
- 체중_ 15~20kg
- 원산국_ 스위스
- 잘 걸리는 질병_ 관절질환, 피부병

성격: 주인에게 매우 순종적이다.

캐릭터 분석
- 상황판단을 잘한다: 3
- 사회성·협조성이 있다: 3
- 건강관리가 쉽다: 3
- 초보자에게 알맞다: 1
- 사람을 잘 따른다: 3
- 훈련을 잘 따라한다: 3

Group 6
중형견
번호 62

스테이리셰 러프헤어드 마운틴 하운드 *Steirische Rough-haired Mountain Hound*

오스트리아에서도 보기 힘든 실용적인 사냥개

유럽에서는 주로 '파인팅거(Peintinger)'라는 이름으로 불린다. 지금도 대부분 사냥용으로 키우는 스테이리셰 러프헤어드 마운틴 하운드는 원산국인 오스트리아 국내에서도 보기 어려운 견종이다.

사냥 능력이 뛰어나며 힘이 넘치고, 거친 러프헤어는 비가 오고 바람이 부는 악천후에도 견딜 수 있다. 바위가 많은 울퉁불퉁하고 험악한 산길도 잘 헤쳐나가면서 사냥감의 냄새를 쫓아가서 발견하면 큰 소리로 알려준다. 어디를 봐도 사냥에 도움되는 요소를 많이 갖춘 실용적인 사냥개이다. 일반 가정에서는 거의 키우지 않으며 오스트리아에서는 대형 하운드로 분류한다.

애정이 풍부하고 상냥하며 우호적이지만 사냥감의 냄새를 추적하고 큰 소리로 짖는 사냥 본능이 있어서 만일 도시에서 키운다면 이웃집에 큰 피해를 줄 수도 있다. 오스트리아에서도 초보자는 절대로 키우지 않는 견종이다.

BREEDING DATA
- 키_ 수컷 47~53cm / 암컷 45~51cm
- 체중_ 15~18kg
- 원산국_ 오스트리아
- 잘 걸리는 질병_ 고관절형성부전, 피부병

성격: 순종적이지만 약간 신경질이 있다.

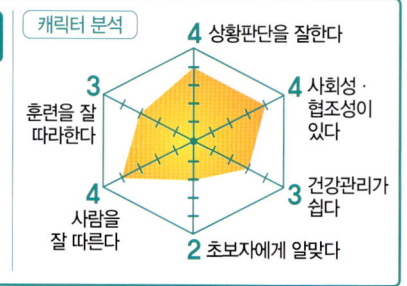

캐릭터 분석
- 상황판단을 잘한다: 4
- 사회성·협조성이 있다: 4
- 건강관리가 쉽다: 3
- 초보자에게 알맞다: 2
- 사람을 잘 따른다: 4
- 훈련을 잘 따라한다: 3

오스트리안 블랙 앤드 탄 하운드 *Austrian Black and Tan Hound*

오스트리아의 일류 사냥견이지만 그 수가 적어 보기 힘든 블랙 앤드 탄

Group 6
중형견
번호 63

오스트리안 블랙 앤드 탄 하운드는 원산국인 오스트리아 이외의 나라에서는 지금도 보기 힘든 존재이다. 유럽에서는 4개의 눈을 의미하는 '피아오 이글' 또는 '브랜들 브라케'라는 이름이 일반적이다. 영어권에서는 '오스트리안 스무드코트 하운드'라고도 부르는 등 별명이 다양하다.

오스트리아에서는 토끼 사냥에서 큰 소리로 짖어서 사냥감의 존재를 알리고, 뛰어난 후각으로 신속하게 사냥감을 추적하는 일류 사냥개이다. 특히 산악지대에 강하고 물속에서 운반작업까지 해내는 등 능력이 다재다능하다. 사냥감은 물론 쥐 등의 해로운 동물에게도 예민하게 반응한다.

기운이 넘치고 활발하며 주인 가족에게 애정이 깊다. 원래 사냥개로 활약하던 견종이어서 도시 생활에는 적합하지 않고, 넓은 곳에서 자유롭게 운동할 수 있는 환경이 좋다. 오스트리아 국내에서도 쇼도그로 출장하는 개는 불과 몇 마리에 지나지 않는다. 그보다는 오히려 실용견으로 기르는 경우가 많다.

털이 짧고 촘촘하게 자라므로 손질하기는 어렵지 않다. 귀가 늘어진 타입이라 귓속 청결을 늘 신경 쓰고 관리해야 한다.

고대 켈트족이 데리고 있던 켈틱 하운드의 피를 이어받은 것으로 보인다. 1500년경 중세 최후의 기사로 불린 신성로마제국의 황제 맥시밀리언 1세(1459~1519)가 키웠다고 전해지지만 19세기 중반까지의 자세한 기록은 남아 있지 않다.

BREEDING DATA

- 키_ 수컷 50~56cm / 암컷 48~54cm
- 체중_ 20kg
- 원산국_ 오스트리아
- 잘 걸리는 질병_ 귀질환

성격 주인에게 순종하고 애정이 깊다.

겨울나기 | 운동시간 60분×2회 | 털관리

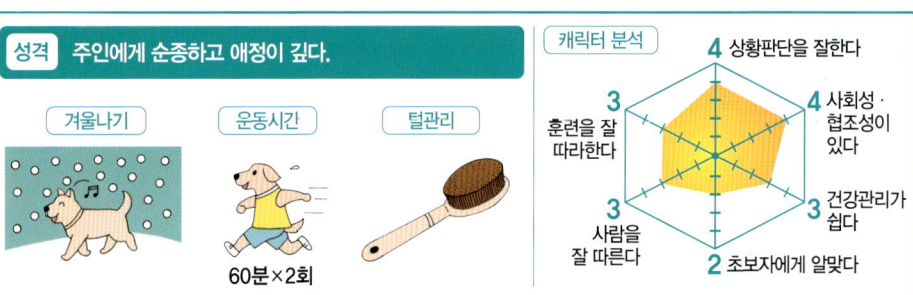

캐릭터 분석
- 4 상황판단을 잘한다
- 4 사회성·협조성이 있다
- 3 건강관리가 쉽다
- 2 초보자에게 알맞다
- 3 사람을 잘 따른다
- 3 훈련을 잘 따라한다

Group 6
중형견
번호 67

프티 바세 그리퐁 방뎅 Petit Basset Griffon Vendeen

사냥견이지만 애교 넘치는 작은 바세 그리퐁 방뎅

'프티'는 작은, '바세'는 낮은, '그리퐁'은 뻣뻣한 털, '방뎅'은 프랑스의 지역 이름을 의미한다.

명랑한 프티 바세 그리퐁 방뎅은 가족을 굉장히 좋아하고 상냥하며 배려심이 많다. 독립심이 강해 제멋대로 행동하기도 하지만 문제가 생겼을 때 주인에게 기대지 않고 스스로 해결하는 영리함도 갖추었다.

다리를 짧게 만들어 친근한 체형이 되었지만 그로 인해 척추에 부담이 많아졌다. 추간판헤르니아를 일으키기 쉬우므로 심한 운동은 하지 않는 것이 좋다.

독립심이 강하고 고집이 센 성격 때문에 훈련하기 힘들 수도 있다. 놀 때도 스스로 새로운 것을 찾아낼 정도이므로 좀처럼 훈련에 응하지 않을 수도 있다. 식사나 간식 시간을 이용해서 기초적인 명령 「앉아」, 「기다려」, 「엎드려」, 「안 돼」 등을 가르치자.

BREEDING DATA

- 키_ 33~38cm
- 체중_ 15~18kg
- 원산국_ 프랑스

- 잘 걸리는 질병_
 추간판헤르니아, 외이염, 눈병

성격 독립심이 강하고 주인을 잘 따르며 상냥하다.

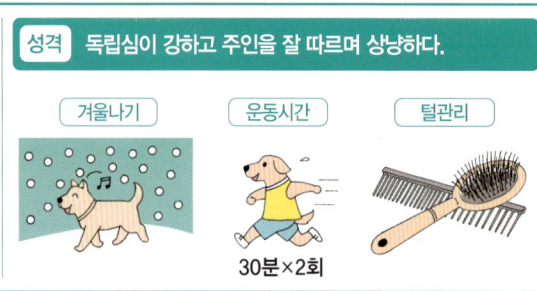

30분×2회

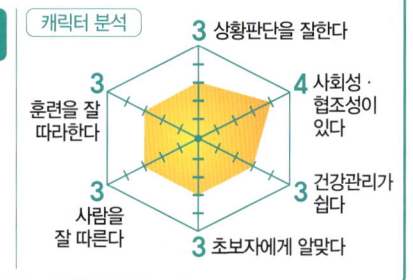

캐릭터 분석
- 3 상황판단을 잘한다
- 4 사회성·협조성이 있다
- 3 건강관리가 쉽다
- 3 초보자에게 알맞다
- 3 사람을 잘 따른다
- 3 훈련을 잘 따라한다

Group 6
중형견
번호 68

티롤리안 브라케 Tyrolean Brachet

오스트리아 사냥개의 기초견

티롤리안 브라케는 오스트리아 고산지대에서 활약하던 유명한 사냥견이다. 아마도 오스트리아의 몇몇 사냥개의 탄생에도 영향을 주었을 것으로 보인다. 토끼와 여우를 추적하던 사냥개로 두꺼운 더블코트 덕분에 숲이나 산 등 다양한 환경에서 일할 수 있어 사냥꾼에게는 믿음직스러운 파트너이다. 유럽에서는 '티롤러 브라케(Tyroler Bracke)'라는 이름으로 친숙하다. 예리한 후각과 멀리까지 퍼지는 소리로 토끼나 여우를 사냥한다.

훈련을 받아들이는 속도가 빠르고 사회성도 있다. 만일 사회성을 길러주지 않으면 다른 개에게 적대적인 태도를 보이는 신경질적이고 싸움을 잘 거는 개가 될 것이다. 놀기 좋아하고 주인에게는 순종적이다.

기본 컬러는 블랙 앤드 탄이지만 그 밖에 화이트가 섞인 트리코롤 컬러이거나 사슴털 같은 다갈색 몸에 다리와 꼬리 부분만 검정색을 띄기도 한다. 털은 스무드코트로 촘촘하게 자란다. 도시에서 키우기에 적합하지 않다.

BREEDING DATA

- 키_ 수컷 44~50cm / 암컷 42~48cm
- 체중_ 20kg
- 원산국_ 오스트리아

- 잘 걸리는 질병_
 귀질환

성격 우호적이며 놀기 좋아한다.

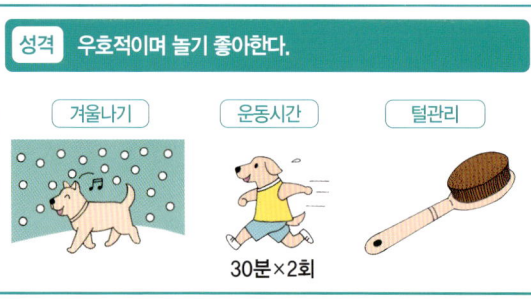

30분×2회

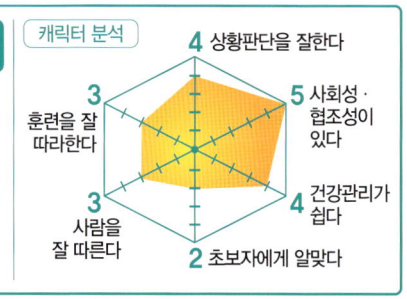

캐릭터 분석
- 4 상황판단을 잘한다
- 5 사회성·협조성이 있다
- 4 건강관리가 쉽다
- 2 초보자에게 알맞다
- 3 사람을 잘 따른다
- 3 훈련을 잘 따라한다

블러드하운드 *Bloodhound*

동물과 사람을 완벽하게 추적하는 순수 혈통의 하운드

Group 6 / 대형견 / 번호 84

블러드하운드에 관해서는 14세기에 남겨진 확실한 문서자료가 있다. 그 것에 따르면 당시에 블러드하운드는 동물 또는 죄인을 뛰어난 후각으로 추적했다고 한다. 그만큼 후각이 뛰어나서 다른 많은 개의 후각을 향상시키는 데 공헌했다. 블러드(Blood)는 피가 아니라 순수혈통을 의미한다.

원래는 블랙 앤드 탄과 화이트 2종류가 있었는데, 블랙 앤드 탄은 블러드하운드, 화이트는 '탤봇 하운드(Talbot Hound)'라고 불렸으나 탤봇 하운드는 곧 멸종되었다.

미국에 수입된 뒤에는 동물 사냥뿐 아니라 탈옥한 죄수를 추적하는 일에도 활약했는데, 600명이 넘는 죄수가 탈옥했을 때 추적해서 잡았다는 전설 같은 이야기도 있다.

체격이 다부져서 성격도 거칠 것 같지만 주인 가족에게는 상냥하며 낯선 사람만 경계한다. 초보자가 키울 만한 견종은 아니며 사냥개의 특성에 대해 잘 아는 사람이 키워야 한다.

BREEDING DATA

- 키_ 58~69cm
- 체중_ 36~50kg
- 원산국_ 벨기에
- 잘 걸리는 질병_ 고관절형성부전, 안검이상, 피부병

성격 온순하며 순종적이고 경계심도 있다.

겨울나기 / 운동시간 60분×2회 / 털관리

캐릭터 분석
- 상황판단을 잘한다: 3
- 사회성·협조성이 있다: 3
- 건강관리가 쉽다: 3
- 초보자에게 알맞다: 2
- 사람을 잘 따른다: 3
- 훈련을 잘 따라한다: 3

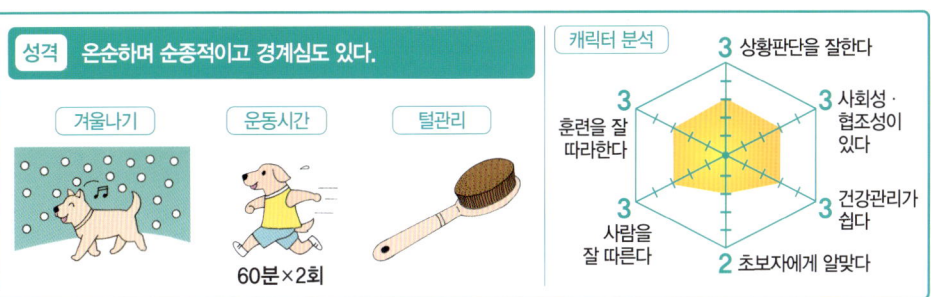

드레버 *Drever*

비글? 닥스훈트? 둘을 섞어놓은 듯한 외모의 하운드

Group 6 / 중형견 / 번호 130

얼굴은 비글과 비슷하고 몸은 닥스훈트와 비슷한 이 견종은 '스웨디시 닥스브라케(Swedish Dachsbracke)'라고도 부르며, 스웨덴 이외의 나라에서는 보기 힘들지만 스웨덴 국내에서는 국민적인 인기를 끌고 있는 견종이다.

토끼나 여우, 멧돼지 사냥에서 활약했고 요즘은 지뢰탐지견으로 이용된다. 개의 모습이 파묻혀서 보이지 않을 정도로 무성한 숲에서도 사냥감을 추적하여 큰 소리로 사냥꾼에게 사냥감의 위치를 알려주는 훌륭한 하운드이다.

끈기 있고 용감하며 빈틈이 없다. 냄새를 잘 맡고, 잘 들리는 낮은 소리로 짖는다. 몸이 작고 다리가 짧은 신체구조 때문에 빠르지는 않지만 운동량이 많다.

주인에게는 순종적이지만 약간 고집이 센 면도 있어서 어릴 때부터 사회성과 협조성을 길러주지 않으면 제멋대로인 성격으로 자라 다른 개와 잘 어울리지 못한다. 주인도 의연한 리더십을 가져야 한다.

BREEDING DATA

- 키_ 30~38cm
- 체중_ 10~15kg
- 원산국_ 스웨덴
- 잘 걸리는 질병_ 추간판헤르니아, 외이염, 피부병

성격 사람을 잘 따르고 순종하며 충실하다.

겨울나기 / 운동시간 30분×2회 / 털관리

캐릭터 분석
- 상황판단을 잘한다: 4
- 사회성·협조성이 있다: 4
- 건강관리가 쉽다: 3
- 초보자에게 알맞다: 2
- 사람을 잘 따른다: 3
- 훈련을 잘 따라한다: 4

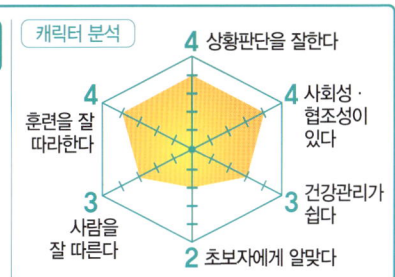

| Group 6 |
| 대형견 |
| 번호 132 |

해밀톤 하운드 *Hamilton Hound*

세련된 스타일과 잘생긴 외모의 하운드

해밀톤 하운드라는 이름은 이 견종을 탄생시킨 사람이면서 스웨덴 켄넬클럽의 설립자이기도 한 아돌프 패트릭 해밀톤 백작을 기리기 위해 붙여졌다고 한다. 유럽에서는 '해밀톤스퇴바레(Hamiltonstovare)'라는 이름으로 친숙하다.

사냥할 때 인내심과 용기가 돋보이며 사냥 본능이 강하다. 원래는 사슴이나 멧돼지를 사냥할 때 사냥감을 추적하여 큰 소리로 사냥꾼에게 위치를 알리던 사냥개이다. 평소 성격은 부드럽고 주인 가족에게 충실하며 가정생활에도 잘 적응한다. 사냥개 또는 반려견으로 덕분에 스웨덴에서는 잘 알려진 인기견이다.

인기의 요인은 세련된 스타일과 잘 생긴 외모 덕분이다. 털은 전형적인 하운드 컬러로 마치 그림을 그린 것처럼 멋진 모습이다.

털은 짧지만 더블코트이므로 눈 위에서도 신나게 달릴 수 있을 정도로 추위에 강하다. 운동량이 많아서 일반 가정에서는 키우기 어렵다.

BREEDING DATA
- 키_ 51~61cm
- 체중_ 23~27kg
- 원산국_ 스웨덴
- 잘 걸리는 질병_ 관절질환, 피부병

성격: 인내심이 있고 용감하며 충직하다.

겨울나기 / 운동시간 60분×2회 / 털관리

캐릭터 분석
- 3 상황판단을 잘한다
- 4 사회성·협조성이 있다
- 4 건강관리가 쉽다
- 2 초보자에게 알맞다
- 4 사람을 잘 따른다
- 3 훈련을 잘 따라한다

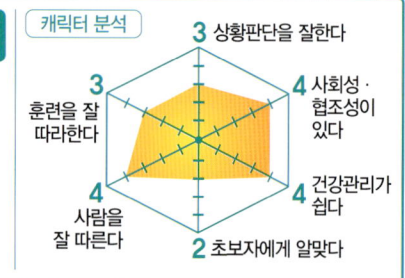

| Group 6 |
| 대형견 |
| 번호 146 |

로디지안 리지백 *Rhodesian Ridgeback*

사자를 궁지에 몰아넣는 용기 있는 사냥꾼

사자와도 당당히 맞설 만큼 용기 있는 견종으로, 목표로 정한 사냥감이 지쳐서 꼼짝 못할 때까지 끈질기게 쫓아가서 사냥꾼이 사냥감을 포획할 수 있게 돕는 일을 했기 때문에 인내심이 강하다. 주인의 명령을 충실히 따르는 성격이지만 평소에는 느긋하게 지내는 것을 좋아한다. 지능이 높고 의지가 강하며 주인 가족을 믿고 의지하지만 낯선 사람을 보면 경계하면서 관찰한다.

사자를 궁지에 몰아넣을 정도의 실력을 갖춘 사냥꾼이어서 체력이나 지구력 모두 뛰어나다. 반려견이 된 지금도 그 체력은 변함이 없으므로 아침 저녁 하루 2번, 적어도 1시간씩 산책해야 한다. 산책하면서 가볍게 달리는 것도 좋다. 로디지안 리지백을 키우려면 주인도 그에 걸맞은 체력이 필요하다.

털은 짧고 촘촘하게 자라며, 손질할 때는 천연모 브러시로 피부를 마사지하듯이 브러싱한다.

BREEDING DATA
- 키_ 수컷 64~69cm / 암컷 61~66cm
- 체중_ 수컷 34kg / 암컷 30kg
- 원산국_ 아프리카 남부
- 잘 걸리는 질병_ 관절질환, 내분비질환, 피부병

성격: 상황판단력이 뛰어나며 주인에게 순종한다.

겨울나기 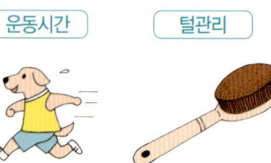 / 운동시간  60분×2회 / 털관리

캐릭터 분석
- 5 상황판단을 잘한다
- 1 사회성·협조성이 있다
- 3 건강관리가 쉽다
- 1 초보자에게 알맞다
- 1 사람을 잘 따른다
- 5 훈련을 잘 따라한다

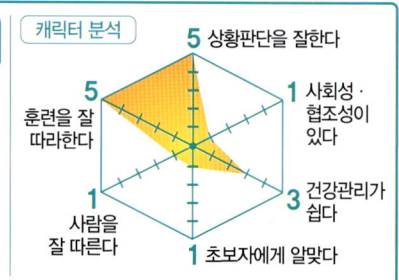

이스트리안 숏헤어드 하운드 *Istrian Short-haired Hound*

발칸 반도의 대중적인 하운드

Group 6 / 중형견 / 번호 151

이스트리안 숏헤어드 하운드는 발칸 반도에서 가장 대중적인 견종이다. 상처 입은 토끼, 여우, 멧돼지 등의 피 냄새를 찾아내는 후각이 매우 발달하여 며칠 전에 지나간 사냥감의 냄새까지도 구별한다. 지금도 훌륭한 사냥개로 활약하고 있다.

이스트리안 숏헤어드 하운드는 주인에게 순종적이고 가족과 아이들에게 상냥하다. 평소에는 온순하고 조용하지만 사냥을 나가면 끝까지 냄새를 추적할 수 있는 지구력이 있다. 일반 가정에서 키우려면 넓은 장소가 필요하며 큰 소리로 짖기 때문에 아파트나 다세대주택에서 키우기에 적합하지 않다. 주둥이가 길고 아주 잘생겼다.

털은 얇고 촘촘하게 자라며 하얀 바탕에 귀와 귀 주변이 오렌지색이다. 몸에도 오렌지색 작은 반점이 있는 것을 좋은 개체로 본다.

BREEDING DATA

- 키_ 44~56cm
- 체중_ 14~20kg
- 원산국_ 크로아티아
- 잘 걸리는 질병_ 관절질환

성격 주인에게 충직하고 냉정하다.

겨울나기 / 운동시간 60분×2회 / 털관리

캐릭터 분석
- 4 상황판단을 잘한다
- 4 사회성·협조성이 있다
- 4 건강관리가 쉽다
- 1 초보자에게 알맞다
- 3 사람을 잘 따른다
- 3 훈련을 잘 따라한다

이스트리안 콜스헤어드 하운드 *Istrian Coarse-haired hound*

악천후에도 끄떡없이 활동하는 전천후형 사냥개

Group 6 / 중형견 / 번호 152

이스트리안 콜스헤어드 하운드는 제1차 세계대전으로 멸종 위기에 놓였지만, 이스트리안 숏헤어드 하운드와 마찬가지로 1924년 크로아티아에서 견종등록이 되었고, 숏헤어드보다 1년 먼저 1948년에 FCI에서 공인받았다. 1969년에는 처음으로 스탠더드(견종표준)가 정해졌다.

이스트리안 숏헤어드 하운드를 더 훌륭한 사냥개로 개량하는 과정 중에 태어난 이스트리안 콜스헤어드 하운드는 숏헤어드보다 짖는 소리가 크고 잘 울려 퍼진다.

거친 털은 다양한 기후조건을 견디는 데 최적이다. 단, 성격이 숏헤어드보다 고집스러워서 훈련하기 어려울 수도 있다. 또한, 짖는 소리가 우렁차서 아파트나 다세대주택에는 부적합하다. 그래서 일반가정에서 키우는 경우는 거의 없다.

지금도 사냥개로 활발하게 활약하는 견종이므로 운동량이 많아야 한다.

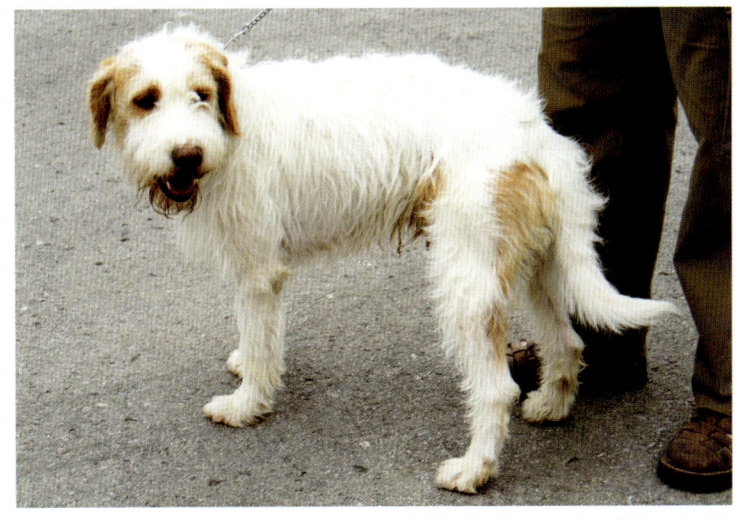

BREEDING DATA

- 키_ 46~58cm
- 체중_ 16~24kg
- 원산국_ 크로아티아
- 잘 걸리는 질병_ 관절질환, 피부병

성격 주인에게 충실하며 고집이 세다.

겨울나기 / 운동시간 60분×2회 / 털관리

캐릭터 분석
- 3 상황판단을 잘한다
- 4 사회성·협조성이 있다
- 3 건강관리가 쉽다
- 1 초보자에게 알맞다
- 3 사람을 잘 따른다
- 2 훈련을 잘 따라한다

| Group 6 |
| 대형견 |
| 번호 153 |

달마티안 *Dalmatian*

세계 곳곳에 역사적인 흔적이 남아 있는 검정색 얼룩무늬의 파워풀한 개

달마티안은 주인에 대한 충성심이 깊지만 무엇보다 놀기 좋아하고 호기심이 왕성하다. 성격이 무사태평하고, 가만히 있는 것을 힘들어한다. 체력이 좋아서 매일 산책과 운동을 충분히 시켜야 한다. 지칠 줄 모르는 아이들과 노는 것을 좋아하는데 너무 어린아이는 달마티안의 파워에 압도당하므로 주의한다.

달마티안 하면 장난치기 좋아하고, 자유분방한 이미지가 떠오르지만, 실제로는 훈련을 좋아하고 다양한 기술을 놀랍도록 빠르게 흡수한다. 주인이 가르쳐주는 것을 적극적으로 열심히 연습하는 연습생 같은 견종이다.

훈련을 하면 당연히 보상을 기대하지만 그보다 주인과 재미있게 논다고 생각하므로 훈련하는 데 큰 어려움은 없다. 달마티안은 주인이 지시하면 이것저것 한꺼번에 하려고 달려들기 때문에 차근차근 하나씩 확실하게 익힐 수 있도록 훈련해야 한다. 그러므로 주인이 명확하게 지시하는 것이 중요하다.

갓 태어난 달마티안은 얼룩덜룩한 무늬가 없다. 얼룩무늬는 생후 3개월이 지날 즈음부터 차츰 나타난다.

달마티안의 역사는 자세히 알려져 있지 않지만 남아 있는 몇 가지 증거 가운데 고대 이집트 벽화에 나오는 이륜전차 뒤를 쫓아서 달리는 개가 달마티안으로 보이며, 1360년경에 그려진 이탈리아의 그림에 달마티안으로 추측되는 개가 그려져 있는 등, 세계 각지에 역사적인 달마티안의 흔적이 남아 있다.

BREEDING DATA

- 키_ 48~58cm
- 체중_ 23~25kg
- 원산국_ 크로아티아(달마티아 지방)
- 잘 걸리는 질병_ 아토피성피부염, 녹내장, 바르덴부르크증후군, 달마티안백질이영양증, 결절성 상공막각막염, 백내장

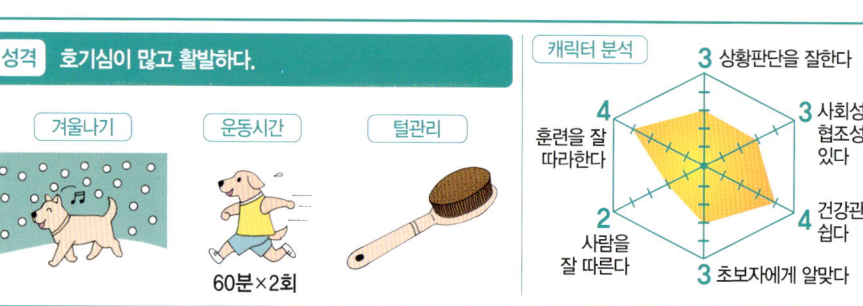

성격: 호기심이 많고 활발하다.
겨울나기 / 운동시간 60분×2회 / 털관리

캐릭터 분석
- 상황판단을 잘한다: 3
- 사회성·협조성이 있다: 3
- 건강관리가 쉽다: 4
- 초보자에게 알맞다: 3
- 사람을 잘 따른다: 2
- 훈련을 잘 따라한다: 4

포사바츠 하운드 *Posavaz Hound*

원산국인 유럽에서도 보기 어려운 사냥개

Group **6**
중형견
번호 **154**

포사바츠 하운드의 이름은 크로아티아와 보스니아-헤르체고비나의 국경을 흐르는 '사바강'에서 유래한다. 구 유고슬라비아의 견종이지만 유고슬라비아 내전으로 현재는 크로아티아, 슬로베니아, 보스니아-헤르체고비나, 세르비아, 몬테네그로, 마케도니아의 6개국으로 분리되어 각 나라에서 조금씩 다른 이름으로 불리는데, 일반적으로 '포사브스키 고니크(Posavski Gonic)'라고 많이 부른다.

원산국인 크로아티아 이외의 나라에서는 거의 볼 수 없을 만큼 유럽에서도 보기 힘든 희소 견종이다. 주인에게 순종하고 상냥하며 영리하다. 잡기 힘든 토끼 사냥부터 멧돼지, 사슴 등 큰 동물을 추적하는 사냥에 이용되며, 바위가 많은 지형에서 잘 움직일 수 있는 체형을 가진 재주 많은 사냥개이다.

가정에서 키우기도 하지만 사냥개로 키우는 편이 낫다.

BREEDING DATA
- 키_ 43~59cm
- 체중_ 16~20kg
- 원산국_ 크로아티아
- 잘 걸리는 질병_ 귀질환, 관절질환

성격: 주인에게 순종하고 상냥하다.

겨울나기 | 운동시간 (30분×2회) | 털관리

캐릭터 분석
- 상황판단을 잘한다 4
- 사회성·협조성이 있다 4
- 건강관리가 쉽다 3
- 초보자에게 알맞다 2
- 사람을 잘 따른다 4
- 훈련을 잘 따라한다 3

잉글리시 폭스하운드 *English Foxhound*

무리를 지어 여우를 쫓는 하운드

Group **6**
대형견
번호 **159**

잉글리시 폭스하운드는 영국을 대표하는 사냥개로 1650년에는 미국으로 수출되어 아메리칸 폭스하운드의 기초가 되었다. 1750년경 여우 사냥이 스포츠로 인식되면서 말을 타고 사냥하게 되었는데, 폭스하운드도 그에 걸맞은 힘과 체력을 갖추게 되었다.

대범하고 용감한 대형 사냥견으로 사냥할 때 무리를 지어서 사냥감을 몰았기 때문에 사교성이 몸에 배어 있다. 그렇기 때문에 일반 가정에서 키우거나 도그쇼에 내보내기에는 적합하지 않다. 원래 무리를 지어 생활하던 개라서 가정에서 혼자 키우면 쉽게 외로움을 느끼고 사회성도 자라지 않는다. 주인에게는 충실한 성격이지만, 만일 주인의 리더십이 약하고 사회성이 부족하다면 다른 개와 싸우는 일이 많을 것이다. 가정에서 반려견으로 키우려면 엄격하게 훈련해야 한다.

BREEDING DATA
- 키_ 58~69cm
- 체중_ 25~34kg
- 원산국_ 영국
- 잘 걸리는 질병_ 고관절형성부전, 피부병

성격: 명랑하고 용감하며 주인에게 충실하다.

겨울나기 | 운동시간 (60분×2회) | 털관리

캐릭터 분석
- 상황판단을 잘한다 3
- 사회성·협조성이 있다 4
- 건강관리가 쉽다 4
- 초보자에게 알맞다 3
- 사람을 잘 따른다 4
- 훈련을 잘 따라한다 3

| Group 6 |
| 소형견 |
| 번호 161 |

비글 *Beagle*

냄새를 추적하는 일이라면 최고! 하운드의 대표견

애니메이션 '스누피'의 인기에 힘입어 비글은 세계적으로 사랑받는 견종이 되었다. 실제로도 사랑스러운 외모와 애교스러운 모습은 주인을 즐겁게 해준다. 그러나 사냥개의 능력이기도 한 '낮고 크게 울리는 소리'는 반려견으로 살아가는 지금도 여전해서 대부분의 주인을 고민에 빠뜨린다. 특히 아파트에서 비글을 키울 경우에는 주변에 피해를 주게 된다. 이유 없이 짖지 않도록 통제하는 것이 비글과 행복하게 지내는 첫걸음이며 전부라고 할 수 있을지도 모른다.

'비글(Beagle)'이라는 이름은 '요란하게 짖는다' 또는 '작다'라는 의미의 프랑스어에서 유래되었다고도 한다.

비글은 식탐이 많아 살이 찌기 쉬운 체질이다. 적정량을 먹어도 운동이 부족하면 쉽게 살이 찐다. 특히 나이가 들수록 산책을 귀찮아 하지만 하루 2번, 30분씩 규칙적으로 산책해야 한다. 산책을 데리고 나가면 계속 바닥에 코를 대고 냄새 맡는 것을 좋아하는데, 비글은 이런 행동을 통해 스트레스를 해소하기도 한다. 그러나 운동이라고 하기에는 조금 부족하므로 가볍게 달리는 정도의 운동도 함께 하면 좋다.

털 손질은 크게 번거롭지 않지만 겨울부터 봄까지의 털갈이 시기에는 속 털이 많이 빠지기 때문에 빠진 털을 제거하기 위해서라도 브러싱을 자주 해야 한다. 가을에서 겨울에 걸쳐 속털이 자라는 시기에는 피부에 자극을 주어 털의 발육을 촉진하도록 천연모 브러시 등으로 몸을 마사지 하듯이 브러싱하는 것이 좋다.

BREEDING DATA

- 키_ 33~41cm
- 체중_ 18~27kg
- 원산국_ 영국
- 잘 걸리는 질병_ 폐동맥변 협착, 관상동맥염, 당뇨병, 악성림프종, 진성간질, 추간판 질환, 녹내장

성격 온순하지만 소란스럽고 식탐이 있다.

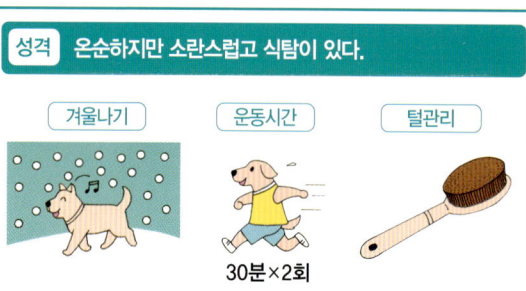

겨울나기 | 운동시간 30분×2회 | 털관리

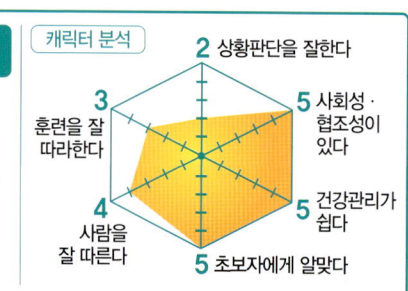

캐릭터 분석
- 2 상황판단을 잘한다
- 5 사회성·협조성이 있다
- 5 건강관리가 쉽다
- 5 초보자에게 알맞다
- 4 사람을 잘 따른다
- 3 훈련을 잘 따라한다

바셋 하운드 *Basset Hound*

냄새를 추적하는 능력이 뛰어난, 허리가 긴 평화주의자

Group 6
중형견
번호 163

실내외 할 것 없이 냄새란 냄새는 전부 탐색하는 바셋 하운드. 바셋 종류 중에서 가장 널리 알려진 견종이다. 사냥감 추적의 명수로 불리는 블러드 하운드의 피가 흐르고 있기 때문인지, 견종 가운데 후각 능력은 최고이다.

산책을 할 때도 늘 땅에 코를 바짝 대고 냄새를 쫓아서 걷는다. 그러나 후각은 뛰어나지만, 고집이 세고 독립심도 강하며 지극히 자기중심적인 성격이라서 제멋대로 행동하는 경우가 많다. 따라서 바셋 하운드를 제대로 훈련시키려면 상당한 인내심과 끈기가 필요하다. 기본적으로는 상냥하고 아이들에게도 호의적인 평화주의자이다.

프랑스어로 '낮다', '난쟁이'라는 의미의 '바스(bas)'에서 유래되어 바셋이라는 이름이 붙여졌다. 주로 프랑스, 벨기에의 귀족이나 왕족의 보호를 받으며 오랫동안 번성해 왔다.

허리가 길고 다리가 짧은 체형이므로 추간판 질환에 걸리기 쉽고 그래서 그 원인이 되는 비만을 조심해야 한다. 바셋 하운드는 식욕이 왕성해서 살이 찌기 쉬운데 비만 예방을 위해서는 식사량과 운동량의 균형을 맞추는 것이 중요하다. 아침 저녁 매일 2번, 적어도 30분씩 산책시켜야 한다. 물론 산책이라고 해도 지면에 코를 대고 냄새를 맡으면서 걷는 것에 불과하지만 말이다.

길게 늘어진 귀는 바닥에 끌리기 때문에 귀에 상처가 나기 쉽고, 귓속에 공기가 통하지 않아 문제가 생기므로 주의 깊게 봐야 한다. 바닥에 뒹구는 것을 좋아하는데 털이 짧고 부드러워서 손질하기가 어렵지 않다.

BREEDING DATA

- 키_ 33~38cm
- 체중_ 18~27kg
- 원산국_ 영국
- 잘 걸리는 질병_ 심실중격결손, 폐동맥변협착, 악관절형성부전, 시스틴결석증, 바셋 하운드 혈소판장애

성격: 느긋하고 제멋대로이며 독립심이 강하다.

겨울나기 | 운동시간 (30분×2회) | 털관리

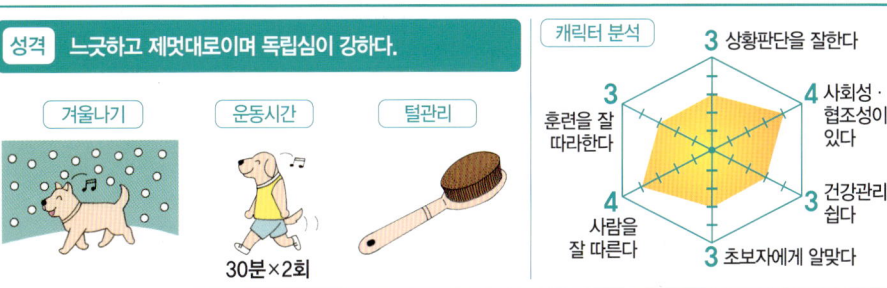

캐릭터 분석
- 3 상황판단을 잘한다
- 4 사회성·협조성이 있다
- 3 건강관리가 쉽다
- 3 초보자에게 알맞다
- 4 사람을 잘 따른다
- 3 훈련을 잘 따라한다

| Group 6 |
| 대형견 |
| 번호 198 |

이탈리안 하운드 *Italian Hound*

직업을 잃고 인기가 떨어진 이탈리안 하운드

원산국 이탈리아를 비롯한 유럽에서는 '세구지오 이탈리아노(Segugio Italiano)'라고도 부른다. 일찍이 멧돼지나 토끼 사냥 등에서 뛰어난 후각으로 활약하던 이탈리안 하운드는 이탈리아에서는 대중적인 사냥개였지만 멧돼지 수가 줄면서 함께 줄어들어서 지금은 찾아보기 어려운 희소 견종이 되었다. 원산국인 이탈리아 이외의 나라에서 더 인기가 높고 많이 키운다.

사냥할 때를 제외하면 온순하고 부드러운 성격이다. 독립심이 있고 약간 고지식한 면도 있다. 학습의욕이 있고 순종적이라서 훈련을 잘 받아들인다. 지칠줄 모르는 체력으로 하루 종일 사냥감을 추적해도 끄떡없다. 일반 가정에서 키우면 그 엄청난 운동량을 채우기가 쉽지 않으므로 도시에서 키우기에는 적합하지 않다.

털은 숏헤어드와 러프헤어드 2종류가 있는데, 모두 손질이 어렵지 않고, 겉모습은 달라도 성격은 거의 비슷하다.

BREEDING DATA
- 키_ 52~58cm
- 체중_ 18~28kg
- 원산국_ 이탈리아
- 잘 걸리는 질병_ 고관절형성부전, 피부병

성격: 온순하고 다정하며 순종적이다.

운동시간 60분×2회

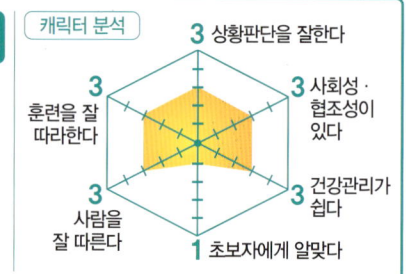

캐릭터 분석
- 상황판단을 잘한다: 3
- 사회성·협조성이 있다: 3
- 건강관리가 쉽다: 3
- 초보자에게 알맞다: 1
- 사람을 잘 따른다: 3
- 훈련을 잘 따라한다: 3

| Group 6 |
| 중형견 |
| 번호 204 |

스패니시 하운드 *Spanish Hound*

멸종 직전에 부활한 적응력이 뛰어난 사냥개

스패니시 하운드는 오랫동안 이베리아 반도 안에서만 생활해서 순수혈통이 지켜졌지만, 프랑스 하운드와의 무분별한 교배와 제1차 세계대전이 끝나고 스페인 내전이 일어나면서 멸종 직전의 상황까지 내몰렸다. 게다가 상대적으로 영국과 독일의 사냥견이 더 인기가 높아지면서 결국 멸종될 뻔했지만, 안토니오 로페즈 밀라노라는 사람의 끈질긴 노력으로 겨우 살아남을 수 있었다. 유럽에서는 '사부에소 에스파뇰(Sabueso Español)'이라고도 부른다.

원래는 토끼 사냥 전문이었지만 학습능력과 적응력이 뛰어나서 지금은 멧돼지나 사슴, 늑대, 곰 등도 사냥한다. 주인에게 충실하고 용감하다. 용기 있는 성격은 스탠더드(견종표준)에도 스패니시 하운드의 특성으로 나와 있으며 겁이 많으면 결점으로 매긴다.

지구력이 뛰어나고 냄새를 잘 맡아서 경찰견으로도 활약한다.

BREEDING DATA
- 키_ 수컷 52~58cm / 암컷 48~53cm
- 체중_ 수컷 25kg / 암컷 20kg
- 원산국_ 스페인
- 잘 걸리는 질병_ 피부병

성격: 용기가 있고 주인에게 충실하다.

운동시간 30분×2회

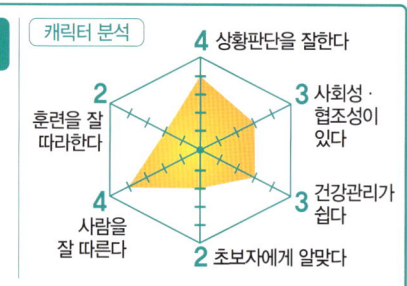

캐릭터 분석
- 상황판단을 잘한다: 4
- 사회성·협조성이 있다: 3
- 건강관리가 쉽다: 3
- 초보자에게 알맞다: 2
- 사람을 잘 따른다: 4
- 훈련을 잘 따라한다: 2

하노베리안 센트하운드 *Hanoverian Scenthound*

후각과 학습능력이 뛰어난 하운드

Group 6 / 대형견 / 번호 213

하노베리안 센트하운드는 바바리안 하운드와 마찬가지로 후각이 매우 뛰어난 사냥개로 맹렬한 기세로 사냥감의 냄새를 추적한다. 1주일이 지난 냄새까지도 추적할 수 있다 대형견은 아니지만 건강하고 힘이 넘치며 자기보다 몸집이 큰 멧돼지나 사슴과도 당당하게 맞선다.

주인에게 순종적이며 온순하고 가족과 아이들에게 상냥하다. 학습능력이 뛰어난 것도 이 견종의 특징으로, 주인이 강한 리더십으로 이끌어주면 훈련에 적극적으로 참가하여 가르치는 내용을 빠르게 흡수한다.

힘이 넘치는 하노베리안을 도시, 더구나 아파트에서 키우는 것은 불가능하다. 반려견으로 키우기보다 대부분 작업견으로 키운다. 산책보다는 자유롭게 운동할 수 있는 넓은 장소가 필요하다.

귀가 늘어져서 귓속 청결상태에 늘 신경 써야 하며, 털은 정기적으로 브러싱해야 한다.

BREEDING DATA
- 키_ 50~60cm
- 체중_ 38~44kg
- 원산국_ 독일
- 잘 걸리는 질병_ 피부병

성격: 주인에게 순종하고 애정이 깊다.

겨울나기 / 운동시간 60분×2회 / 털관리

캐릭터 분석
- 상황판단을 잘한다 4
- 사회성·협조성이 있다 4
- 건강관리가 쉽다 3
- 초보자에게 알맞다 2
- 사람을 잘 따른다 5
- 훈련을 잘 따라한다 5

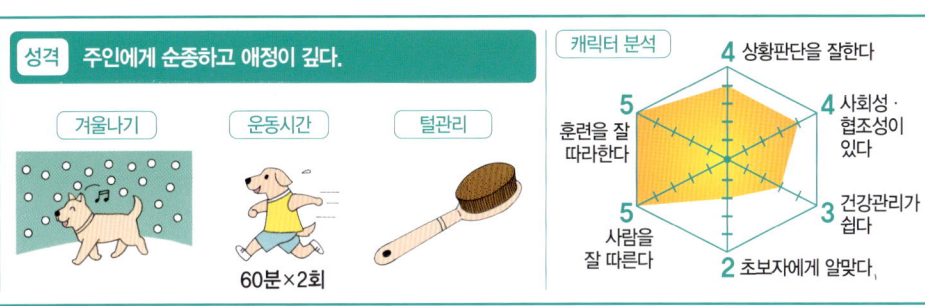

바바리안 마운틴 하운드 *Bavarian Mountain Hound*

산악지대를 평지처럼 달리는 다부진 하운드

Group 6 / 대형견 / 번호 217

산악 고지대에 있는 사슴, 산양을 사냥하던 바바리안 마운틴 하운드는 울퉁불퉁한 바위 사이도 평지처럼 잘 달리는 사냥견이다. '바바리안 하운드'라고도 불리며, 유럽에서는 '바이에리셔 게비르크 슈바이스훈트(Bayrischer Gebirg Sschweisshund)'라는 이름이 더 친숙하다. 슈바이스훈트란 사냥꾼이 쏜 총에 맞아서 상처를 입고 도망간 사냥감을 추적하는 사냥개라는 의미를 나타낸다.

신경질이 조금 있지만 주인에게는 충실하다. 리더십이 있고 경험이 많은 주인이 엄격하게 훈련해야 하는 견종이므로, 반려견보다는 대부분 사냥개로 키운다. 원산국 독일이나 그 주변 국가에서도 보기 어려운 희소 견종이다.

산과 들을 자유롭게 뛰어다니는 것을 좋아해서 운동량이 많아야 하고, 산책 시간도 많이 필요한 견종이라서 도시 생활에는 잘 적응하지 못한다.

BREEDING DATA
- 키_ 45~50cm
- 체중_ 25~35kg
- 원산국_ 독일
- 잘 걸리는 질병_ 추간판헤르니아, 관절질환, 피부병

성격: 온순하고 순종적이지만 신경질이 조금 있다.

겨울나기 / 운동시간 60분×2회 / 털관리

캐릭터 분석
- 상황판단을 잘한다 3
- 사회성·협조성이 있다 3
- 건강관리가 쉽다 3
- 초보자에게 알맞다 1
- 사람을 잘 따른다 4
- 훈련을 잘 따라한다 3

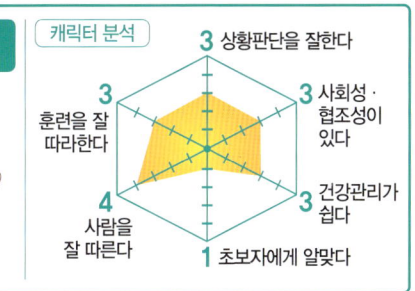

| Group 6 |
| 대형견 |
| 번호 219 |

프렌치 트라이컬러 하운드 *French Tricolour Hound*

프랑스의 트라이컬러 하운드

프렌치 트라이컬러 하운드는 '프랑세 트리코롤(Francais Tricolore)'이라고도 부르며, 브라운, 블랙, 화이트의 트라이컬러를 지닌 대형 하운드이다.

다양한 지형에서 매우 빠르게 움직이고, 엄청난 힘을 지녔으며, 제멋대로 사냥하지 않고 사냥꾼의 지시에 따라 오랫동안 일할 수 있는 훌륭한 사냥개이다.

주인에게 매우 순종적이며 충실하고 침착해서 기품마저 느껴진다. 낯선 사람을 상당히 경계하고 끊임없이 행동을 감시하므로 집 지키는 개로도 충분히 신뢰할 수 있다.

반려견으로도 키울 수 있지만 사냥개로 길들여졌기 때문에 도시의 주택 환경에는 적합하지 않다. 원산국 프랑스에서는 마음껏 돌아다닐 수 있는 넓은 공간에서 키운다. 스스로 판단하고 행동하며, 주인인 사냥꾼과 함께 사냥을 나가서 사냥감의 냄새를 추적할 때 최고의 행복을 느낀다.

BREEDING DATA
- 키_ 62~72cm
- 체중_ 34.5~35.5kg
- 원산국_ 프랑스
- 잘 걸리는 질병_ 고관절형성부전, 피부병

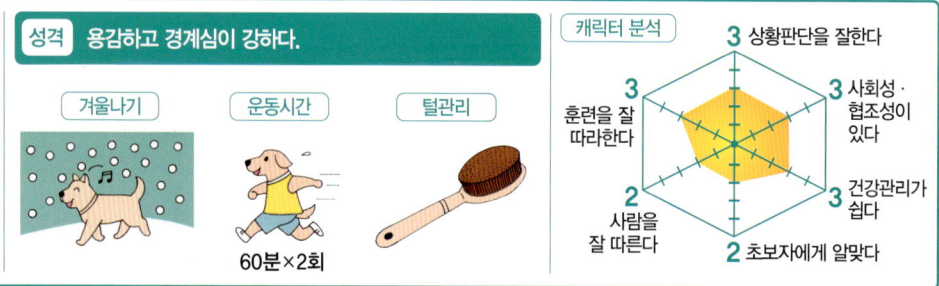

성격: 용감하고 경계심이 강하다.

| Group 6 |
| 대형견 |
| 번호 241 |

트랜실바니안 하운드 *Transylvanian Hound*

헝가리와 루마니아에서 인기 있는 하운드

트랜실바니안 하운드는 헝가리와 루마니아에서 인기 있는 견종으로 매우 많이 키우고 있다. 다리가 긴 종류와 짧은 종류 등 2종류가 있으며, 다리가 짧은 종류는 여우 또는 토끼 사냥에, 다리가 긴 종류는 멧돼지, 사슴, 살쾡이 사냥 등에 이용된다. FCI에서는 2종류를 구별하지 않고 하나의 견종으로 공인한다.

주인에게 순종적이며 상냥하고 판단 능력이 뛰어나다. 사냥할 때는 궂은 날씨에도 상관없이 뛰어난 후각으로 사냥감의 냄새를 확실히 구분하고, 지칠 줄 모르는 체력으로 쫓아가 회수작업까지 완벽하게 해낸다. 또한, 도그쇼에도 참가하는 만능 견종이다. 낯선 사람에게 침착하게 대응하며 비교적 우호적으로 다가간다.

학습의욕이 있기 때문에 좋아하는 주인이 리더십을 발휘하여 사랑으로 가르치면 적극적으로 훈련에 참여한다.

BREEDING DATA
- 키_ 55~65cm
- 체중_ 25kg
- 원산국_ 헝가리
- 잘 걸리는 질병_ 귀질환, 관절질환

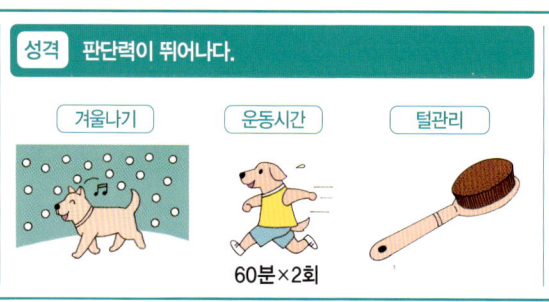

성격: 판단력이 뛰어나다.

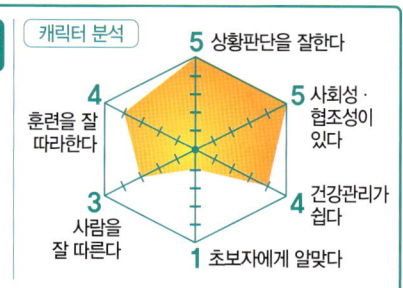

슬로바키안 하운드 *Slovakian Hound*

슬로바키아의 멧돼지 전문 사냥견

Group 6 / 중형견 / 번호 244

슬로바키안 하운드는 원산국 슬로바키아 이외의 나라에서는 별로 볼 수 없는 견종이다. 유럽에서는 '슬로벤스키 고포후(Slovenky Kopov)'라는 이름이 일반적이며, '블랙 포레스트 하운드(Black Forest Hound)'라고도 부른다.

멧돼지 사냥에 냄새를 추적하는 사냥견으로 이용되었지만, 짐을 운반하거나 집 지키는 일도 잘해서 원산국인 슬로바키아에서는 인기가 높고 반려견으로 기르기도 한다. 간혹 쇼도그로 활동하기도 하는데 도그쇼에 출장하면 사랑스러운 표정을 보여준다.

매우 활발하고 주인에게 순종하지만 어릴 때는 약간 난폭하고 싸움을 잘 거는 성향도 있다. 주인이 의연하고 강한 리더십으로 적절히 통제할 수 있게 훈련하고, 어릴 때부터 사회성을 길러주어야 한다.

운동량이 많기 때문에 가능하면 넓고 안전한 곳에서 자유운동을 시키는 것이 좋다. 냄새로 사냥감을 추적하는 센트하운드이므로 산책을 나가면 항상 코를 땅에 바짝 대고 냄새를 쫓아서 걷는다.

BREEDING DATA

- 키_ 수컷 45~50cm / 암컷 40~45cm
- 체중_ 15~20kg
- 원산국_ 슬로바키아
- 잘 걸리는 질병_ 피부병

성격: 활발하고 주인에게 순종적이다.

겨울나기 / 운동시간 60분×2회 / 털관리

캐릭터 분석
- 상황판단을 잘한다: 4
- 사회성·협조성이 있다: 3
- 건강관리가 쉽다: 3
- 초보자에게 알맞다: 1
- 사람을 잘 따른다: 3
- 훈련을 잘 따라한다: 2

알파인 닥스브라케 *Alpine Dachsbracke*

다부진 체격의 알프스 닥스훈트

Group 6 / 중형견 / 번호 254

알파인 닥스브라케는 오스트리아에서 상처 입은 산양이나 토끼를 뒤쫓는 사냥개로 이용되던 견종이다. 사냥감의 피 냄새를 추적하고, 물속에서 사냥감을 회수하는 작업까지 해내는 재주 많은 사냥개이다.

영리하고 용감하며 주인과 가족에게는 온순하고 우호적이다. 방문자도 처음에는 경계하지만 금세 마음을 연다.

다리가 짧고 움직임이 빠르지는 않지만 행동이 애교스럽다. 오스트리아 이외의 나라에서는 보기 어려우며, 스탠더드 닥스훈트보다 몸집이 크고 집에서 키우기에 적당한 크기이다.

아파트나 다세대주택에서도 키울 수 있고, 도시 생활에도 잘 적응하므로 가정에서 키우기에는 적합하다. 다만, 낮게 울리는 소리로 짖을 때 주인이 바로 제지할 수 있도록 훈련해야 한다. 운동을 매우 좋아하므로 매일 산책을 충분히 하는 것이 좋다.

BREEDING DATA

- 키_ 34~42cm
- 체중_ 15~18kg
- 원산국_ 오스트리아
- 잘 걸리는 질병_ 추간판헤르니아, 관절질환, 피부병

성격: 매우 온순하고 우호적이다.

겨울나기 / 운동시간 30분×2회 / 털관리

캐릭터 분석
- 상황판단을 잘한다: 3
- 사회성·협조성이 있다: 4
- 건강관리가 쉽다: 3
- 초보자에게 알맞다: 2
- 사람을 잘 따른다: 4
- 훈련을 잘 따라한다: 3

Group 6
대형견
번호 282

그랑 그리퐁 방뎅 Grand Griffon Vendeen

활동 장소를 잃어버린 대형 방뎅

그랑 그리퐁 방뎅의 이름은 프랑스 국왕의 '서기(書記, greffier)'라는 단어에서 유래되었다. 당시에는 서기가 국왕의 개를 돌봤는데 '서기관의 개(greffier's dog)'라는 말에서 그리퐁(griffon)이라는 이름을 갖게 되었다고 한다. 지금은 '그리퐁'이 거친 와이어헤어를 의미한다. 프랑스 원산의 센트하운드 견종으로 '브리케 그리퐁 방뎅', '그랑 바세 그리퐁 방뎅', '프티 바세 그리퐁 방뎅'과 형제견이다.

주로 멧돼지나 늑대, 사슴 등을 사냥했지만 지금은 프랑스 국내의 사냥감이 줄어들어 사냥이 제한되었고, 다루기 쉬운 훌륭한 사냥개 견종이 늘어나서 계속해서 수가 줄어들고 있는 실정이다.

털은 하얀색이나 옅은 황갈색을 띠며, 여러 빛깔의 얼룩무늬가 있다. 거칠고 두꺼운 바깥털과 촘촘한 속털이 있어서 땅은 물론 물에서도 잘 적응하며, 비와 바람으로부터 몸을 보호해주기 때문에 혹독한 추위에도 잘 견딘다.

지칠 줄 모르는 힘과 사냥할 때는 지나칠 만큼 열광적이고 활동적이다. 용맹하고 과감하며 큰 소리로 짖어서 사냥감을 추적하고 몰아넣는다. 하지만 사냥 초반에 사냥감을 미처 잡기도 전에 지칠 수 있다.

프랑스의 지방에서도 존재 자체가 위협받고 있기 때문에 도시에서는 거의 키우지 않는다. 운동량이 매우 많아서 아침 저녁 하루 2번, 1시간씩 산책시켜야 건강을 지킬 수 있다.

BREEDING DATA

- 키_ 60~66cm
- 체중_ 30~35kg
- 원산국_ 프랑스
- 잘 걸리는 질병_ 고관절형성부전, 피부질병

성격: 열광적인 활동가이다.

겨울나기 | 운동시간 | 털관리
60분×2회

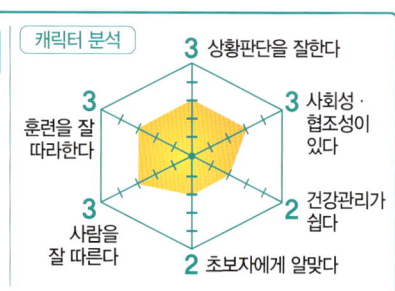

캐릭터 분석
- 상황판단을 잘한다: 3
- 사회성·협조성이 있다: 3
- 건강관리가 쉽다: 2
- 초보자에게 알맞다: 2
- 사람을 잘 따른다: 3
- 훈련을 잘 따른다: 3

비글 해리어 Beagle Harrier

사냥개로 때로는 반려견으로 사람과 함께 하는 견종

Group 6
중형견
번호 290

비글보다 빠른 개로 알려져 있는 비글 해리어는 프랑스의 사냥개 비글과 해리어를 교배하여 개량한 견종이다. 이 두 견종의 피를 이어받아 냄새를 잘 맡고, 다리가 길며, 체력도 뛰어나다. 비글보다 더 빠르게 뛰며, 겉모습은 몸집이 큰 비글 같은 느낌이다.

털 색도 비글과 마찬가지로 화이트, 블랙, 탄이 들어간 하운드 컬러이다. 1974년 FCI의 공인을 받았으며, 프랑스 이외의 나라에서는 보기 힘든 견종이다.

비글 해리어의 성격은 명랑하고 상냥하며, 무리를 지어 사냥하던 습성이 남아서 주인 가족이나 어린아이, 다른 개나 반려동물과도 사이좋게 지내는 사회성과 협조성이 있다. 그래서 여러 마리를 함께 키울 수도 있다. 그러나 낯선 사람에게도 꼬리를 흔들며 애교를 부리기 때문에 집을 지키는 일에는 적합하지 않다.

프랑스에서는 지금도 여우 또는 토끼 사냥에 이용하고 있으며, 반려견으로도 많이 키운다.

한편, 비글 해리어 역시 사냥개 혈통이기 때문에 하루에 필요한 운동량이 매우 많다. 짧은 산책으로는 도저히 체력을 소모시키지 못해서 스트레스가 쌓이므로, 만일 일반 가정에서 키운다면 매일 오랜 시간 산책시킬 각오를 해야 한다. 산책이라고 해도 계속 달리는 것이 아니고 냄새를 맡으며 걷는 시간이 더 많다.

짖을 때는 비글처럼 울림이 강한 낮은 소리로 짖는다.

BREEDING DATA

- 키_ 38~50cm
- 체중_ 13~22kg
- 원산국_ 프랑스
- 잘 걸리는 질병_ 관절질환, 귀질환, 피부병

성격: 명랑하고 상냥하다.

겨울나기 | 운동시간 | 털관리
30분×2회

캐릭터 분석
- 상황판단을 잘한다: 3
- 사회성·협조성이 있다: 4
- 건강관리가 쉽다: 3
- 초보자에게 알맞다: 4
- 사람을 잘 따른다: 4
- 훈련을 잘 따라한다: 3

오터하운드 *Otterhound*

Group 6 / 대형견 / 번호 294

쉬지 않고 오랫동안 헤엄칠 수 있는 사냥개

'오터(otter)'는 수달을 의미하며, 오터하운드는 쉬지 않고 몇 시간이고 헤엄칠 수 있는 사냥개이다. 오터하운드는 전날 저녁 물속에서 헤엄쳐서 이동한 수달의 냄새를 다음날 아침에 맡을 수 있을 정도로 후각 능력이 뛰어나다.

그러나 1978년 영국이 수달을 보호동물로 지정하면서 일거리가 사라지자 오터하운드의 수도 급격히 줄어들었다. 브리더들은 이 견종을 보존하기 위해서 새로운 활동무대로 도그쇼를 선택했다. 미국에서는 미국너구리, 밍크, 곰 등의 사냥에 이용되고 있다.

용감하고 끈기가 있으며 고집이 세다. 주인이나 가족에게는 친절하고 온순하며 애정이 깊다. 놀이를 좋아하는데, 특히 물놀이를 매우 좋아하며, 털도 방수효과가 있어서 물놀이를 하기에 적합하다. 기질이 온순해서 이제는 일반 가정에서 반려견으로 많이 키운다. 그러나 체력이 뛰어나기 때문에 매일 오랜 시간 충분히 산책시켜야 한다.

BREEDING DATA

- 키_ 수컷 61~69cm / 암컷 58~67cm
- 체중_ 수컷 34~52kg / 암컷 29~45kg
- 원산국_ 영국
- 잘 걸리는 질병_ 고관절형성부전, 눈병, 피부병

성격: 매우 온순하고 정이 많다.

겨울나기 / 운동시간 60분×2회 / 털관리

캐릭터 분석
- 상황판단을 잘한다 4
- 사회성·협조성이 있다 3
- 건강관리가 쉽다 3
- 초보자에게 알맞다 2
- 사람을 잘 따른다 3
- 훈련을 잘 따른다 3

해리어 *Harrier*

Group 6 / 중형견 / 번호 295

영국을 대표하는 오래된 사냥개

해리어는 원래 산토끼를 사냥하던 사냥개였지만 사냥에 천부적인 재능을 발휘하여 여우 등 큰 동물의 사냥에도 이용되었다. 그러나 사냥감이 줄어들자 일자리를 잃어 멸종 위기에 놓였는데, 두 차례 걸친 세계대전으로 상황이 더욱 나빠져서 해리어를 더욱 궁지로 몰아넣어 거의 멸종 직전까지 갔었다. 하지만 애견인들의 노력으로 번식에 성공해서 살아남았다.

영국이 원산국이지만 그 수가 매우 적고 프랑스 등 유럽이나 미국에서 실용견, 반려견으로 많이 키운다.

놀기 좋아하고 밝고 명랑한 견종으로 대부분 여러 마리를 함께 키운다. 사냥을 나가면 열심히 사냥감을 추적하는 성실한 사냥개로 사회성과 협조성이 있으며, 최근에는 사냥개로 키우기보다는 쇼도그나 반려견으로 키우는 경우가 많다. 주인과 가족에게는 매우 우호적이고, 기질이 온순해서 도그쇼에 나가기 전 좁은 케이지 안에서도 얌전히 차례를 기다리곤 한다.

BREEDING DATA

- 키_ 48~53cm
- 체중_ 18~27kg
- 원산국_ 영국
- 잘 걸리는 질병_ 관절질환, 귀질환, 피부병

성격: 밝고 명랑하며 놀기 좋아한다.

겨울나기 / 운동시간 30분×2회 / 털관리

캐릭터 분석
- 상황판단을 잘한다 3
- 사회성·협조성이 있다 5
- 건강관리가 쉽다 3
- 초보자에게 알맞다 3
- 사람을 잘 따른다 4
- 훈련을 잘 따른다 3

저먼 하운드 *German Hound*

Group 6 / 중형견 / 번호 299

사냥보다 가족과 함께 지내기를 더 좋아하는 사냥개

유럽에서는 '도이체 브라케(Deutshe Bracke)'라는 이름으로 친숙한 저먼 하운드. 도그쇼 등에서는 도이체 브라케라는 이름이 아니면 못 알아들을 정도로 유럽인들 사이에서 익숙한 이름이다.

털이 짧고 다리가 약간 긴 저먼 하운드는 사슴이나 토끼, 여우 사냥에서 활약했다. 뛰어난 후각으로 먼 곳까지 사냥감을 추적하고 상처 입은 사냥감을 수색하는데 때로는 헤엄을 치기도 한다.

주인과 가족에게는 충실하고 상냥하며, 다른 개와 문제를 일으키는 일이 거의 없는 사교적인 견종이다. 사냥개지만 가족과 함께 있을 때 더 행복해한다. 낯선 사람에게는 조심스럽게 행동하고, 밤에도 수상한 사람이나 소리에 반응하는 등 집 지키는 일도 훌륭하게 해낸다. 건강에 대해서는 별로 신경 쓸 일이 없다.

훈련에 적극적으로 참여하기 때문에 주인이 의연한 리더십으로 잘 이끌어주면 다양한 기술을 빠르게 흡수한다.

BREEDING DATA
- 키_ 40~53cm
- 체중_ 20kg
- 원산국_ 독일
- 잘 걸리는 질병_ 관절질환, 외이염, 피부병

성격: 충실하고 다정하지만 경계심이 강하다.

운동시간: 30분×2회

캐릭터 분석: 상황판단을 잘한다 4 / 사회성·협조성이 있다 5 / 건강관리가 쉽다 4 / 초보자에게 알맞다 2 / 사람을 잘 따른다 3 / 훈련을 잘 따라한다 3

블랙 앤드 탄 쿤하운드 *Black and Tan Coonhound*

Group 6 / 대형견 / 번호 300

미국너구리와 주머니쥐의 천적

블랙 앤드 탄 쿤하운드는 주로 미국너구리와 주머니쥐 사냥을 목적으로 만든 사냥개로, 일반적으로 쿤하운드라고 부른다. 1700년대 후반 미국의 폭스 하운드와 버지니아 폭스 하운드에 블러드하운드의 피를 섞어 개량한 견종이다. 쿤하운드 가운데 가장 오래된 견종으로 미국에서는 대중적이다. 1945년 AKC에서 공인받았다.

짖으면서 미국너구리를 추적하여 나무 위로 몰고 간 다음, 나무 아래에서 추적할 때와는 다른 소리로 짖어서 사냥꾼에게 신호를 보낸다.

사냥개 타입과 쇼도그 타입이 있다. 쇼도그 타입은 윤기 있는 검정색으로 블랙 앤드 탄 쿤하운드의 아름다움이 한층 더 돋보인다. 사냥개 타입은 미국너구리 외에도 곰, 흰꼬리 사슴, 퓨마, 주머니쥐 등을 추적할 때 이용되며, 발 딛기도 힘든 암벽에서도 용감하게 돌진한다.

BREEDING DATA
- 키_ 수컷 63~68cm / 암컷 58~63cm
- 체중_ 수컷 22~34kg / 암컷 18~30kg
- 원산국_ 미국
- 잘 걸리는 질병_ 피부병, 관절질환

성격: 우호적이고 온순하며 영리하다.

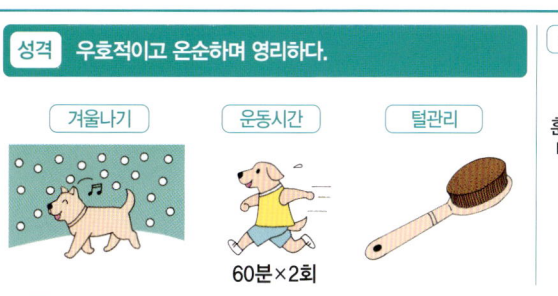

운동시간: 60분×2회

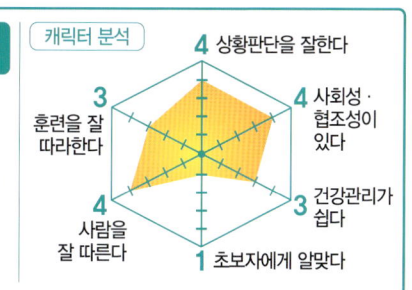

캐릭터 분석: 상황판단을 잘한다 4 / 사회성·협조성이 있다 4 / 건강관리가 쉽다 3 / 초보자에게 알맞다 1 / 사람을 잘 따른다 4 / 훈련을 잘 따라한다 3

Group 6
대형견
번호 303

아메리칸 폭스하운드 *American Foxhound*

여우 사냥이 전문인 미국 하운드

여우 사냥을 목적으로 그에 필요한 스피드 등의 사냥 능력을 높이기 위해 잉글리시 폭스하운드를 개량한 견종이다. 잉글리시 폭스하운드보다 체격이 조금 작지만, 대단히 활발하고 후각은 더 예민하다. 원래의 임무인 여우나 멧돼지 사냥을 할 때는 마치 노래하는 듯한 소리로 짖으면서 쫓아간다. 체력이 매우 좋아서 지칠 줄 모르는 사냥개이다.

예리한 후각으로 사냥감을 추적하고 빠르게 쫓아간다. 17세기에는 아메리칸 인디언을 찾는 데 이용되었다는 이야기도 있지만 이는 잘못 전해진 것이라고 한다.

애정이 풍부하고 온순해서 아이들에게 상냥하고 방문객도 우호적으로 맞는다. 경계심이 별로 없고 낯선 개에게도 공격적이지 않다.

일반 가정에서 키울 때는 매일 운동을 충분히 시키지 않으면 산만하고 파괴적인 개가 될 수 있다.

BREEDING DATA
- 키_ 53~64cm
- 체중_ 30~34kg
- 원산국_ 미국
- 잘 걸리는 질병_ 관절질환

성격: 정이 많고 우호적이다.

캐릭터 분석
- 3 상황판단을 잘한다
- 4 사회성·협조성이 있다
- 4 건강관리가 쉽다
- 2 초보자에게 알맞다
- 4 사람을 잘 따른다
- 3 훈련을 잘 따라한다

Group 6
중형견
번호 325

앙글로 프랑세스 드 프티 베네리 *Anglos-Francaises de Petite Venerie*

인기 상승 중인 반려견

앙글로 프랑세스 드 프티 베네리는 1970년대에 프와트뱅, 포르셀렌, 비글 해리어 등의 프렌치 하운드와 잉글리시 하운드인 비글의 피를 섞어서 계획적으로 번식시킨 견종으로, 1978년 처음으로 스탠더드(견종표준)가 만들어졌다. 프랑스 이외의 나라에는 아직 잘 알려지지 않은 견종이다. 영어권에서는 '스몰 앵글로(프렌치) 하운드'라고 부른다.

'그랑 앙글로 프랑세스(Grand Anglos-Francaises)'라는 프랑스의 대형 하운드를 작게 만든 것으로, 예전에는 '프티 앙글로 프랑세스(Petite Anglos-Francaises)'라고도 불렸다.

사냥 능력이 뛰어나서 꿩과 같은 새나 토끼 등의 작은 동물을 사냥하거나 무리를 지어 멧돼지 사냥에서 활약하기도 한다.

성격이 우호적이고 주인에게는 순종적이다. 행동에서 애교가 느껴지고 사냥개가 아니라 반려견으로도 인기가 높아지고 있다. 약간 내성적인 면도 있고, 낯선 사람이나 방문객에게는 냉담하게 행동한다.

BREEDING DATA
- 키_ 48~56cm
- 체중_ 16~20kg
- 원산국_ 프랑스
- 잘 걸리는 질병_ 귀질환

성격: 우호적이며 순종적이다.

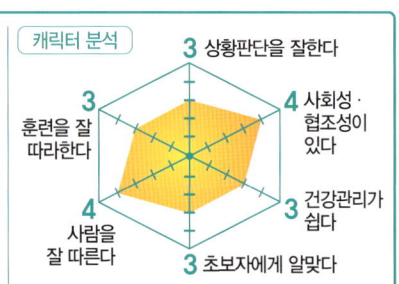

캐릭터 분석
- 3 상황판단을 잘한다
- 4 사회성·협조성이 있다
- 3 건강관리가 쉽다
- 3 초보자에게 알맞다
- 4 사람을 잘 따른다
- 3 훈련을 잘 따라한다

Pointing Dogs

새 사냥을 할 때 사냥감을 찾는 일을 했던 포인터나 세터 타입의 견종 그룹.
뛰어난 후각, 시각, 청각을 지닌 견종들의 그룹이다.
잉글리시 세터, 잉글리시 포인터, 브리타니 스패니얼, 바이마라너 등.

GROUP 7

| Group 7 | 대형견 | 번호 1 |

잉글리시 포인터 *English Pointer*

집 지키는 능력은 부족하지만 활발하고 사교적인 사냥개

잉글리시 포인터는 사냥할 때나 평소 생활할 때나 자신이 해야 할 일이 무엇인지 아는 영리한 사냥개이다. 일반 가정에서 지내도 인내심이 강하고 충실하며 활발하고 사교적이다.

어릴 때부터 사회성을 길러주고 훈련을 반복하면 성견이 되고 난 다음에도 안심하고 아이 돌보기를 맡길 수 있다. 그러나 어릴 때는 훈련이 완벽하게 되어도 아이들에게는 조금 시끄럽게 굴지도 모른다. 경계심이 적어서 집 지키는 개로는 적당하지 않다. 반려견으로도 키우지만 여전히 무엇인가를 탐색하는 능력이 뛰어난 사냥개이다.

기운이 넘치고 도무지 지칠 줄 모른다. 산책하러 나가면 신경 쓰이는 냄새를 쫓아서 끝없이 따라간다. 마음대로 돌아다니게 놓아두면 하루 종일이라도 돌아다닐 수 있으니 적어도 아침 저녁 하루 2번, 1시간씩 산책시키고, 산책코스를 돌고 난 뒤에는 집으로 돌아가는 규칙적인 생활을 해야 한다. 산책을 하면서 가볍게 달리는 것도 좋다.

BREEDING DATA

- 키_ 수컷 64~71cm / 암컷 58~66cm
- 체중_ 수컷 25~34kg / 암컷 29~30kg
- 원산국_ 영국
- 잘 걸리는 질병_ 안검내반증, 백내장, 외이염, 피부병

성격 밝고 놀기 좋아하며 주인에게 순종한다.

겨울나기 / 운동시간 60분×2회 / 털관리

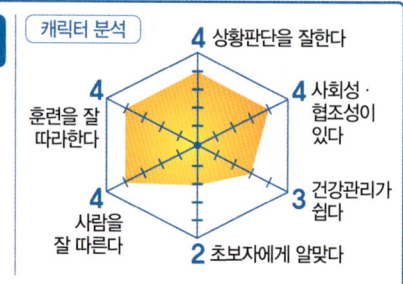

캐릭터 분석
- 상황판단을 잘한다 4
- 사회성·협조성이 있다 4
- 건강관리가 쉽다 3
- 초보자에게 알맞다 2
- 사람을 잘 따른다 4
- 훈련을 잘 따라한다 4

| Group 7 | 대형견 | 번호 2 |

잉글리시 세터 *English Setter*

완벽한 능력을 지닌 필드 타입과 우아함을 강조하는 쇼 타입이 있다

잉글리시 세터의 성격은 크게 2종류로 나뉜다. 필드 타입은 놀기 좋아하고 뛰어다니면서 사냥에 열중하는 매우 활발한 성격인 반면, 쇼 타입은 얌전한 성격이다.

2종류 모두 사람을 무척 좋아하고, 온순하며 인내심이 강하고 상냥해서 아이들과 즐겁게 놀아주는 최고의 반려견이다. 주인과 함께 있으면 아이처럼 눈동자를 반짝이면서 행복한 표정을 짓는다. 물놀이를 아주 좋아하는데, 물을 보면 이상할 정도로 기분이 들떠서 까불고 신나게 논다.

비교적 훈련하기 쉬운 견종이지만 어릴 때는 굉장히 장난꾸러기라서 훈련을 해도 주인과 노는 것으로 받아들인다. 그래서 생각처럼 훈련이 잘 되지 않을 수도 있지만 포기하지 말고 기초적인 훈련을 계속하는 것이 좋다.

화려하고 멋진 털은 비단결처럼 부드럽고 윤기가 흐르지만 길어서 엉키기 쉬우므로 자주 브러싱해야 한다.

BREEDING DATA

- 키_ 수컷 64cm / 암컷 61cm
- 체중_ 25~30kg
- 원산국_ 영국
- 잘 걸리는 질병_ 유전성난청, 고관절형성부전, 주관절형성부전, 진행성망막위축증

성격 밝고 온순하며 명령을 잘 따른다.

겨울나기 / 운동시간 60분×2회 / 털관리

캐릭터 분석
- 상황판단을 잘한다 4
- 사회성·협조성이 있다 2
- 건강관리가 쉽다 4
- 초보자에게 알맞다 3
- 사람을 잘 따른다 4
- 훈련을 잘 따라한다 4

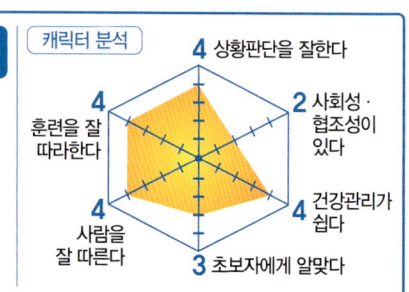

고든 세터 *Gordon Setter*

Group 7 / 대형견 / 번호 6

세터 가운데 가장 몸집이 큰 상냥하고 우호적인 견종

세터그룹에서 가장 몸집이 큰 견종으로 스코틀랜드의 유일한 새 사냥개이다. 주로 산도요새나 꿩을 잡을 때 활약했고, 빅토리아 시대(1837~1901)에 인기가 절정에 달했지만 20세기부터 인기가 떨어지기 시작해서 지금은 수가 크게 줄었다.

영리하고 상황판단을 잘한다. 게다가 늘 명랑하고 호기심이 넘치며 즐거워 한다. 가족에게 매우 우호적이고 아이들에게도 상냥하다.

주인을 한번 믿으면 끝까지 믿는 성격으로 주인을 위해서라면 무엇이든 할 수 있다는 결의가 느껴질 정도로 매우 진지하고 헌신적인 견종이다. 학습능력도 뛰어나서 여러 가지 훈련을 전혀 힘들이지 않고 빠르게 흡수한다.

털이 가늘고 잘 엉키는데, 특히 귀, 다리, 꼬리의 장식털은 빗으로 자주 브러싱해서 결을 정리해주어야 한다.

BREEDING DATA
- 키_ 수컷 61~69cm / 암컷 58~66cm
- 체중_ 수컷 25~36kg / 암컷 20~32kg
- 원산국_ 영국
- 잘 걸리는 질병_ 고관절형성부전, 내분비질환, 피부병

성격: 명랑하고 충실하며 호기심이 많다.
겨울나기 / 운동시간 60분×2회 / 털관리

캐릭터 분석
- 상황판단을 잘한다 5
- 훈련을 잘 따라한다 5
- 사회성·협조성이 있다 3
- 사람을 잘 따른다 4
- 건강관리가 쉽다 3
- 초보자에게 알맞다 3

헝가리안 숏헤어드 비즐라 *Hungarian Short-haired Vizsla*

Group 7 / 대형견 / 번호 57

맹금류와 짝을 이루어 사냥하던 헝가리의 황금빛 개

비즐라는 다른 사냥개와 마찬가지로 후각이 뛰어나고 회수능력도 있다. 예전에는 맹금류와 짝을 이루어 사냥했을 정도로 노련한 사냥개였다.

성격은 쾌활하며 애정이 풍부하고 장난기가 많다. 가정에서 키우는 지금도 뛰어난 운동능력은 그대로이다. 아침 저녁 하루 2번, 1시간씩 산책하면서 가볍게 뛰거나, 안전하고 넓은 도그런 같은 곳에서 자유운동을 할 수 있으면 더욱 좋다. 가장 좋은 것은 자유롭게 돌아다닐 수 있는 환경에서 키우는 것이다.

학습능력은 뛰어나지만 독립심이 강해서 훈련하기가 쉽지 않다. 어릴 때부터 훈련에 관심을 가질 수 있도록 다양한 방법을 찾아보자. 식사나 간식 시간을 이용하거나 장난감을 갖고 노는 시간에 기초적인 훈련을 하고 조금이라도 성공하면 상을 주면서 훈련 의욕을 높이는 방법도 좋다.

BREEDING DATA
- 키_ 수컷 56~61cm / 암컷 53~58cm
- 체중_ 22~30kg
- 원산국_ 헝가리
- 잘 걸리는 질병_ 알레르기성피부염, 고관절형성부전, 안면신경마비

성격: 호기심이 많고 명랑하다.
겨울나기 / 운동시간 60분×2회 / 털관리

캐릭터 분석
- 상황판단을 잘한다 4
- 훈련을 잘 따라한다 3
- 사회성·협조성이 있다 4
- 사람을 잘 따른다 4
- 건강관리가 쉽다 2
- 초보자에게 알맞다 3

브리타니 스패니얼 Brittany Spaniel

Group 7 / 중형견 / 번호 95

낯선 사람에게도 붙임성 있게 대하고, 주인이 기뻐하면 함께 기뻐한다

도시의 주택 환경에서도 충분히 키울 수 있는 크기의 브리타니 스패니얼. 새 사냥개 출신이라서 운동능력이 뛰어나고 체력과 지구력이 좋다. 뛰어다니면서 놀고, 호기심이 왕성하다.

주인을 기쁘게 하는 것을 무엇보다 좋아하는 브리타니 스패니얼은 낯선 사람에게도 친근하게 행동하고 애교를 잘 부린다. 주인이 너무 엄격하고 난폭하게 다루면 소심한 성격이 되어버리므로 조심해야 한다.

건강한 몸을 만들려면 아침 저녁 하루 2번, 30분씩 산책하는 것이 좋은데, 도그런 같은 넓은 장소에서 자유롭게 뛰어다닐 수 있으면 더욱 좋다. 야외에서는 비둘기나 고양이 같은 다른 동물을 뒤쫓아 갈 수 있으므로 갑자기 달려나가지 않게 주의해야 한다.

온순하고 순종적이므로 훈련하기도 쉽다. 주인과 함께 한다는 사실이 기뻐서 적극적으로 훈련에 참가한다.

BREEDING DATA

- 키_ 44~52cm
- 체중_ 13.5~18kg
- 원산국_ 프랑스
- 잘 걸리는 질병_ 구개열, 고관절형성부전, 혈우병

성격: 밝고 우호적이며 애교가 많다.

겨울나기 / 운동시간 30분×2회 / 털관리

캐릭터 분석
- 상황판단을 잘한다: 4
- 사회성·협조성이 있다: 4
- 건강관리가 쉽다: 3
- 초보자에게 알맞다: 4
- 사람을 잘 따른다: 5
- 훈련을 잘 따른다: 4

저먼 와이어헤어드 포인터 German Wirehaired Pointer

Group 7 / 대형견 / 번호 98

만능 사냥견 저먼 포인터

저먼 와이어헤어드 포인터는 사냥감을 추적하고 처리하며, 물속에 떨어진 사냥감을 회수하는 수중작업까지 모두 해내는 만능 사냥개를 목표로 탄생시킨 견종이지만, 처음에는 예상했던 만큼 인기를 끌지 못해서 멸종 직전까지 갔다. 1865년부터 보존을 위한 번식활동이 시작되어 1929년 독일에서 공인견종이 되었다. 그 후 독일 이외의 나라에서도 서서히 인기가 높아져 1920년대에 미국으로 수출되었고, 1959년에 미국에서 공인되었다. 유럽에서는 '도이치 드라트하르(Deutsch Drathaar)'라는 이름으로 알려져 있는데 '도이치'는 독일, '드라트하르'는 와이어헤어드를 의미한다.

상처나 추위로부터 몸을 보호해주는 거친 털이 특징이고, 성격은 용감하며 기운이 넘칠 만큼 활기차다.

한편, 순종적이고 상냥한 면도 있어서 어릴 때부터 애정을 담아 커뮤니케이션하고 엄격하게 훈련하면 가정에서도 키울 수 있다. 털을 자주 브러싱해야 한다.

BREEDING DATA

- 키_ 57~68cm
- 체중_ 25~30kg
- 원산국_ 독일
- 잘 걸리는 질병_ 관절질환, 눈병

성격: 용감하고 활기가 넘치며 주인에게 순종한다.

겨울나기 / 운동시간 60분×2회 / 털관리

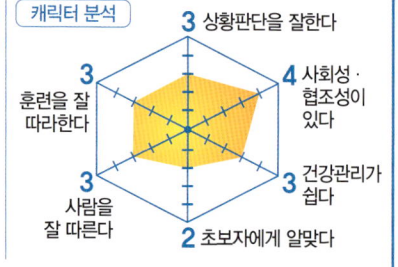

캐릭터 분석
- 상황판단을 잘한다: 3
- 사회성·협조성이 있다: 4
- 건강관리가 쉽다: 3
- 초보자에게 알맞다: 2
- 사람을 잘 따른다: 3
- 훈련을 잘 따른다: 3

바이마라너 숏헤어드 *Weimaraner Short-haired*

무엇이든 해내는 만능 새 사냥개

Group 7 | 대형견 | 번호 99

바이마라너는 새 사냥개로 유명하지만 그뿐만 아니라 큰 동물을 쫓는 능력이나 물속에서 사냥감을 회수하는 리트리버로서의 능력도 뛰어나 인명구조견이나 간호견, 영국과 독일에서는 경찰견으로도 활약하고 있다.

다방면에서 능력을 발휘하는 것은 물론이고 성격도 대단히 매력적이다. 호기심이 왕성해서 천진난만한 모습으로 활발하게 뛰어다닌다. 명랑하며, 온순하고, 지능이 높고, 애정이 풍부하다. 그러나 고집이 세고 제멋대로인 면도 있는데, 어릴 때 훈련으로 얼마든지 교정할 수 있다. 다른 개를 만나게 해주어 사회성을 길러주면 학습능력이 뛰어나서 다양한 지식을 빠르게 흡수할 것이다.

털은 촘촘하고 매우 짧아서 거의 빠지지 않고 벨벳처럼 부드럽다. 더위에는 강하지만 추위에 약해서, 겨울에는 옷을 입히는 등 보온에 신경 써야 한다. 윤기가 나는 은색 털은 한여름에는 햇빛에 타서 갈색이 되기도 하지만 겨울이 되면 원래 색상으로 돌아온다. 윤기가 흐르는 아름다운 털을 유지하려면 매일 천연모 브러시로 브러싱해야 한다.

바이마라너는 독일 바이마르 지방의 귀족이 경비견으로 키우던 견종이다. 1634년에 그려진 안토니 반 다이크(Anthony Van Dyck, 루벤스와 함께 플랑드르 바로크 미술을 대표하는 화가)의 그림 속에도 바이마라너로 보이는 개가 그려져 있다. 오래 전 독일 포인터에서 발생한 백색증 돌연변이체가 바이마라너의 조상이라는 설과 독일의 많은 수렵견의 교잡으로 만들어졌다는 설 등이 있지만 확실하지는 않다.

BREEDING DATA

- 키_ 70cm
- 체중_ 25~38kg
- 원산국_ 독일
- 잘 걸리는 질병_ 고관절형성부전, 위염전, 삼첨변형성부전, 복막·심막·횡경막헤르니아, 부스럼증

성격 호기심이 많고 온순하며 외로움을 많이 탄다.

겨울나기 | 운동시간 60분×2회 | 털관리

캐릭터 분석
- 상황판단을 잘한다: 4
- 사회성·협조성이 있다: 4
- 건강관리가 쉽다: 3
- 초보자에게 알맞다: 2
- 사람을 잘 따른다: 3
- 훈련을 잘 따라한다: 4

| Group 7 |
| 대형견 |
| 번호 99 |

바이마라너 롱헤어드 Weimaraner Long-haired

아름다운 롱헤어드 바이마라너

바이마라너는 원래 독일 바이마르 지방에서 귀족들만이 키울 수 있던 개로, 저택 문 밖으로 나오는 일이 없었다고 한다. 그런데 바이마라너 숏헤어드에게서 드물게 태어나는 견종이 바이마라너 롱헤어드였다. FCI에서는 공인되었지만 숏헤어드와 롱헤어드의 견종번호는 같으며 2종류를 어디까지나 털의 종류만 다른, 같은 견종으로 인식한다. 그런데 공인에 대한 각국 켄넬클럽의 견해 차이가 있어서, 미국에서는 바이마라너 롱헤어드를 공인하지 않는다.

매우 영리하고, 확실하게 훈련시키면 순종적이고 충실하며, 애정이 깊은 훌륭한 개가 된다. 집에서 가족들과 함께 지내는 것을 행복해한다.

바이마라너 롱헤어드는 아주 드물게 볼 수 있는 견종이다. 키울 때 주의할 점은 바이마라너 숏헤어드와 같다.

BREEDING DATA

- 키_ 57~70cm
- 체중_ 27~30kg
- 원산국_ 독일
- 잘 걸리는 질병_ 고관절형성부전, 혈우병, 안검내반증

성격: 용감하며 주인에게 순종하고 사람에게 우호적이다.

겨울나기 / 운동시간 60분×2회 / 털관리

캐릭터 분석
- 상황판단을 잘한다 4
- 사회성·협조성이 있다 4
- 건강관리가 쉽다 3
- 초보자에게 알맞다 2
- 사람을 잘 따른다 3
- 훈련을 잘 따라한다 4

| Group 7 |
| 중형견 |
| 번호 102 |

스몰 문스터란더 Small Munsterlander

몸집이 작아서 반려견으로 인기 있는 견종

독일을 비롯한 유럽에서는 '클라이너 뮌스터랜더(Kleiner Münsterländer)'라는 이름이 더 친숙하다. 뛰어난 후각을 지닌, 독일에서 가장 작은 사냥개이다. 물가나 숲속 어디에서나 정확하게 행동하며 사냥감을 추적하고 회수한다. 독일뿐만 아니라 유럽에서도 인기가 높다.

단순히 라지 문스터란더를 작게 만든 견종이라고 생각하기 쉽지만 실제로는 개량에 이용된 견종이 달라서 기질은 크게 다르다. 주인에게 순종하고 온순하며, 개나 고양이 등의 반려동물과 사이좋게 지내는 사교성과 협조성이 있고, 몸집이 작아서 다루기 쉽다는 점에서 요즘에는 사냥개보다 오히려 반려견으로 인기를 끌고 있다.

그러나 매우 활발한 성격이라 도시에서는 그 엄청난 운동량을 채우기가 쉽지 않다. 적어도 하루 2번, 1시간씩 산책을 시키거나, 아니면 넓은 장소에서 자유운동을 시켜야 한다. 털은 자주 브러싱해야 한다.

BREEDING DATA

- 키_ 48~56cm
- 체중_ 14.5~15.5kg
- 원산국_ 독일
- 잘 걸리는 질병_ 피부병

성격: 온순하며 협조성이 있고 우호적이다.

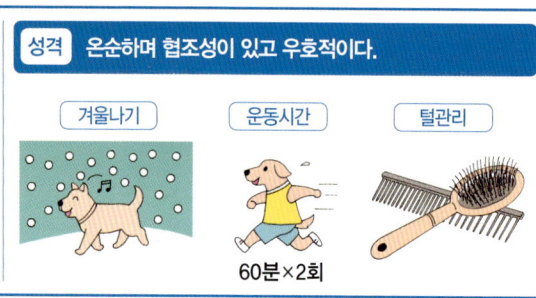

겨울나기 / 운동시간 60분×2회 / 털관리

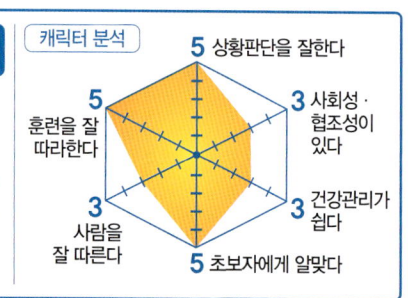

캐릭터 분석
- 상황판단을 잘한다 5
- 사회성·협조성이 있다 3
- 건강관리가 쉽다 3
- 초보자에게 알맞다 5
- 사람을 잘 따른다 3
- 훈련을 잘 따라한다 5

블루 피카르디 스패니얼 Blue Picardy Spaniel

Group 7
중형견
번호 106

누구에게나 상냥하고 우아한 스패니얼

퐁 오드메 스패니얼과 함께 우아한 분위기를 자랑하는 블루 피카르디 스패니얼. 원산국 프랑스를 비롯한 유럽에서는 '에파뉴엘 블뢰 드 피카르디(Épagneul Bleu de Picardie)'라는 이름으로 친숙하다. 지금도 새 사냥개로 활약하고 있다. 푸른 바탕에 하얀 털이 섞인 독특한 털 컬러로 '피카르디 스패니얼'과 구별할 수 있다.

성격은 매우 온순하며 조용하고, 주인과 가족은 물론 다른 개나 고양이 등의 반려동물에게도 상냥하다. 반려견으로도 충분히 키울 수 있다.

학습능력이 뛰어나 훈련을 쉽게 받아들이지만, 훈련 내용에 일관성이 없으면 혼란스러워한다. 또한, 훈련 내용이 너무 엄격하면 잘 소화하지 못한다. 애정을 갖고 의연한 태도로 훈련하자.

도시 환경에서도 충분히 키울 수 있지만 사냥개이므로 아침 저녁 하루 2번, 30분씩 산책시켜야 한다.

BREEDING DATA

- 키_ 56~61㎝
- 체중_ 19.5~20.5㎏
- 원산국_ 프랑스
- 잘 걸리는 질병_ 관절질환, 외이염, 피부병

성격: 영리하고 충실하며 온순하고 아이들을 좋아한다.

겨울나기 / 운동시간 30분×2회 / 털관리

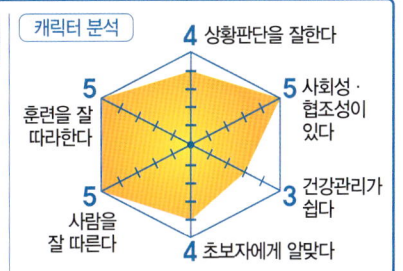

캐릭터 분석
- 4 상황판단을 잘한다
- 5 훈련을 잘 따라한다
- 5 사회성·협조성이 있다
- 5 사람을 잘 따른다
- 3 건강관리가 쉽다
- 4 초보자에게 알맞다

프렌치 와이어헤어드 코르탈스 포인팅 그리퐁 French Wirehaired Korthals Pointing Griffon

Group 7
중형견
번호 107

세계적으로 인기 좋은 만능 견종

프렌치 와이어헤어드 코르탈스 포인팅 그리퐁은 원산국 프랑스는 물론이고 영국이나 미국 등 많은 나라에서 견종클럽이 설립된 세계적으로 인기 있는 사냥개이다. 유럽에서는 '코르탈스 그리퐁(Korthals Griffon)'이라고도 부른다.

토끼나 메추리처럼 작은 동물을 사냥할 때 예리한 후각을 이용하여 추적하고 탐색한다. 헤엄치는 것을 좋아해서 사냥꾼이 쏘아서 맞힌 사냥감을 물속에서 회수하는 능력도 뛰어나다.

약간 거칠고 단단한 와이어헤어드의 털은 물에 젖어도 빨리 마르기 때문에 습지가 많은 나라에서 사냥개로 일하기에는 안성맞춤이다.

경계심이 강해서 주인과 가족, 재산을 지키는 일에도 적격이다. 애정이 풍부하고 기꺼이 아이들의 놀이상대가 되어 준다. 요즘에는 반려견으로 인기가 좋아 많이 키우고 있다.

BREEDING DATA

- 키_ 수컷 55~60㎝ / 암컷 50~55㎝
- 체중_ 20~25㎏
- 원산국_ 프랑스
- 잘 걸리는 질병_ 피부병, 관절질환

성격: 경계심이 강하고, 가족에게는 우호적이다.

겨울나기 / 운동시간 60분×2회 / 털관리

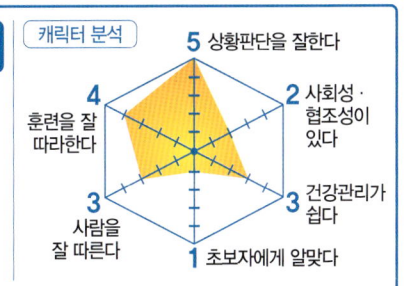

캐릭터 분석
- 5 상황판단을 잘한다
- 4 훈련을 잘 따라한다
- 2 사회성·협조성이 있다
- 3 사람을 잘 따른다
- 3 건강관리가 쉽다
- 1 초보자에게 알맞다

Group 7
중형견
번호 108

피카르디 스패니얼 *Picardy Spaniel*

사람을 매우 좋아하며 훌륭한 반려견이 될 수 있는 스패니얼

우아한 자태를 뽐내는 피카르디 스패니얼. 프랑스 이외의 나라에는 거의 알려지지 않은 희소 견종이다. 튼튼하고 인내심이 있으며, 지형이나 날씨와 상관없이 정확하게 행동할 수 있는 뛰어난 후각을 자랑하는 새 사냥개이다. 사냥감인 오리를 몰아오거나 사냥꾼이 쏘아서 맞힌 사냥감을 물속에서 회수하는 등 그 능력이 다양하다.

사람에게 매우 우호적이며 명랑하다. 주인과 가족에게 상냥하고 사교성과 협조성이 있어서 아이들이나 다른 개, 고양이 등의 반려동물과도 사이좋게 지낸다. 무엇보다 사람과 함께 있는 것을 좋아하며, 운동량이 그다지 많지 않아서 반려견으로도 충분히 키울 수 있다. 그러나 원산국인 프랑스에서도 그다지 인기 있는 견종은 아니다. 도시에서도 키울 수는 있지만 스트레스를 받지 않게 매일 산책시켜야 한다.

털로 뒤덮인 귀가 아래로 늘어져 있기 때문에 귓속 상태를 자주 확인하고 청결에 신경 써야 한다.

BREEDING DATA
- 키_ 56~61cm
- 체중_ 19.5~20.5kg
- 원산국_ 프랑스
- 잘 걸리는 질병_ 귀질환, 관절질환

성격: 우호적이며 명랑하고 온순하다.

Group 7
중형견
번호 114

퐁 오드메 스패니얼 *Pont-Audemer Spaniel*

품위가 느껴지는 뛰어난 물 전문가

최근에는 프랑스에서 역사가 오래된 스패니얼을 보존하기 위해서 견종 클럽이 설립되었다. 1964년에는 FCI에서 공인되었지만 아직도 프랑스 이외의 나라에서는 보기 어려운 희소 견종이다. 아직은 멸종 위기를 확실하게 넘겼다고 말할 수 없다. 유럽에서는 '에파뉴엘 퐁 오드메(Épagneul Pont-Audemer)'라고도 부른다. 물에 관한 전문가로 사냥꾼이 쏘아서 맞힌 오리나 도요새를 찾아내서 회수하며, 육지에서는 산토끼를 추적한다.

품위 있는 분위기처럼 주인과 가족에게는 지극히 온순하고 순종적이다. 사회성과 협조성이 있어서 다른 개나 고양이 등의 반려동물과도 사이좋게 지낸다.

털은 조금 두껍고, 가볍게 컬이 들어가 있는데 평소에 관리를 해주어야 한다. 그러나 물에 젖어도 금세 마르기 때문에 번거롭지는 않다. 털이 엉키지 않도록 정기적으로 브러싱해서 결을 정리한다.

BREEDING DATA
- 키_ 58cm
- 체중_ 18~24kg
- 원산국_ 프랑스
- 잘 걸리는 질병_ 관절질환, 외이염, 피부병

성격: 영리하고 충실하며 가족에게 애정이 깊다.

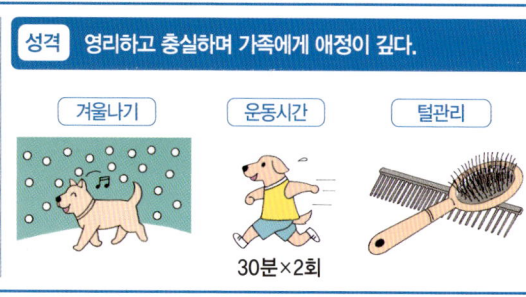
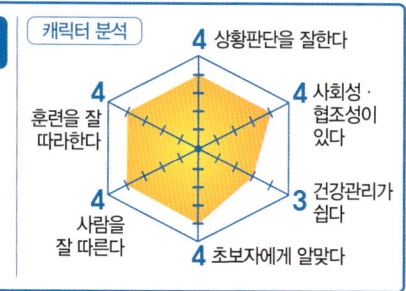

브라크 생제르맹 *Braque Saint-Germain*

Group 7 / 대형견 / 번호 115

뛰어난 새 사냥개지만 반려견으로도 인기 있는 견종

브라크 생제르맹은 1863년에 처음으로 도그쇼에 출장했으며, 1913년 3월에는 브라크 생제르맹 클럽이 창립될 만큼 파리의 사냥꾼들에게 인기 있는 사냥개가 되었다. 영어권에서는 '생제르맹 포인터(Saint-Germain Pointer)'라고도 부른다.

수풀과 늪에서 꿩, 메추리 등의 사냥에 뛰어난 능력을 발휘하는 새 사냥개지만, 사람에게는 매우 우호적이며 가족과 함께 지내기를 좋아한다. 애정이 많아서 지금은 일반 가정에서 반려견으로도 키운다.

약간 신경질적인 면이 있지만 스스로 판단하는 능력이 뛰어나서 훈련하기가 비교적 쉽고 빠르게 흡수한다. 적응을 잘 하기 때문에 도시에서도 생활할 수 있지만 매일 운동을 거르면 안 된다. 추위에 약하기 때문에 추운 계절에 야외에서 생활하는 것은 금물이다.

털은 하얀색 바탕에 오렌지색 반점 무늬가 있다. 외모는 잉글리시 포인터와 비슷하지만 다리가 조금 짧고 작은 체형이다.

BREEDING DATA
- 키_ 수컷 56~62cm / 암컷 54~59cm
- 체중_ 18~26kg
- 원산국_ 프랑스
- 잘 걸리는 질병_ 귀질환

성격 우호적이고 애정이 풍부하다.

겨울나기 / 운동시간 60분×2회 / 털관리

캐릭터 분석
- 상황판단을 잘한다: 4
- 사회성·협조성이 있다: 4
- 건강관리가 쉽다: 3
- 초보자에게 알맞다: 2
- 사람을 잘 따른다: 3
- 훈련을 잘 따라한다: 4

저먼 롱헤어드 포인터 *German Longhaired Pointer*

Group 7 / 대형견 / 번호 117

폭발적인 인기는 없지만 반려견으로도 알맞은 견종

저먼 롱헤어 포인터는 1879년 이후 순종 번식이 시작되어 독일의 도그쇼에서 처음으로 소개되었다. 1897년에 처음으로 스탠더드(견종표준)가 정해졌고 그에 맞춰서 오늘날까지 순종 번식이 이루어지고 있다. 폭발적으로 인기 있는 견종은 아니며, 독일 이외의 나라에서는 희소 견종이다. 독일에서는 '도이치 랑하르(Deutsch Langhaar)'라고도 부른다.

주인에게 순종적이고 온순하다. 영리하며 조심성이 많고 뛰어난 후각으로 사냥감의 냄새를 추적하며 날렵하게 움직이는 새 사냥개로 활약해왔다. 물속에서도 자유롭게 움직이고, 숲을 지키는 경비견으로 활약하는 등 다양한 작업을 처리하는 다재다능한 견종이다. 경계심도 있어서 수상한 소리나 인기척에 반응하므로 집 지키는 개나 반려견으로도 적합하다.

털에는 살짝 웨이브가 있고 몸에 달라붙듯이 자란다. 그러나 손질하기는 크게 어렵지 않다. 운동량이 상당히 많아서 매일 충분히 산책시켜야 한다.

BREEDING DATA
- 키_ 60~70cm
- 체중_ 27~32kg
- 원산국_ 독일
- 잘 걸리는 질병_ 관절질환, 피부병

성격 온순하고 주인과 가족에게 순종한다.

겨울나기 / 운동시간 60분×2회 / 털관리

캐릭터 분석
- 상황판단을 잘한다: 3
- 사회성·협조성이 있다: 4
- 건강관리가 쉽다: 3
- 초보자에게 알맞다: 2
- 사람을 잘 따른다: 3
- 훈련을 잘 따라한다: 3

| Group 7 |
| 대형견 |
| 번호 118 |

라지 문스터란더 Large Munsterlander

도태되기 직전에 살아난 새 사냥개

다른 견종을 보존하기 위해서 도태되기 직전에 있었던 라지 문스터란더는 1919년 견종클럽이 설립되면서 독립견종으로 보존하기 위해 조직적인 번식 노력이 시작되었다. 1987년 6월에 FCI에서 공인받았다. 독일을 비롯한 유럽에서는 '그로서 뮌스터랜더(Grosser Münsterländer)'라고도 부른다.

매우 온순하고 주인에게 충실하며 순종적이고 아이들에게 상냥하다. 그러나 사냥할 때는 용감한 기질이 드러난다. 저먼 롱헤어드 포인터의 피가 섞여 있기 때문에 같은 이름을 가진 스몰 문스터란더와는 성격이 조금 다르다.

상당히 온순하며 평화를 좋아하는 편이다. 이런 성격이라면 충분히 가정에서도 키울 수 있을 것 같지만 조금 신경질적이어서 좁은 공간에서 오랜 시간 혼자 집을 지키게 하거나, 운동이 부족하면 스트레스를 받아 문제를 일으킨다. 역시 사냥개는 넓은 공간에서 생활하는 것이 가장 좋다.

BREEDING DATA
- 키_ 58~62cm
- 체중_ 25~29kg
- 원산국_ 독일
- 잘 걸리는 질병_ 고관절형성부전, 피부병

성격: 순종적이지만 조금 신경질적이다.

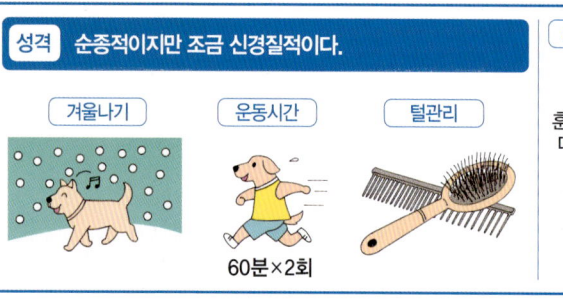

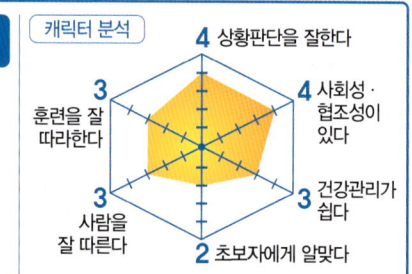

캐릭터 분석
- 4 상황판단을 잘한다
- 4 사회성·협조성이 있다
- 3 건강관리가 쉽다
- 2 초보자에게 알맞다
- 3 사람을 잘 따른다
- 3 훈련을 잘 따라한다

| Group 7 |
| 대형견 |
| 번호 119 |

저먼 숏헤어드 포인터 German Short-haired Pointer

못하는 일이 없는 만능견

사냥에 필요한 기술을 모두 갖춘 견종이어서 오랫동안 달려도 힘들어하지 않고 몇 시간이든 사냥에 몰두할 수 있는 능력이 있다.

따라서 일반 가정에서 저먼 숏헤어드 포인터의 체력을 제대로 소모시키려면 상당히 오랜 시간을 운동에 투자해야 한다. 적어도 아침 저녁 하루 2번, 1시간씩 산책을 해야 한다. 도그런처럼 넓은 장소에서 자유롭게 뛰어놀게 해줄 수 있으면 이상적이다.

충실하고 훌륭한 개로 키우려면 무엇보다 주인의 마음가짐이 중요하다. 어릴 때부터 애정을 담아 커뮤니케이션을 하고 가족과 늘 함께 생활하는 것이 좋다. 그러나 응석을 전부 받아주어서는 안 된다. 주인을 믿고 따라올 수 있게 이끌어야 한다. 아이들과 함께 있을 수는 있지만 만약의 경우에 대비하여 주인이 지켜보아야 한다. 결코 초보자나 일반인이 가정에서 쉽게 키울 수 있는 견종은 아니다.

BREEDING DATA
- 키_ 수컷 58~64cm / 암컷 53~58cm
- 체중_ 수컷 25~32kg / 암컷 20~27kg
- 원산국_ 독일
- 잘 걸리는 질병_ 고관절형성부전, 심장질환, 종양

성격: 밝고 다정하며 온순하고 주인에게 순종한다.

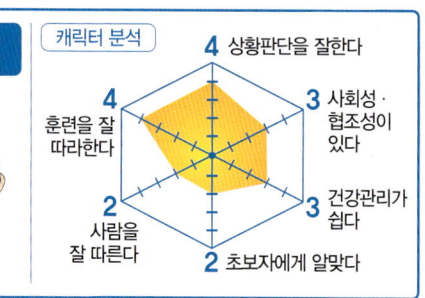

캐릭터 분석
- 4 상황판단을 잘한다
- 3 사회성·협조성이 있다
- 3 건강관리가 쉽다
- 2 초보자에게 알맞다
- 2 사람을 잘 따른다
- 4 훈련을 잘 따라한다

아이리시 레드 세터 Irish Red Setter

천진난만함이 7살까지 계속된다

Group	7
대형견	
번호	120

지능이 높고 우아한 아이리시 레드 세터. 그러나 실제 성격은 활발하고 에너지가 넘친다. 약간 신경질적인 면도 있지만 애정이 풍부해서 가족은 물론 다른 반려동물과도 사이좋게 지낸다. 어리고 천진난만한 모습은 7살이 될 때까지 없어지지 않는다. 천진난만한 개를 좋아하는 사람이라면 그 모습을 오랫동안 충분히 즐길 수 있을 것이다.

대단히 영리하고 순종적이라서 확실하게 훈련시키면 제법 어려운 지시도 따를 수 있게 된다. 다만, 감수성이 풍부하고 자존심이 세서 자신이 무시당했다고 느끼거나 질투심을 느끼면 반항적인 성격을 드러내거나 공격적인 행동을 할 수 있다.

산책하러 나가면 주인보다 앞서서 걷는 경우도 있는데, 그럴 때는 리드줄을 잡아당겨 주인 옆에서 나란히 걷도록 가르치자. 위급한 상황에서 개를 통제할 수 있도록 반드시 복종훈련을 시켜야 한다. 아름다운 털을 유지하려면 매일 브러싱을 해주어야 한다.

BREEDING DATA

- 키_ 수컷 69cm / 암컷 64cm
- 체중_ 수컷 32kg / 암컷 27kg
- 원산국_ 아일랜드
- 잘 걸리는 질병_
  갑상선 기능저하증, 인슐린종, 지각과민증후군, 거대식도, 위확장, 위염전

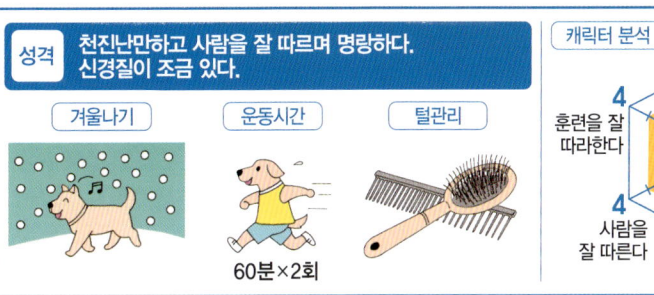

성격: 천진난만하고 사람을 잘 따르며 명랑하다. 신경질이 조금 있다.

브라크 프랑세 가스코뉴 타입 Braque Francais type Gascogne

프랑스 가정에서 인기 있는 역사가 오래된 포인터

Group	7
대형견	
번호	133

브라크 프랑세 가스코뉴 타입은 옛날부터 프랑스에 존재해온 역사가 오래된 포인터로, 1850년에 브라크 프랑세 가스코뉴 타입의 클럽이 설립되었다. '라지 프렌치 포인터(Large French Pointer)'라고도 부르며, 그보다 약간 크기가 작은 피레니즈 타입과 구분한다.

가스코뉴 타입은 사냥감의 체취가 공기 중에 남아 있는지 아니면 지면에 남아 있는지를 구분할 수 있으며, 다리가 길지는 않지만 튼실한 체형으로 빠르게 사냥감을 쫓는다. 그래서 지금도 프랑스의 사냥꾼들 사이에서 인기 있는 포인터이다.

성격이 온순하고 우호적이어서 아이들에게 상냥하고, 명랑한 태도로 방문객을 반긴다. 다른 개나 고양이 등의 반려동물과도 사이좋게 지낼 만큼 성격이 좋아서 최근에는 반려견으로도 많이 키운다.

도시생활도 가능하지만 매일 오랜 시간 충분히 운동시켜야 하고, 정기적으로 귓속 청결 상태를 관리해야 한다.

BREEDING DATA

- 키_ 수컷 58~69cm / 암컷 56~68cm
- 체중_ 25~32kg
- 원산국_ 프랑스
- 잘 걸리는 질병_
  관절질환, 귀질환

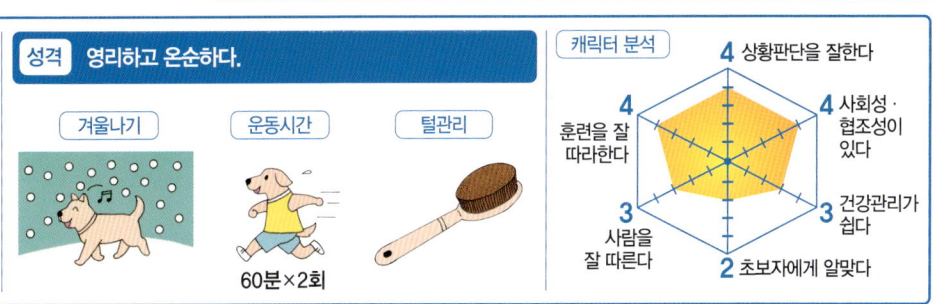

성격: 영리하고 온순하다.

Group 7
중형견
번호 134

브라크 프랑세 피레니즈 타입 Braque Francais type Pyrenees

사냥 욕구가 넘치지만 반려동물과는 사이좋게 지내는 피레니즈 타입

코를 들고 공기 속에 떠도는 사냥감의 냄새를 구분해서 추적하는 브라크 프랑세 피레니즈 타입은 영어권에서는 '프렌치 피레니언 포인터(French Pyrenean Pointer)', '스몰 프렌치 포인터(Small French Pointer)'라고도 부른다.

덤불 속이나 암벽, 물가, 늪과 같은 다양한 환경에서 뛰어난 능력을 발휘한다. 지구력이 있어서 사냥감을 끝까지 몰아가고, 주인이 사냥을 끝마치려고 해도 혼자서 계속 쫓아갈 정도로 사냥 욕구가 강하며 포기를 모른다. 가스코뉴 타입보다 몸집이 작고 날렵하다.

가스코뉴 타입과 마찬가지로 주인에게 순종하고 온순하며, 상냥해서 일반 가정에서 반려견으로도 많이 키운다. 학습능력이 뛰어나 훈련하기 쉬운 견종이다. 사회성과 협조성이 있고, 인내심이 강해서 아이들이나 다른 개, 반려동물과도 사이좋게 지낸다. 털은 관리하기 쉬워 손길이 많이 필요하지 않지만, 귓속의 청결 상태는 자주 확인하고 관리해야 한다.

프랑스 이외의 나라에서는 매우 드문 희소 견종이다.

BREEDING DATA

- 키_ 47~58cm
- 체중_ 20~32kg
- 원산국_ 프랑스

- 잘 걸리는 질병_
  관절질환, 귀질환

성격 주인에게 순종하며 애정이 깊다.

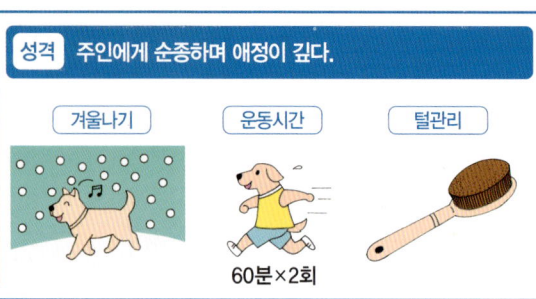

60분×2회

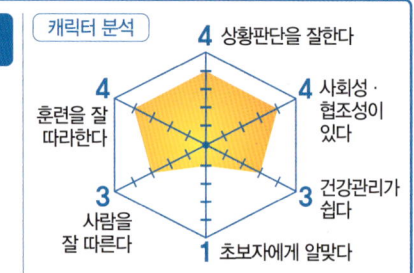

캐릭터 분석
- 상황판단을 잘한다 4
- 사회성·협조성이 있다 4
- 건강관리가 쉽다 3
- 초보자에게 알맞다 1
- 사람을 잘 따른다 3
- 훈련을 잘 따라한다 4

Group 7
대형견
번호 165

이탈리안 와이어헤어드 포인터 Italian Wirehaired Pointer

가시밭길도 두렵지 않다

유럽에서는 '스피노네 이탈리아노(Spinone Italiano)'라는 이름으로 친숙하다. 또 '이탈리안 그리퐁(Italian Griffon)'이라는 이름도 있다. '스피노'는 '가시가 있는 식물'이라는 뜻으로 식물의 가시도 와이어헤어가 막아주어서 거침없이 헤치고 나갈 수 있다는 의미인지, 아니면 털이 가시처럼 삐쭉삐쭉하다는 의미인지는 명확하지 않다.

1950년대 이후 무분별한 교배로 피가 섞였지만 브리더의 노력으로 다시 살아나 보존되고 있다. 원산국인 이탈리아 이외의 나라에서는 보기 어려운 희소 견종이다.

주인에게 순종하고 가족이나 아이들에게도 상냥하다. 가족과 함께 놀기를 아주 좋아하는 우호적인 성격이다. 방어본능이 강해서 사냥 말고도 수상한 소리나 인기척에 반응하여 가족과 재산을 지킨다.

학습능력이 뛰어나 훈련을 잘 받아들이지만, 억지로 시키려고 하면 고집을 부리면서 반항하기도 한다.

BREEDING DATA

- 키_ 61~66cm
- 체중_ 32~37kg
- 원산국_ 이탈리아

- 잘 걸리는 질병_
  눈병, 피부병, 고관절형성부전, 외이염

성격 우호적이고 순종적이며 방어본능이 강하다.

60분×2회

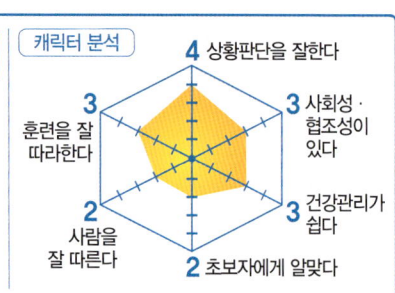

캐릭터 분석
- 상황판단을 잘한다 4
- 사회성·협조성이 있다 3
- 건강관리가 쉽다 3
- 초보자에게 알맞다 2
- 사람을 잘 따른다 2
- 훈련을 잘 따라한다 3

프렌치 스패니얼 *French Spaniel*

원산국 프랑스보다 캐나다에서 더 인기 있는 상냥한 스패니얼

Group 7
중형견
번호 175

1891년에 처음으로 스탠더드(견종표준)가 정해지고, 1996년 7월에 FCI에서 공인받았다. 프랑스 이외의 나라에서는 여전히 보기 힘든 존재지만 1970년, 캐나다 퀘벡주에 수입되어 CKC(캐나다 켄넬클럽)에서 공인되었다. 프랑스를 비롯한 유럽에서는 '에파뉴엘 프랑세(Épagneul Francais)'라는 이름으로 알려져 있다.

영리하고 다부지며 용감하고 냉정하다. 심하게 흥분할 때도 있지만 그것은 어디까지나 놀이의 연장이며, 가족과는 즐겁게 지낸다. 스패니얼에게서만 볼 수 있는 특별한 다정함이 있고, 아이들과도 사이좋게 지낸다. 사회성과 협조성이 있어서 다른 개나 고양이 등의 반려동물과도 친하게 지낸다. 반려견으로서의 자질이 충분하므로 안심하고 생활할 수 있다.

단, 마음이 약해서 오랫동안 혼자 집을 지키거나 매일 산책과 운동을 충분히 시키지 않으면 스트레스가 쌓여 신경질적으로 변할 수 있다.

BREEDING DATA
- 키_ 56~61cm
- 체중_ 19.5~20.5kg
- 원산국_ 프랑스
- 잘 걸리는 질병_ 귀질환, 관절질환

브라크 드 라리에쥬 *Braque de l'Ariège*

짖는 소리가 멀리 퍼지는 무거운 포인터

Group 7
대형견
번호 177

브라크 드 라리에쥬는 20세기 이후에 탄생한 비교적 새로운 견종이다. 영어권에서는 '아리에쥬 포인팅 도그(Ariège Pointing Dog)'라고 부르기도 한다. 활기차게 움직이고 주어진 일을 확실하게 처리하는 훌륭한 사냥개이다. 주로 메추리 사냥에서 활약했지만 그 외에도 여러 동물을 사냥할 때 이용한다.

현재는 일반 가정에서 반려견으로도 키우는데 독립심이 강하며 먼 곳까지 잘 울리는 소리로 크게 짖는다. 그러나 잘 짖기는 해도 낯선 사람에게 우호적으로 대하는 성격이라 집 지키는 개로서는 적합하지 않다.

몸집이 큰 만큼 체력이 좋고, 몸을 움직여야만 스트레스가 발산된다. 스트레스가 쌓이면 문제행동이 많아지므로 주인이 강한 리더십과 애정을 담은 커뮤니케이션으로 어릴 때부터 확실하게 훈련시켜서 통제할 수 있어야 한다.

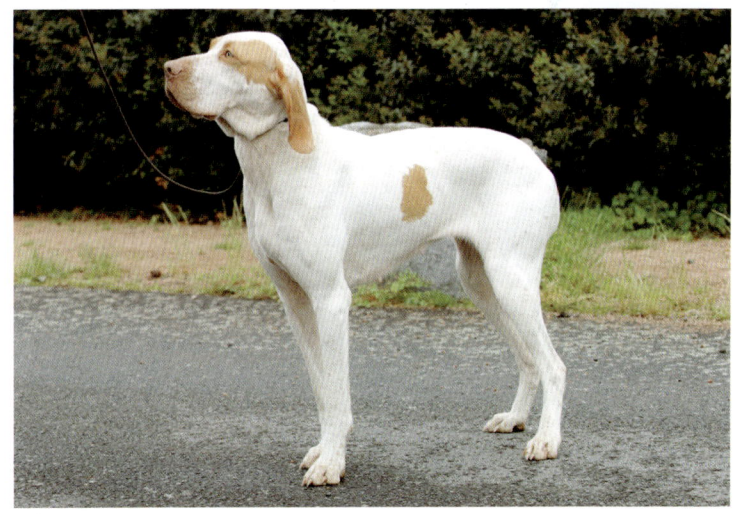

BREEDING DATA
- 키_ 수컷 60~67cm / 암컷 56~65cm
- 체중_ 25~30kg
- 원산국_ 프랑스
- 잘 걸리는 질병_ 고관절형성부전, 귀질환

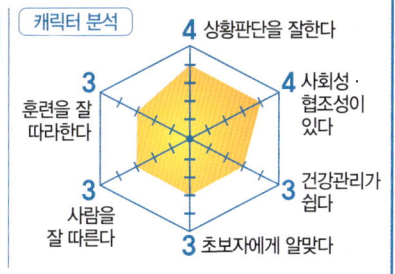

| Group 7 |
| 중형견 |
| 번호 179 |

브루보네 포인터 *Bourbonnais Pointer*

르네상스 시대부터 존재하던 포인터

희소 견종인 브루보네 포인터를 보존하기 위해서 1925년 최초의 브루보네 포인터 클럽이 설립되었지만 자연적으로 짧은 꼬리로 태어나야 한다는 것과 털 컬러가 '빛바랜 라일락(faded lilac)' 색이어야 한다는 엄격한 스탠더드(견종표준) 때문에 1930년대에는 멸종 직전까지 갔다. 1970년대 브리더들은 이 개를 보존하기 위해 고군분투했고 그 덕분에 지금까지 살아남을 수 있었다. 하지만 프랑스를 비롯한 유럽에서도 매우 보기 힘든 희소 견종이어서 아직까지는 멸종 위기에서 벗어났다고 할 수 없다. 프랑스를 비롯한 유럽에서는 '브라크 듀 브루보네(Braque du Bourbonnais)'라고 부른다.

냉정하고 조심성이 많으며 영리하다. 주인과 가족에게 애정이 깊고 함께 있기를 좋아한다. 훈련을 받아들이는 속도가 빨라서 배운 것을 쉽게 소화한다. 아파트나 다세대주택에서 키우기에는 적합하지 않고, 넓은 장소가 있는 곳에서 키우는 것이 가장 좋다. 그러나 결코 집 밖에서 키우라는 의미는 아니다.

BREEDING DATA

- 키_ 수컷 51~57cm / 암컷 47~56cm
- 체중_ 16~25kg
- 원산국_ 프랑스
- 잘 걸리는 질병_ 고관절형성부전, 눈병, 심장질환, 귀질환

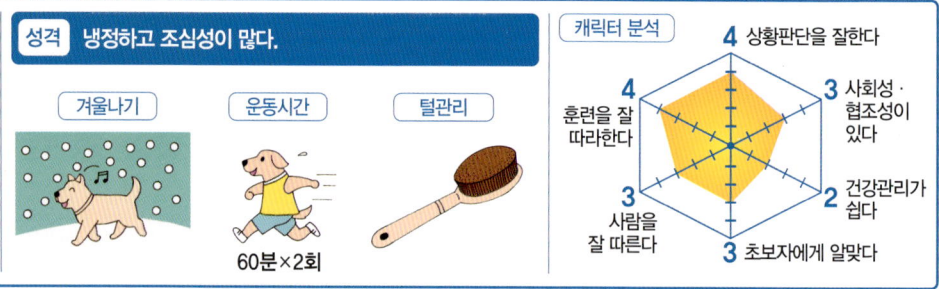

| Group 7 |
| 대형견 |
| 번호 180 |

브라크 도베르뉴 *Braque d'Auvergne*

산악지대의 멀티 포인터

'오베르뉴 포인팅 도그(Auvergne Pointing Dog)' 또는 '오베르뉴 포인터(Auvergne Pointer)'라고도 부른다. 특히 후각이 뛰어나며 주로 프랑스 오베르뉴 지방의 산악지대에서 메추라기 사냥을 할 때 활약하던 견종이다.

발을 딛기도 힘든 험난한 지형에서도 잘 뛰어다니며 힘차게 사냥감을 몰아가는 사냥개이다. 스피드가 엄청나게 빠르지는 않지만 지구력이 뛰어나서 오랫동안 사냥감을 추적한다. 사냥감을 몰아넣는 일 외에도 사냥꾼이 쏘아서 맞춘 사냥감을 회수해 오는 일도 할 수 있다.

독립심이 강해서 일관된 내용의 훈련이 필요하다. 학습능력도 뛰어나서 배운 것을 빠르게 흡수한다. 평소에는 조용하게 지내며 주인과 가족에게 정을 많이 준다. 반려견으로는 거의 키우지 않고 대부분 본업인 포인팅 도그로 기르며 부업으로 가끔 도그쇼에 출장하기도 한다.

아침 저녁 하루 2번, 1시간씩 산책해야 한다.

BREEDING DATA

- 키_ 수컷 60~67cm / 암컷 56~65cm
- 체중_ 25~30kg
- 원산국_ 프랑스
- 잘 걸리는 질병_ 고관절형성부전, 귀질환

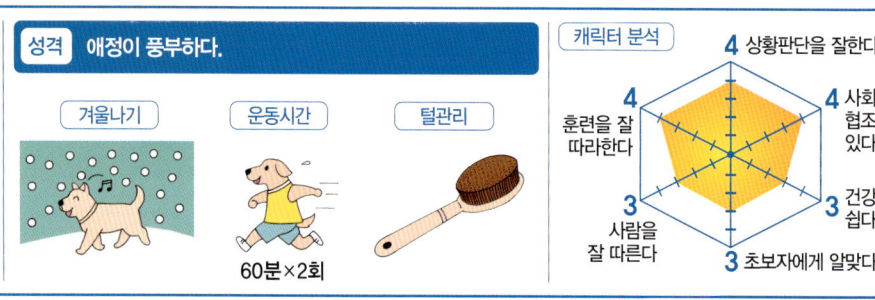

포르투기즈 포인터 *Portuguese Pointer*

뛰어난 사냥 능력을 갖춘 반려견

Group **7**
중형견
번호 **187**

포르투갈이 국가적인 어려움에 처해 있던 19세기에 포르투기즈 포인터의 수도 크게 줄어들었다. 그 후 1920년대까지만 해도 포르투기즈 포인터를 보존하려는 노력은 없었다. 그러나 브리더들이 포르투갈 북부에 남아 있던 포르투기즈 포인터를 찾아내 성공적으로 부활시켰다.

유럽에서는 '페르디게로 포르투게소(Perdiguero Portugueso)'라고도 부른다. '페르디게로'는 프랑스어로 이 견종의 사냥감인 '자고새'를 가리킨다.

끈기가 있고 의지가 굳으며, 활발하고 빠르다. 후각이 뛰어나고 험난한 바위산을 거침없이 달릴 수 있는 튼튼한 다리를 가졌다. 미끈한 체격은 격렬한 운동이나 악천후에도 끄떡없다. 예전에는 포르투갈에서 매를 이용해 사냥하던 매부리들이 키우던 사냥개라고 한다.

매우 우호적이며 주인과 가족에게 애정이 깊다. 아이들과 놀기 좋아하므로 안심하고 함께 둘 수 있다. 포르투갈에서는 인기 있는 반려견이다.

BREEDING DATA

- 키_ 52~56cm
- 체중_ 16~27kg
- 원산국_ 포르투갈
- 잘 걸리는 질병_ 고관절형성부전, 피부병

성격: 우호적이며 애정이 깊다.
겨울나기 / 운동시간 60분×2회 / 털관리

캐릭터 분석
- 상황판단을 잘한다 3
- 사회성·협조성이 있다 4
- 건강관리가 쉽다 4
- 초보자에게 알맞다 2
- 사람을 잘 따른다 3
- 훈련을 잘 따라한다 2

이탈리안 포인터 *Italian Pointer*

이탈리아를 대표하는 포인터

Group **7**
대형견
번호 **202**

이탈리안 포인터는 가장 오래된 포인터 가운데 하나로 다른 포인터의 기초 견종이 된 것으로 보인다. 이 견종은 피에몬테 지방에서 나온 '피에몬테 포인터(Piemonte Pointer)', 롬바르디아 지방에서 나온 '롬바르드 포인터(Lombard Pointer)' 등 2종류가 있고 이 둘을 통틀어서 이탈리안 포인터라고 부른다. '브라코 이탈리아노(Bracco Italiano)'라고 부르기도 한다.

한때 외국 견종으로 인기가 쏠리면서 이탈리아 국내에서도 수가 크게 줄었지만 다시 국산 포인터가 각광을 받으면서 점차 회복하는 경향을 보이고 있다.

후각이 뛰어나며 만능 사냥견이라는 칭호가 어울릴 만큼 다양한 동물의 사냥에 숙련된 견종이다. 침착하고 주인에게 순응하며 충성을 다한다.

능력이 뛰어난 사냥개이므로 도시의 좁은 공간에서는 키울 수 없다. 설령 넓은 공간이 있어도 체력을 제대로 발산시키려면 산과 들을 달리게 하는 것이 가장 좋다.

BREEDING DATA

- 키_ 56~67cm
- 체중_ 25~40kg
- 원산국_ 이탈리아
- 잘 걸리는 질병_ 눈병, 피부병, 고관절형성부전, 외이염

성격: 주인과 가족에게 우호적이고 순종한다.
겨울나기 / 운동시간 60분×2회 / 털관리

캐릭터 분석
- 상황판단을 잘한다 3
- 사회성·협조성이 있다 3
- 건강관리가 쉽다 3
- 초보자에게 알맞다 2
- 사람을 잘 따른다 4
- 훈련을 잘 따라한다 3

Group 7 · 대형견 · 번호 216

푸델포인터 *Pudelpointer*

푸들과 포인터의 우수한 점을 섞은 견종

푸델포인터는 1956년 이후에 미국이 수입되었고, 1972년에 북아메리카 푸델포인터 클럽이 설립되었지만 아직까지 원산국인 독일 이외의 나라에서는 보기 어려운 희소 견종으로, 유럽의 월드 도그쇼에서나 볼 수 있을 정도이다. '푸들포인터(Poodlepointer)'라고도 한다.

물속에서 헤엄을 잘 치는 푸들과 후각이 예민하고 날렵한 잉글리시 포인터의 특성을 합친 견종이다. 사슴이나 멧돼지, 여우, 산토끼의 냄새를 추적하며, 총에 맞은 새를 물속에서 회수해오는 등 사냥개로서의 능력을 다방면으로 발휘한다. 어떤 지형이건 거침없이 누비고 다니는 기동성까지 갖춘 만능 사냥개이다. 털이 몸에 달라붙듯이 촘촘하게 자라서 악천후에도 잘 견딘다.

사냥 본능이 강하지만 주인과 가족에게는 순종하고 호의적이며, 평소에는 온순하고 차분하다.

운동을 많이 해야 하므로 도시생활에는 적합하지 않다.

BREEDING DATA

- 키_ 수컷 60~65cm / 암컷 54~56cm
- 체중_ 25~30kg
- 원산국_ 독일
- 잘 걸리는 질병_ 피부병, 눈병, 관절질환

성격: 활발하며 주인에게 충실하다.

겨울나기 / 운동시간 60분×2회 / 털관리

캐릭터 분석
- 4 상황판단을 잘한다
- 3 사회성·협조성이 있다
- 2 건강관리가 쉽다
- 1 초보자에게 알맞다
- 3 사람을 잘 따른다
- 2 훈련을 잘 따라한다

Group 7 · 중형견 · 번호 222

스테비훈 *Stabyhoun*

스포츠 도그로도 인기 있는 새 사냥개

1800년대에 남겨진 기록을 보면 스테비훈은 원래 오리나 비둘기를 사냥했지만, 쥐나 족제비를 사냥하는 실력도 뛰어나서 사냥꾼에게 인정을 받았다고 한다. 또한, 뛰어난 두더지 사냥꾼으로, 그리고 집 지키는 개로도 능력을 발휘하여 농가에서 귀중한 존재였을 것으로 여겨진다.

지금은 네덜란드 국내에도 그 수가 별로 많지 않다. 주인에게 충실하고 순종적이며, 가족에게 매우 상냥하고 특히 아이들과 놀기 좋아해서 아이들의 짓궂은 장난에도 너그럽다. 네덜란드에서는 새 사냥개보다는 반려견으로 많이 키운다.

스포츠 도그로도 유명해서 공놀이나 프리스비를 할 때 주인이 던진 놀이도구를 잘 잡아온다. 어질리티도 기꺼이 하면서 즐거워한다.

학습능력이 뛰어나 훈련을 잘 익히고, 운동량이 매우 많아서 도시에서 키우기에는 어려운 견종이다.

BREEDING DATA

- 키_ 수컷 53cm / 암컷 50cm
- 체중_ 15~16kg
- 원산국_ 네덜란드
- 잘 걸리는 질병_ 피부병

성격: 영리하고, 주인에게 헌신적이다.

겨울나기 / 운동시간 30분×2회 / 털관리

캐릭터 분석
- 5 상황판단을 잘한다
- 4 사회성·협조성이 있다
- 4 건강관리가 쉽다
- 2 초보자에게 알맞다
- 5 사람을 잘 따른다
- 3 훈련을 잘 따라한다

드렌츠 패트리지 도그 Drentse Partridge Dog

새를 사냥하는 네덜란드의 만능 사냥개

Group 7 / 중형견 / 번호 224

드렌츠 패트리지 도그는 주로 꿩이나 메추리 등을 잡는 사냥개로, 사냥꾼에게 사냥감의 위치를 알리거나 잡은 사냥감을 회수해오는 일을 했다. 그 외에도 농가를 지키는 일을 포함해서 다양한 작업을 해내는 만능견이다.

1943년 네덜란드에서 공인견종이 되었지만 아직까지 네덜란드를 제외하고는 좀처럼 찾아보기 어렵다. 영어권에서는 '더치 패트리지 도그(Dutch Partridge Dog)'라고도 부른다.

주인에게 충실하며 순종적이고 아이들과 놀기를 무척 좋아하다. 애교가 있어서 반려견으로도 충분히 키울 수 있다. 학습능력이 뛰어나 훈련하기는 쉽지만, 훈련 내용이 일관되지 않거나 억지스러운 지시에는 따르지 않는다. 주인이 강한 리더십과 애정 담긴 커뮤니케이션을 하면 훌륭한 반려견이 될 수 있다.

꼬리나 다리에는 조금 긴 털이 나고, 몸 전체에는 털이 촘촘하고 곧게 자란다.

BREEDING DATA
- 키_ 55~63cm
- 체중_ 21~23kg
- 원산국_ 네덜란드
- 잘 걸리는 질병_ 귀질환, 눈병

성격: 주인에게 충실하고 영리하다.

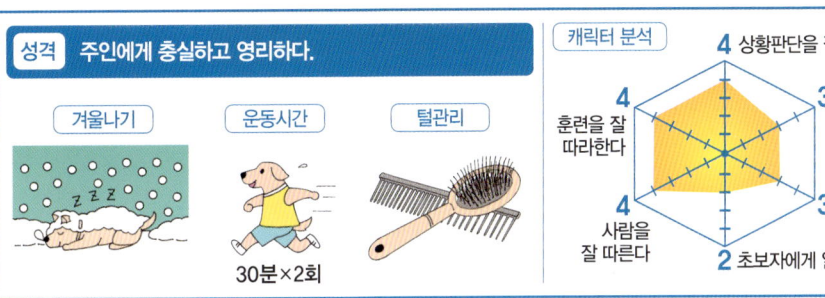

캐릭터 분석: 상황판단을 잘한다 4 / 사회성·협조성이 있다 3 / 건강관리가 쉽다 3 / 초보자에게 알맞다 2 / 사람을 잘 따른다 4 / 훈련을 잘 따라한다 4

저먼 러프헤어드 포인터 German Rough-haired Pointer

독일 이외의 나라에서도 주목 받는 사냥개

Group 7 / 대형견 / 번호 232

원산국인 독일에서도 대단히 보기 어려운 저먼 러프헤어드 포인터는 새로운 견종이 아니라 적은 개체에서 다시 개발된 견종이다. 저먼 러프헤어드 포인터 클럽에서는 처음부터 순수 혈통을 보존하는 데 전념하여 영국의 포인팅 도그와의 교배도 거부했다. '도이치 스티첼하르(Deutsch Stichelhaar)'라고도 부른다.

독일 이외의 나라에서도 주목을 받기 시작해 1920년대에는 미국으로 수출되었고, 1959년에 AKC에서 공인받았다.

성격은 지극히 온순하고 얌전해 보이지만 내성적이지 않고 그렇다고 공격적이지도 않다.

털 컬러는 브라운, 갈색 바탕에 하얀색 털이 섞인 브라운 론, 밝은 갈색 바탕에 하얀 털이 섞인 라이트 론 등이 있다.

적어도 하루 2번, 1시간씩 산책시켜야 건강을 유지할 수 있다.

BREEDING DATA
- 키_ 수컷 60~70cm / 암컷 58~68cm
- 체중_ 25~35kg
- 원산국_ 독일
- 잘 걸리는 질병_ 고관절형성부전, 피부병, 귀질환

성격: 온순하고 차분하다.

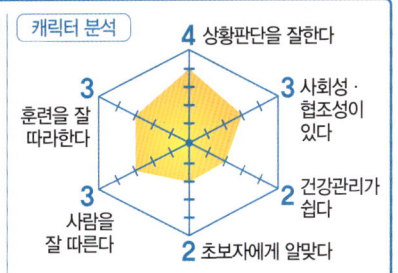

캐릭터 분석: 상황판단을 잘한다 4 / 사회성·협조성이 있다 3 / 건강관리가 쉽다 2 / 초보자에게 알맞다 2 / 사람을 잘 따른다 3 / 훈련을 잘 따라한다 3

Group 7	**헝가리안 와이어헤어드 비즐라** *Hungarian Wirehaired Vizsla*
대형견	
번호 239	운동신경이 뛰어난 와이어헤어드 비즐라

헝가리안 와이어헤어드 비즐라는 1930년대에 숏헤어드 타입의 비즐라 가운데 약간 털이 두꺼운 견종과 저먼 와이어헤어드 포인터를 교배시켜 만들어낸 견종이다.

원래는 매부리(사냥에 쓰는 매를 기르고 부리는 사람)가 사냥할 때 멀리서도 눈에 잘 띄는 개를 회수작업에 이용하려고 만들었다고 한다. 헝가리 비즐라 클럽의 승인을 받아 번식이 시작되었고, 1944년까지 60마리의 와이어헤어드 비즐라가 정식으로 등록되었다. 1966년에는 독립견종으로 FCI에서 공인받았다.

숏헤어드와 마찬가지로 훌륭한 포인팅 도그로 다양한 지형을 거침없이 누비면서 뛰어난 후각으로 땅 위의 사냥감을 추적하는 일 외에도, 물속에서 회수하는 작업까지 훌륭하게 해낸다. 숏헤어드보다 혹독한 환경에서 더 잘 견딜 수 있도록 개량되어서 캐나다 사냥꾼들로부터 주목을 받았으며 캐나다에서 인기 견종이 되었다. 헝가리에서는 일반 가정에서 반려견으로 키우기도 한다.

주인과 가족에게는 순종적이고 온순하다. 운동신경이 뛰어나며 놀기 좋아해서 주인이 리더십을 갖고 일관성 있게 훈련시키면 다양한 기술을 적극적으로 익힐 것이다. 스포츠 도그로서의 소질도 있다.

와이어헤어드라고는 해도 짧은 털이 촘촘하게 자라기 때문에 손질은 천연모 브러시로 마사지하듯 브러싱하는 것만으로도 충분하다. 얼굴 주변에 자라는 긴 털은 쉽게 더러워지므로 자주 닦아주자.

BREEDING DATA

- 키_ 57~64cm
- 체중_ 22~30kg
- 원산국_ 헝가리
- 잘 걸리는 질병_ 알레르기, 고관절형성부전

성격 주인과 가족에게 온순하고 우호적이다.

겨울나기 / 운동시간 60분×2회 / 털관리

캐릭터 분석
- 4 상황판단을 잘한다
- 4 사회성·협조성이 있다
- 4 건강관리가 쉽다
- 3 초보자에게 알맞다
- 4 사람을 잘 따른다
- 4 훈련을 잘 따라한다

체스키 포섹 *Cesky Fousek*

다재다능한 체코의 와이어헤어드

Group **7**
대형견
번호 **245**

체스키 포섹은 체코에서 가장 대중적이고 인기가 많은 견종이다. 지금도 초원이나 숲, 물속 등의 다양한 환경에서 포인팅(사냥감을 발견하고 위치를 알리는 것), 세트(납작 엎드려 사냥감의 위치를 알리는 것), 리트리브(사냥감을 회수하는 것) 등의 작업을 훌륭하게 해내는 전천후 사냥개이다. '보헤미안 와이어헤어드 그리퐁(Bohemian Wire-haired Griffon)'이라고도 부른다.

주인에게는 매우 충실하고 훈련도 빠르게 소화한다. 만일 훈련이 부족하면 고집스러운 성격이 드러나므로 강한 리더십과 의연한 태도로 확실하게 훈련시켜야 한다.

운동을 많이 해야 되므로 짧은 산책만으로는 체력을 제대로 소모할 수 없다. 반려견으로 키우기도 하는데 정서적으로 안정된 개를 원한다면 매일 오랜 시간 충분히 산책시켜야 한다.

거친 털이 촘촘하게 자라고, 입 주변과 눈 위의 털은 정기적으로 트리밍해야 한다.

BREEDING DATA
- 키_ 58~66cm
- 체중_ 22~34kg
- 원산국_ 체코
- 잘 걸리는 질병_ 눈병

올드 대니시 포인터 *Old Danish Pointer*

사냥꾼과 보조를 맞추는 새 사냥개

Group **7**
중형견
번호 **281**

유럽에서는 '가멜 단스크 혼제훈트(Gammel Dansk Honsehund)'라는 이름으로 친숙한 올드 대니시 포인터는 1998년 FCI에서, 2006년 1월 1일 UKC(유나이티드 켄넬클럽)에서 공인되었다.

평소에는 조용하고 침착하다. 사냥을 나가도 천천히 움직이며, 제멋대로 돌아다니지 않고 늘 사냥꾼과 함께 행동한다. 이것은 행동이 느려서가 아니라 신중한 성격 때문이며 놀 때는 활발하게 뛰어다닌다. 가정에서도 충분히 키울 수 있지만 하루 2번, 1시간씩 산책을 시켜야 한다.

수컷과 암컷의 체격에 차이가 있으며, 수컷은 힘이 세고 암컷은 경쾌하다. 털은 짧고 촘촘하게 자라서 손질하기 쉽다. 털 컬러는 하얀 바탕에 갈색 마킹이 있다. 그러나 마킹이 너무 많은 것은 좋지 않다. 또한 전신에 흐린 갈색의 작은 반점이 흩어져 있다.

원산국 덴마크 이외의 나라에서는 잘 알려져 있지 않다.

BREEDING DATA
- 키_ 수컷 54~60cm / 암컷 50~56cm
- 체중_ 수컷 30~35kg / 암컷 26~31kg
- 원산국_ 덴마크
- 잘 걸리는 질병_ 귀질환

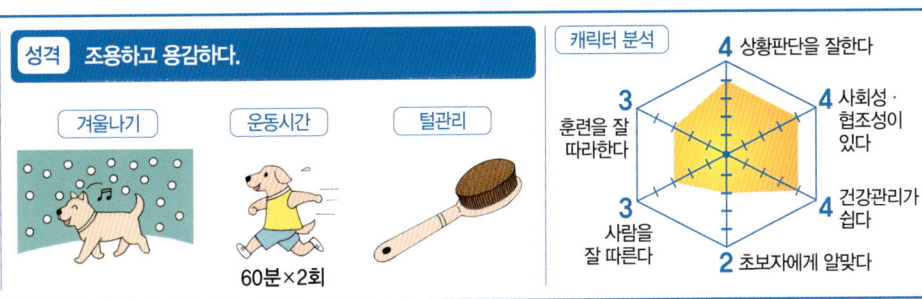

Group 7
대형견
번호 320

슬로벤스키 포인터 *Slovensky Pointer*

스위스의 인명구조견으로 활약하는 사냥개

슬로벤스키 포인터는 조류나 토끼 같은 작은 동물 외에 사슴처럼 큰 동물까지 사냥할 수 있는 지구력이 강한 견종이다. 1983년 FCI에서 공인받았지만 슬로바키아 이외의 나라에서는 찾아보기 어려운 희소 견종이다. 그 가운데 소수는 스위스의 눈덮인 산에서 조난자를 탐색하고 구조하도록 훈련받았다. 원래는 산이나 물에서 상처 입은 사냥감을 추적하거나 회수하는 사냥개이다. '슬로바키안 와이어헤드 포인팅 도그(Slovakian Wire-haired Pointing Dog)', '슬로바키안 포인팅 그리폰(Slovakian Pointing Griffon)'이라고도 부른다.

주인에게 순종하고, 영리하며 학습능력이 뛰어나 훈련시키기 쉽다. 사냥개로 키울 뿐만 아니라 반려견, 쇼도그로도 키우고 있다.

악천후에도 잘 견뎌내는 거친 털은 정기적으로 브러싱하는 정도면 충분하고, 특별히 손질에 신경 쓰지 않아도 된다.

체력이 뛰어난 견종이므로 운동을 충분히 시켜야 한다.

BREEDING DATA
- 키_ 56~68cm
- 체중_ 25~35kg
- 원산국_ 슬로바키아
- 잘 걸리는 질병_ 눈병

성격: 주인에게 순종한다.

Group 7
대형견
번호 330

아이리시 레드 앤드 화이트 세터 *Irish Red and White Setter*

하얀색과 붉은색의 아이리시 세터

아이리시 레드 앤드 화이트 세터는 아이리시 세터의 그림자에 가려서 그다지 빛을 보지 못했지만, 1989년 FCI에서 공인받았다. 스피드와 지구력이 뛰어나고, 성격이 매우 온순하며 주인과 가족에게 우호적이다. 반려견이나 쇼도그로 많이 키운다.

기본적인 성격은 아이리시 세터와 같지만 힘과 지구력이 강한데, 특히 어릴 때는 힘이 넘쳐서 산책하러 나가면 주인보다 앞서서 주인을 끌고 다닌다. 그럴 때는 그대로 놔두면 안 되고 주인이 강한 리더십으로 옆에서 얌전히 따라서 걷도록 훈련시켜야 훌륭한 성견이 될 수 있다. 훈련에 별로 적극적이지 않기 때문에 경험이 풍부한 주인이 훈련에 참여하도록 잘 유도해야 한다.

하얀 바탕에 붉은 무늬가 아름다운데, 털이 엉키기 쉬우므로 빗이나 핀 브러시로 결을 정리해야 한다. 브러싱은 어릴 때부터 습관을 들여 놓으면 싫어하지 않고 순순히 응하게 된다.

BREEDING DATA
- 키_ 58~69cm
- 체중_ 27~32kg
- 원산국_ 아일랜드
- 잘 걸리는 질병_ 피부병, 눈병

성격: 온순하고 주인과 가족에게 우호적이다.

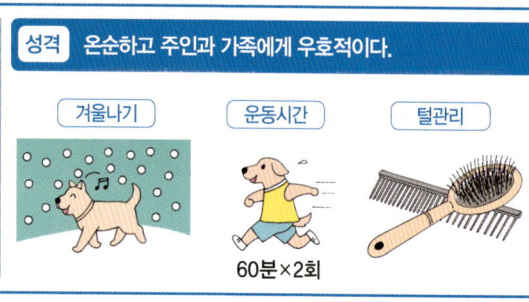
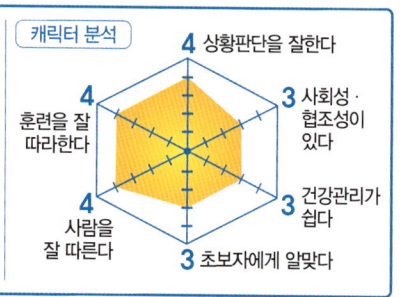

GROUP 8

Golden Retriever

Nova Scotia Duck Tolling Retriever

American Cocker Spaniel

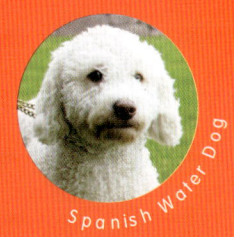
Spanish Water Dog

Retrievers, Flushing Dogs, Water Dogs

조렵견으로 사냥감을 물어서 회수(리트리버)하거나,

숨어 있는 새를 사냥꾼을 위해 날게 하는(플러싱) 일로 활약.

호수나 늪의 물새를 회수하는 것이 워터 도그이다.

골든 리트리버, 래브라도 리트리버, 아메리칸 코커 스패니엘,

잉글리시 코커 스패니엘, 플랫 코티드 리트리버, 포르투기즈 워터 도그 등.

잉글리시 코커 스패니얼 English Cocker Spaniel

Group 8 / 중형견 / 번호 5

아메리칸 코커 스패니얼과 형제지간인 가정적인 사냥개

기운이 넘치고 밝으며 애정이 풍부한 성격이다. 낯선 사람을 보면 약간 경계하지만 비교적 우호적이다. 명랑하고 눈치도 빨라서 주위의 분위기를 부드럽게 만든다.

코끝이 조금 긴 코커 스패니얼로 장식털로 덮여 있는 늘어진 귀가 특징이다.

'코커(멧도요)'라는 새 사냥에서 활약하던 견종이 조상이어서 하루 운동량이 제법 많다. 아파트에서도 키울 수는 있지만 매일 충분한 산책과 운동이 필요하다. 아침 저녁 하루 2번, 30분씩 산책시키는 것이 좋고, 도그런 등에서 자유롭게 뛰어놀게 해주면 더 좋다.

지능이 높고 학습능력도 갖췄지만 훈련하는 것을 좋아하지 않는다. 특히 '자, 이제부터 훈련하자!'라는 식으로 주인이 의욕을 보이면 점점 더 소극적으로 변한다. 실내에서 편안하게 지내는 시간에 간식을 이용하여 기초적인 훈련을 하면 효과적이다.

털은 부드럽고 아름답지만 목욕한 후에 잘 말리지 않으면 피부병 등에 걸리기 쉬우므로, 털을 잘 말리고 귓속 물기도 잘 닦아 주어야 한다. 귀, 다리, 꼬리에 있는 장식털도 쉽게 더러워지고 잘 엉키기 때문에 핀브러시나 빗으로 자주 브러싱해야 한다.

영국의 코커 스패니얼이 미국으로 건너가서 아메리칸 코커 스패니얼이 되었다.

BREEDING DATA

- 키_ 수컷 41~43cm / 암컷 38~41cm
- 체중_ 수컷 13~15kg / 암컷 12~14kg
- 원산국_ 영국
- 잘 걸리는 질병_ 아토피성피부염, 비타민A반응성피부염, 백내장, 녹내장, 외이염, 추간판 질환

성격: 자존심이 있고 차분하며 온순하고 상냥하다.

겨울나기 / 운동시간 (30분×2회) / 털관리

캐릭터 분석
- 상황판단을 잘한다: 3
- 사회성·협조성이 있다: 3
- 건강관리가 쉽다: 3
- 초보자에게 알맞다: 3
- 사람을 잘 따른다: 3
- 훈련을 잘 따라한다: 2

포르투기즈 워터 도그 *Portuguese Water Dog*

백악관 입성에 성공한 수영이 특기인 워터 도그

Group 8
중형견
번호 37

수영을 무척 잘하고 체력과 지구력이 뛰어난 견종이다. 넓은 정원 등이 있는 환경에서 자유롭게 생활할 수 있으면 가장 이상적이다. 성격은 매우 온순하고 주인과 가족에 대한 애정이 깊다. 놀기 좋아하고 밝고 명랑하다. 경계심이 강해서 집 지키는 일도 잘 해낸다.

털은 짧게 말린 타입과 웨이브가 있는 긴 털 타입 등 2종류이다. 웨이브가 있는 긴 털 타입은 가슴 뒷부분부터 털을 깎고 다듬는 '라이온 컷' 이라는 트리밍을 한다. 트리밍은 1달에 1번 정도 필요하다. 털이 많이 빠지지는 않지만 정기적으로 브러싱해야 한다.

유럽에서는 '카오 데 아구아 포르투기즈(Cão de Agua Portuguese)' 라는 이름이 일반적이고, 영어권에서는 '포르투갈 워터 도그(Portugal Water Dog)' 라고 부른다.

최근 미국 오바마 대통령 가족의 반려견으로 선정되어 한 상원의원이 대통령의 두 딸에게 훈련된 포르투기즈 워터 도그 수컷을 선물했다고 한다.

BREEDING DATA
- 키_ 43~57cm
- 체중_ 16~25kg
- 원산국_ 포르투갈
- 잘 걸리는 질병_ 눈병, 관절질환, 피부병

성격: 주인에게 충실하며 경계심이 강하고 놀기 좋아하며 명랑하다.

겨울나기 | 운동시간 60분×2회 | 털관리

캐릭터 분석
- 4 상황판단을 잘한다
- 4 사회성·협조성이 있다
- 4 건강관리가 쉽다
- 3 초보자에게 알맞다
- 4 사람을 잘 따른다
- 4 훈련을 잘 따라한다

저먼 스패니얼 *German Spaniel*

다양한 지형에서 활동하는 공격적인 사냥개

Group 8
중형견
번호 104

저먼 스패니얼은 독일을 비롯한 유럽에서 '도이처 바흐텔훈트(Deutscher Wachtelhund)' 라는 이름으로 친숙하다. '바흐텔(wachtel)' 은 독일어로 '메추라기' 라는 뜻이다.

1960년대 후반부터 1970년대 전반까지 미국에 수입되었지만 그다지 인기를 끌지 못했고, 그 후 캐나다에서는 사냥과 일을 목적으로 저먼 스패니얼을 키워서 미국 흑곰사냥 등에도 이용하였다. 1994년에는 새로운 저먼 스패니얼 1쌍이 미국에 수입되어 지금은 미국과 캐나다에서 100여 마리의 저먼 스패니얼이 자라고 있다.

숲이나 늪, 물가와 같은 다양한 지형에서 활동하며, 예민하고 영리해서 사냥감에게는 공격적인 사냥꾼이다. 독일에서는 지금도 사냥개로 활약한다. 주인과 가족에게는 애정이 깊고 충실하며 순종적이어서 반려견으로 키울 수도 있지만 도시에서 키우기는 어렵다. 활발한 견종이므로 자유롭게 뛰어놀 수 있는 넓은 공간이 필요하다.

BREEDING DATA
- 키_ 45~54cm
- 체중_ 20kg
- 원산국_ 독일
- 잘 걸리는 질병_ 관절질환, 피부병

성격: 조금 신경질적이지만, 충실하고 애정이 풍부하다.

겨울나기 | 운동시간 30분×2회 | 털관리

캐릭터 분석
- 3 상황판단을 잘한다
- 3 사회성·협조성이 있다
- 3 건강관리가 쉽다
- 2 초보자에게 알맞다
- 3 사람을 잘 따른다
- 3 훈련을 잘 따라한다

| Group 8 |
| 중형견 |
| 번호 105 |

프렌치 워터 도그 French Water Dog

워터 도그와 푸들의 개량에 공헌한 워터 도그의 원조견

프렌치 워터 도그는 훈련하기에 따라 다양한 일을 해내는 실용적인 견종이어서 예전에는 인기가 상당히 높았다. 그러나 19세기로 접어들면서 푸들에게 인기를 빼앗기고 현재는 점차 그 수가 줄어들고 있다.

프랑스나 유럽에서는 보통 '바르비(Barbet)'라고 부르는데, 바르비의 어원은 프랑스어 'barbe'로 '턱수염'이라는 의미이다.

워터 도그의 원조인 프렌치 워터 도그는 물에 들어가는 것을 좋아하며, 물에 닿아도 털면 금세 마르는 양모 같은 털을 가졌다. 물에서 나와 몸을 부르르 떨기만 해도 물기가 대부분 사라진다. 털 관리는 약간 번거롭지만 정기적으로 트리밍하면 수고를 덜 수 있다. 엉키기 쉬우므로 자주 브러싱해야 한다.

사람을 좋아하는 견종으로 주인과 가족을 기쁘게 해주는 것을 좋아한다. 반려견으로서의 자질이 충분하며, 학습능력이 뛰어나서 다양한 훈련도 잘 소화해낸다.

BREEDING DATA
- 키_ 수컷 54~60cm / 암컷 50~55cm
- 체중_ 20~25kg
- 원산국_ 프랑스
- 잘 걸리는 질병_ 피부병, 관절질환

성격: 주인에게 순종하며 헌신적이다.

겨울나기 / 운동시간 30분×2회 / 털관리

캐릭터 분석
- 3 상황판단을 잘한다
- 3 사회성·협조성이 있다
- 3 건강관리가 쉽다
- 2 초보자에게 알맞다
- 3 사람을 잘 따른다
- 3 훈련을 잘 따라한다

| Group 8 |
| 중형견 |
| 번호 109 |

클럼버 스패니얼 Clumber Spaniel

집을 지키기에는 너무 무거운 스패니얼

땅딸막하고 포동포동한 견종이지만 훌륭한 스패니얼이다. 온순하고 침착하며 소란스럽지 않다. 낯선 사람에게도 크게 적의를 나타내지 않고 조금 냉담하게 대하는 정도여서 집 지키는 일에는 별로 적합하지 않다.

스패니얼 종류 가운데 체중이 가장 많이 나가고 살찌기 쉬운 체질이다. 더구나 활동적이지도 않아서 매일 적절하게 운동시켜야 한다. 아침 저녁 하루 2번, 적어도 30분씩은 산책해야 한다. 산책을 나가면 다른 개와 사람을 만남으로써 사회성을 배울 수 있고, 바깥 공기와 여러 가지 환경에 접할 수 있어 정신건강에도 좋다.

영리하고 활발하며 붙임성이 좋아 어린아이나 다른 개들과도 빨리 친해진다. 조금 뚱뚱해 보이고 머리도 커서 느릴 것 같지만 훈련을 시키면 주어진 역할을 잘 해낸다. 털은 실크처럼 가늘고 부드러우며 풍성하다. 가슴과 다리 부분은 장식털로 덮여 있다. 자주 브러싱해서 결을 정돈하고, 외출에서 돌아오면 특히 장식털 주변을 닦아서 청결을 유지해야 한다.

BREEDING DATA
- 키_ 수컷 48~51cm / 암컷 43~48cm
- 체중_ 수컷 32~39kg / 암컷 25~32kg
- 원산국_ 영국
- 잘 걸리는 질병_ 고관절형성부전, 안검이상, 추간판헤르니아, 피부병

성격: 얌전하고 온순하며 붙임성이 있다.

겨울나기 / 운동시간  30분×2회 / 털관리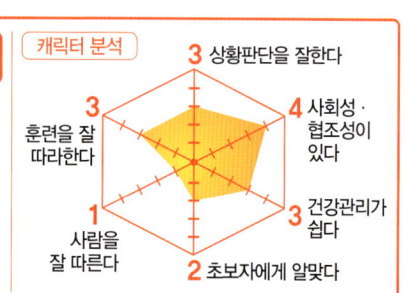

캐릭터 분석
- 3 상황판단을 잘한다
- 4 사회성·협조성이 있다
- 3 건강관리가 쉽다
- 2 초보자에게 알맞다
- 1 사람을 잘 따른다
- 3 훈련을 잘 따라한다

골든 리트리버 *Golden Retriever*

가장 높은 인기를 자랑하는 대형견

Group 8 / 대형견 / 번호 111

매력이 넘치는 골든 리트리버는 착하고 상냥하며 어린아이나 다른 반려동물에게 매우 너그럽다. 주인에 대한 애정이 깊고, 충실함이 돋보인다. 그러나 활발하고 호기심이 강해서 오랫동안 혼자 놔두면 예상치 못한 사고를 일으키므로 너무 조용하다 싶을 때는 살펴보아야 한다.

골든 리트리버는 학습능력이 뛰어나고 주인에게 훈련받는 것을 아주 좋아한다. 상황판단력이 뛰어나 배운 것뿐만 아니라 그것을 응용하는 능력도 있어서 훈련시키기는 어렵지 않다. 다만, 생후 2살까지는 장난이 매우 심하지만 어릴 때부터 기본적인 명령인 「앉아」, 「기다려」, 「엎드려」 등을 가르쳐야 한다. 그래야 성견이 되었을 때 좀 더 높은 수준의 훈련을 받기가 수월하다. 어릴 때 완벽하게 소화하지 못하더라도 기초는 미리 가르치는 것이 좋다.

털에 살짝 웨이브가 있는데, 털갈이 시기에는 털이 많이 빠지므로 매일 브러싱해야 한다. 핀브러시로 빠진 털을 제거하지 않으면 온 집 안이 털로 뒤덮일 것이다.

요즘은 과잉번식의 영향으로 선천성 고관절형성부전이 생기는 경우가 많다. 어릴 때는 확인하기 어렵지만 걷는 모습을 평소에 잘 관찰해서 이상하다고 여겨지면 수의사와 상담하자. 페트숍이나 브리더에게서 입양할 때는 부모견의 건강상태도 확인해야 한다.

골든 리트리버는 주둥이가 유연해서 사냥한 새나 토끼, 심지어는 신문까지도 아무런 자국을 남기지 않고 물어나르는 재주가 있다.

BREEDING DATA

- 키_ 수컷 56～61㎝ / 암컷 51～56㎝
- 체중_ 수컷 29～34㎏ / 암컷 25～30㎏
- 원산국_ 영국(스코틀랜드)
- 잘 걸리는 질병_ 고관절형성부전, 대동맥변 협착, 아토피성피부염, 갑상선 기능저하증, 악성림프종, 백내장

성격: 온순한 평화주의자이며 주인에게 매우 순종한다.

겨울나기 / 운동시간 60분×2회 / 털관리

캐릭터 분석
- 5 상황판단을 잘한다
- 4 사회성·협조성이 있다
- 2 건강관리가 쉽다
- 5 초보자에게 알맞다
- 5 사람을 잘 따른다
- 5 훈련을 잘 따라한다

| Group 8 |
| 대형견 |
| 번호 110 |

컬리 코티드 리트리버 *Curly Coated Retriever*

누구에게나 사랑받는 가장 오래된 리트리버

리트리버 가운데 가장 오래된 컬리 코티드 리트리버는 오리 사냥에서 사냥꾼이 쏘아서 맞힌 사냥감을 물속에서 회수해오는 일을 하던 견종이다. 지금은 멸종된 잉글리시 워터 스패니얼을 사냥감을 회수해오는 세터 견종과 교배한 다음, 1835년에 대구잡이 어부들이 영국으로 들여온 레서 뉴펀들랜드와 교배하여 만들어진 견종이다. 1889년 뉴질랜드로 수출되어 오리, 메추라기를 회수하는 일을 했다. 1896년 영국에서 처음으로 컬리 코티드 리트리버 클럽이 설립되었고, 1907년에는 미국으로 수출되기 시작해서 1924년 AKC의 공인을 받았다.

온순하며 밝고 차분하며 사람을 잘 따라서 모든 사람에게 사랑받는 견종이다. 흥분하거나 통제가 안 되는 경우도 없고, 얌전해서 아이들과도 안심하고 함께 둘 수 있다. 그런 반면에 장난꾸러기 같은 면이 있어서 계속 보아도 질리지 않는다. 주인에게 매우 순종적이며 훈련도 순순히 잘 따라온다. 일을 맡으면 끝까지 해내는 책임감이 있어서 신뢰할 수 있는 파트너가 될 것이다.

컬리 코티드 리트리버의 가장 큰 특징은 몸 전체를 덮고 있는 곱슬곱슬한 털이다. 심지어는 긴 꼬리에 난 털까지도 곱슬거린다. 단, 얼굴과 주둥이 부분에는 짧고 부드러운 털이 나 있으며, 털 컬러는 대부분 블랙이지만 브라운도 드물지 않다. 물놀이를 무척 좋아하는데 물속에서 나온 뒤에 요란스럽게 몸을 흔들어서 물기를 터는 것으로도 유명하다. 곱슬곱슬한 털은 물이 잘 스며들지 않고, 물에 젖어도 쉽게 마른다.

BREEDING DATA

- 키_ 64~69cm
- 체중_ 32~36kg
- 원산국_ 영국
- 잘 걸리는 질병_ 알레르기, 피부병, 관절질환

성격 순종적이고 온순하며 명랑하고 사람을 잘 따른다.

겨울나기 | 운동시간  60분×2회 | 털관리

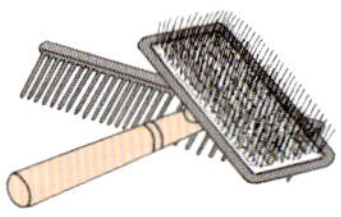

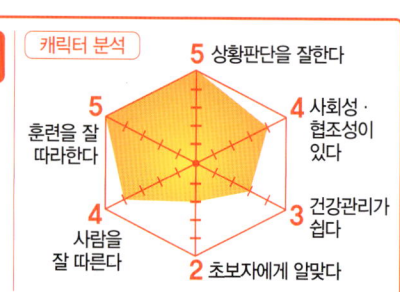

캐릭터 분석
- 5 상황판단을 잘한다
- 5 훈련을 잘 따라한다
- 4 사회성·협조성이 있다
- 4 사람을 잘 따른다
- 3 건강관리가 쉽다
- 2 초보자에게 알맞다

플랫 코티드 리트리버 *Flat Coated Retriever*

영리하고 우호적이며 영원히 소년 같은 성격의 상냥한 개

Group 8
대형견
번호 121

매우 영리하고 우호적이며 활동적인 플랫 코티드 리트리버는 훈련을 받아들이는 속도가 무척 빠르고 주인에게 순종적인 견종이다. 그러나 그런 멋진 모습은 3살이 지나서야 조금씩 드러나기 때문에 그 이전까지는 장난을 좋아하는 개구쟁이이다. 주인의 명령은 듣지만 정신연령은 언제까지나 아이로 머물러 있는 천진난만한 견종이다.

땅 위나 물속 어디에서나 활동할 수 있는 사냥개로 점프력이 뛰어나며 사냥감을 발견하고 회수하는 능력이 뛰어나다. 추위에도 잘 견디는 강인한 체력과 뛰어난 지능을 가졌고, 유순하고 영리해서 반려견으로도 적합하다.

주인을 절대적으로 신뢰하면 골든 리트리버나 래브라도 리트리버만큼 뛰어난 학습능력을 발휘한다. 상황판단을 잘하기 때문에 훈련하기 어렵지 않다. 그러나 정신연령이 약간 낮아서 주인과의 훈련을 놀이로 받아들이는 경향이 있다. 그 때 만일 신뢰관계가 잘 형성되어 있으면 약간 엄한 태도로 훈련해도 좋다. 훈련을 잘 따르고 성공하면 상을 주고 아낌없이 칭찬해주자.

털은 매일 브러싱해야 한다. 핀브러시나 빗을 사용해서 결을 정돈하고 빠진 털을 제거한다. 플랫 코티드 리트리버의 털 관리는 다리와 꼬리의 장식털 외에는 밖으로 뻗치지 않게 몸에 달라붙도록 정리하는 것이 중요하다.

19세기 중반 캐나다의 선원이 영국으로 데리고 간 뉴펀들랜드, 콜리, 아이리시 세터, 래브라도를 교배하여 탄생시킨 견종이다.

BREEDING DATA
- 키_ 수컷 58~62cm / 암컷 56~60cm
- 체중_ 수컷 27~36kg / 암컷 25~32kg
- 원산국_ 영국
- 잘 걸리는 질병_ 고관절질환, 피부병, 안검내반증, 첩모중생, 이소성첩모, 녹내장, 백내장, 시신경결손증

성격 밝고 상냥하며 영리하다.

겨울나기 | 운동시간 60분×2회 | 털관리

캐릭터 분석
- 5 상황판단을 잘한다
- 5 사회성·협조성이 있다
- 5 건강관리가 쉽다
- 4 초보자에게 알맞다
- 3 사람을 잘 따른다
- 5 훈련을 잘 따라한다

Group 8
대형견
번호 122

래브라도 리트리버 *Labrador Retriever*

사람에게 무조건 헌신하는 유능한 일꾼

시각장애인 안내견, 마약수색견으로 유명한 래브라도 리트리버는 인내심이 강하고 사랑스러운 면이 많은 견종이다. 그러나 2살까지는 대단히 활발하고 힘이 넘쳐서 물가에 가면 제일 먼저 뛰어들어가서 장난을 치고, 다른 개를 발견하면 같이 놀고 싶어한다. 낯선 사람이나 어린아이에게도 너그럽고 호의적인 태도를 보인다.

생후 2살이 넘으면 장난을 좋아하던 천진난만함이 거짓말처럼 사라지고 예전 모습이 그리울 만큼 어른스러워지기 시작한다. 자라면서 점점 조용하고 침착한 성격으로 바뀌어 간다.

세계 곳곳에서 사람을 돕고 있는 래브라도는 학습능력이 뛰어나 훈련을 전혀 힘들어하지 않는다. 완벽하지는 않아도 어릴 때부터 다양한 지식을 흡수할 수 있으므로 기초 훈련부터 시작하면 잘 따라온다. 생후 2년이 지나 차분해지면 기초 훈련이 결실을 맺어 다양한 기술을 완벽하게 해낼 수 있게 된다.

어릴 때부터 낯선 사람이나 다른 개를 접할 기회를 많이 만들어줘서 사회성을 길러주어야 한다. 또 산책 중에는 리드줄을 당기지 않도록 확실하게 훈련시키는 것이 좋다.

이처럼 사람에게 우호적인 견종이지만 밤이면 집 지키는 개로서의 역할도 확실하게 수행한다. 수상한 소리나 인기척을 느끼면 자지 않고 깨어서 감시하고, 위급한 상황에서는 짖어서 주인에게 알려주는 등, 가족을 지키려는 책임감이 매우 강하다.

BREEDING DATA

- 키_ 수컷 57~62cm / 암컷 55~60cm
- 체중_ 수컷 27~34kg / 암컷 25~32kg
- 원산국_ 영국
- 잘 걸리는 질병_
  고관절형성부전, 백내장, 녹내장, 안검외반증, 폐동맥변 협착, 거대식도증, 인슐린종(Insulinoma), 아토피성피부염

성격: 온순하고 순종적이며 우호적이다.

겨울나기 | 운동시간 (60분×2회) | 털관리

캐릭터 분석
- 5 상황판단을 잘한다
- 5 사회성·협조성이 있다
- 5 훈련을 잘 따라한다
- 3 건강관리가 쉽다
- 5 사람을 잘 따른다
- 4 초보자에게 알맞다

필드 스패니얼 *Field Spaniel*

아름다운 털을 자랑하는 미국의 스패니얼

| Group 8 |
| 중형견 |
| 번호 123 |

19세기 후반 필드 스패니얼을 쇼도그로 개량하는 작업이 급속도로 진행되었다. 그 결과 과잉번식과 지나친 개량으로 키는 줄어들고 다리가 휘고 짧아져서 좋지 않은 체형으로 바뀌었다. 그런 까닭으로 수가 크게 줄었지만 애견가들의 노력으로 예전에 사냥을 하던 필드 스패니얼의 모습으로 돌아왔고, 1978년에 다시 공인되었다. FCI에서는 1987년에 공인을 받았다. 그러나 여전히 영국이나 미국에서도 보기 어려운 희소 견종이다.

부드러운 실크처럼 윤기가 흐르는 털은 품위가 느껴진다. 하지만 그런 겉모습과는 달리 장난을 좋아하고 온순하며 활발하다. 또한, 애교도 있고 명랑하다. 경계심도 있어서 낯선 사람에게는 냉담하지만 공격하지는 않는다. 독립심이 있어서 엄격한 훈련에는 소극적이다. 어릴 때부터 애정을 담아 커뮤니케이션을 하고 주인의 단호한 리더십과 의연한 태도로 훈련해야 한다.

BREEDING DATA

- 키_ 44~48cm
- 체중_ 16~23kg
- 원산국_ 영국
- 잘 걸리는 질병_ 피부병, 관절질환

성격 온순하고 순종적이며 애정이 풍부하고 인내심이 강하다.

겨울나기 / 운동시간 30분×2회 / 털관리

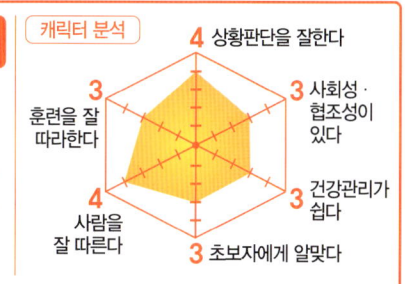

캐릭터 분석
- 상황판단을 잘한다: 4
- 사회성·협조성이 있다: 3
- 건강관리가 쉽다: 3
- 초보자에게 알맞다: 3
- 사람을 잘 따른다: 4
- 훈련을 잘 따라한다: 3

아이리시 워터 스패니얼 *Irish Water Spaniel*

원산국인 아일랜드보다 미국에서 인기가 더 높은 워터 스패니얼

| Group 8 |
| 중형견 |
| 번호 124 |

아이리시 워터 스패니얼에게는 다른 워터 도그와 구분되는 특징이 있다. 바로 '래트 테일'이라고 불리는 쥐꼬리처럼 생긴 얇은 꼬리인데 어떻게 해서 그런 모습이 되었는지 수수께끼로 남아 있다. 세계 각 지역으로 수출되었으며, 미국에서는 인기 견종이 되어 1875년에는 인기 순위 3위를 차지할 정도였다. 그 후 1884년 AKC에서 공인되었다.

영리하고 활발하며 유머러스하게 행동하지만 끈질기게 사냥감을 추적한다. 물을 좋아하고, 수영을 잘해서 물새를 포함한 야생새를 전문으로 사냥한다. 귀여운 인형 같은 외모로 상상조차 할 수 없는 예리한 후각을 지녔다. 에너지가 넘치고 활발하며 쉽게 흥분한다.

낯선 사람에게는 무뚝뚝하게 행동하며 조심스럽게 관찰한다. 그래도 공격적인 행동을 하거나 지나치게 두려워하지 않고 서글서글한 성격이다.

가정에서 키우려면 넓은 공간과 충분한 운동이 필요하다.

BREEDING DATA

- 키_ 51~58cm
- 체중_ 20~30kg
- 원산국_ 아일랜드
- 잘 걸리는 질병_ 관절질환, 눈병, 외이염

성격 매우 영리하며 순종적이고 호기심이 많다.

겨울나기 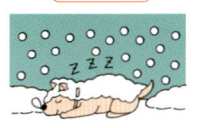 / 운동시간  30분×2회 / 털관리

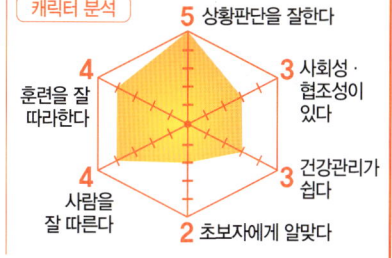

캐릭터 분석
- 상황판단을 잘한다: 5
- 사회성·협조성이 있다: 3
- 건강관리가 쉽다: 3
- 초보자에게 알맞다: 2
- 사람을 잘 따른다: 4
- 훈련을 잘 따라한다: 4

| Group 8 |
| 중형견 |
| 번호 125 |

잉글리시 스프링어 스패니얼 *English Springer Spaniel*

명랑하고 장난을 좋아하며 외로움을 잘 타는 스패니얼

코끝이 약간 긴 코커 스패니얼이다. 조심스럽고 깊은 속은 매력적이며, 상황을 지켜보면서 행동하는 자제능력이 있다. 인내심이 뛰어나 어디에 내놓아도 부끄럽지 않게 행동한다. 냉정하고 얌전하면서도 사교적인 면이 있어서 친해지기 쉬운 견종이다. 명랑하며 장난을 좋아하고 가족과 함께 있는 것을 무엇보다 좋아하기 때문에 오랫동안 혼자 집에 남겨두면 파괴적인 성격이 될 수도 있다. 물가에 데리고 가면 꼭 뛰어들어 물장난을 치면서 즐거워한다.

지능이 높아 훈련하기 쉽고 다양한 기술을 잘 흡수한다. 원래 새 사냥을 하던 견종이라서 훈련받는 것을 좋아하지는 않는다. 스스로 상황을 판단할 수 있기 때문에 강제로 행동에 제한받는 것을 싫어한다.

그러므로 「앉아」, 「기다려」, 「엎드려」 등의 기본적인 명령은 식사나 간식 등 좋아하는 것을 상으로 주면서 연습시키는 것이 효과적이다.

BREEDING DATA

- **키_** 수컷 51cm / 암컷 48cm
- **체중_** 22~25kg
- **원산국_** 영국
- **잘 걸리는 질병_**
  아토피성피부염, 비타민A반응성피부염, 추간판 질환, 백내장, 녹내장

| Group 8 |
| 중형견 |
| 번호 126 |

웰시 스프링어 스패니얼 *Welsh Springer Spaniel*

사교적이고 호기심이 왕성하며 열광적인 스패니얼

웰시 스프링어 스패니얼은 온순하고 상냥하며 주인과 가족을 매우 좋아한다. 사교적이어서 쉽게 친해질 수 있는 견종이다. 함께 놀아주면 열광적으로 좋아한다. 호기심이 많아서 늘 무엇인가를 찾아서 즐겁게 뛰어다닌다. 하지만 흥분해서 사고를 일으키는 일은 없고, 장난에 열중하다가도 주인이 지시를 내리면 복종한다. 무엇보다도 주인의 명령을 우선시하며, 주인을 무척 좋아하기 때문에 오랫동안 혼자 남겨두면 파괴적인 성향이 나올 수도 있다.

매일 운동을 할 수 있는 환경이라면 도시에서도 충분히 키울 수 있다. 적어도 아침 저녁 하루 2번, 30분씩 산책을 시키면서 가볍게 뛰거나, 안전한 곳에서 자유롭게 뛰어놀게 해주면 좋다. 특히 도그런처럼 넓은 곳에 가면 계속 놀고 싶어할 것이다. 운동을 충분히 해야 정신적으로 안정되고 집에서 문제행동을 일으키지 않는다.

털은 짧은 편이지만, 가슴과 다리 부분에 중간 길이의 장식털이 있다.

BREEDING DATA

- **키_** 46~48cm
- **체중_** 16~20kg
- **원산국_** 영국(웨일스 지방)
- **잘 걸리는 질병_**
  관절질환, 안검내반증, 간질

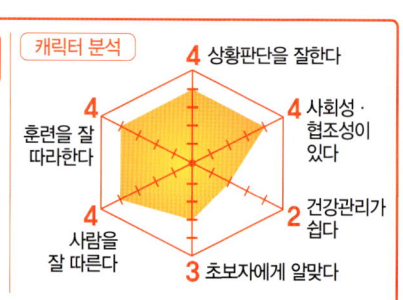

서식스 스패니얼 *Sussex Spaniel*

반려견에 어울리지만 보기 힘든 스패니얼

Group **8**
중형견
번호 **127**

서식스 스패니얼은 원산국인 영국에서도 좀처럼 찾아보기 어렵지만 1884년에 AKC가 발족했을 때 최초로 등록된 10종의 견종 안에 포함되었던 오래된 견종이다. 스패니얼 중에서 가장 오래된 견종이며, 다른 스패니얼보다 키가 작고 몸이 길며, 동작이 느리다.

작은 키와 육중한 몸매에 어울리지 않는 경쾌한 몸놀림으로 나무가 우거진 산과 들을 누비며 작은 사냥감을 찾는다. 오래전부터 사냥견으로 활약했는데, 냄새에 민감하여 사냥감을 회수해오는 데 뛰어난 리트리버(회수견)이다. 지칠 줄 모르는 체력을 지닌 사냥개로 독특하게도 사냥감의 냄새를 맡을 때 혀를 내미는 버릇이 있다.

사냥개라기보다 반려견의 느낌이 강하다. 주인에게 순종적이며 아이들이나 다른 개, 고양이와도 사이좋게 지낸다. 사교성과 협조성이 있고 공격성이 없다. 그러나 사냥개의 피가 흐르기 때문인지 새나 들고양이를 발견하면 정신없이 쫓아가므로 주의해야 한다.

성격은 다른 스패니얼과는 달리 활동적이고 힘차다. 낯선 사람에게도 애교를 부리는 성격이라 집 지키는 일에는 적당하지 않다. 학습능력이 뛰어나고 외우는 속도가 빨라서 훈련하기는 어렵지 않다.

몸에 달라붙는 풍성한 털은 금빛이 도는 붉은색이며, 촘촘하게 나 있어 습하고 더운 환경에는 키우기에서 적당하지 않다.

주인에게 완전히 의존하는 생활을 좋아하며, 오랫동안 혼자서 집을 지키게 하면 힘들어한다.

BREEDING DATA

- 키_ 38~41cm
- 체중_ 18~23kg
- 원산국_ 영국
- 잘 걸리는 질병_ 관절질환, 추간판헤르니아, 피부병

성격 충실하고 조용하며 온순하다.

겨울나기 | 운동시간 30분×2회 | 털관리

캐릭터 분석
- 상황판단을 잘한다 4
- 사회성·협조성이 있다 3
- 건강관리가 쉽다 3
- 초보자에게 알맞다 3
- 사람을 잘 따른다 4
- 훈련을 잘 따라한다 4

| Group 8 |
| 중형견 |
| 번호 167 |

아메리칸 코커 스패니얼 *American Cocker Spaniel*

잉글리시 코커 스패니얼과 형제처럼 가까운 우아한 스패니얼

아메리칸 코커 스패니얼은 털을 아름답게 늘어뜨리고 우아하게 걷는 모습을 자랑하는 쇼도그로서 인기가 매우 높고, 일반 가정에서도 반려견으로 많이 키운다.

원래 새 사냥개로 활약하던 혈통 덕분인지 명랑하고 유쾌하며 화려한 외모와 달리 성격은 활발하다. 어릴 때부터 다른 개와 접촉할 기회를 많이 만들어서 사회성을 길러주면 성견이 되어도 다른 반려동물이나 아이들과도 잘 어울려 지낸다. 이 견종은 얌전하고 상냥하며 주인에게 깊은 애정을 갖는다. 따라서 주인과 함께 하면 어려운 훈련도 힘들어하지 않는다. 원래 학습능력이 뛰어나서 주인이 억지스러운 명령만 하지 않는다면 적극적으로 훈련을 따라한다.

사냥개 출신이라 체격에 비해서 체력이 좋다. 아침 저녁 매일 2번, 20분씩 산책하는 것이 이상적이다. 놀기를 매우 좋아하므로 산책하면서 천천히 달리거나 도그런 같은 넓은 곳에서 공놀이를 하는 것도 좋다. 그러나 더위에 약하므로 한여름 뙤약볕 아래서 산책하는 것은 피하자. 기운이 넘치는 것은 좋지만 너무 격렬하게 운동하면 다리를 끌기도 한다. 무릎관절이 자주 탈구되는 견종이므로 혹시 걷는 모습이 이상하면 동물병원에서 검사를 받아야 한다.

털은 중간 길이의 바깥털과 풍부한 속털로 이루어진 더블코트이다. 평소에 자주 브러싱하면서 결을 정돈하고 빠진 털을 제거하자. 정성껏 손질한 스패니얼은 우아함이 더욱 돋보일 것이다.

BREEDING DATA
- 키_ 36~38cm
- 체중_ 11~13kg
- 원산국_ 미국
- 잘 걸리는 질병_ 무릎관절 탈구, 지루성피부염, 확장형심근증, 기관지확장증

성격 밝고 사람을 잘 따른다.

겨울나기 / 운동시간 20분×2회 / 털관리

캐릭터 분석
- 상황판단을 잘한다 3
- 사회성·협조성이 있다 4
- 건강관리가 쉽다 2
- 초보자에게 알맞다 4
- 사람을 잘 따른다 4
- 훈련을 잘 따라한다 4

웨터훈 *Wetterhoun*

독립심이 강한 네덜란드의 워터 도그

Group 8 | 중형견 | 번호 221

웨터훈은 네덜란드어로 '네덜란드 워터도그'라는 뜻으로, '더치 스패니얼(Dutch Spaniel)', '프리지안 워터 도그(Frisian Water Dog)'라고도 부른다. 1940년대에 스탠더드를 통일하려는 움직임이 있었고, 네덜란드 켄넬클럽에서 혈통을 관리한다. 1989년에 FCI의 공인을 받았다.

주로 수달이나 긴털족제비 사냥에 이용되었는데, 수달의 수가 줄어들자 주로 농장에서 긴털족제비 등의 해로운 동물을 잡는 일을 했다. 경계심이 많아서 농장을 지키는 일로도 활약하여 인기를 끌었다.

강하게 컬이 들어간 털은 머리를 제외한 몸 전체를 덮고 있는데, 물방울을 튕겨내고 사이사이에 따뜻한 공기층을 형성하여 추위로부터 몸을 보호한다. 낯선 사람에게 냉정하고 주인에게는 순종적이지만, 독립심이 강해서 훈련하기가 쉽지 않다.

원산국인 네덜란드 이외의 나라에서는 보기 힘든 견종이다.

BREEDING DATA

- 키_ 59cm
- 체중_ 15~25kg
- 원산국_ 네덜란드
- 잘 걸리는 질병_ 관절질환, 외이염, 피부병

성격: 제멋대로이며 경계심이 강하다.

캐릭터 분석
- 상황판단을 잘한다: 4
- 사회성·협조성이 있다: 5
- 건강관리가 쉽다: 3
- 초보자에게 알맞다: 3
- 사람을 잘 따른다: 3
- 훈련을 잘 따라한다: 3

체서피크 베이 리트리버 *Chesapeake Bay Retriever*

물속에서도 자유롭게 움직이는 리트리버

Group 8 | 대형견 | 번호 263

자립심이 강하고 순종적이며 상냥한 성격이다. 명랑하고 활발하며 영리한데다가 인내심이 강해서 아이들이 거칠게 굴어도 잘 놀아준다. 훈련을 빠르게 소화하므로 주인과의 신뢰관계만 잘 이루어져 있으면 어려운 기술도 쉽게 익힌다. 그러나 개가 똑똑한 만큼 주인도 리더십을 갖고 일관성 있는 모습을 보여야 한다. 만일 주인이 자신감 없는 태도로 훈련을 시키면 금세 알아차리고 반항적인 태도를 보인다. 체력에 자신이 있고 물속에서의 활동에도 거침이 없다. 일반 가정에서 키우기에는 하루에 필요한 운동량이 너무 많다.

털은 두껍고 어깨, 목, 등, 허리에만 가벼운 웨이브가 있다. 평소에는 그다지 털이 많이 빠지지 않지만 털갈이 시기에는 많이 빠지므로 자주 브러싱해야 한다. 사냥을 위해서 키운다면 굳이 목욕을 시켜서 털의 기름기를 뺄 필요가 없지만, 가정에서 키운다면 정기적으로 목욕을 시키는 것이 좋다.

BREEDING DATA

- 키_ 수컷 58.5~65cm / 암컷 53~61cm
- 체중_ 수컷 29.5~32.5kg / 암컷 25~29.5kg
- 원산국_ 미국
- 잘 걸리는 질병_ 고관절형성부전, 관절염

성격: 밝고 온순하며 주인에게 순종하고 인내심이 강하다.

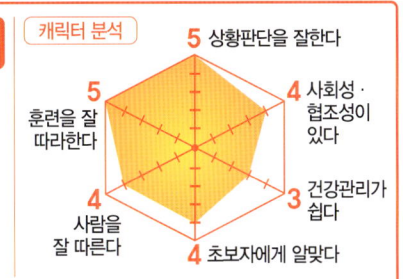

캐릭터 분석
- 상황판단을 잘한다: 5
- 사회성·협조성이 있다: 4
- 건강관리가 쉽다: 3
- 초보자에게 알맞다: 4
- 사람을 잘 따른다: 4
- 훈련을 잘 따라한다: 5

Group 8
중형견
번호 298

로마냐 워터 도그 Romagna Water Dog

워터 도그에서 송로버섯 탐색견으로 변신

1996년 7월에 FCI의 공인을 받은 로마냐 워터 도그는 이탈리아를 비롯한 유럽에서는 '라고토 로마뇰(Lagotto Romagnole)'이라고 부른다. 이것은 '로마냐의 수달'이라는 의미이다. 또한, 로마냐 워터 도그는 '트러플 도그(Truffle Dog)'라는 별명도 갖고 있다. 그 이유는 뛰어난 후각을 자랑하는 로마냐 워터 도그가 그 능력을 살려서 트러플(송로버섯)을 찾는 일을 하게 되었기 때문이다.

버섯 탐색견으로 나선 후부터 사냥 능력을 조금씩 잃어가고 있지만 그 뛰어난 후각이 더욱 발달하여 값비싼 트러플을 찾는 일에 두각을 나타내고 있다. 현재 이탈리아뿐만 아니라 세계 각국에서 그 능력을 인정받아 트러플 도그로 활약하고 있다. 또 경찰견이나 마약수색견으로 일하기도 한다.

주인에게 충실하고 애정이 깊으며 학습능력이 뛰어나서 훈련하기 쉽다. 사교성과 협조성도 뛰어나서 다른 개나 고양이 등의 반려동물과도 사이좋게 지내며, 반려견으로 키우기도 한다.

BREEDING DATA

- 키_ 수컷 43~48cm / 암컷 41~46cm
- 체중_ 수컷 13~16kg / 암컷 11~14kg
- 원산국_ 이탈리아
- 잘 걸리는 질병_ 피부병, 눈병

성격: 충실하고 애정이 풍부하다.

캐릭터 분석
- 상황판단을 잘한다 3
- 사회성·협조성이 있다 3
- 건강관리가 쉽다 3
- 초보자에게 알맞다 2
- 사람을 잘 따른다 3
- 훈련을 잘 따라한다 4

Group 8
중형견
번호 301

아메리칸 워터 스패니얼 American Water Spaniel

미국에서 인기가 저조한 스패니얼

아메리칸 워터 스패니얼은 주로 오리 사냥에서 오리를 쫓거나 총에 맞은 사냥감을 회수하는 용도로 만들어진 개이다. 오리 외에도 메추라기, 도요새, 들꿩, 토끼를 추적하는 데도 이용되었다.

1920년 UKC(유나이티드 켄넬클럽)에서 공인견종이 되었고, 1940년에는 AKC에서 공인을 받았다. 그러나 원산국인 미국에서는 지금도 여전히 보기 힘든 희소 견종이다. 지금도 새 사냥개로 활약하고 있지만 극히 일부는 쇼도그로 활동하기도 한다.

영리하고 온순하며 우호적이다. 엄격한 훈련을 소화한다면 충분히 반려견으로 키울 수 있는 성격이지만, 지금 상황으로는 인기가 높아질 가능성은 안 보인다.

새 사냥개라서 활기가 넘치고 쉽게 흥분하므로 매일 운동을 충분히 시켜야 한다. 가끔 물가에서 운동하는 것도 좋다. 곱슬곱슬한 털은 방수가 되므로 물에 젖어도 바로 털면 몸에 물기가 없어지고 잘 마른다.

BREEDING DATA

- 키_ 36~46cm
- 체중_ 11~20kg
- 원산국_ 미국
- 잘 걸리는 질병_ 관절질환, 외이염

성격: 순종적이고 우호적이며 온순하다.

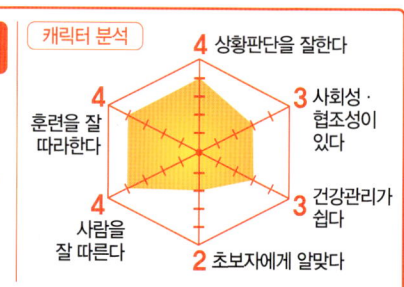

캐릭터 분석
- 상황판단을 잘한다 4
- 사회성·협조성이 있다 3
- 건강관리가 쉽다 3
- 초보자에게 알맞다 2
- 사람을 잘 따른다 4
- 훈련을 잘 따라한다 4

노바 스코샤 덕 톨링 리트리버 *Nova Scotia Duck Tolling Retriever*

Group 8
중형견
번호 312

가정에서 키우기에 적당한 몸집과 리트리버다운 상냥함이 매력적인 리트리버

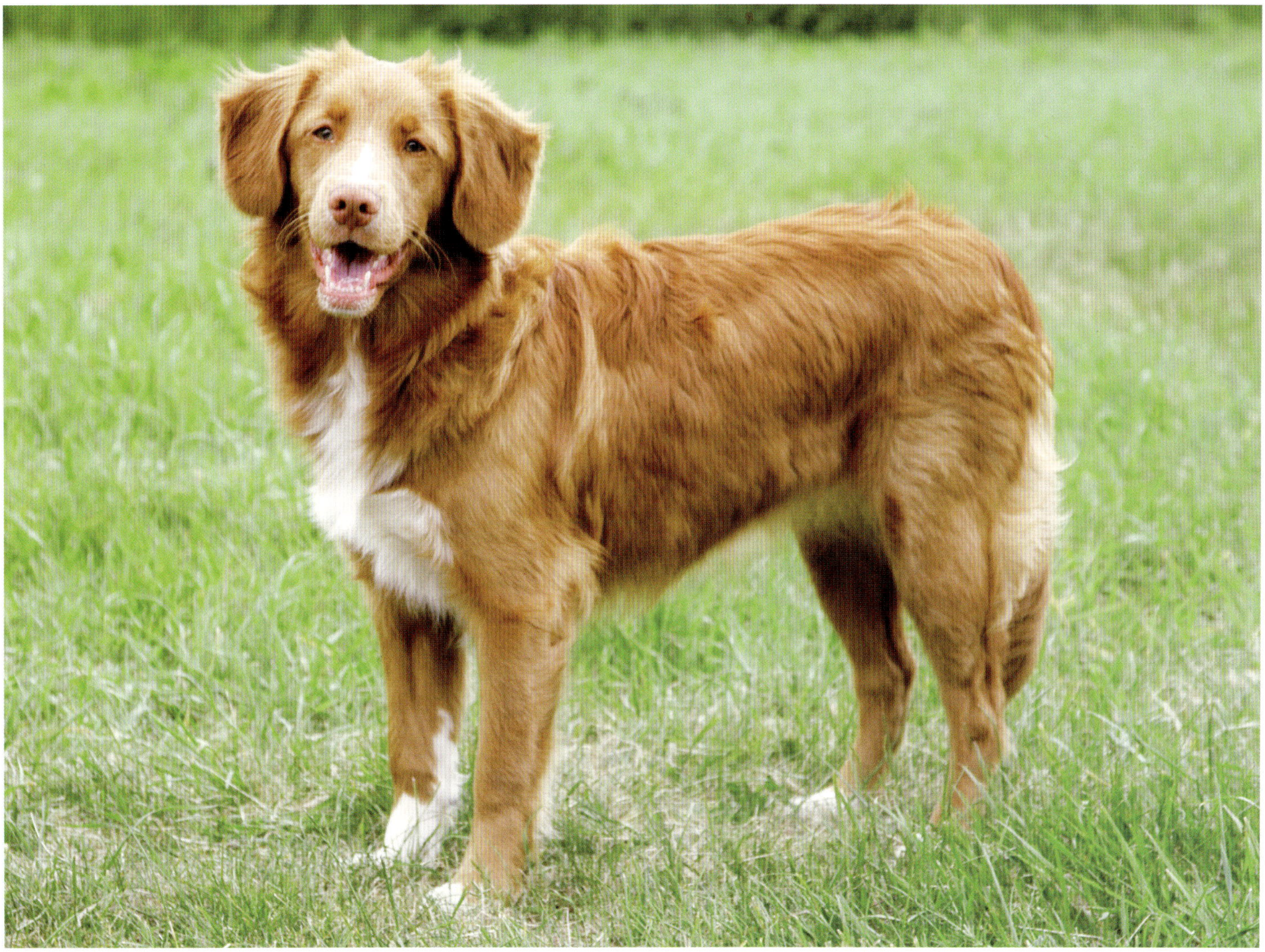

노바 스코샤 덕 톨링 리트리버는 '오리를 유인하는 리트리버'라는 의미이다. 끊임없이 꼬리를 흔들어서 오리가 사냥꾼의 사정거리까지 가까이 오도록 유인하고, 총에 맞은 후에 물어오는 일을 한다. 리트리버답게 상냥하고 영리하며 순종적이다. 주인과 가족을 무척 사랑하고 순해서 안심하고 어린아이와 함께 둘 수 있다. 골든 리트리버 이상으로 낯선 사람에게 친절하다. 탐구심이 많고 성실해서 훈련하기 어렵지 않다.

골든 리트리버, 래브라도 리트리버처럼 리트리버의 매력을 갖고 있는 동시에 리트리버 가운데 가장 몸집이 작아서 작은 집에서도 충분히 키울 수 있다.

평소에는 얌전히 주인 곁에 머무르는 것을 좋아하지만 운동량은 골든이나 래브라도와 비슷하거나 그 이상이다. 주인에게 나가자고 보채지는 않지만 아침 저녁 하루 2번, 적어도 30분씩 산책을 시키자. 산책하면서 가볍게 뛰거나 안전하고 넓은 곳에서 자유롭게 뛰어놀게 하면 좋다. 공놀이를 매우 좋아하기 때문에 공놀이를 하면 운동이 된다. 또, 물놀이도 좋아하므로 물가에 갈 때는 수건을 꼭 챙기자.

조상은 확실하지 않지만 유럽에서 들어온 붉은색 디코이 도그(Decoy Dog)와 여러 종류의 스패니얼 사이에서 탄생한 것으로 추측된다. 19세기 전반, 캐나다 노바스코샤 반도에 이미 살고 있었고, 이름도 그곳 지명에서 유래되었다. 1945년 캐나다 켄넬클럽에서 공인을 받았고, 1960년대에는 미국에도 알려지게 되었으며, 2003년까지는 공인되지 않았다.

BREEDING DATA

- 키_ 43~53㎝
- 체중_ 17~23㎏
- 원산국_ 캐나다
- 잘 걸리는 질병_ 피부병, 관절질환, 전반적인 진행성 망막위축증

성격 조용하고 다정하며 고집이 조금 센 편이다.

겨울나기

운동시간

30분×2회

털관리

캐릭터 분석

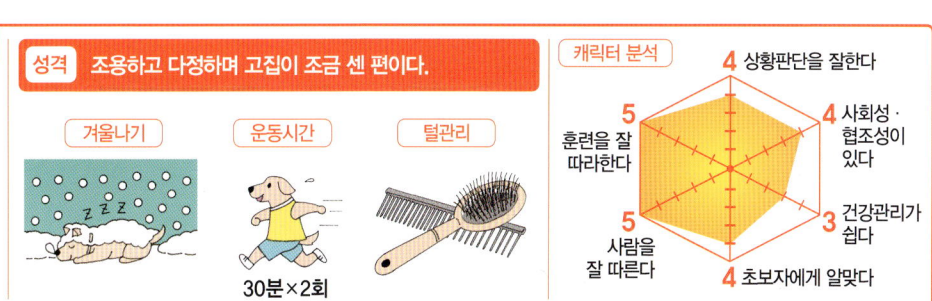

| Group 8 |
| 중형견 |
| 번호 314 |

쿠이커혼제 *Kooikerhondje*

적당한 크기의 스포츠 도그

냉정하고 온순한 성격의 쿠이커혼제. 학습능력이 뛰어나서 훈련하기 어렵지 않다. 모르는 사람에게는 조심스럽지만 일단 마음을 열면 대단히 우호적이다. 눈에 띄는 특징은 없지만 표정이 차분하고, 체형이 작아서 좁은 집에서도 충분히 키울 수 있다.

초창기에 근친교배를 한 영향으로 유전적인 질환이 나타나기도 하므로 데려오기 전에 꼼꼼하게 살펴보자.

학습능력이 뛰어나서 훈련은 그다지 어렵지 않다. 기초적인 훈련이 완벽하게 이루어지면, 약간 수준을 높여 다음 단계의 훈련을 해도 좋다. 주인과 함께 야외에서 공놀이를 하면 자연스럽게 공을 갖고 오는 기술을 배운다. 어질리티 훈련도 잘 따라온다.

털은 중간 정도의 길이로 부드럽고 살짝 웨이브가 있으며 귀, 가슴, 다리, 꼬리에 조금 긴 장식털이 있다.

BREEDING DATA
- 키_ 35~41cm
- 체중_ 9~11kg
- 원산국_ 네덜란드
- 잘 걸리는 질병_ 무릎뼈탈구, 폰빌레브란트병, 백내장, 녹내장

성격: 명랑하고 호기심이 많으며 온순하다.

겨울나기 / 운동시간 30분×2회 / 털관리

캐릭터 분석
- 상황판단을 잘한다: 5
- 사회성·협조성이 있다: 3
- 건강관리가 쉽다: 2
- 초보자에게 알맞다: 4
- 사람을 잘 따른다: 4
- 훈련을 잘 따라한다: 5

| Group 8 |
| 중형견 |
| 번호 336 |

스패니시 워터 도그 *Spanish Water Dog*

다양한 작업을 하던 만능 워터 도그

스패니시 워터 도그는 주인의 직업에 맞춰서 일하던 견종으로, 목장에서는 소와 양을 지키고, 농가에서는 작물과 집을 지키며, 어촌에서는 그물을 설치하거나 물속에 떨어진 사냥감이나 물건을 회수하는 수중작업을 했다. 한마디로 다방면으로 활약하던 만능 견종이다.

지금도 스페인 안다르시아 지방에서 흔히 볼 수 있는 워터 도그지만 기계화로 대부분의 일거리를 잃어버려 요즘은 인명구조견으로 일한다. 원산국인 스페인을 비롯한 유럽에서는 '페로 드 아쿠아 에스파뇰(Perro de Aqua Espagnol)'이라는 이름이 친숙하다. 스페인에서는 '안달루시안 다크(Andalusian Dark, 안달루시아의 터키인)'라고도 부른다.

명랑하고 온순하며 주인과 가족 모두에게 충실하다. 귀여운 외모를 지녔지만, 경계심이 강하며 낯선 사람에게는 냉담하다. 경계범위를 넘어서 다가오면 격렬하게 짖기도 한다. 물을 잘 퉁겨내는 양모 같은 털은 물기가 빨리 말라서 편리하지만 엉키기 쉬우므로 자주 브러싱해야 한다.

BREEDING DATA
- 키_ 38~50cm
- 체중_ 12~20kg
- 원산국_ 스페인
- 잘 걸리는 질병_ 관절질환, 외이염, 눈병

성격: 순종적이고 충실하지만 경계심도 강하다.

겨울나기 / 운동시간 30분×2회 / 털관리

캐릭터 분석
- 상황판단을 잘한다: 4
- 사회성·협조성이 있다: 5
- 건강관리가 쉽다: 3
- 초보자에게 알맞다: 3
- 사람을 잘 따른다: 3
- 훈련을 잘 따라한다: 5

GROUP 9

Campanion & Toy Dogs

반려견(컴패니언)이나 애완견(토이)으로
사람에게 평안함을 주거나 귀여워하는 것을 목적으로 만들어진 견종.
소형견이 많고 사람을 잘 따르기 때문에 기르기 쉽다.
말티즈, 파피용, 프렌치 불도그, 푸들, 페키니즈, 시추,
비숑 프리제, 치와와, 퍼그, 킹 찰스 스패니얼 등.

Group 9		
소형견		
번호 65		

말티즈 *Maltese*

마음을 치유하는 테라피 도그

영리하고 상냥하며 온몸을 뒤덮은 새하얀 털에서 기품이 넘치는 말티즈. 그러나 실제 성격은 매우 활발하고 놀기 좋아하므로 절대 과잉보호할 필요는 없다.

일반 가정에서 키우는 말티즈와 쇼도그로 키우는 말티즈가 있으며, 가정에서 키울 때는 정기적으로 털을 짧게 트리밍하고 눈물자국이 생기는 원인인 눈물을 자주 닦아주고, 식사 후에는 지저분해진 입 주변을 깨끗이 닦아주는 등 매력적인 새하얀 털이 얼굴 주변만 갈색으로 변하는 안타까운 상황이 일어나지 않도록 신경 써야 한다.

도그쇼에 출전한 말티즈를 보면 그 아름다움에 시선을 빼앗긴다. 그런데 그런 아름다움을 유지하려면 상당한 노력이 필요하다. 싱글코트로 길게 자라는 털을 매일 브러싱해서 윤기를 내야 하고, 털이 상하지 않게 래핑해서 보호해야 하며, 얼굴을 덮는 털은 머리 위로 모아서 묶어줘야 한다.

견종표준(스탠더드)에서 털 컬러는 화이트가 가장 좋고 연한 탄이나 레몬도 허용하지만 바람직하지는 않다.

말티즈는 다양한 기술을 가르칠 만한 견종이 아니다. 본인도 훈련에 별로 적극적이지 않으며, 굳이 말하자면 주인 곁에서 조용히 지내고 싶어 한다. 「기다려」, 「앉아」, 「엎드려」 등의 기본적인 지시만 따른다면 큰 문제는 없다.

안고 다니기에 좋고, 인간의 마음을 치유하는 테라피 도그(치료견)로 사랑받아온 아름다운 견종이다.

BREEDING DATA

- 키_ 25cm
- 체중_ 1.5~3kg
- 원산국_ 몰타
- 잘 걸리는 질병_ 무릎관절 탈구, 유루증, 심장질환, 수두증, 눈병, 부정교합, 말라세지아(Malassezia) 감염증, 흥분 및 스트레스로 인한 떨림

성격 매우 온순하며 어리광이 있다.

겨울나기	운동시간	털관리
	10분×2회	

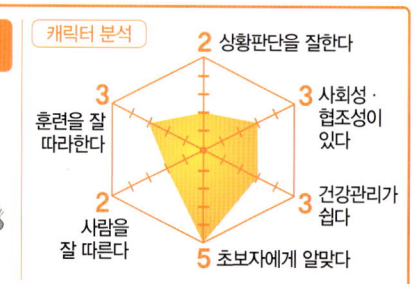

캐릭터 분석
- 2 상황판단을 잘한다
- 3 사회성·협조성이 있다
- 3 건강관리가 쉽다
- 5 초보자에게 알맞다
- 2 사람을 잘 따른다
- 3 훈련을 잘 따라한다

파피용 *Papillon*

나비의 날갯짓처럼 경쾌하고 우아한 분위기의 견종

Group 9
소형견
번호 77

'콘티넨탈 토이 스패니얼(Continental Toy Spaniel)'이라고도 불리는 파피용은 프랑스어로 '나비'를 의미한다. 그 이름대로 나비처럼 생긴 큰 귀가 가장 큰 특징이다. 스탠더드(견종표준)는 귀가 높이 달려 있고 귀의 안쪽 선이 수평에 대해 45도이어야 하며, 귀의 끝부분이 뾰족해선 안된다. 귀의 안쪽은 가늘고 곱슬거리는 털로 덮여 있으며, 바깥쪽은 긴 장식털로 덮여 있는 것이 규정이다.

우아한 장식털 덕분에 분위기는 화려하지만 힘차게 걷거나 운동하는 것을 좋아해서 주인을 따라 열심히 걷는 파피용의 모습을 흔히 볼 수 있다. 그러나 약간 신경질적인 면이 있으므로 어릴 때 응석을 전부 받아주면 제멋대로 구는 공격적인 개가 되고 만다. 소형견이고 실내에서 키우기에 좋은 견종이지만, 예쁘다고 제대로 버릇을 들이지 않으면 자아가 강해서 주인이 자신의 요구사항을 들어주는 것으로 착각하여 주도권을 잡으려고 하는 '알파 신드롬'에 빠지기 쉽다. 엄하게 가르쳐야 할 것은 엄하게 가르치고 놀아줄 때는 애정을 듬뿍 쏟아서 확실하게 구분해야 한다.

아름다운 털 가운데 특히, 귀나 가슴, 꼬리 부분의 털은 가늘어서 잘 엉키는 편이므로 슬리커 브러시 등으로 매일 브러싱해서 엉키지 않게 주의한다.

소형견에게 특히 잘 발생하는 무릎관절 탈구가 많다. 그리고 치와와처럼 머리 두정부(頭頂部, 정수리)의 천문(天門)이 약한 것도 특징이다. 정기적으로 건강진단을 받으면 이상 증후를 일찍 발견할 수 있다.

BREEDING DATA

- 키_ 20~28cm
- 체중_ 4~4.5kg
- 원산국_ 프랑스, 벨기에
- 잘 걸리는 질병_ 무릎관절 탈구, 안검내반증, 백내장, 유전성난청, 흑색피모 모낭형성부전

성격: 천진난만하고 신경질이 있다.

겨울나기 | 운동시간 (20분×1회) | 털관리

캐릭터 분석
- 상황판단을 잘한다: 4
- 사회성·협조성이 있다: 2
- 건강관리가 쉽다: 4
- 초보자에게 알맞다: 3
- 사람을 잘 따른다: 2
- 훈련을 잘 따라한다: 2

| Group 9 |
| 소형견 |
| 번호 80 |

브뤼셀 그리퐁 Brussels Griffon

벨기에의 3형제 가운데 가장 인기 있는 견종

그리퐁 브뤼셀루아(Griffon Bruxellois)라고도 한다. 벨기에 원산의 벨지안 그리퐁(Belgian Griffon)과 프티 브라방콩(Petit Brabancon)의 형제견으로 알려져 있다.

총명하지만 낯선 사람에게는 신경질적이므로 다가가기 어렵다. 가족에게는 활발하고 활기가 넘치며 다정하고 명랑한 모습을 보여준다. 흥분하거나 시끄럽게 짖는 일도 없고, 스스로 주위의 상황을 판단해서 행동한다. 매우 부드럽고, 차분하며, 상냥하고 공격적인 행동이나 이유 없이 허공을 보고 짖는 행동을 전혀 하지 않는다.

털은 약간 거칠고 뻣뻣하므로 핀브러시나 빗으로 자주 브러싱하여 빠진 털을 제거한다. 브러싱은 털을 관리하는 목적도 있지만 반려견과 커뮤니케이션을 하는 의미도 있다. 주인의 애정을 느낄 수 있도록 부드럽게 브러싱하자. 얼굴 털이 특히 길게 자라므로 정기적으로 손질하고, 눈과 입을 덮는 털을 청결하게 유지하는 것도 중요하다.

번식을 계획한다면 출산할 때 제왕절개가 필요할 수도 있다. 미리 동물병원에서 검사하고 수의사와 상담해야 한다.

FCI는 브뤼셀 그리퐁, 벨지안 그리퐁, 프티 브라방콩을 모두 독립 견종으로 공인한다. 한편, UKC와 AKC에서는 이 3가지 견종을 털의 종류와 색상의 차이만 있는 같은 견종으로 공인한다.

3종류 가운데 털이 길고 붉은색을 띤 종류가 브뤼셀 그리퐁, 검정색이 벨지안 그리퐁, 털이 짧고 부드러운 종류가 프티 브라방콩이다.

BREEDING DATA

- 키_ 18~20cm
- 체중_ 3.5~5kg
- 원산국_ 벨기에
- 잘 걸리는 질병_ 무릎뼈탈구, 호흡기질환, 눈병

성격 활발하고 주인에게 순종적이지만 프라이드가 높다.

겨울나기 / 운동시간 10분×2회 / 털관리

캐릭터 분석
- 3 상황판단을 잘한다
- 4 사회성·협조성이 있다
- 4 건강관리가 쉽다
- 4 초보자에게 알맞다
- 5 사람을 잘 따른다
- 3 훈련을 잘 따라한다

벨지안 그리퐁 *Belgian Griffon*

벨기에의 3형제 가운데 성격이 조금 신경질적인 블랙 앤드 탄

Group 9
소형견
번호 81

테리어처럼 명랑하고 활동적이며 영리하다. 낯선 사람에게는 무뚝뚝하고 상당히 신경질적인데, 그런 만큼 일반 가정에서 수상한 소리나 인기척에 반응하여 짖어서 알려주므로 집 지키는 역할도 한다.

운동량은 별로 많지 않으므로, 아침 저녁 하루 2번, 10분씩 산책하는 것으로 충분하다. 산책은 정신건강에도 필요하다. 다른 개나 사람들을 만나면 사회성, 협조성, 감수성을 키울 수 있기 때문이다.

털은 와이어헤어드에 가깝고 특히 입 주변의 털이 길게 자란다. 이 털 때문에 식사를 하면 입가가 더러워지기 쉬우므로 자주 닦아서 청결을 유지해야 한다. 몸에 난 털은 핀브러시나 천연모 브러시로 브러싱하고, 다리의 긴 털은 빗을 사용해서 빠진 털을 제거하고 결을 정리하자.

출산할 때는 제왕절개를 하는 경우가 많기 때문에 번식시키려면 미리 수의사와 상의한다.

BREEDING DATA

- 키_ 18~20cm
- 체중_ 2.5~5.5kg
- 원산국_ 벨기에

- 잘 걸리는 질병_
무릎뼈탈구, 호흡기질환, 눈병

프티 브라방콩 *Petit Brabancon*

애교가 넘치는 브뤼셀 그리퐁의 스무드 타입

Group 9
소형견
번호 82

밝은 성격으로 가족에게 애교를 부리는 모습이 너무나도 사랑스러운 프티 브라방콩. 영리해서 집 안 분위기를 늘 밝게 만든다. 크기도 적당하고 털도 관리하기 쉬워서 좁은 집에서 키울 수 있는 견종이다.

미국의 한 코미디 드라마에 뚱뚱한 모델로 등장했던 것처럼 퍼그의 피가 섞여서 살찌기 쉬운 체질이다. 애교스러워 보이지만 건강에 문제가 생길 수 있으므로 식사량과 운동량의 균형을 맞추는 것이 중요하다. 운동량은 많지 않으므로 매일 조금씩이라도 산책을 시키자.

털은 짧고 촘촘하게 자란다. 천연모 브러시로 피부를 마사지하듯이 자주 브러싱하면 피부에 자극을 주어 발모를 촉진시키는 효과도 있다.

퍼그와 마찬가지로 얼굴의 주름 사이사이에 먼지나 때가 잘 끼므로, 식사 후에는 항상 젖은 수건 등으로 깨끗하게 닦아준다.

BREEDING DATA

- 키_ 21~28cm
- 체중_ 2.5~5.5kg
- 원산국_ 벨기에

- 잘 걸리는 질병_
비공협착, 눈병

Group 9	
소형견	
번호 101	

프렌치 불도그 *French Bulldog*

살짝 게으른 익살맞고 독특한 모습의 프렌치 불도그

유머러스한 표정, 큰 귀, 중심이 낮고 벌어진 다리가 특징인 프렌치 불도그는 우스꽝스러운 외모 덕분에 광고 등에서 한 세대를 풍미했다. 성격이 느긋하고 온순하다. 그리고 호기심이 왕성하고 영리해서 무엇인가를 발견하거나 찾아내는 게임 같은 즐거운 놀이를 계속 개발하는 영민함도 있다.

말을 걸면 고개를 갸우뚱하면서 열심히 듣고, 무슨 이야기인지 이해하려는 모습이 반려견이라기보다 사람처럼 느껴지는 신기한 견종이다. 바로 그런 점이 인기를 끄는 요인이다.

훈련은 별로 좋아하지 않는다. 어릴 때 지나치게 응석을 받아주거나 주인과 커뮤니케이션이 부족하면 공격적인 성향도 보인다. 그 뿌리는 수소와 싸우는 투견이었던 과거에서 비롯되었다. 애교 넘치는 외모이지만 힘이 센 탓에 일단 고집을 부리면 주인도 통제할 수 없다. 조심하지 않으면 목을 물릴 수도 있으므로, 올바르게 애정을 쏟아서 주인이 통제할 수 있어야 한다.

프렌치 불도그는 더위에 약하고 움직이기를 싫어한다. 운동이 부족하면 쉽게 살이 찌므로 적정량의 식사와 적당한 운동으로 균형을 맞춰 비만을 예방해야 한다.

암컷은 출산할 때 태아의 머리 크기 때문에 제왕절개가 필요하다. 그러나 자연분만을 할 수 있을지도 모르므로 제왕절개 여부는 임신기간에 수의사와 상의하는 것이 좋다.

BREEDING DATA

- 키_ 30cm
- 체중_ 10~13kg
- 원산국_ 프랑스
- 잘 걸리는 질병_ 구개열, 신경질환, 눈병, 요로결석, 피부병, 혈우병

성격: 호기심이 왕성하고 명랑하며 어리광이 있다.

겨울나기 / 운동시간 20분×2회 / 털관리

캐릭터 분석
- 상황판단을 잘한다: 3
- 사회성·협조성이 있다: 4
- 건강관리가 쉽다: 2
- 초보자에게 알맞다: 3
- 사람을 잘 따른다: 4
- 훈련을 잘 따라한다: 3

킹 찰스 스패니얼 *King Charles Spaniel*

캐벌리어 킹 찰스 스패니얼보다 애교는 적지만 영리한 견종

Group 9
소형견
번호 128

킹 찰스 스패니얼은 캐벌리어 킹 찰스 스패니얼과 코 모양이나 몸 크기 등 겉모습이 다르며, 성격에도 차이가 있다. 킹 찰스 스패니얼이 캐벌리어보다 코가 좀 더 짧고, 머리가 좀 더 둥글며, 성격은 더 무뚝뚝하다. 그렇다고 공격적이거나 반항적이라는 의미는 아니다.

노는 것을 좋아하고 정이 많으며 차분한 성격이다. 처음 보는 사람 앞에서는 위축된 모습을 보이기도 하지만 시간이 지나면 마음을 열고 우호적으로 다가온다. 주인과 가족을 매우 사랑하고, 가족과 함께 조용히 지내는 것을 무엇보다 행복해한다.

반려견이므로 아무리 활발하고 기운이 넘쳐도 실제 운동량은 그리 많지 않다. 아파트나 다세대주택에서도 충분히 키울 수 있다. 산책을 하는 이유는 운동을 시키려는 목적도 있지만 스트레스를 해소하고, 일광욕으로 뼈를 튼튼하게 만들기 위해서이다. 아침 저녁 하루 2번, 20분씩 산책을 시킨다.

BREEDING DATA
- 키_ 26~31cm
- 체중_ 3.6~6.3kg
- 원산국_ 영국
- 잘 걸리는 질병_ 호흡기질환, 피부병, 심장병

성격: 온순하고 명랑하며 주인을 매우 좋아한다.

겨울나기 / 운동시간 20분×2회 / 털관리

캐릭터 분석
- 상황판단을 잘한다: 5
- 사회성·협조성이 있다: 3
- 건강관리가 쉽다: 3
- 초보자에게 알맞다: 4
- 사람을 잘 따른다: 3
- 훈련을 잘 따라한다: 5

볼로니즈 *Bolognese*

이탈리아 볼로냐 지방의 새하얀 반려견

Group 9
소형견
번호 196

약간 내성적인 성격으로 흥분하거나 소란스럽게 행동하지 않는다. 활발하게 뛰어다니는 일은 없지만 노는 것과 산책을 좋아한다. 결코 얌전히 안겨 있는 개는 아니다. 수줍음이 많지만 주인과 가족에게는 상냥하고 온순하며 어리광을 부린다. 모르는 사람에게도 조금 익숙해지면 마음을 열고 호의적으로 다가간다.

볼로니즈에게는 엄격한 훈련이 거의 필요 없다. 기초적인 명령인 「앉아」, 「기다려」만 할 수 있으면 특별히 주인을 힘들게 하는 일도 없다. 많이 가르치기보다는 신뢰관계를 맺는 것이 중요하다. 어릴 때 응석을 전부 받아주면 개는 주인이 자신의 요구를 모두 들어준다고 착각하여 주인보다 위에 있으려고 한다. 그러면 점차 신경질적이고 공격적인 성격이 나오고, 이유 없이 짖는 일도 많아진다. 애정을 갖고 커뮤니케이션을 하면서 제멋대로 행동하는 개가 되지 않도록 조심한다.

BREEDING DATA
- 키_ 25~31cm
- 체중_ 3~4kg
- 원산국_ 이탈리아
- 잘 걸리는 질병_ 무릎뼈탈구

성격: 온화하고 다정하며 어리광이 있다.

겨울나기 / 운동시간 10분×2회 / 털관리

캐릭터 분석
- 상황판단을 잘한다: 3
- 사회성·협조성이 있다: 3
- 건강관리가 쉽다: 4
- 초보자에게 알맞다: 4
- 사람을 잘 따른다: 4
- 훈련을 잘 따라한다: 3

Group 9	
소형견	
번호 136	

캐벌리어 킹 찰스 스패니얼 *Cavalier King Charles Spaniel*

왕의 칭호를 받을 만큼 모두에게서 사랑받는 토이 도그

다정다감한 성격에 우아하고 기품이 넘치는 캐벌리어 킹 찰스 스패니얼. 사람을 잘 따르고 천진난만하며 애교 넘치는 성격으로 사교성이 좋아 인기가 많다. 주인을 무조건 신뢰하고 복종하며 충실하다. 장난치면서 놀 때도 소란스럽지 않고, 특히 노인이나 어린아이를 배려할 줄 아는 총명함이 매력적이다. 반려견을 처음 키우는 사람에게 이상적인 견종이다.

이 견종의 모델이 된 킹 찰스 스패니얼과 구분하기 위하여, 영어의 고어에서 '기사(Knight)'를 뜻하는 '캐벌리어(Cavalier)'를 이름 앞에 붙이게 되었다.

털은 부드럽고 살짝 웨이브가 있다. 아름다운 모습을 유지하려면 부지런히 손질해야 하는데, 털이 엉키지 않게 매일 브러싱하는 것이 좋다. 귀가 늘어진 타입이므로 귓속에 진드기 등이 생기기 쉬우므로 귓속이 깨끗한지, 붉은 습진이나 오염은 없는지 자주 확인해야 한다. 하루 운동량은 많지 않지만, 되도록이면 밖에서 다른 개와 사람을 만나고 바깥 공기와 분위기를 익히게 해서 사회성과 감수성을 길러주는 것이 좋다. 아침 저녁 하루 2번, 20분씩 산책시킨다.

나이가 들수록 살이 찌기 쉬운 체질이므로, 사료 선택과 운동량에 신경을 써야 한다. 물론 어릴 때도 식사량과 운동량의 균형이 깨지면 쉽게 살이 찐다. 뚱뚱해지면 몸에 큰 무리가 오고 갖가지 장애가 생긴다. 영양이 어느 한쪽으로 치우치면 피부병이 생기기도 하고, 체중이 너무 많이 나가면 무릎관절에 이상이 올 수도 있으므로 주의하자.

BREEDING DATA

- 키_ 31~33cm
- 체중_ 5.4~8kg
- 원산국_ 영국
- 잘 걸리는 질병_ 관절질환, 피부병, 심내막증, 면역결핍증후군, 안검내반증

성격 상냥하고 온순하며 사교적이다.

겨울나기 / 운동시간 (20분×2회) / 털관리

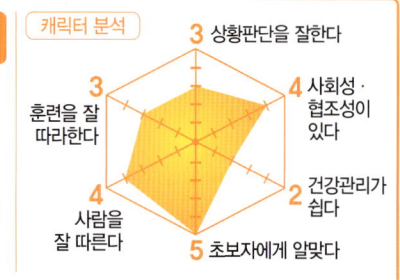

캐릭터 분석
- 3 상황판단을 잘한다
- 4 사회성·협조성이 있다
- 2 건강관리가 쉽다
- 5 초보자에게 알맞다
- 4 사람을 잘 따른다
- 3 훈련을 잘 따라한다

보스턴 테리어 *Boston Terrier*

가정환경에 따라 선택할 수 있는 3가지 크기의 테리어

Group 9
소형견
번호 140

공격적인 성격이 거의 없고, 착하고 영리하며 명랑하다. 그러나 테리어의 피를 이어받은 탓인지 가끔 무언가에 지나치게 열중할 때가 있다. 전반적으로 우호적인 성향이 강해서 집 지키는 일에는 어울리지 않는다.

크기에 따라 3종류로 나뉘며 각각 운동량이 다르다. 가장 작은 라이트는 아침 저녁 하루 2번, 20분씩 산책을 시키고, 미들과 헤비는 아침 저녁 하루 2번, 30분씩 산책시키는 것이 이상적이다.

코가 납작하게 눌려 있는 견종은 대체로 더위에 약하고 열중증에 걸리기 쉬우므로, 한여름 뙤약볕에서 산책하는 것을 피하고, 절대로 차 안에 혼자 남겨두지 않도록 주의해야 하며, 냉방 등으로 실내 온도를 관리해야 한다.

털은 짧고 촘촘하게 자라는 타입으로 조금씩 빠지기도 하지만 천연모 브러시로 정기적으로 브러싱하는 정도로 관리하면 충분하다. 털에 윤기를 내고 피부를 마사지하는 효과가 있다.

훈련을 그다지 좋아하지 않지만 노는 것은 좋아하므로 놀이에 훈련을 접목시키면 좋다. 칭찬하면서 상을 주면 아주 좋아하므로 조금이라도 해내면 칭찬하면서 훈련하자. 식사 때마다 「앉아」, 「기다려」 등을 반복해서 가르치는 것도 좋다. 훈련시간이 너무 길면 역효과가 나므로, 가능한 짧게, 집중해서 하는 것이 중요하다. 보스턴 테리어는 상황판단을 잘하고 학습능력도 갖춘 견종이다.

BREEDING DATA

- **키**_ 체중에 따라 3종류로 나뉜다.
- **체중**_ 라이트 : 6.8kg 미만 / 미들 : 6.8kg 이상 9kg 미만 / 헤비 : 9kg 이상 11kg 이하
- **원산국**_ 미국
- **잘 걸리는 질병**_ 알레르기성피부염, 패턴탈모증, 담색피모탈모증, 구개열, 비강협착, 백내장, 무릎관절 탈구

성격 온순하고 다정하며 차분하다.

겨울나기 | 운동시간 20~30분×2회 | 털관리 크기에 따라 다르다

캐릭터 분석
- 상황판단을 잘한다 4
- 사회성·협조성이 있다 4
- 건강관리가 쉽다 3
- 초보자에게 알맞다 3
- 사람을 잘 따른다 4
- 훈련을 잘 따라한다 3

푸들 *Poodle*

똑똑하고 명랑한 푸들 패밀리

Group 9
소형견
번호 172

푸들은 일반적으로 크기에 따라 가장 큰 스탠더드, 중간 크기 미디엄과 미니어처, 가장 작은 토이 등 4종류로 분류하지만, FCI에서는 모두를 푸들 1종류로 공인한다.

푸들의 기초가 되는 가장 큰 스탠더드는 자신감이 넘치면서도 온순하고 침착하며, 미디엄과 미니어처는 온순하고 사람을 잘 따르지만 자립심이 무척 강하다. 소형화하는 과정에서 어리광 성향이 강해져 토이 푸들이 가장 어리광이 심하고, 4종류 모두 영리하다.

털이 싱글코트라서 거의 빠지지 않고 털갈이도 하지 않기 때문에 개털 알레르기가 있는 사람도 키울 수 있다. 그러나 털이 자라는 속도가 빨라서 정기적인 손질이 필요하다. 털 깎는 방법은 '새끼양 모양', '사자 모양' 등으로 다양한데, 주인이 직접 하는 것보다는 전문 트리머에게 맡기는 것이 좋다. 털 컬러는 블랙, 화이트, 브라운, 그레이, 오렌지폴(애프리콧), 레드폰 등 다양하다.

지능이 높아서 훈련을 빨리 익히므로, 어릴 때부터 놀아주면서 훈련하면 다양한 기술을 즐겁게 익힌다. 활발하고 온순하며 장난치는 것을 좋아하고, 주인과 같이 있는 것을 무엇보다 좋아하기 때문에 이러한 푸들의 성격을 잘 이용해서 즐겁게 훈련하는 것이 비결이다.

평소에 무조건 응석을 받아주기보다는 잘못했을 때 단호하게 야단치고, 놀 때는 충분히 놀아주는 등 확실하게 구분하여 커뮤니케이션을 하면 더욱 적극적으로 훈련을 익힐 것이다.

BREEDING DATA

- 키_ 28cm 이내(토이)
- 체중_ 3kg(토이)
- 원산국_ 프랑스
- 잘 걸리는 질병_ 무릎관절 탈구, 피부병, 유루증, 정류고환

성격
스탠더드 : 자신감이 넘치고 온순하다.
미디엄·미니어처 : 온순하고 사람을 잘 따른다. 자립심이 강하다.
토이 : 어리광이 많고 기가 조금 세다.

겨울나기 | 운동시간 | 털관리
20분×2회(토이)

캐릭터 분석
- 상황판단을 잘한다 4
- 사회성·협조성이 있다 4
- 건강관리가 쉽다 3
- 초보자에게 알맞다 4
- 사람을 잘 따른다 4
- 훈련을 잘 따라한다 4

Group 9	
중형견	
번호 192	

크롬폴란데 *Kromforhlander*

탄생 10년 만에 공인견종이 되었지만 보기 힘든 반려견

크롬폴란데는 1955년 품종 탄생이 계획된 지 불과 10년 만에 순수 견종으로 공인된 비교적 새로운 견종이다. 그러나 다른 나라는 물론 원산국인 독일에서도 그 수가 적어서 멸종 위기라고 해도 과언이 아니다.

활발하고 빈틈이 없으며 정이 많다. 가족에게는 순종적이고 충실하다. 아파트와 같은 도시에서도 적응할 수 있지만 그러려면 운동을 충분히 시켜야 한다. 하지만 달리기처럼 격렬한 운동보다는 몸을 움직이는 정도의 산책으로 충분하다. 그것은 주인이나 가족과 함께 있는 것만으로도 만족한다는 증거이기도 하다.

크롬폴란데의 탄생에는 테리어 계통의 견종이 관련된다. 그러나 테리어라면 쥐처럼 작은 동물을 발견하는 순간 잡으려고 혈안이 되어 달려드는 것이 보통인데 크롬폴란데는 그런 테리어 기질이 전혀 보이지 않는다. 작은 동물을 봐도 반응이 약하고 사냥의욕이 전혀 없다. 완벽한 반려견을 목적으로 사람에게 의존하게 만들었기 때문이다.

경계심은 약간 있는 편이어서 집 지키는 일은 어느 정도 할 수 있다. 그러나 큰 기대는 하지 않는 것이 좋다. 사냥의욕이 없고, 집 지키는 일도 그리 잘하는 편이 아니라서 유럽에서는 반려견으로 키우는 경우가 많다.

털은 긴 러프코트와 짧은 스무드코트 2종류가 있다. 러프는 애교스러운 외모에 스패니얼의 느낌이 들고, 스무드는 그야말로 테리어 같은 인상을 준다.

BREEDING DATA
- 키_ 38~46cm
- 체중_ 11~16kg
- 원산국_ 독일
- 잘 걸리는 질병_ 관절질환, 피부병, 눈병

성격: 활발하고 순종적이며 애정이 풍부하다.

캐릭터 분석
- 상황판단을 잘한다: 4
- 사회성·협조성이 있다: 3
- 건강관리가 쉽다: 4
- 초보자에게 알맞다: 4
- 사람을 잘 따른다: 3
- 훈련을 잘 따라한다: 4

운동시간: 30분×2회

재패니즈 친 *Japanese Chin*

오래전부터 일본에서 살아온 반려견

Group 9
소형견
번호 206

개라는 사실을 잊어버릴 만큼 너무 얌전한 친. 오래전부터 일본에서 살아온 친은 주인을 더없이 사랑하고 낯선 사람에게까지 애교를 부려서 모든 사람에게 사랑받는 견종이다.

털이 잘 빠지지 않고 체취가 적으며, 실내를 돌아다니는 것만으로도 만족하기 때문에 산책도 거의 필요없다. 주인과 함께 있기만 해도 행복해하는 타입이므로 산책을 데리고 나가기 어려운 노인도 충분히 키울 수 있는 견종이다.

친에게는 어려운 훈련이 필요 없다. 주인 곁에 늘 얌전히 있으므로 화장실 훈련만 잘 가르치면 문제를 일으키는 일이 없다. 실내에서 장난을 치거나 가구를 긁거나 물건을 물어서 망가뜨리는 일도 없다. 훈련보다 주인과 가족의 따뜻한 애정과 충분한 커뮤니케이션이 중요하다.

털이 잘 빠지지 않는다고는 해도 관리를 위해서 슬리커 브러시 등으로 자주 브러싱해주면 좋다.

코끝이 납작한 견종은 체온이 올라가도 열을 밖으로 내보내지 못하기 때문에 여름철에 열중증에 걸리기 쉽고, 최악의 경우에는 목숨을 잃을 수도 있다. 한여름에 혼자 집에 두거나 차량 속에 혼자 두고 볼 일을 보는 행동은 절대 금물이다.

예전에는 '재패니즈 스패니얼'이라고 불렸지만 새 사냥을 잘하는 스패니얼과 전혀 관련이 없어서 '재패니즈 친'이라는 이름으로 통한다.

BREEDING DATA

- 키_ 수컷 25cm / 암컷은 수컷보다 약간 작다
- 체중_ 2~3kg
- 원산국_ 일본
- 잘 걸리는 질병_ 수두증, 대퇴골두 무혈성괴사, 무릎뼈탈구, 유루증, 만성표재성각막염(판누스)

성격 조용하며 침착하다.

겨울나기 | 운동시간 10분×1회 | 털관리

캐릭터 분석
- 상황판단을 잘한다: 4
- 사회성·협조성이 있다: 4
- 건강관리가 쉽다: 4
- 초보자에게 알맞다: 4
- 사람을 잘 따른다: 4
- 훈련을 잘 따라한다: 2

Group 9
소형견
번호 207

페키니즈 *Pekingese*

마치 인형 같은 털북숭이 페키니즈

마치 인형 같은 외모의 페키니즈는 고대 중국 왕실에서 기르던 반려견이다. 가족에게는 상냥하고, 애정을 갖고 다가온다. 실제 성격은 그다지 활발하지 않고 조심성과 경계심이 많으며 고집이 세다. 따라서 훈련을 별로 좋아하지 않는다. 대부분의 시간을 소파 위에 느긋하게 앉아서 보내기 때문에 훈련이 특별히 필요하지 않다고 생각할 수도 있지만 간단한 명령인 「기다려」, 「집으로(하우스)」 정도는 가르치는 것이 좋다. 옛날 중국에서 궁궐의 귀부인들이 소맷자락에 넣어 데리고 다녔기 때문에 '슬리브 도그(Sleeve Dog)'라고도 불렀다.

코가 납작해서 추위에 강한 반면 더위에 약하다. 특히 여름철 고온다습한 날씨에 냉방이 되지 않는 방이나 주차한 차 안에 그냥 두면 열중증에 걸리거나 최악의 경우 목숨을 잃을 수도 있으므로 여름철 온도관리에 주의해야 한다. 살이 찌기 쉬운 체질이므로 식사와 운동이 균형을 이루지 못하면 쉽게 뚱뚱해진다. 비만은 심장질환이나 추간판 질환을 일으키는 요인이므로, 식사량과 운동량의 균형을 맞추는 데 유의한다.

얼굴 주변의 주름 사이사이에 때가 잘 껴서 피부병이나 눈병이 생길 수 있으므로 특히, 식사 후에는 얼굴을 깨끗하게 닦아주어야 한다. 시중에서 판매하는 반려동물 전용 물티슈나 물수건을 사용하면 좋다.

털 관리를 위해서는 매일 브러싱해야 한다. 털이 엉키는 것을 방지하고 보기 좋게 결을 정돈하려면 슬리커 브러시나 빗을 사용한다. 어릴 때부터 브러싱에 익숙해지도록 버릇을 들이는 것이 좋다.

BREEDING DATA
- 키_ 20cm 전후
- 체중_ 수컷 3.2~6.5kg / 암컷은 수컷보다 약간 무겁다
- 원산국_ 중국
- 잘 걸리는 질병_ 눈병, 심내막증, 피부사상균증, 맥관염

성격: 고집이 세고 어리광을 부리며 제멋대로이다.

겨울나기 | 운동시간 (10분×2회) | 털관리

캐릭터 분석
- 상황판단을 잘한다: 3
- 사회성·협조성이 있다: 3
- 건강관리가 쉽다: 3
- 초보자에게 알맞다: 3
- 사람을 잘 따른다: 4
- 훈련을 잘 따라한다: 3

시추 *Shih Tzu*

윤기나는 롱헤어의 고집쟁이

Group 9
소형견
번호 208

얼핏 보면 그저 주인 품에 얌전히 안겨 있을 것 같은 인상이지만, 실제로는 자존심이 강하고 고집이 세며 혈기왕성한 견종이다.

시추는 주인을 매우 좋아하고 늘 이해하려고 노력한다. 낯선 사람을 보면 도도하게 행동하지만 잠시뿐이고, 오랜 시간 함께 지내면 마음을 열고 애교를 부리기도 한다.

문제행동을 줄이려면 사회성을 길러야 한다. 그러려면 어릴 때부터 다른 개나 사람을 많이 만나게 해야 한다. 사회성이 부족하면 산책하다가 다른 개를 만났을 때 짖거나, 방문객에게 심하게 짖어대는 골치 아픈 개가 될 수 있다. 애정을 갖고 커뮤니케이션을 하는 것이 중요하다. 커뮤니케이션이 충분하면 조금 엄하게 훈련해도 잘 소화하고, 어린아이나 다른 반려동물과도 잘 어울려 지낸다.

윤기가 흐르는 아름다운 털은 잘 자라는데, 만일 쇼도그로 키운다면 털을 길게 유지하는 편이 시추의 우아함을 돋보이게 한다. 그러나 일반 가정에서는 매일 털을 관리하고 손질하는 일이 여간 번거로운 것이 아니어서 대개 짧게 잘라서 손질하기 편하게 한다.

그러나 시추의 매력인 긴 털을 즐기고 싶다면 매일 브러싱하고 래핑으로 보호하며 얼굴을 덮는 털은 머리 위에서 묶어주자. 원래 안과질환이 많이 생기는 견종이므로 평소에 부지런히 눈 주위 털을 잘라주어야 한다.

몸집은 작지만 매일 운동을 해야 한다. 그러나 운동량이 많지 않아서 실내에서 놀이를 하거나 10분 정도의 산책으로도 충분하다.

BREEDING DATA

- 키_ 27㎝ 이하
- 체중_ 8㎏ 이하
- 원산국_ 티베트
- 잘 걸리는 질병_ 지루성피부염, 구개열, 눈병, 심내막증, 아토피성피부염, 항문주위선종

성격   천진난만하며 신경질적이고 고집이 세다.

겨울나기 | 운동시간 (10분×2회) | 털관리

캐릭터 분석
- 상황판단을 잘한다: 3
- 사회성·협조성이 있다: 3
- 건강관리가 쉽다: 2
- 초보자에게 알맞다: 4
- 사람을 잘 따른다: 3
- 훈련을 잘 따라한다: 2

| Group 9 | 소형견 | 번호 215 |

비숑 프리제 *Bichon Frise*

독립심 강한 걸어다니는 솜사탕

밝고 상냥하며 늘 명랑한 비숑 프리제를 보고 있으면 마음이 저절로 따뜻해진다. 감수성이 풍부하며, 주인의 희로애락을 민감하게 알아차리고 그에 맞춰서 행동하는 영리함을 갖추었다.

귀여운 외모 속에는 의외로 근육질의 건장한 몸이 숨어 있다. 살이 찌기 쉬운 편이므로 아침 저녁 하루 2번, 10~20분씩 산책시키는 것이 좋다. 그러나 비가 오거나 날씨가 궂은 날에는 털이 더러워지고 엉킬 수 있으니 무리해서 산책할 필요는 없다. 폭신폭신한 털은 워낙 잘 엉키기 때문에 빗어도 빗어도 어느새 또 엉켜 있으므로, 솜사탕 같은 매력적인 모습을 유지하려면 슬리커 브러시나 빗으로 매일 정성껏 손질해야 한다. 정기적인 트리밍도 필요하다. '비숑 프리제'라는 이름은 프랑스어로 '꼬불꼬불한 털로 장식하다'라는 의미이다.

매우 영리하고 지능이 높아서 여러 가지 훈련이 가능한 견종이다. 그러나 독립심이 강해서 억지로 가르치면 저항하고 무시하므로, 주인과 상호 신뢰관계를 깨지 않도록 커뮤니케이션하면서 훈련시킨다.

1300년경 카나리아 제도의 뱃사공이 유럽의 무역중심지였던 이탈리아로 비숑 프리제를 데려왔다. 그 후 1494년 프랑스가 이탈리아를 침략한 '이탈리아 전쟁' 때 프랑스로 건너오게 되었다고 한다.

옛날 유럽에서는 환자가 난방을 하는 대신 비숑 프리제를 안고 잤다는 이야기가 있을 정도로 오랜 시간 안고 있어도 얌전히 안겨 있는 착한 반려견이다.

BREEDING DATA

- 키_ 24~29cm
- 체중_ 3~6kg
- 원산국_ 프랑스
- 잘 걸리는 질병_ 유전성 빈모증, B형혈우병, 흥분 및 스트레스로 인한 떨림, 환축아 탈구, 안검내반증, 각막변성증, 백내장, 시스틴결석증, 인산칼슘결석증, 인산마그네슘암모늄결석증

성격 감수성이 풍부하며 밝고 상냥하다.

겨울나기 | 운동시간 10분×2회 | 털관리

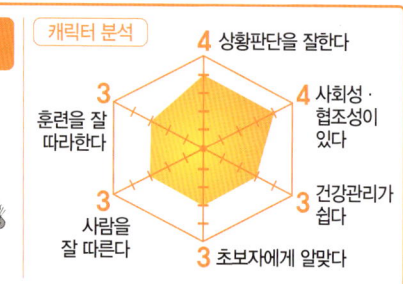

캐릭터 분석
- 상황판단을 잘한다 4
- 사회성·협조성이 있다 4
- 훈련을 잘 따라한다 3
- 건강관리가 쉽다 3
- 사람을 잘 따른다 3
- 초보자에게 알맞다 3

티베탄 테리어 *Tibetan Terrier*

테리어가 아닌 티베트의 토이 도그

Group 9
소형견
번호 209

상냥하고 온순한 티베탄 테리어는 조금 제멋대로인 성격에 고집이 세며 융통성이 없는 면도 있다. 그래도 주인과 가족에게는 헌신적이고, 친근하게 다가오는 아이들에게는 친절하다. 매우 영리하고 주위 상황을 관찰하여 스스로 판단하고 행동하는 똑똑한 견종이다. 흥분해서 사납게 짖는 경우는 없지만, 낯선 사람을 보면 경계하고 무뚝뚝하게 대하며, 위험을 느끼면 집 지키는 개로서의 능력도 발휘한다.

처음 발견했을 때 크기가 테리어와 비슷해서 이름에 테리어가 들어갔지만 활발한 성격의 테리어 그룹과는 전혀 관련이 없다. 따라서 운동량도 그다지 많지 않고 아침 저녁 하루 2번, 20분씩 가볍게 산책을 하면 충분하다. 가끔 도그런에서 다른 개나 사람과 만나게 해주면 사회성과 협조성을 기를 수 있다.

풍성한 털은 더블코트로 직모인 바깥털과 부드럽고 양모 같은 속털로 이루어져 있다. 털 컬러는 골드, 화이트, 블랙, 그레이 등 다양하다.

BREEDING DATA
- 키_ 수컷 36~41cm / 암컷은 수컷보다 약간 작다
- 체중_ 8~13.5kg
- 원산국_ 티베트
- 잘 걸리는 질병_ 수정체 탈구, 녹내장, 약년성백내장, 망막형성부전, 전반적인 진행성망막위축증, 고관절형성부전, 유전성 전정장해, 당뇨병

성격: 밝고 호기심이 많으며 약간 고집스럽다.

운동시간: 20분×2회

캐릭터 분석
- 상황판단을 잘한다 4
- 사회성·협조성이 있다 4
- 건강관리가 쉽다 3
- 초보자에게 알맞다 3
- 사람을 잘 따른다 4
- 훈련을 잘 따라한다 3

라사 압소 *Lhasa Apso*

고집이 조금 센 장모종

Group 9
소형견
번호 227

밝고 천진난만하게 노는 모습을 보면 저절로 미소가 떠오르는 라사 압소. 쉽게 친해질 수 있지만 엉뚱한 장난을 좋아하는 아이들이나 다른 개와는 부딪칠 수 있다.

순진하지만 신경질이 있고 경계심이 많아서 낯선 사람에게는 좀처럼 마음을 열지 않는다. 또 지능은 높지만 고집이 매우 센 편이어서 훈련하기가 조금 까다롭다. 주인과의 신뢰관계가 잘 이루어져 있어도 고집 때문에 훈련이 잘 되지 않는다. 개체의 성격에 따라 차이가 있겠지만 「앉아」, 「기다려」, 「안 돼」 등의 기본적인 명령을 가르치는 훈련은 식사 시간이나 간식 시간에 하는 것이 좋다. 모르는 사람이 다가오면 마구 짖어대므로 주인이 제지할 수 있도록 가르쳐야 한다.

털은 길고 곧게 자라며 숱이 많다. 속털과 바깥털로 이루어진 더블코트로 추운 날씨에도 잘 견딘다. 바닥까지 닿는 털을 아름답게 유지하려면 매일 부지런히 손질해야 한다.

BREEDING DATA
- 키_ 25~28cm
- 체중_ 6~7kg
- 원산국_ 중국(티베트)
- 잘 걸리는 질병_ 심내막증, 유문협착증, 항문주위선종, 피지선종양, 알레르기성피부염, 유전성빈모증

성격: 명랑하며 어리광을 부리고 독점력이 강하다.

운동시간: 10분×2회

캐릭터 분석
- 상황판단을 잘한다 2
- 사회성·협조성이 있다 2
- 건강관리가 쉽다 2
- 초보자에게 알맞다 4
- 사람을 잘 따른다 2
- 훈련을 잘 따라한다 2

치와와 *Chihuahua*

Group 9 | 소형견 | 번호 218

노인도 쉽게 키울 수 있는 세계에서 가장 소형견

치와와는 세계에서 몸집이 가장 작은 견종이다. 천진난만하게 놀고, 고양이처럼 제멋대로여서 기분에 따라 주인에게 어리광을 부리거나 쌀쌀맞게 행동한다. 몸집이 작아서 노인들도 다루기 쉽다.

또한, 산책이나 운동을 많이 하지 않아도 되기 때문에 아파트에서도 충분히 키울 수 있고, 바쁜 사람도 키우기 편한 견종이다.

털의 종류는 롱코트와 스무드코트 2종류이며 성격에는 큰 차이가 없다. 양쪽 모두 추위에 약해서 실내에서 키워야 하고, 한겨울에 외출할 때는 보온용 옷을 입혀야 한다.

치와와는 소형견이어서 아무래도 귀엽다고 어리광을 받아주기 쉽다. 그러나 요구하는 대로 다 들어주면 사람보다 자신의 서열이 위라고 착각하여 마치 자신이 주인이라도 된 양 소파 위를 차지하거나 사람에게 재촉하는 버릇이 생겨 시끄럽게 짖어댈 수 있다. 경우에 따라서는 어린아이에게 공격적인 모습을 보이기도 한다. 이런 문제를 방지하려면 치와와의 어리광을 너무 받아주지 말고 단호한 태도를 취해야 한다. 그리고 어린아이가 있다면 치와와가 어린아이를 대하는 태도를 잘 살펴서 잘못된 태도는 바로잡아야 한다.

훈련은 그다지 빨리 익히지 못하는 편이다. 또 너무 엄하게 해도 잘 따라오지 못하므로 가능한 놀이하듯이 가르치는 것이 중요하다. 식사할 때는 반드시 「앉아」와 「기다려」를 가르쳐서 최소한의 기본적인 명령은 익히게 한다.

BREEDING DATA

- 키_ 15~23cm
- 체중_ 2.7kg 이하
- 원산국_ 멕시코
- 잘 걸리는 질병_ 무릎관절 탈구, 구개열, 기관허탈, 천문개존, 눈병

성격 성격이 조금 강하고, 제멋대로이다.

겨울나기	운동시간	털관리
	10분×1회	털의 종류에 따라 다르다

캐릭터 분석
- 상황판단을 잘한다: 2
- 사회성·협조성이 있다: 2
- 건강관리가 쉽다: 4
- 초보자에게 알맞다: 4
- 사람을 잘 따른다: 2
- 훈련을 잘 따라한다: 2

| Group 9 |
| 소형견 |
| 번호 231 |

티베탄 스패니얼 Tibetan Spaniel

낯선 사람에게는 무뚝뚝한 스패니얼

활발하고 머리가 좋으며 주인과 가족에게 깊은 애정을 표현한다. 낯가림이 심해서 낯선 사람 앞에서는 마치 다른 개라도 된 것처럼 무뚝뚝하고 경계심을 드러내며 까다로운 성격으로 변한다.

침입자나 수상한 사람에게는 매우 날카롭게 짖어서 집을 지키는 일에는 적합하다. 다른 반려동물과도 사이좋게 지낼 수 있지만 그렇게 되기까지는 어느 정도 훈련이 필요하다.

주인이 감당 못할 행동은 절대 하지 않고 평소에는 얌전한 성격이다. 기껏해야 모르는 사람에게 무뚝뚝하게 행동하는 정도로 공격적인 행동은 하지 않는다. 기초적인 「앉아」, 「기다려」, 「엎드려」 등은 식사나 간식을 줄 때 매일 반복해서 연습시키면 금세 배운다. 애정을 듬뿍 담아 커뮤니케이션을 한다면 사랑스러운 반려견이 될 것이다.

털은 더블코트로 귀, 다리, 꼬리에 긴 장식털이 있다. 장식털은 가늘어서 엉키기 쉬우므로 자주 브러싱해야 한다.

BREEDING DATA
- 키_ 24~28cm
- 체중_ 4~7kg
- 원산국_ 티베트
- 잘 걸리는 질병_ 무릎뼈탈구, 전반적인 진행성망막위축증, 알레르기성피부염

| Group 9 |
| 소형견 |
| 번호 233 |

로첸 Lowchen

라이온 컷으로 가꾼 독특한 외모가 특징

로첸은 스페인의 유명한 화가 고야의 작품 속에도 등장했던 견종으로, 가장 큰 특징은 독특한 라이온 컷이다. 라이온 컷이란 엉덩이쪽 털을 밀어 피부를 드러내는 독특한 트리밍 기법을 말하는데, '리틀 라이온 도그'라는 별명도 여기서 유래되었다. 예전에는 매우 보기 드문 견종이었지만 요즘 유럽 도그쇼에서는 어렵지 않게 볼 수 있다. 아주 많은 수는 아니지만 그래도 제법 많은 애견가가 키우고 있다.

독특한 라이온 컷은 멋을 내려는 의도가 아니라 귀족 부인이 난로를 대신해서 로첸을 품에 안았을 때 개의 피부가 직접 닿는 편이 더 따뜻했기 때문이었다는 설과, 위엄 있는 외모를 위해 사자와 비슷한 강한 인상을 만들려고 잘랐다는 설이 있다. 어느 쪽이든 라이온 컷을 유지하려면 적어도 2달에 한 번은 트리밍을 해야 한다.

밝고 활발한 성격과 오기 있고 고집스러운 성격을 모두 지녔다. 충성심이 강하며 주인을 매우 좋아한다.

BREEDING DATA
- 키_ 25~33cm
- 체중_ 4~8kg
- 원산국_ 프랑스
- 잘 걸리는 질병_ 피부병, 알레르기

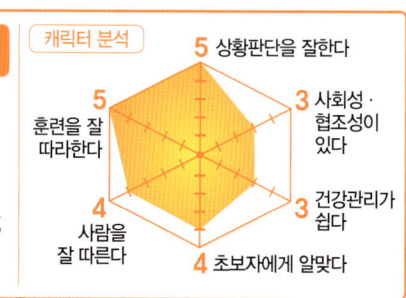

퍼그 *Pug*

애교와 애수 어린 표정으로 사람의 마음을 치유한다

Group 9 / 소형견 / 번호 253

퍼그는 애교와 애수가 함께 느껴지는, 아무리 봐도 질리지 않는 독특한 외모를 지녔다. 함께 지내다 보면 희로애락의 감정표현이 정말 풍부해서 놀라게 될 것이다. 그리고 언제나 밝고 긍정적으로 행동하는 모습에서 위안을 얻게 될 것이다. 보면 볼수록 매력적이고 애착이 생기므로 퍼그를 키워본 사람은 다음에도 또 퍼그를 키우겠다고 말하는 경우가 많다.

그러나 애교스러운 납작한 코 때문에 호흡하기가 힘들고 그래서 체온을 조절하기가 어려워서 더위에 매우 약하다. 열사병에 걸리기 쉬우므로 한여름에 자동차 안이나 온도관리가 되지 않는 실내에 남겨두거나, 바깥에 묶어두는 것은 절대 금물이다. 원래 호흡이 거칠고 코를 잘 곤다. 살찌기 쉬운 체질이며, 뚱뚱한 퍼그의 코골이 소리는 매우 크다. 얼굴의 주름 사이사이에 때가 끼면 피부병이나 눈병, 악취의 원인이 되므로 늘 깨끗하게 관리한다.

학습능력이 떨어지는 것은 아니지만 훈련하기가 쉽지 않다. 우선 자신이 키우는 퍼그가 무엇을 가장 좋아하는지 알아내는 것이 가장 중요하다. 그에 맞춰 어릴 때부터 반복훈련을 하면 많은 기술을 배울 수 있다. 먹는 것을 좋아한다면 먹을 때마다 「앉아」, 「기다려」, 「엎드려」 등의 기본적인 명령을 가르치고, 노는 것을 좋아하면 훈련이라는 것을 눈치 채지 못하게 놀면서 훈련시키면 효과적이다.

네덜란드 동인도회사가 처음 유럽에 들여온 이후 네덜란드의 오렌지 왕가에서 많은 사랑을 받았다.

BREEDING DATA
- 키_ 25~28cm
- 체중_ 6.5~8kg
- 원산국_ 중국
- 잘 걸리는 질병_ 퍼그뇌염(괴사성 수막뇌염), 안구돌출, 비공협착, 열중증, 피부병

성격: 우호적이며 감정표현이 풍부하다.

겨울나기 / 운동시간 10분×2회 / 털관리

캐릭터 분석
- 상황판단을 잘한다: 3
- 사회성·협조성이 있다: 2
- 건강관리가 쉽다: 3
- 초보자에게 알맞다: 3
- 사람을 잘 따른다: 4
- 훈련을 잘 따라한다: 2

| Group 9 | 소형견 | 번호 250 |

하바니즈 *Havanese*

애정이 풍부하고 재주도 잘 부리는 반려견

매우 영리하고 아이들에게도 친절하며 애정이 깊다. 다른 개나 사람, 그리고 고양이 등의 반려동물에게도 우호적이며 사회성과 협조성이 있다. 그렇다고 경계심이 없는 것도 아니며 빈틈이 없다. 아파트에서 충분히 키울 수 있고, 하루에 필요한 운동량도 별로 많지 않다.

학습능력이 매우 뛰어나서 재주를 잘 부리는 개로 알려져 있다. 기초적인 훈련은 어릴 때부터 반복해서 연습시키면 비교적 빠르게 배운다. 응용기술로 공이나 다른 장난감을 던져주면서 갖고 오게 하거나, 빙글빙글 돌게 하는 등의 기술도 가르칠 수 있다.

털은 가늘고 길게 자라며 정기적으로 트리밍해야 한다. 빠진 털을 제거하기 위해 슬리커 브러시나 빗으로 자주 브러싱하자. 눈, 귀, 입 주위의 털은 더러워지기 쉬워서 피부병을 일으킬 수 있으므로 항상 청결하게 관리해야 한다.

BREEDING DATA

- 키_ 28~32cm
- 체중_ 3~6kg
- 원산국_ 지중해 서부
- 잘 걸리는 질병_ 전반적인 진행성 망막위축증, 무릎뼈탈구, 대퇴골두 무혈성괴사, 청각장애

성격 다정하고 사교성이 있으며 우호적이다.

겨울나기 / 운동시간 20분×2회 / 털관리

캐릭터 분석
- 상황판단을 잘한다: 4
- 사회성·협조성이 있다: 3
- 건강관리가 쉽다: 3
- 초보자에게 알맞다: 3
- 사람을 잘 따른다: 4
- 훈련을 잘 따라한다: 3

| Group 9 | 소형견 | 번호 283 |

코튼 드 툴리어 *Coton de Tulear*

마다가스카르의 헤엄을 잘 치는 토이 도그

코튼 드 툴리어는 반려견으로는 드물게 아프리카 동쪽에 있는 마다가스카르 출신이다. 조상견이 프랑스로 건너가는 바람에 프랑스식 이름이 붙여지면서 개량되었다. '코튼'은 '면'을 '툴리어'는 마다가스카르 항구를 의미한다. 1970년 FCI에서 공인되었다.

겉모습도 그렇고 토이 그룹이라는 점에서 상상하기 어렵지만 헤엄치는 것을 매우 좋아한다. 옛날에는 배에 승선해서 쥐 같은 해로운 동물을 잡거나 배를 지키는 일을 했다고 한다.

주인에게 순종하고 차분하며 애정이 깊다. 다른 개나 고양이와도 사이 좋게 지낼 수 있는 사교성도 있다. 그러나 고집이 좀 세서 주인이 리더십을 보이지 않으면 반항적인 개가 되고 만다.

볼로니즈, 하바니즈와 가까운 견종으로 도시 환경에서도 충분히 키울 수 있지만 반드시 산책을 시켜야 한다. 아침 저녁 하루 2번, 20분씩 산책시키는 정도면 충분하다.

BREEDING DATA

- 키_ 25~30cm
- 체중_ 5.5~7kg
- 원산국_ 마다가스카르
- 잘 걸리는 질병_ 관절질환, 눈병

성격 고집이 세며 수선스럽고 성질이 급하다.

겨울나기 / 운동시간 20분×2회 / 털관리

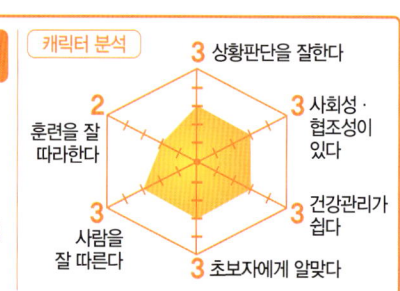

캐릭터 분석
- 상황판단을 잘한다: 3
- 사회성·협조성이 있다: 3
- 건강관리가 쉽다: 3
- 초보자에게 알맞다: 3
- 사람을 잘 따른다: 3
- 훈련을 잘 따라한다: 2

차이니즈 크레스티드 도그 *Chinese Crested Dog*

고대견의 피를 이어 받은 명랑하고 놀기 좋아하는 헤어리스 도그

Group **9**
소형견
번호 **288**

놀기 좋아하는 명랑한 성격이지만, 경계심이 강해서 낯선 사람이 다가오면 돌변해서 심하게 짖기도 한다.

차이니즈 크레스티드 도그를 키울 때는 무엇보다도 털이 없는 피부 손질이 중요하다. 피부가 예민하므로 외출할 때는 자외선 차단제를 발라 피부를 보호하고, 보호용 옷을 입히는 것이 좋다. 겨울철에는 실내외가 모두 건조하므로 보습 효과가 있는 스킨 크림을 발라주는 것이 좋다. 최근에는 개전용 크림이 다양하게 판매되고 있다.

이 견종은 훈련받는 것을 그다지 좋아하지 않는다. 활발한 편이 아니고 주인 곁에서 느긋하게 지내는 것을 좋아한다. 따라서 기본적인 훈련도 시간이 걸릴 수 있다. 놀면서 하기보다는 식사 시간이나 간식 시간을 이용해서 잘하면 상을 주는 방법 등을 이용하는 것이 좋다.

같은 부모견 밑에서도 털이 없는 헤어리스와 털이 있는 종류가 함께 태어나는 경우도 있다. 털이 있는 쪽을 '파우더 퍼프(Powder puff)'라고 부른다. 그러나 이 2종류를 다른 견종으로 구분하지는 않는다. 헤어리스 종류는 머리와 목에 털이 볏처럼 나 있다. 꼬리 끝에도 장식처럼 털이 나 있고, 발가락과 다리 아래에는 털이 텁수룩하다.

최근 DNA 연구에 의해 아프리카의 바센지가 가장 가까운 견종으로 밝혀졌다. 아마도 옛날에 중국의 무역선이 아프리카에서 헤어리스 도그를 데리고 들어간 것이 시초가 된 것으로 추측한다.

BREEDING DATA

- 키_ 28~33cm
- 체중_ 5.5kg 이하
- 원산국_ 중국
- 잘 걸리는 질병_ 피부병, 심장질환

성격 자존심이 강하고 제멋대로이다.

겨울나기 | 운동시간 10분×2회 | 털관리

캐릭터 분석
- 3 상황판단을 잘한다
- 4 사회성·협조성이 있다
- 2 건강관리가 쉽다
- 2 초보자에게 알맞다
- 3 사람을 잘 따른다
- 3 훈련을 잘 따라한다

Group 9		
소형견	**러시안 토이 테리어** Russian Toy Terrier	
번호 359	춤을 추는 듯한 걸음이 매력적인, 인기 상승의 예감이 드는 반려견	

20세기 초 러시아에 들어온 잉글리시 토이 테리어는 큰 인기를 끌었지만 전쟁의 영향으로 그 수가 크게 줄어들었다. 그 후 1950년대 중반에 전쟁에서 살아남은 잉글리시 토이 테리어로 번식에 성공하여 탄생한 것이 러시아 스타일의 러시안 토이 테리어이다.

1966년 처음으로 스탠더드(견종표준)가 정해졌지만 여전히 그 모습을 찾아보기 힘들었는데, 1990년대에 들어서면서 애견가들의 노력으로 수가 늘어나게 되었다.

러시안 토이가 사랑스럽고 리드미컬하게 걷는 모습을 보면 우아함마저 느껴진다. 롱과 스무드 2종류가 있는데, 성격도 미묘하게 차이가 난다. 롱코트는 얌전하고 부드러운 성격이고, 스무드코트는 성격이 조금 강하고 낯선 사람을 보면 격렬하게 짖는다.

털 손질 방법도 달라서 스무드코트는 천연모 브러시로 자주 브러싱하는 것만으로 충분하지만, 롱코트는 특히 귀, 다리, 꼬리에 있는 장식털이 엉키지 않게 매일 빗으로 브러싱하고 결을 정돈해야 한다.

추위에 약하므로 한여름 냉방이 잘 되는 곳은 좋지 않고, 겨울에는 보온용 옷을 입히는 등 체온 유지에 신경을 써야 한다. 머리가 작아서 산책하는 도중에 목줄이 빠지기도 하므로 하네스를 사용하는 편이 좋다.

러시안 토이는 매우 얌전해서 특별히 훈련시킬 필요가 없다. 학습능력도 있기 때문에 「앉아」, 「기다려」, 「안 돼」 등의 기본적인 명령 정도만 가르치면 충분하다.

BREEDING DATA

- 키_ 20~26cm
- 체중_ 1.3~2.7kg
- 원산국_ 러시아
- 잘 걸리는 질병_ 피부병, 관절질환, 눈병

성격 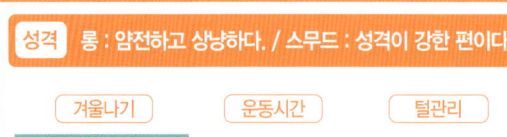 롱 : 얌전하고 상냥하다. / 스무드 : 성격이 강한 편이다.

겨울나기 · 운동시간 · 털관리

10분×2회

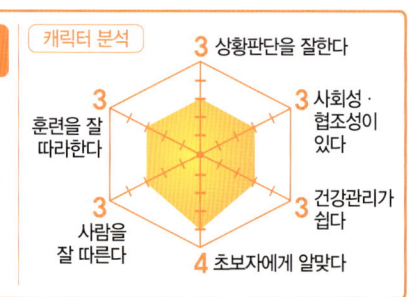

캐릭터 분석
- 상황판단을 잘한다 3
- 사회성·협조성이 있다 3
- 건강관리가 쉽다 3
- 초보자에게 알맞다 4
- 사람을 잘 따른다 3
- 훈련을 잘 따라한다 3

GROUP 10

Italian Greyhound

Sight Hounds

사이트(시각) 하운드라고 불리는 견종 그룹으로

멀리서 사냥감을 발견하면 재빨리 쫓아가 막다른 곳으로 몰아넣는다.

멀리까지 내다볼 수 있도록 키가 큰 것이 특징이다.

활동적이고 민첩하며 운동량이 충분해야 한다.

이탈리안 그레이하운드, 휘핏, 아프간 하운드, 보르조이, 슬루기, 살루키 등.

Scottish Deerhound

Spanish Greyhound

Barzoi

Group 10	
대형견	
번호 158	

그레이하운드 *Greyhound*

가장 빠른 스피드를 자랑하는 그레이하운드

그레이하운드는 성격이 온순해서 거의 짖지 않고 조용히 지내는 것을 좋아한다. 아이들이 소란스럽게 떠드는 것을 싫어하므로 어린아이가 있는 집에서 키우면 신경질적인 개가 될 수 있다. 독립심이 있지만 주인이 일관성 있게 훈련하면 잘 따라온다.

달리기 경주용으로 키우는 그레이하운드와 도그쇼에 내보내기 위해 키우는 그레이하운드가 있으며, 2종류 모두 운동량이 많다. 그레이하운드를 키우려면 주인도 그에 걸맞은 체력을 갖춰야 한다.

달리기 경주용으로 키우는 그레이하운드는 견종 가운데 최고 속도로 가장 빨리 달린다. 일반 가정에서도 키울 수 있는 도그쇼용 그레이하운드는 시속 100km로 달릴 기회는 없지만 경주용과 마찬가지로 운동량이 많아서 아침 저녁 하루 2번, 적어도 1시간 이상씩 산책하는 것이 이상적이다. 넓고 안전한 장소에서 자유롭게 뛰어놀게 하면 더욱 좋다.

BREEDING DATA

- 키_ 수컷 71~76cm / 암컷 68~71cm
- 체중_ 수컷 30~32kg / 암컷 27~30kg
- 원산국_ 영국
- 잘 걸리는 질병_
  갑상선 기능저하증, 혈우병, 눈병, 골절

성격 온순하고 조용하며 경계심과 독립심이 강하다.

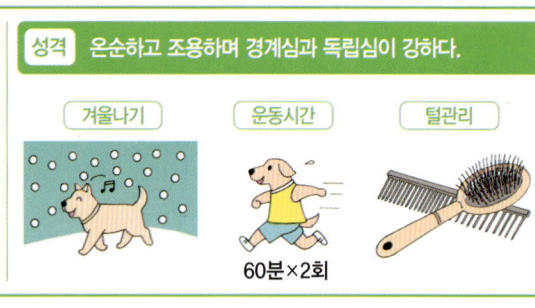
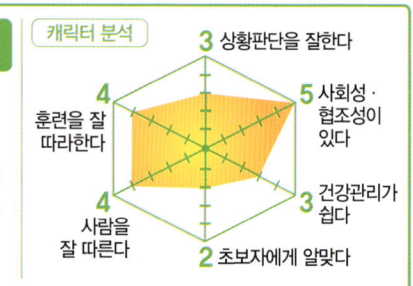

캐릭터 분석
- 상황판단을 잘한다: 3
- 사회성·협조성이 있다: 5
- 건강관리가 쉽다: 3
- 초보자에게 알맞다: 2
- 사람을 잘 따른다: 4
- 훈련을 잘 따라한다: 4

Group 10	
대형견	
번호 160	

아이리시 울프하운드 *Irish Wolfhound*

키가 가장 큰 아일랜드의 국견

세계에서 가장 큰 키를 자랑하는 견종이다. 아일랜드의 국견으로 생김새는 그레이하운드를 닮았고, 마스티프나 불도그와 싸워도 지지 않을 만큼 강인한 기질을 지니고 있다. 아이리시 울프하운드를 키우기 위해서는 넓은 주거환경과 매일 충분히 운동시킬 수 있는 시간적 여유가 필요하다.

성격은 매우 온순하고 대범한 평화주의자이다. 주인에게 매우 깊은 애정을 쏟는다. 협조성이 있고 학습능력도 뛰어나 훈련에 적극적으로 참여한다. 그러나 그것은 주인을 신뢰할 때의 이야기이다. 주인으로 인정을 받으려면 어릴 때부터 어리광을 받아주지 말고 애정을 담아 커뮤니케이션을 하면서 일관된 지시를 내리는 것이 중요하다. 억지스러운 일을 시키거나 지시 내용이 자주 바뀌면 신뢰하지 않는다.

성견이 되기까지는 약 2년이 걸리는데, 그때까지는 훈련을 엄하게 해서는 안 된다. 완벽하지 않아도 기초적인 내용을 확실하게 가르쳐두면 성장하면서 완성된다.

BREEDING DATA

- 키_ 수컷 81~86cm / 암컷 76~81cm
- 체중_ 수컷 54kg / 암컷 48kg
- 원산국_ 아일랜드
- 잘 걸리는 질병_
  심근증, 골암, 폰빌레브란트병, 고관절형성부전, 위염전

성격 얌전하고 순종적이며 배려심과 협조성이 있다.

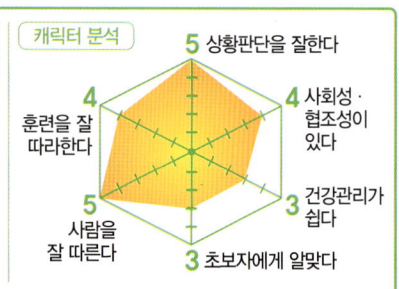

캐릭터 분석
- 상황판단을 잘한다: 5
- 사회성·협조성이 있다: 4
- 건강관리가 쉽다: 3
- 초보자에게 알맞다: 3
- 사람을 잘 따른다: 5
- 훈련을 잘 따라한다: 4

휘핏 *Whippet*

유연한 몸을 가진 빠르게 질주하는 하운드

Group 10
중형견
번호 162

활발하고 애정이 풍부하며 어리광이 많은 견종이다. 주인의 발 옆을 이 세상 그 어느 곳보다 편안하게 생각하는 충실하고 순종적인 모습이 더없이 매력적이다.

실내에 있을 때는 얌전하고 온순하지만 야외로 나가면 활발한 성격이 드러난다. 낯선 사람에게는 냉담하며 집 지키는 임무를 잘 수행한다. 또, 아이들과 잘 놀아주는 상냥한 면도 있지만 사냥 본능이 있어서 산책 중에 고양이를 만나면 정신없이 뒤쫓아 가기도 한다.

근육질 몸은 유연하고 스프링 같은 순발력이 있으며 운동을 많이 해야 한다. 적어도 아침 저녁 하루 2번, 가볍게 달리기도 하면서 산책하는 것이 좋다.

체취가 별로 없고 털 손질하기도 쉽다. 촘촘하게 자라는 쇼트 코트는 곱고 가늘며 촉감이 부드럽다. 매일 천연모 브러시로 마사지하듯이 브러싱하고 정기적으로 목욕을 시키면 아름다운 모습을 유지할 수 있다. 털 컬러는 상상할 수 있는 모든 색이 다 있을 정도로 다양하다.

얌전하고 충성심이 강하며, 학습능력도 높아서 훈련시키기에 별로 어렵지 않다. 처음에는 식사 시간이나 간식 시간을 이용하여 기초적인 「앉아」,「기다려」,「엎드려」 등을 훈련하면서 잘 해내면 상을 준다.

이런 과정을 이해시키면 다음 단계의 훈련도 문제없이 진행할 수 있다. 위험한 상황에서 「멈춰」 또는 「안 돼」 등으로 개의 행동을 제지할 수 있도록 복종훈련을 할 필요가 있다.

BREEDING DATA
- 키_ 수컷 48~56cm / 암컷 46~53cm
- 체중_ 13kg
- 원산국_ 영국
- 잘 걸리는 질병_ 수정체 탈구, 정류고환, 귓바퀴 탈모증, 백내장, 알레르기성피부염, 구개열

성격: 주인에게 순종하며 차분하다.

겨울나기 | 운동시간 (30분×2회) | 털관리

캐릭터 분석
- 상황판단을 잘한다: 4
- 사회성·협조성이 있다: 3
- 건강관리가 쉽다: 3
- 초보자에게 알맞다: 3
- 사람을 잘 따른다: 3
- 훈련을 잘 따라한다: 4

| Group 10 |
| 대형견 |
| 번호 164 |

스코티시 디어하운드 *Scottish Deerhound*

기품이 넘치는 블루그레이 거대견

스코티시 디어하운드는 옛날에 왕족이나 귀족들만이 소유할 수 있었던 개로, 늑대를 사냥하는 능력이 뛰어나 귀한 대접을 받았다.

몇 번의 멸종 위기를 넘기면서 1860년대에는 도그쇼에 출장할 만큼 그 수가 늘어났지만, 제1차 세계대전으로 다시 줄어들었다. 요즘에는 쇼도그로 인기가 높아져서 멸종 위기는 벗어났지만 겉모습이 비슷한 아이리시 울프하운드의 인기에 밀려 세계적으로 수가 적은 견종이다.

간단하게 '디어하운드'라고도 부르며, 이름에 하운드가 들어간 것에서 짐작할 수 있듯이 사슴 사냥에서 활약하던 사냥개이다. 사냥개로서의 본능이 남아 있기 때문에 운동을 충분히 시켜야 한다.

거대한 겉모습과는 달리 매우 순종적이고 아이들과 잘 놀아주는 상냥하고 차분한 견종이다. 능력에 대한 자신감 때문인지 위험을 감지해도 곧바로 위협하거나 공격하지 않고 거의 짖지도 않는다. 따라서 집 지키는 개로는 적합하지 않다.

사교성과 협조성이 있어서 다른 개와는 사이좋게 지내지만, 고양이나 다른 반려동물과 함께 키우는 것은 위험하다. 가족이 아니라 사냥감으로 인식할 가능성이 있기 때문이다.

주인에게는 충실하지만 주인의 리더십이 부족하면 제멋대로인 성격이 나와 주인이 지시해도 느리게 반응한다. 평소에 훈련할 때 주인이 리더십을 갖고 일관된 내용으로 훈련해야 한다.

BREEDING DATA

- 키_ 수컷 76cm 이상 / 암컷 71cm 이상
- 체중_ 수컷 38~47kg / 암컷 29.5~36kg
- 원산국_ 영국(스코틀랜드)
- 잘 걸리는 질병_ 고관절형성부전, 위염전, 눈병

성격: 상냥하고 온순하며 순종적이다.

겨울나기 / 운동시간 60분×2회 / 털관리

캐릭터 분석
- 상황판단을 잘한다: 5
- 사회성·협조성이 있다: 4
- 건강관리가 쉽다: 3
- 초보자에게 알맞다: 2
- 사람을 잘 따른다: 4
- 훈련을 잘 따라한다: 5

보르조이 *Borzoi*

늑대 사냥에서 활약하던 러시아를 대표하는 하운드

Group 10 / 대형견 / 번호 193

매우 온순하고 가족에게 충실하다. 지능이 높고 학습능력이 뛰어나서 훈련하기도 어렵지 않다. 훈련하기에 따라서는 아파트나 다세대주택에서도 충분히 키울 수 있다. 몸집이 약간 크다는 점을 제외하면 거의 짖지 않고 그럼에도 불구하고 집 지키는 임무를 잘 수행하는 훌륭한 반려견이다.

주인 곁에 얌전히 앉아 있을 것 같은 이미지이지만 운동량이 매우 많기 때문에 매일 걷고 달리는 장시간의 운동이 필요하다. 적어도 아침 저녁 하루 2번, 달리기를 포함해서 1시간씩 산책시키는 것이 좋다. 가능하면 안전하고 넓은 장소에서 전속력으로 달리는 자유운동을 하면 더욱 이상적이다.

털은 실크처럼 부드럽고 살짝 웨이브가 있다. 아름답지만 엉키기 쉬우므로 매일 슬리커브러시나 빗으로 브러싱해서 결을 정돈한다. 특히 가슴, 허리, 꼬리 부분의 털이 더러워지기 쉬우므로 부지런히 손질해야 한다.

보르조이의 역사는 1260년경으로 거슬러 올라간다. 주로 늑대사냥을 위한 사냥개로 이용되어서 '러시안 울프하운드(Russian Wolfhound)'라고도 불렸다. 1889년 영국에서 미국으로 수출되어 농장의 골칫거리였던 코요테를 없애는 데 크게 기여했다. 1936년 러시아어로 '민첩함'을 의미하는 보르조이라는 이름으로 정식 변경되었다.

위염전에 잘 걸리는 대표적인 견종이므로 딱딱한 사료는 피하고, 식사는 한 번에 주는 것보다 몇 번에 나누어서 주며, 식후에는 운동을 피하는 것이 좋다.

BREEDING DATA

- **키_** 수컷 71cm 이상 / 암컷 66cm 이상
- **체중_** 수컷 34~48kg / 암컷 26~40kg
- **원산국_** 러시아
- **잘 걸리는 질병_** 원발성림프종, 림프구성갑상선종, 고관절형성부전, 순막형질세포 침윤, 백내장, 망막형성부전, 다발성 눈이상, 위염전

성격: 낯선 사람에게 강한 경계심을 느낀다. 주인에게는 순종하며 차분하다.

겨울나기 / 운동시간 60분×2회 / 털관리

캐릭터 분석
- 상황판단을 잘한다: 4
- 사회성·협조성이 있다: 4
- 건강관리가 쉽다: 3
- 초보자에게 알맞다: 3
- 사람을 잘 따른다: 4
- 훈련을 잘 따라한다: 4

| Group 10 | 대형견 | 번호 188 |

슬루기 *Sloughi*

실내에서는 조용하지만 야외에서는 놀랄만한 운동능력을 발휘한다

북아프리카에서 태어난 슬루기는 뛰어난 시력을 이용해서 사냥하는 사이트 하운드이다. 오늘날 슬루기의 대부분은 모로코에서 살고 있다. '아라비안 그레이하운드(Arabian Greyhound)'라고도 부르며, 주로 산토끼나 자칼, 하이에나, 가젤, 타조 등을 사냥하는 데 이용되었다.

멀리 있는 사냥감을 발견하면 천천히 거리를 좁히면서 다가가다가 단숨에 막다른 곳으로 몰아넣고 잡는다. 때로는 맹금류와 함께 사냥을 하기도 했다. 1973년에 미국으로 수출되었지만 아직도 일반적으로는 흔히 볼 수 없는 견종이다.

장식털을 모두 없앤 살루키(Saluki)와 같은 체형이다. 상냥하고 온순해서 다른 개나 반려동물을 포함한 가족 모두에게 동료의식을 느끼고 잘 어울려 지낸다. 방문자나 낯선 사람에게는 조심스러우면서도 냉담하게 대한다. 주인이 강한 리더십을 보이면 순종적이고 충실한 개가 된다.

집에서는 쿠션이나 담요 위에 조용히 엎드려 있는 것을 좋아한다.

BREEDING DATA
- 키_ 61~72cm
- 체중_ 20~27kg
- 원산국_ 모로코
- 잘 걸리는 질병_ 골절, 피부병, 관절질환

성격: 다정하고 가족이나 반려동물과의 유대감이 강하다.

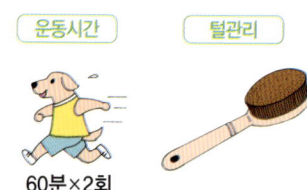
겨울나기 / 운동시간 60분×2회 / 털관리

캐릭터 분석
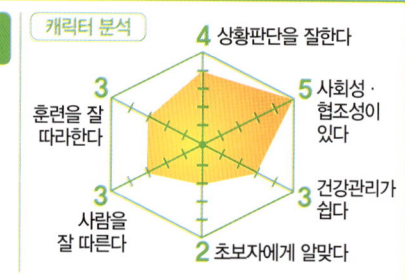
- 상황판단을 잘한다 4
- 사회성·협조성이 있다 5
- 건강관리가 쉽다 3
- 초보자에게 알맞다 2
- 사람을 잘 따른다 3
- 훈련을 잘 따라한다 3

| Group 10 | 대형견 | 번호 228 |

아프간 하운드 *Afghan Hound*

신뢰관계가 먼저 이루어져야 훈련할 수 있다

윤기가 흐르는 비단 같은 털, 나긋나긋한 걸음걸이가 매력적인 아프간 하운드. 독특한 기품이 느껴지는 아름다운 견종이다. 충성심이 강하고 정이 많지만 신경질적인 면도 있다. 훈련하기가 쉽지 않은데 주인과의 신뢰관계가 훈련의 성패를 좌우한다.

프라이드가 높은 아프간 하운드는 자신의 생활리듬이 깨지는 것을 싫어하므로 훈련을 시키려면 주인이 먼저 분위기를 잘 만들어야 한다. 절대 억지로 엄하게 야단치면서 가르쳐서는 안 되며, 그런 훈련은 거들떠보지도 않을 것이다. 예전에는 전문 트레이너조차 애를 먹는 견종이라는 꼬리표가 붙기도 했는데, 그 원인은 아프간의 성격 탓도 있지만 남의 손에 맡겨졌다는 사실과 주인에 대한 신뢰가 부족한 탓도 있다. 주인은 아프간의 성격을 존중하고 파트너로 대해야 한다.

부드러운 털은 정기적으로 트리밍을 해야 하며, 털이 엉키지 않도록 매일 브러싱해야 한다.

BREEDING DATA
- 키_ 65~74cm
- 체중_ 23~27kg
- 원산국_ 아프가니스탄
- 잘 걸리는 질병_ 확장형심근증, 아프간척수증, 고관절형성부전, 전반적인 진행성 망막위축증

성격: 섬세하고 자립심이 강하다.

겨울나기 / 운동시간 60분×2회 / 털관리

캐릭터 분석
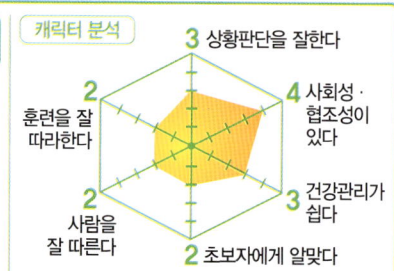
- 상황판단을 잘한다 3
- 사회성·협조성이 있다 4
- 건강관리가 쉽다 3
- 초보자에게 알맞다 2
- 사람을 잘 따른다
- 훈련을 잘 따라한다 2

이탈리안 그레이하운드 _Italian Greyhound_

Group 10 / 소형견 / 번호 200

군살 없이 탄탄한 근육질 몸매의 그레이하운드

온순하며 상냥하고 애정이 풍부한 이탈리안 그레이하운드는 그레이하운드의 축소판이다. 주인을 깊이 신뢰하며, 아이들이나 다른 반려동물과도 사이좋게 지낸다. 어릴 때는 장난꾸러기 같은 모습이 두드러지지만 그 모습도 나름의 매력이라고 생각하면 좋을 것이다. 모르는 사람을 보면 경계하고 때로는 무서워한다. 지나치게 겁을 먹는 것은 좋지 않으므로 어릴 때 다른 개나 사람을 많이 만나게 해서 사회성을 길러주는 것이 좋다.

빨리 달릴 수 있는 군살 없는 체형에 온몸이 근육질이어서 작은 몸에 비해 필요한 운동량이 많다. 적어도 아침 저녁 하루 2번, 30분씩 가벼운 달리기를 섞은 산책을 시켜야 한다. 안전하게 놀 수 있는 도그런 같은 곳에서 자유롭게 뛰어놀게 해주면 더욱 좋다. 산책코스를 따라 함께 달리면 주인의 건강에도 도움이 될 것이다. 뼈가 가늘고 약해서 너무 격렬한 운동을 하거나 높은 곳에서 뛰어내리면 골절사고로 이어질 수 있으니 조심해야 한다. 더위에는 어느 정도 견디지만 추위에 약하므로 한겨울에 산책시킬 때는 보온용 옷을 입히는 것이 좋다.

털은 짧고 촘촘하게 자라며 거의 빠지지 않는다. 체취도 거의 없어서 아파트나 다세대주택에서 키우기에 아주 좋은 견종이다. 털 손질이 크게 번거롭지 않지만 윤기와 피부 활성화를 위해서 정기적으로 천연모 브러시로 마사지하듯이 브러싱해주면 좋다.

털 컬러는 블랙, 그레이, 슬레이트 그레이, 옐로 등 다양한데 단색이 이상적이고 가슴과 발끝에만 흰색이 나타난다.

BREEDING DATA

- 키_ 33~38cm
- 체중_ 2.7~4.5kg
- 원산국_ 이탈리아
- 잘 걸리는 질병_ 패턴탈모증, 담색피모탈모증, 무릎관절 탈구, 간질

성격: 상냥하고 정이 많으며 약간 신경질적이다.

캐릭터 분석
- 상황판단을 잘한다: 3
- 사회성·협조성이 있다: 3
- 건강관리가 쉽다: 3
- 초보자에게 알맞다: 3
- 사람을 잘 따른다: 4
- 훈련을 잘 따라한다: 3

Group 10	헝가리안 그레이하운드 *Hungarian Greyhound*
대형견	
번호 240	헝가리 출신의 현역 사냥개이면서 레이서

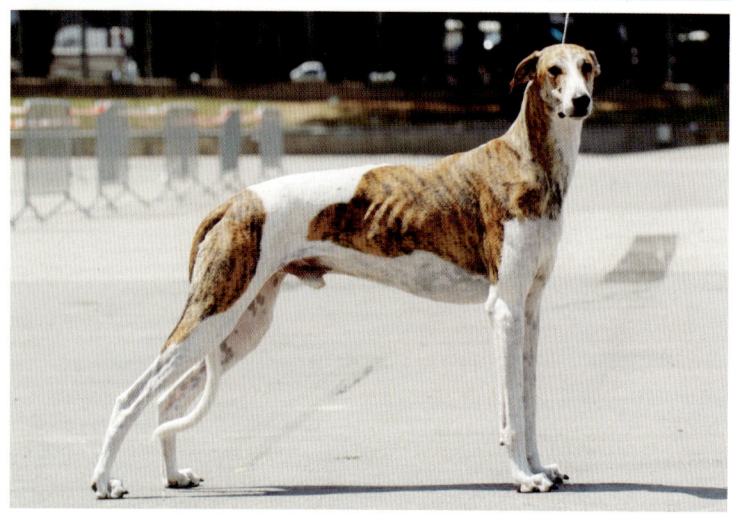

헝가리안 그레이하운드는 '마자르 아가르(Magyar Agar)'라는 잘 알려진 이름이 있지만, 헝가리의 민족문제 등이 얽혀서 영어 이름인 '헝가리안 그레이하운드'로 불린다. 그러나 다른 유럽 국가나 북미 등에서는 아직도 '마자르 아가르'로 불리고 있다. 1966년 FCI에서 공인받았다.

헝가리에서는 지금도 뛰어난 시력을 살려 산토끼 사냥 등에서 활약하고 있는 사이트 하운드이다. 그 밖의 다른 나라에서는 그레이하운드와 마찬가지로 개 경주(그레이하운드 레이싱)에서 시속 50~60km로 코스를 달리는 인기 견종이기도 하다.

주인에게 순종적이며 충실하고 차분하다. 영리하고 너그러우며 공격성이 전혀 없어서 반려견으로도 적합하다.

헝가리안 그레이하운드라고 불릴 만큼 움직임이 민첩하고, 체력이 뛰어나므로 체력을 소모시키려면 운동을 많이 해야 한다.

BREEDING DATA
- 키_ 수컷 65~70cm / 암컷 62~67cm
- 체중_ 수컷 30kg / 암컷 25kg
- 원산국_ 헝가리
- 잘 걸리는 질병_ 난산, 눈병, 관절질환

성격: 영리하고 순종적이며 충실하다.
운동시간: 60분×2회

캐릭터 분석
- 상황판단을 잘한다 4
- 사회성·협조성이 있다 4
- 건강관리가 쉽다 4
- 초보자에게 알맞다 1
- 사람을 잘 따른다 3
- 훈련을 잘 따라한다 3

Group 10	살루키 *Saluki*
대형견	
번호 269	힘과 스피드를 겸비한 날씬한 살루키

가젤 사냥에서 뛰어난 활약을 보여 '가젤 하운드(Gazelle Hound)'라고도 부르는 살루키는, 경계심이 강해서 주인 이외의 사람에게는 감정을 잘 드러내지 않는다. 상당히 냉정하고 온순한 성격으로 애정이 풍부하지만 이를 과장되게 표현하지는 않는다. 어딘지 모르게 차가운 듯한 태도가 고귀한 인상을 풍기지만 사실은 조금 겁이 많은 편이다. 낯선 사람에게도 마음을 열면 매우 섬세하게 애정표현을 하고 친근하게 다가온다. 어리광이 많고 늘 가족과 함께 있기를 원한다. 바깥에서 기르거나 집을 자주 비우는 가정에서 키우면 스트레스를 받아서 쉽게 병이 나는 예민한 견종이다.

날씬한 체형이지만 힘이 넘치고 달리는 속도도 무척 빠르다. 보기와는 달리 운동을 많이 시켜야 한다. 주인에게 산책하러 나가자고 조르지는 않지만 일단 밖으로 나가면 넘치는 체력을 주체하지 못할 정도여서 가벼운 조깅 정도로는 만족하지 못할지도 모른다. 가능하면 마음껏 달릴 수 있는 도그런 등의 넓은 장소에서 실컷 뛰어놀게 해주는 것이 좋다.

BREEDING DATA
- 키_ 수컷 58~71cm / 암컷은 수컷보다 작다
- 체중_ 수컷 20~30kg / 암컷은 수컷보다 가볍다
- 원산국_ 이란
- 잘 걸리는 질병_ 눈병, 피부병, 심인성 질환

성격: 경계심이 강하지만 주인에게 충실하고 애정이 풍부하다.
운동시간: 60분×2회

캐릭터 분석
- 상황판단을 잘한다 3
- 사회성·협조성이 있다 4
- 건강관리가 쉽다 4
- 초보자에게 알맞다 3
- 사람을 잘 따른다 4
- 훈련을 잘 따라한다 3

스패니시 그레이하운드 Spanish Greyhound

고대 아시아의 그레이하운드

Group 10
대형견
번호 285

그레이하운드보다 날씬하고 체구는 작지만 활력이 넘치는 스패니시 그레이하운드. 주인에게는 무척 상냥하고 학습능력도 뛰어나지만 내성적인 편이라 낯선 사람에게는 무관심하고 좀처럼 마음을 열지 않는다.

짧은 털이 촘촘하게 자라는 스무드헤어드와 약간 거친 러프헤어드 2종류가 있다. 스무드헤어드는 천연모 브러시로 가끔 브러싱해주고, 러프헤어드는 얼굴 주변에 있는 약간 긴 털을 닦아주면서 청결을 유지한다.

학습능력은 뛰어나지만 억지로 시키는 것은 싫어한다. 그래서 엄격하게 훈련하면 반항하면서 소극적인 태도를 보이고, 결국 많이 배우지 못하게 된다. 어릴 때부터 식사나 간식 시간에 매일 조금씩 훈련하면 거부감 없이 훈련을 받아들일 수 있다. 훈련은 집중할 수 있는 짧은 시간 안에 끝내고, 매일 반복해서 훈련하는 것이 중요하다. 처음에는 잘하지 못해도 야단치지 말고 조금이라도 노력하는 모습이 보이면 칭찬해주자. 자라면서 서서히 완벽해질 것이다.

기원전 600년부터 기원전 1세기에 걸쳐 고대 켈트의 골(Gauls)족과 함께 건너온 개가 스패니시 그레이하운드의 시작인 것으로 짐작된다. 고대 로마시대에는 글로 남겨진 기록이 있다. 고대 아시아의 그레이하운드 계통으로, 16세기부터 18세기까지 외국으로 많이 수출되었는데, 영국의 그레이하운드를 비롯하여 여러 나라에 존재하는 그레이하운드의 기초가 된 것으로 여겨진다.

BREEDING DATA

- 키_ 수컷 62~70cm / 암컷 60~68cm
- 체중_ 수컷 25~30kg / 암컷 20~25kg
- 원산국_ 스페인
- 잘 걸리는 질병_ 눈병, 빈혈, 난산

성격: 다정하고 온순하며 조금 신경질적이다.

겨울나기 / 운동시간 60분×2회 / 털관리

캐릭터 분석
- 상황판단을 잘한다: 5
- 사회성·협조성이 있다: 4
- 건강관리가 쉽다: 3
- 초보자에게 알맞다: 1
- 사람을 잘 따른다: 4
- 훈련을 잘 따라한다: 3

| Group 10 | 대형견 | 번호 307 |

아자와크 *Azawakh*

고대 아프리카에서 태어난 달리기 선수

최근의 DNA연구에 의하면 아자와크는 여우나 자칼, 이탈리아 늑대, 슬루기 등에서만 볼 수 있는 특이한 유전자를 갖고 있다는 사실이 밝혀졌다. 아마도 자칼과 같은 아프리카의 개과 동물에서 탄생한 고대견이 조상견인 것으로 짐작된다.

말리와 니제르의 경계선 지역에서 뛰어난 지구력을 무기로 토끼, 가젤, 멧돼지 등의 사냥을 도왔다. 밤에는 야영지를 지키며 사람과 같은 집에서 지내고 같은 일을 하면서 진정한 의미의 가족의 일원으로 대접받으면서 생활하였다. 1070년대까지는 외국으로 나갈 일이 없었다.

매우 영리하고 강인하며 활발하다. 독립심이 있고 조심성이 많으며 낯선 사람에게는 전혀 관심이 없어서 다가가기 두려운 개다.

원래는 사냥개였지만 최근에는 그레이하운드처럼 개 경주에 출장하여 최고 속도 약 65km로 빠르게 달린다.

BREEDING DATA

- 키_ 58~74cm
- 체중_ 17~25kg
- 원산국_ 말리(아프리카)

- 잘 걸리는 질병_
  골절, 관절질환, 피부병

성격 독립심이 강하고 프라이드가 높으며 경계심이 강하다.

| 겨울나기 | 운동시간 | 털관리 |

 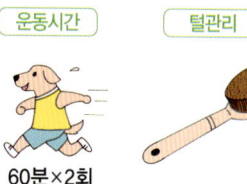 60분×2회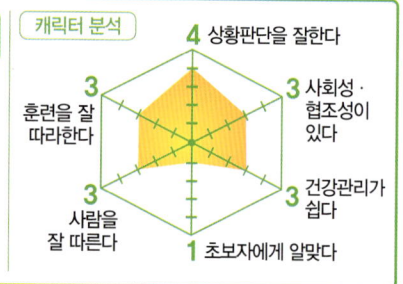

캐릭터 분석
- 4 상황판단을 잘한다
- 3 사회성·협조성이 있다
- 3 훈련을 잘 따라한다
- 3 건강관리가 쉽다
- 3 사람을 잘 따른다
- 1 초보자에게 알맞다

| Group 10 | 대형견 | 번호 333 |

폴리시 그레이하운드 *Polish Greyhound*

목표가 없으면 활발해지지 않는 그레이하운드

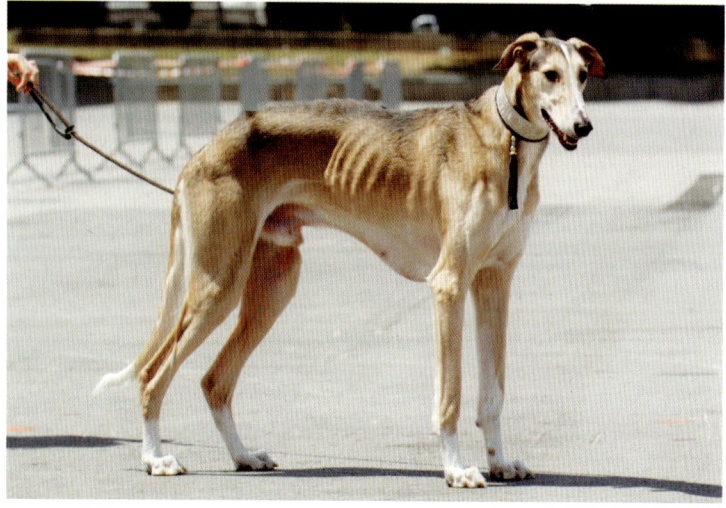

1989년 FCI에서 공인받은 폴리시 그레이하운드는 폴란드를 비롯한 유럽에서는 '샤르트 폴스키(Chart Polski)'라는 이름으로 친숙하다.

마음씨가 매우 착하고 충실하다. 주인과 가족에게는 상냥하게 대한다. 낯선 사람에게는 약간 경계심을 느끼고 냉담하게 대응한다. 밤에는 불침번을 서며 수상한 소리나 인기척을 느끼면 방어본능을 최대한 발휘하고, 때로는 공격적으로 행동하면서 집을 지킨다.

원래 늑대나 사슴, 여우, 산토끼를 쫓는 사냥개로 만들어진 견종이다. 빠르고 지구력이 뛰어나며 운동량이 월등히 많다. 반려견으로 키우기도 하지만, 넓은 초원에서 자유롭게 뛰어다니게 하는 것이 가장 좋다.

다른 그레이하운드와는 달리 사냥감을 뒤쫓을 때가 아니면 별로 활발하게 움직이지 않는다. 하지만 도그쇼처럼 개가 많이 모이는 장소에서도 움츠러들지 않는 언제나 당당한 모습을 보여준다.

BREEDING DATA

- 키_ 수컷 70~80cm / 암컷 68~75cm
- 체중_ 40kg
- 원산국_ 폴란드

- 잘 걸리는 질병_
  난산, 눈병, 빈혈

성격 온순하고 순종적이며 아이들에게 너그럽다.

| 겨울나기 | 운동시간 | 털관리 |

   60분×2회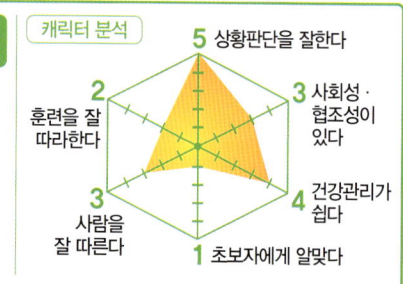

캐릭터 분석
- 5 상황판단을 잘한다
- 3 사회성·협조성이 있다
- 2 훈련을 잘 따라한다
- 4 건강관리가 쉽다
- 3 사람을 잘 따른다
- 1 초보자에게 알맞다

Biewer Terrier

American Bulldog

GROUP 미공인

American Pit Bull Terrier

미공인 견종

FCI(세계애견연맹)에서 공인받지 못한 견종.

FCI에서는 공인받지 못한 견종이더라도 각국의 켄넬클럽이나 견종단체에 의해 독자적으로 공인된 훌륭한 견종도 많다.

이들 중에는 세계적으로 유명한 견종도 많으며,

도그쇼에서 인기가 높은 견종도 있다.

뉴질랜드 헌터웨이, 랭카셔 힐러, 래브라두들, 마르키쉬에, 비바 테리어, 아메리칸 불도그, 아메리칸 핏 불 테리어, 킹 셰퍼드 등.

King Shepherd

미공인
중형견
·

가와카미견 *Kawakamiinu*

일본 나가노 현의 천연기념물로 지정된 재래견

해발 1,000m가 넘는 나가노 현 미나미사쿠 군 가와카미 촌에서 오랫동안 주변과 격리되어 살아온 가와카미견은 사냥꾼과 함께 산양, 곰 사냥에 참여했다. 시바 이누와 조상이 같은 것으로 알려져 있는데, 한편으로는 지금은 멸종한 것으로 알려진 일본 늑대를 사냥꾼이 길들인 견종이라는 이야기도 있다.

한때는 일본 천연기념물로 지정되었지만 견종 유지를 위한 필요한 수를 채우지 못해 해제되었고, 그 후 나가노 현의 천연기념물로 지정되었다. 그러나 가와카미견 전체가 천연기념물이 된 것은 아니고, 가와카미 촌에서 키우는 개체여야 한다는 조건과 가와카미견보존회 사무국과 나가노 현의 엄격한 심사조건을 만족시킨 개에게만 천연기념물 칭호가 부여된다. 이 선정 기준은 일본의 그 어떤 천연기념물 선정기준보다 엄격한 것이다. 가와카미 촌에는 가와카미견이 80마리 이상 존재하지만 실제로 천연기념물로 지정된 개는 반에도 못 미치는 38마리뿐이다(2008년 현재).

그야말로 오로지 주인에게만 충성하는 타입으로 낯선 사람에게 꼬리를 흔드는 견종이 아니다. 주인의 명령에 절대적으로 복종하며 사냥을 나가면 스스로 판단하고 행동한다. 눈빛이 예리하고 외모에서 야성미가 넘친다. 시바 이누보다 털이 길고 두꺼워서 가와카미 촌의 혹한을 견뎌낸다. 시바 이누의 한 종류인 신슈 시바 이누의 일종으로 보기도 하지만, 다리가 시바 이누보다 길고 눈이 약간 날카롭게 생겼다.

BREEDING DATA

- 키_ 수컷 38~45cm / 암컷 35~42cm
- 체중_ 9~14kg
- 원산국_ 일본
- 잘 걸리는 질병_ 피부병

성격: 경계심이 강하며 매우 충실하다.

겨울나기 | 운동시간 60분×2회 | 털관리

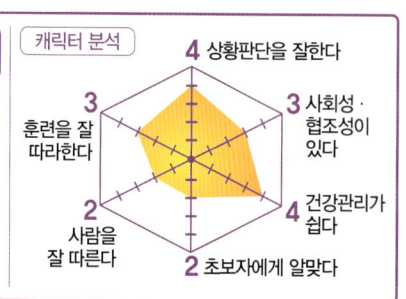

캐릭터 분석
- 4 상황판단을 잘한다
- 3 사회성·협조성이 있다
- 4 건강관리가 쉽다
- 2 초보자에게 알맞다
- 2 사람을 잘 따른다
- 3 훈련을 잘 따른다

뉴질랜드 헌터웨이 New Zealand Huntaway

미공인 / 대형견

짖어서 양떼를 모는 뉴질랜드 양치기견

뉴질랜드의 목장에서 가장 흔하게 볼 수 있는 견종이지만, 아직 FCI와 세계 주요 켄넬클럽에서 공인받지 못했다.

뉴질랜드의 목장에서 함께 양떼를 모는 스트롱 아이 헤딩 도그가 조용히 양떼를 유도하는 것과는 달리, 헌터웨이는 큰소리로 짖어서 양떼를 통제한다.

어디까지나 실용견이므로 스타일을 통일하기보다 기질에 중점을 두기 때문에 공인견종이 되지 못했다. 영국 등으로 수출되어 다방면에서 활약하고 있고, 일반 가정에서 반려견으로 키우기도 한다.

뉴질랜드 헌터웨이는 영리한 견종이므로 주인이 강한 리더십으로 일관성 있게 훈련시키면 잘 받아들인다. 순종적이고 온순하며 아이들이나 다른 개, 고양이 등의 반려동물과도 사이좋게 지낸다. 낯선 사람에게는 애교까지는 부리지 않지만 특별히 공격적이지도 않고 우호적이다.

BREEDING DATA
- 키_ 50.8~60.9cm
- 체중_ 18~29.5kg
- 원산국_ 뉴질랜드
- 잘 걸리는 질병_ 관절질환, 피부병

성격 순종적이며 온순하고 우호적이다.

겨울나기 / 운동시간 60분×2회 / 털관리

캐릭터 분석
- 상황판단을 잘한다 5
- 사회성·협조성이 있다 4
- 건강관리가 쉽다 4
- 초보자에게 알맞다 2
- 사람을 잘 따른다 4
- 훈련을 잘 따라한다 4

랭카셔 힐러 Lancashier Heeler

미공인 / 소형견

블랙 앤드 탄의 스무드 웰시 코기

랭카셔 힐러는 오래전부터 영국의 웨일스 지방에서 가축몰이 개로 활약하던 견종이다. 세계적으로 유명한 견종이지만 아직까지 FCI에서 공인받지 못했다.

전해지는 이야기로는 기계화가 진행되어 소몰이 일거리가 사라지고 세계대전을 겪으면서 멸종되는 바람에 조상견과 마찬가지로 맨체스터 테리어와 웰시 코기를 교배하여 복원한 견종이라고 한다. 하지만 랭카셔 힐러 클럽은 이 설에 대해서 부정하는 입장이다. 아무튼 기질을 보면 테리어처럼 쥐를 잡고, 웰시 코기처럼 소떼를 모는, 양쪽의 특성을 모두 지닌 견종임에는 틀림없다.

웰시 코기의 피가 흐르는 덕분에 경계심이 강하고, 자기 영역 안에서는 수상한 소리나 인기척에 민감하게 반응하여 짖어서 주인에게 알린다.

생각이 깊고 배려심이 있다. 지금은 농장에서 키우기보다 일반 가정에서 반려견으로 키우거나 쇼도그로 활약하고 있다.

BREEDING DATA
- 키_ 25~31cm
- 체중_ 3~6kg
- 원산국_ 영국(웨일스 지방)
- 잘 걸리는 질병_ 추간판헤르니아, 피부병

성격 순종적이며 배려심도 있지만 경계심이 강하다.

겨울나기 / 운동시간 30분×2회 / 털관리

캐릭터 분석
- 상황판단을 잘한다 3
- 사회성·협조성이 있다 3
- 건강관리가 쉽다 3
- 초보자에게 알맞다 2
- 사람을 잘 따른다 3
- 훈련을 잘 따라한다 3

| 미공인 |
| 소형견 |

다이토견 *Daitouken*

남쪽 섬의 작은 재래견

다이토 견은 전체적인 느낌이 잭 러셀 테리어와 비슷하지만, 얼굴은 스피츠계이고 귀는 곧추선 직립 형태이다. 꼬리가 말려 올라가 있으며, 다리는 짧고 바깥쪽으로 약간 휘어졌다. 주인에게 순종적이며 사교성도 있어서 다른 개와 사이좋게 지낸다. 약간 신경질적인 면이 있어서 낯선 사람을 보면 짖어서 경계한다. 그러나 공격적이지 않아서 수상하지 않다고 판단하면 차분하게 대응한다. 크기로 보면 좁은 집에서도 충분히 키울 수 있다.

한때 멸종되었다고 여겨졌지만 2005년 오키나와 본섬에 살던 사람이 미나미다이토 섬의 친구에게 선물로 받은 다이토견 1쌍을 번식시켜서 그 중 2마리를 가고시마 현의 친구에게 선물했고, 가고시마 현의 친구가 번식시킨 2마리를 오키나와 본섬의 친구가 가져와서 미나미다이토 섬에 기증했다고 한다.

또한, 오키나와 본섬에서도 번식에 성공하여 오키나와 현 나고 시에 있는 동물원 '오키나와 어린이 왕국'에 강아지를 기증했고 지금은 류큐견과 함께 전시·사육되며 견종 보존에 도움이 되고 있다. 이처럼 멸종 직전이던 견종이 많은 사람들의 노력으로 아직은 적은 수이지만 부활의 가능성을 보이기 시작했다.

오키나와 본섬에서는 '다이토견 보존준비회'가 설립되어 계획 번식도 시작되었다. 아직까지 견종 보존에 성공했다고 할 정도는 아니지만 조금씩이나마 번식에 성공하고 있다. 앞으로 주목할만한 일본개 가운데 하나이다.

BREEDING DATA

- 키_ 25~30cm
- 체중_ 5~7kg
- 원산국_ 일본
- 잘 걸리는 질병_ 피부병

성격 순종적이며 조금 신경질적이다.

겨울나기	운동시간	털관리
	20분×2회	

캐릭터 분석
- 2 상황판단을 잘한다
- 4 사회성·협조성이 있다
- 3 건강관리가 쉽다
- 3 초보자에게 알맞다
- 3 사람을 잘 따른다
- 2 훈련을 잘 따라한다

래브라두들 *Labradoodle*

개털 알레르기로 고민하는 사람들을 위한 반려견

미공인 / 소·중·대형견

개털 알레르기의 원인인 털이 거의 빠지지 않도록 개량된 견종이다. 정식 이름은 '오스트레일리안 래브라두들'이고, 지능이 높아서 반려견은 물론이고 다양한 분야에서 활약하는 견종이다.

아직 공인견종이 되지는 않았지만 사냥과 작업을 위해서 수많은 견종이 새롭게 만들어진 점을 생각하면 고령자나 장애인을 도울 목적으로 탄생한 근대적인 개량 견종이라고 할 수 있다.

가장 중요한 목적인 개털 알레르기 대책으로 털이 빠지지 않는 개를 만들기 위해 단순히 래브라도와 푸들을 교배한 것이 아니라, 다양한 견종을 조합하고 오랜 시행착오를 겪은 끝에 탄생시킨 견종이다. 원래의 목적인 개털 알레르기를 일으키지 않는 시각장애인 안내견의 임무를 띤 래브라두들이 하와이로 건너가 활약을 시작한 지도 벌써 30년이 지났고, 이제는 전 세계에서 주목 받는 견종이 되었다.

최근에는 개털 알레르기가 있는 미국 오바마 대통령의 딸을 위한 반려견 후보로 거론되면서 단숨에 유명세를 타기도 했다.

그런데 래브라두들의 매력은 단지 그뿐만이 아니다. 밝고 온순하며 우호적인 성격도 인기의 요인 가운데 하나이다. 게다가 키가 다양해서 주인의 생활환경에 맞춰서 선택할 수 있다는 점도 매력적이다. 털은 2종류인데, 부드럽고 거의 직모에 가까운 플리스코트와 살짝 컬이 들어간 울코트가 있다.

BREEDING DATA

- **키_** 미니어처 36~43㎝ / 미디엄 43~56㎝ / 스탠더드 56㎝ 이상
- **체중_** 미니어처 7~12㎏ / 미디엄 13~20㎏ / 스탠더드 23~30㎏
- **원산국_** 오스트레일리아
- **잘 걸리는 질병_** 외이염, 관절질환

성격 밝고 온순하며 우호적이다.

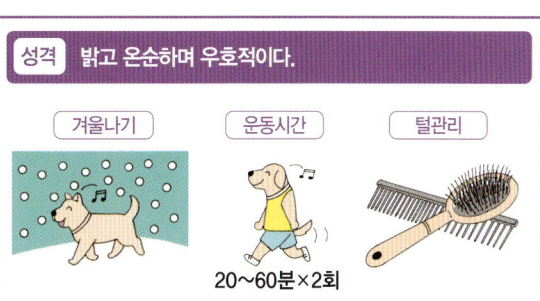

겨울나기 / 운동시간 20~60분×2회 / 털관리

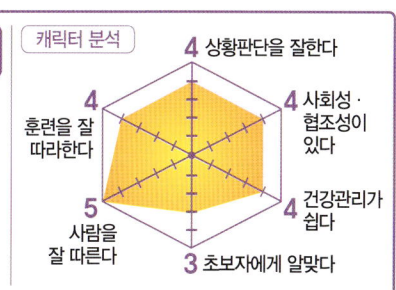

캐릭터 분석
- 상황판단을 잘한다: 4
- 사회성·협조성이 있다: 4
- 건강관리가 쉽다: 4
- 초보자에게 알맞다: 3
- 사람을 잘 따른다: 5
- 훈련을 잘 따라한다: 4

미공인
소형견
·

러시안 츠베트나 보롱카 Russian Tsvetnaya Bolonka

색깔이 있는 볼로니즈

예전에는 하얀색 보롱카를 이탈리아의 볼로니즈라고 생각했다. 실제로 보롱카(Bolonka)는 슬라브어로 볼로니아를 의미한다. 비숑 프리제의 러시아어 이름인 '프란체스카 보롱카(Franzuskaya Bolonka)'를 토대로 만든 색깔 있는 비숑이라는 뜻으로 '츠베트나 보롱카(Tsvetnaya Bolonka)'라고 이름을 지었다는 설도 있다. 나폴레옹이 러시아를 침공했을 때 데리고 있던 개라는 점에서 프랑스 원산인 비숑 프리제가 기초가 되었다는 설이 유력하다.

1950년대에 모스크바와 상트페테르부르크에서 계획적으로 번식되면서 독립견종으로 인식되기 시작했다. 구 소련정권시대에는 다른 나라에서 개를 수입할 수 없었지만 조금씩 개량이 진행되어 비숑 프리제, 말티즈, 시추, 요크셔 테리어 등과의 교배로 지금의 보롱카가 완성되었다.

보롱카가 유럽에 알려지기 시작한 것은 1978년 구 소련이 독일에 외교 선물로 보롱카 1쌍을 보내면서부터라고 한다. 1980년대에 독일에서 볼로니즈의 변형이라고 인식되면서 동시에 색깔 있는 견종도 만들어졌다. FCI에서는 지금도 독립견종으로 공인하지 않았다.

원산국인 러시아 이외의 나라에서는 많이 알려져 있지 않지만 러시아 국내에서는 인기 있는 견종이다. 대부분 반려견으로 키우지만 도그쇼에 나가기 위한 준비도 시작되었다.

지능이 높고 영리하며 주인과 가족에게 애정이 깊다. 낯선 사람에게는 경계심을 드러낸다.

BREEDING DATA

- 키_ 24~26cm
- 체중_ 2~5kg
- 원산국_ 러시아
- 잘 걸리는 질병_ 피부병

성격: 영리하고 지적이며 독립심이 있다.

겨울나기 / 운동시간 20분×2회 / 털관리

캐릭터 분석
- 상황판단을 잘한다 4
- 사회성·협조성이 있다 4
- 건강관리가 쉽다 3
- 초보자에게 알맞다 3
- 사람을 잘 따른다 4
- 훈련을 잘 따라한다 4

류큐견 *Ryukyu*

오키나와에 남겨진 고대견 혈통

미공인 / 중형견

류큐견은 옛날부터 오키나와에서 살던 토종견이다. 털의 컬러는 붉은색 바탕에 검정색 줄무늬가 있는 적호, 검은 바탕에 붉은색 줄무늬가 있는 흑호, 하얀 바탕에 검정 줄무늬가 있는 백호, 붉은색의 적견 등이 있다.

온화하고 우호적인 기질이지만 간혹 낯을 가리는 개도 있다. 경계심이 강하며 낯선 사람이 자기영역 안으로 들어오면 격렬하게 짖으면서 위협한다. 고대의 분위기를 자아내는 류큐견은 다른 지방에서도 은근히 인기 있는 견종이다. 진정한 의미에서 보존을 바란다면 여러 곳에 분산시켜 키우는 편이 멸종 위험을 줄일 수 있을 것이다.

한때는 멸종 위기에 처했지만 2003년에 800마리로 늘어났다. 이만큼 회복하기까지는 많은 이들의 노력이 있었다. 아무도 모르게 멸종되어 가는 일본의 토종견 가운데 성공적으로 부활한 예라고 볼 수 있다. 그렇지만 아직도 오키나와에서 쉽게 볼 수 있는 개는 아니다. 특히 나하 시내에서는 거의 볼 수 없고, 오키나와 본섬 북부 얀바루 지역에서 간혹 볼 수 있을 정도이다.

옛날에는 류큐멧돼지 사냥에서 활약하던 견종이었지만, 현재는 류큐견 자체의 붐이 사라져서 줄어드는 추세이다. 오키나와 현 남서쪽에 있는 이시가키 섬 등에도 존재하지만 약간 몸집이 크다.

나고 시에 있는 '오키나와 어린이 왕국'이라는 동물원에서는 오키나와 토종견인 류큐견을 전시·사육하며 보존을 위한 노력에 동참하고 있다. 앞으로 계통번식을 포함한 계획이 필요한 것으로 보인다.

BREEDING DATA

- 키_ 수컷 48~52cm / 암컷 47cm
- 체중_ 16~20kg
- 원산국_ 일본
- 잘 걸리는 질병_ 관절질환, 피부병

성격 온순하고 우호적이며 주인에게 충실하다.

겨울나기 | 운동시간 30분×2회 | 털관리

캐릭터 분석
- 상황판단을 잘한다: 3
- 사회성·협조성이 있다: 4
- 건강관리가 쉽다: 5
- 초보자에게 알맞다: 3
- 사람을 잘 따른다: 4
- 훈련을 잘 따라한다: 3

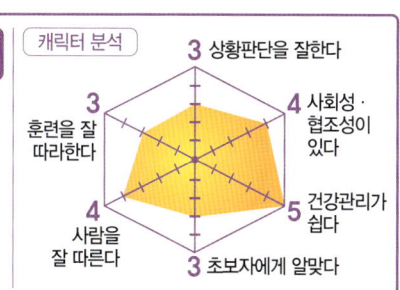

| 미공인 |
| 소형견 |

마르키쉬에 *Markiesje*

네덜란드에서 은근히 인기 있는 소형 리트리버

네덜란드 농장에서 오래전부터 키우던 재래견이다. 1979년에 견종클럽이 설립되어 네덜란드 켄넬클럽에서는 1999년에 공인되었지만, FCI에서는 아직 공인받지 못했다. 유럽, 특히 네덜란드에서는 은근히 인기 있지만 아직은 희소 견종이다.

사냥과 회수작업을 하는 사냥개로서의 자질보다 귀엽고 고급스러운 외모와 노는 것을 좋아하는 성향 때문에 지금은 대부분 반려견으로 키운다.

운동량은 보통 수준이며, 한국에서도 훌륭한 반려견이 될 수 있다. 순종적이고 주인이 어딜 가든 쫓아 다니면서 언제나 함께 있기를 원한다. 경계심이 강해서 수상한 소리나 인기척을 감지하면 짖어서 주인에게 알려주는 등 집 지키는 역할도 잘 수행한다.

털 컬러는 검정색으로 발부분이나 꼬리 끝부분, 가슴에 하얀색 반점이 있어도 인정된다.

BREEDING DATA
- 키_ 41cm까지
- 체중_ 10kg까지
- 원산국_ 네덜란드
- 잘 걸리는 질병_ 피부병, 눈병

성격: 영리하고 명랑하다.

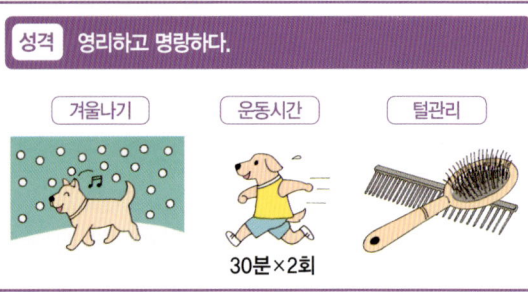

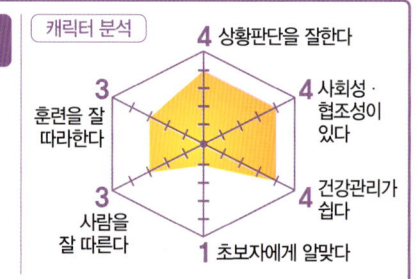

캐릭터 분석
- 4 상황판단을 잘한다
- 4 사회성·협조성이 있다
- 4 건강관리가 쉽다
- 1 초보자에게 알맞다
- 3 사람을 잘 따른다
- 3 훈련을 잘 따라한다

| 미공인 |
| 대형견 |

모스크바 가디언 마스티프 *Moscow Guardian Mastiff*

모스크바의 유능한 경비견

러시아 이외의 나라에서는 거의 알려지지 않은 모스크바 가디언 마스티프는 아직 FCI에서 공인되지 않았지만, FCI 공인 도그쇼의 스페셜쇼에는 출장한다. '모스크바 워치도그(Moscow Watchdog)'라고도 부르며, 최고의 경비견을 목표로 만들어졌다.

완고하고 독립심이 강해서 주인이 리더십이 부족하거나 확실하게 훈련시키지 않으면 이 견종을 통제할 수 없다. 훈련을 제대로 하려면 전문가에게 맡겨야 할 것이다. 모스크바 가디언 마스티프는 초보자가 다룰만한 견종이 아니다.

다부진 체격을 유지하려면 매일 운동을 해야 한다. 산책할 때는 주인이 리더십을 보이기 위해서라도 반드시 개보다 앞쪽에서 걸어야 한다. 만일 개와 발걸음을 나란히 맞추면 주인에게조차 반항적인 태도를 보이는 개가 될 것이다.

BREEDING DATA
- 키_ 63~71cm
- 체중_ 45~72kg
- 원산국_ 러시아
- 잘 걸리는 질병_ 고관절질환

성격: 경계심이 강하다.

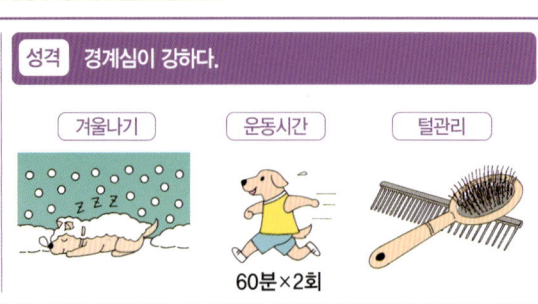

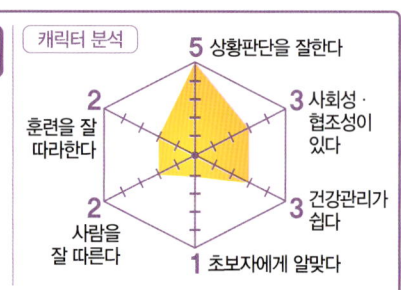

캐릭터 분석
- 5 상황판단을 잘한다
- 3 사회성·협조성이 있다
- 3 건강관리가 쉽다
- 1 초보자에게 알맞다
- 2 사람을 잘 따른다
- 2 훈련을 잘 따라한다

보볼(아프리칸 마스티프) *Boerboel(African Mastiff)*

남아프리카의 마스티프

미공인 / 대형견

아직 FCI에서 공인되지 않았지만 남아프리카에서는 오래전부터 길러온 견종이다. 농가를 지키는 일을 해왔기에 '보볼'은 남아프리카공화국의 공용어로 '농민의 개'라는 의미가 있고, 한편으로는 남아프리카공화국의 네덜란드계 백인을 의미하는 '보어인의 개'라는 의미도 있다. 그 뿌리는 아직 베일에 싸여 있지만 보볼에 관한 기록일 가능성이 큰 1652년에 작성된 문헌자료가 있다. 그 자료에 의하면 남아프리카공화국의 토종견과 네덜란드, 프랑스, 영국에서 이민자들이 데리고 온 견종의 잡종이 조상이고, 1820년에는 영국 개척자가 데리고 온 불도그와 불마스티프의 피도 섞였다고 한다. 당시에 이주해온 사람들이 사자로부터 몸을 보호하기 위해 경호견으로 키웠다고 한다. 1902년 제2차 보어전쟁이 끝난 후 잉글리시 롱헤어드 불도그라는 견종과, 1950년대 후기에는 불마스티프와도 교배해서 지금의 모습이 완성되었다. 주인에게는 순종적이지만 방어본능이 강해서 침입자에게는 강력하게 맞선다.

BREEDING DATA
- 키_ 수컷 64~70cm / 암컷 59~65cm
- 체중_ 70~90kg
- 원산국_ 남아프리카공화국
- 잘 걸리는 질병_ 무릎관절형성부전, 눈병, 심장질환, 갑상선질환, 알레르기

성격: 경계심이 강하고 자신감이 넘친다.
운동시간: 60분×2회

캐릭터 분석
- 상황판단을 잘한다: 2
- 사회성·협조성이 있다: 2
- 건강관리가 쉽다: 3
- 초보자에게 알맞다: 1
- 사람을 잘 따른다: 2
- 훈련을 잘 따라한다: 2

보헤미안 셰퍼드 도그 *Bohemian Shepherd Dog*

체코에서 인기 있는 만능 양치기견

미공인 / 중형견

보헤미안 셰퍼드 도그는 FCI나 세계의 주요 켄넬클럽에서는 공인되지 않았지만, '호도스키 페스(Chodsky Pes)'라는 이름으로 원산국 체코에서는 친근한 견종이다.

에너지가 넘치며 운동능력이 뛰어나다. 주인에게 순종적이고 가족 구성원인 아이들이나 다른 개, 고양이 등의 반려동물에게 공격적이지 않다. 매우 영리하므로 주인이 의연한 태도로 일관되게 훈련하면 적극적으로 참가하고 많은 것을 배울 것이다.

그런 장점 때문에 원래의 목적인 양치는 일뿐만 아니라 체코에서는 경비견이나 간호견, 썰매견으로도 활약한다. 후각이 뛰어나 재해가 일어났을 때 부상자를 찾아내거나, 눈사태가 발생했을 때 조난자를 수색하는 인명구조견으로도 뛰어난 활약을 보이고 있다.

주인과 가족, 재산을 지키려는 투철한 경계심을 갖고, 수상한 소리나 인기척에 반응하여 적절하게 대응한다.

BREEDING DATA
- 키_ 48~56cm
- 체중_ 16~25kg
- 원산국_ 체코
- 잘 걸리는 질병_ 고관절형성부전, 피부병

성격: 순종적이며 다정하다. 경계심이 있다.
운동시간: 60분×2회

캐릭터 분석
- 상황판단을 잘한다: 5
- 사회성·협조성이 있다: 4
- 건강관리가 쉽다: 3
- 초보자에게 알맞다: 3
- 사람을 잘 따른다: 4
- 훈련을 잘 따라한다: 5

미공인	# 보헤미안 스포티드 도그 Bohemian Spotted Dog
중형견	스스로 몸을 깨끗하게 관리하는 견종

보헤미안 스포티드 도그는 1961년 프라하 도그쇼에 출장했지만 1970년대 후반부터 이 개를 처음 탄생시킨 과학아카데미에서 견종 번식을 축소했다. 하지만 애견가들의 노력으로 얼마 남지 않은 몇 마리로 1990년대까지 부활시키는 데 성공했다.

도그쇼에 출장했을 때 FCI에서 관심을 보였지만 아직 공인되지 않았다. 체코 켄넬클럽에서 희소 견종으로 공인한다. 체코 이외의 나라에는 거의 존재하지 않으며 이웃나라 슬로바키아에 몇 마리가 있을 뿐이다.

활발하고 피로를 못 느낄 정도로 운동량이 많지만 다세대주택이나 아파트 생활에도 적응한다. 차분하고 인내심이 강한 견종이지만 한편으로는 제멋대로인 면도 있다. 아이들과 노는 것을 좋아해서 언제까지나 우호적으로 함께 어울린다.

보헤미안 스포티드 도그는 스스로 몸을 깨끗하게 하므로 매일 간단히 털을 브러싱해주는 정도로 관리하면 된다.

BREEDING DATA
- 키_ 40~50cm
- 체중_ 15~20kg
- 원산국_ 체코
- 잘 걸리는 질병_ 귀질환

성격 온순하고 인내심이 강하다.

겨울나기 / 운동시간 30분×2회 / 털관리

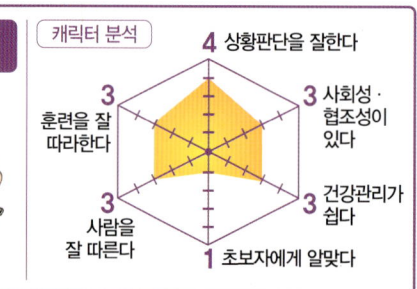

캐릭터 분석
- 상황판단을 잘한다 4
- 사회성·협조성이 있다 3
- 건강관리가 쉽다 3
- 초보자에게 알맞다 1
- 사람을 잘 따른다 3
- 훈련을 잘 따라한다 3

미공인	# 포덴코 안다루스 Podenco Andaluz
소·중·대형견	변형 종류가 많은 고대의 사이트 하운드

고대 견종의 모습을 간직하고 있는 포덴코 안다루스는 스페인 켄넬클럽에서는 공인되었지만 FCI에서는 아직 공인되지 않았고, 세계적으로도 잘 알려지지 않은 희소 견종이다. 그러나 국제적인 큰 도그쇼에 가면 가끔 볼 수 있다.

변형이 많아서 크기는 스몰, 미디엄, 라지 3종류가 있고, 크기마다 털이 스무드, 러프, 롱 등 3종류이다.

스몰은 쥐, 토끼 등을, 미디엄은 토끼나 여우를, 라지는 사슴이나 멧돼지 같은 큰 동물을 사냥하는 데 이용된다. 뛰어난 시력을 활용하여 사냥감을 몰아가는 사이트 하운드이다. 지금도 스페인 안다르시아 지방에서는 토끼 사냥 등에서 활약한다.

주인에게 충실하며 영리하고 기품이 있으며 빈틈이 없다. 낯선 사람은 경계하지만 가족에게는 애정이 깊다.

BREEDING DATA
- 키_ 스몰 : 수컷 35~42cm / 암컷 32~41cm
  미디엄 : 수컷 43~53cm / 암컷 42~52cm
  라지 : 수컷 54~64cm / 암컷 53~61cm
- 체중_ 스몰 8kg / 미디엄 16kg / 라지 27kg
- 원산국_ 스페인
- 잘 걸리는 질병_ 피부병, 관절질환

성격 고상하고 영리하며 주인과 가족에게 순종한다.

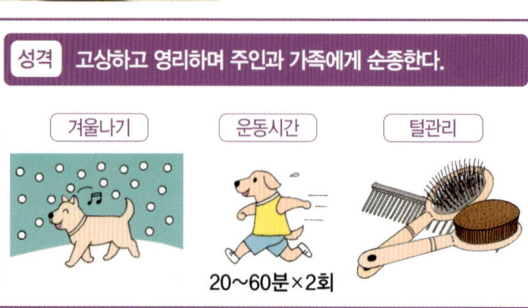

겨울나기 / 운동시간 20~60분×2회 / 털관리

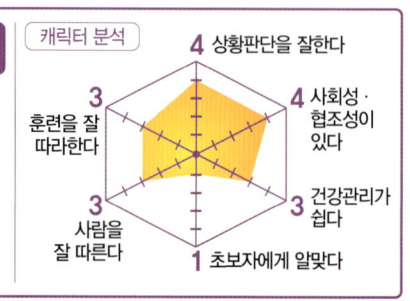

캐릭터 분석
- 상황판단을 잘한다 4
- 사회성·협조성이 있다 4
- 건강관리가 쉽다 3
- 초보자에게 알맞다 1
- 사람을 잘 따른다 3
- 훈련을 잘 따라한다 3

비바 테리어 *Biewer Terrier*

미국에서 주목 받는 얼룩무늬 요크셔 테리어

미공인
소형견

'비바 요크셔' 또는 '비바 라 폼퐁'이라고도 부른다. '라 폼퐁'에는 그다지 특별한 의미가 없는 것 같고, 일부 브리더들은 이 이름에 불만을 제기한다. 미국에서 주목받고 있는 개로 비바 테리어 클럽이 있다.

겉모습이나 비단 같은 롱헤어는 요크셔 테리어와 닮았다. 차이점은 털 컬러로 하얀색과 검정색 또는 푸른색 반점이 있다. 털 종류는 싱글코트이다.

귀여운 반려견으로 주인에게 충실하고 명랑하며 애정이 깊다. 한편으로는 용감하고 경계심이 강해서 낯선 사람을 보면 냉담하고, 한밤중에 수상한 소리를 듣거나 인기척을 느끼면 격렬하게 짖어서 주인에게 알린다. 몸집은 작아도 훌륭하게 집을 지킨다.

아이들과 노는 것은 별로 좋아하지 않지만 부드럽게 대하는 아이들과는 전혀 문제가 없다. 그러나 햄스터나 기니피그처럼 작은 동물을 보면 흥분하므로 조심해야 한다.

학습능력이 뛰어나서 주인이 의연한 태도로 일관된 내용을 가르치면 훈련하기는 어렵지 않을 것이다. 배우는 일에 적극적이라서 다양한 기술을 잘 흡수한다.

활발하지만 몸집이 작아서 운동량은 별로 많지 않다. 그러나 만일 실내나 정원을 마구 뛰어다닌다면 산책이 부족하다는 증거이므로, 하루 2번, 20분씩 산책시킨다.

BREEDING DATA

- 키_ 22cm 이내
- 체중_ 3.1kg
- 원산국_ 독일
- 잘 걸리는 질병_ 무릎뼈탈구

성격 충실하며 밝고 애정이 풍부하다.

겨울나기 | 운동시간 (20분×2회) | 털관리

캐릭터 분석
- 상황판단을 잘한다: 3
- 사회성·협조성이 있다: 3
- 건강관리가 쉽다: 2
- 초보자에게 알맞다: 3
- 사람을 잘 따른다: 3
- 훈련을 잘 따라한다: 3

미공인
대형견

샤일로 셰퍼드 Shiloh Shepherd

공인되지 않은 오래된 저먼 셰퍼드

샤일로 셰퍼드는 '실로 셰퍼드'라고도 부른다. 지극히 온순하고 우호적이다. 샤일로 셰퍼드 클럽에서는 성격 테스트를 해서 내성적이지 않고 공격적이지도 않은 개체만을 등록한다.

저먼 셰퍼드 도그처럼 빠른 스피드를 자랑하는 것은 아니지만 주인과 가족이 위험에 처하면 용감하고 과감하게 상대와 맞서 싸운다. 학습능력이 뛰어나서 주인이 강한 리더십으로 이끈다면 다양한 훈련에 적극적으로 참여한다. FCI에서는 아직 공인되지 않았지만 미국에서는 조금씩 인기가 높아지고 있다.

하루 운동량은 많다. 하루 2번, 적어도 1시간씩 산책하고 거기에 자유운동을 더하면 이상적이다.

털 종류는 스무드와 양이 풍성한 플러시가 있다. 플러시는 털이 엉키지 않도록 매일 브러싱해야 한다.

BREEDING DATA

- 키_ 수컷 71~76cm / 암컷 66~71cm
- 체중_ 수컷 63~72kg / 암컷 45~54.5kg
- 원산국_ 미국
- 잘 걸리는 질병_ 고관절형성부전

성격: 온순하고 순종적이며 우호적이다. 용감하고 과감하다.

60분×2회 / 털의 종류에 따라 다르다

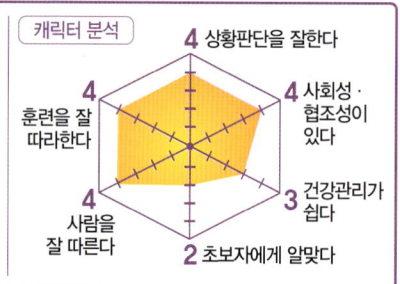

캐릭터 분석
- 상황판단을 잘한다 4
- 사회성·협조성이 있다 4
- 건강관리가 쉽다 3
- 초보자에게 알맞다 2
- 사람을 잘 따른다 4
- 훈련을 잘 따라한다 4

미공인
중형견

스트롱 아이 헤딩 도그 Strong Eye Heading Dog

냉정하고 착실하게 양떼를 통제한다

스트롱 아이 헤딩 도그의 정식이름은 '뉴질랜드 헤딩 도그'이다. 뉴질랜드 목장에서는 뉴질랜드 헌터웨이와 함께 일하는 경우가 많다고 한다. 헌터웨이가 뒤쪽에서 짖으면서 양떼를 몰고, 헤딩 도그가 앞에서 노려보면서 양떼의 방향을 조정하는 방식이다.

주인에게 충실하며 평소에는 조용하여 거의 짖지 않는다. 그런데 일단 양치기 일을 시작하면 기민하게 움직이고 스스로 판단하여 양떼를 통제한다. 운동능력이 뛰어나므로 양치는 일 뿐 아니라 프리스비나 어질리티 등의 스포츠 도그로도 활약한다. 눈의 색상은 바이아이(양쪽 눈의 색이 다른 것)가 많다. 털은 스무드와 쇼트 등 2종류가 있다.

중형견이지만 양떼를 몰던 견종이어서 운동량이 상당히 많으므로, 아침 저녁 하루 2번, 1시간씩 산책시키면서 넓은 공간에서 자유롭게 뛰어놀게 할 수 있다면 이상적이다.

BREEDING DATA

- 키_ 53cm
- 체중_ 14~23kg
- 원산국_ 뉴질랜드
- 잘 걸리는 질병_ 관절질환, 피부병

성격: 충실하고 온순하며 냉정하다.

60분×2회

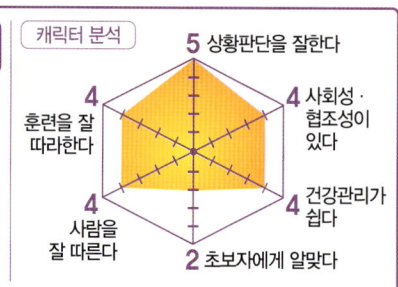

캐릭터 분석
- 상황판단을 잘한다 5
- 사회성·협조성이 있다 4
- 건강관리가 쉽다 4
- 초보자에게 알맞다 2
- 사람을 잘 따른다 4
- 훈련을 잘 따라한다 4

아메리칸 랫 테리어 American Rat Terrier

영국에서는 멸종되었지만 미국에서 살아남은 아메리칸 랫 테리어

미공인 / 소형견

원산국이 영국인 테리어와 구분하기 위해서 원산국이 미국인 테리어를 일반적으로 '아메리칸 랫 테리어'라고 부른다. 제26대 미국 대통령 루즈벨트도 이 견종의 애호가 가운데 한 사람이었다.

키가 13인치(약 33cm) 이하인 미니어처와 13인치 이상~18인치(약46cm) 이하인 스탠더드 등 2종류가 있다.

외모는 스무드 폭스 테리어나 파슨 러셀 테리어와 닮았지만 기질은 테리어 특유의 거친 성격이 없어 비교적 얌전한 편이다. 왕성한 호기심은 테리어의 피가 흐르고 있기 때문인데, 아무튼 우호적이고 주인에 대한 애정이 깊다.

운동량이 많아서 몸 전체가 근육질이다. 가끔은 장난도 치지만 하루에 필요한 운동량만 채울 수 있다면 실내에서도 충분히 키울 수 있다. 다만, 구멍 파는 것을 좋아하므로 화단이나 멋지게 가꾸어진 정원에 풀어놓는 것은 포기하는 편이 좋다.

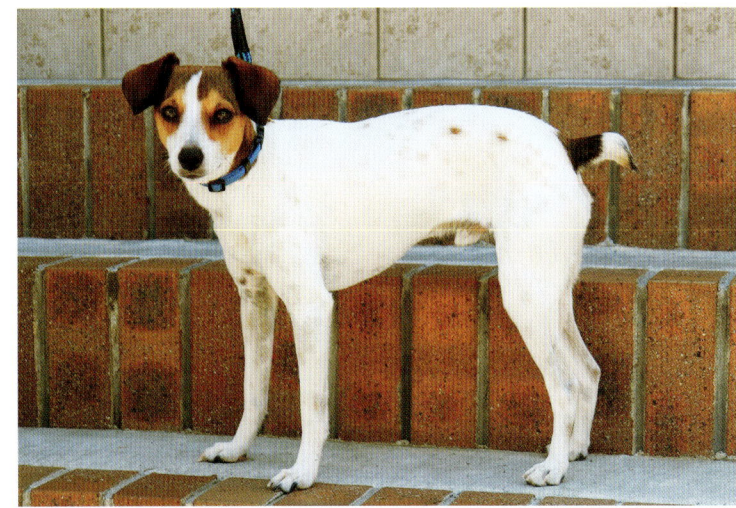

BREEDING DATA

- **키_** 스탠더드 35.5~58.5cm / 미디엄 20~35.5cm / 토이 20cm
- **체중_** 스탠더드 5.5~16kg / 미디엄 3~3.5kg / 토이 2~3kg
- **원산국_** 미국
- **잘 걸리는 질병_** 피부병

성격 얌전하고 호기심이 많다.

겨울나기 / 운동시간 30분×2회 / 털관리

캐릭터 분석
- 상황판단을 잘한다 3
- 사회성·협조성이 있다 3
- 건강관리가 쉽다 4
- 초보자에게 알맞다 3
- 사람을 잘 따른다 3
- 훈련을 잘 따라한다 3

아메리칸 인디언 도그 American Indian Dog

아메리칸 인디언의 노래를 부르는 개

미공인 / 중형견

아메리칸 인디언 도그는 짖는 소리가 마치 노래를 부르는 것처럼 들려서 미국 인디언들은 이 개를 '송 도그(Song Dog)'라고 불렀으며, 유럽에서는 여전히 그렇게 부르고 있다.

많은 전문가들이 아메리칸 인디언 도그는 이미 멸종된 견종으로 생각하여 지금의 아메리칸 인디언 도그를 인정하지 않았다. 코요테 혹은 늑대의 잡종이라는 설과 다양한 견종의 교배로 복원된 잡종개라는 주장이 있었지만 최근 DNA 연구에서 분명히 순수한 견종이라는 사실이 증명되었다.

야성미가 넘치는 견종이지만 주인과 가족에게는 대단히 상냥하고 충성심이 높다. 낯선 사람에게는 냉담하고 수상한 소리나 인기척에는 경계심을 드러낸다. 적응능력도 있지만 도시의 아파트 등에서 키우기에는 적합하지 않다. 운동량이 대단히 많아서 매일 충분히 산책을 시켜야 한다. 미국에서는 간호견이나 정서적인 문제가 있는 아이들의 마음을 치료하는 테라피 도그로도 활약하고 있다.

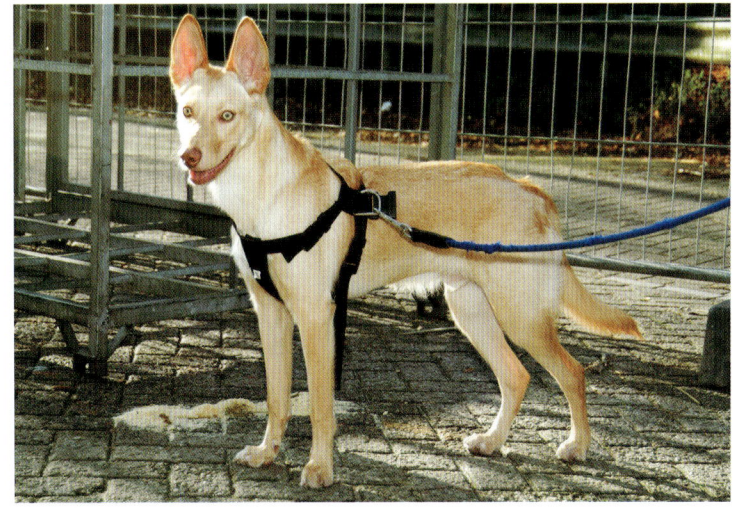

BREEDING DATA

- **키_** 수컷 46~52cm / 암컷 44~49cm
- **체중_** 수컷 14~25kg / 암컷 11~18kg
- **원산국_** 미국
- **잘 걸리는 질병_** 관절질환

성격 적응력이 있고 순종적이다.

겨울나기 / 운동시간 60분×2회 / 털관리

캐릭터 분석
- 상황판단을 잘한다 4
- 사회성·협조성이 있다 3
- 건강관리가 쉽다 3
- 초보자에게 알맞다 2
- 사람을 잘 따른다 4
- 훈련을 잘 따라한다 3

미공인	
대형견	

아메리칸 불도그 American Bulldog

진정한 용기가 무엇인지 보여주는 불도그

아메리칸 불도그의 기원은 잉글리시 불도그와 같지만, 1835년 영국에서 투견이 금지되자 쇼도그로 전업하면서 다리가 짧고 상냥한 성격으로 개량되었다. 그러나 비슷한 시기에 미국으로 건너간 잉글리시 불도그는 미국 남부에서 본래의 모습이 그대로 보존되고 있었다. 그 후 투견이나 대형동물과 맞서 싸우는 게임에 이용하기 위하여 아메리칸 핏 불 테리어 등과 교배하여 더욱 강인하고 용맹한 개가 되었다. 예전에는 아메리칸 핏 불 테리어와 혼동되어서 아메리칸 불도그로 이름을 바꿨다.

지금은 온순한 성격으로 개량되어 차분하면서도 자신감이 넘친다. 주인과 가족에게 애정이 깊고, 가족에게 무슨 일이 일어나면 맞서 싸우는 영웅적인 행동을 보인다. '진정한 용기, 헌신과 진실된 사랑'을 지녔다고 표현할 수 있을 정도이다.

전혀 문제가 없는 무난한 견종처럼 생각되지만 주인의 강한 리더십과 일관성 있는 훈련으로 어릴 때부터 통제하지 않으면 사납고 손을 쓸 수 없는 개가 될 수도 있다.

학습능력이 뛰어나고 집 지키는 개로도 적합하다. 언제든지 자유롭게 운동할 수 있는 장소가 있으면 가장 좋지만, 매일 충분히 산책을 시키고 운동량을 채울 수 있다면, 아파트나 다세대주택에서도 키울 수 있다.

침을 조금 많이 흘리는데, 그 점만 신경에 거슬리지 않는다면 별다른 문제는 없을 것이다.

BREEDING DATA

- 키_ 수컷 55~70cm / 암컷 52~65cm
- 체중_ 27~54kg
- 원산국_ 미국
- 잘 걸리는 질병_ 피부병, 관절질환

성격 우호적이며 애정이 풍부하다.

겨울나기

운동시간
60분×2회

털관리

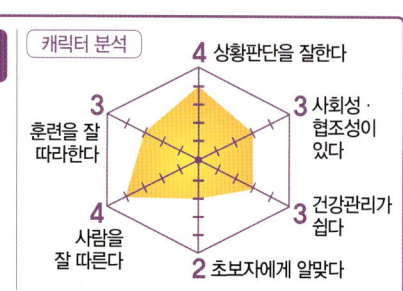
캐릭터 분석
- 4 상황판단을 잘한다
- 3 사회성·협조성이 있다
- 3 건강관리가 쉽다
- 2 초보자에게 알맞다
- 4 사람을 잘 따른다
- 3 훈련을 잘 따라한다

아메리칸 핏 불 테리어 *American Pit Bull Terrier*

미공인
중형견
·

알고 보면 사람을 좋아하는 투견

아메리칸 핏 불 테리어는 보통 핏불로 불리며, 일찍이 도사견과 싸워 그 용맹함을 세상에 알린 견종이다. 미국에서는 투견을 목적으로 여러 마리를 사육하던 주인이 체포되는 등 좋지 않은 이미지가 따라다니지만 일반 가정에서 애정을 담아 확실하게 커뮤니케이션하면서 키우면 정이 많고 다부지면서도 상냥한 개로 자란다. 지능이 높고, 신뢰하는 주인에게는 매우 순종적이다. 애교 있고, 사람을 잘 따르는 성격도 핏불의 매력이다. 포복자세로 전진하며 다가오는 모습을 보면 저절로 미소가 지어진다. 키우는 방법에 따라서 사랑스러운 반려견이 될 것이다.

FCI는 물론이고 AKC에서도 아직 공인되지 않았지만, 성격을 온순하게 개량해서 반려견으로 인정받은 개체에 한해서는 아메리칸 스태포드셔 테리어로 공인을 받았다. 아메리칸 핏 불 테리어는 아메리칸 스탠포드셔 테리어와 스탠더드(공인견종)가 중복되는 애매한 위치에 있다.

체력이 매우 좋아서 매일 장시간의 운동이 필요하다. 그러나 운동만 충분히 시킨다면 아파트에서도 충분히 키울 수 있는 견종이다. 체격은 14~27㎏ 정도가 가장 좋으며, 그보다 몸집이 큰 핏불도 있지만 대부분 아메리칸 스태포드셔 테리어나 다른 종의 잡종으로 볼 수 있다.

투견의 피를 이어받은 견종이기 때문에 다른 개와 만날 때는 신중하게 접근해야 한다. 그러나 모든 핏 불 테리어가 공격적인 행동을 하는 것은 아니다. 애정을 담아 커뮤니케이션을 하고 사회성을 길러주면 아주 매력적인 반려견이 될 것이다.

BREEDING DATA

- 키_ 46~56㎝
- 체중_ 수컷 19~27㎏ / 암컷 14~23㎏
- 원산국_ 미국
- 잘 걸리는 질병_
  고관절형성부전, 유전성 백내장, 선천성심장질환, 알레르기

성격 용감하지만 상냥하고 정이 많다.

겨울나기

운동시간

60분×2회

털관리

캐릭터 분석

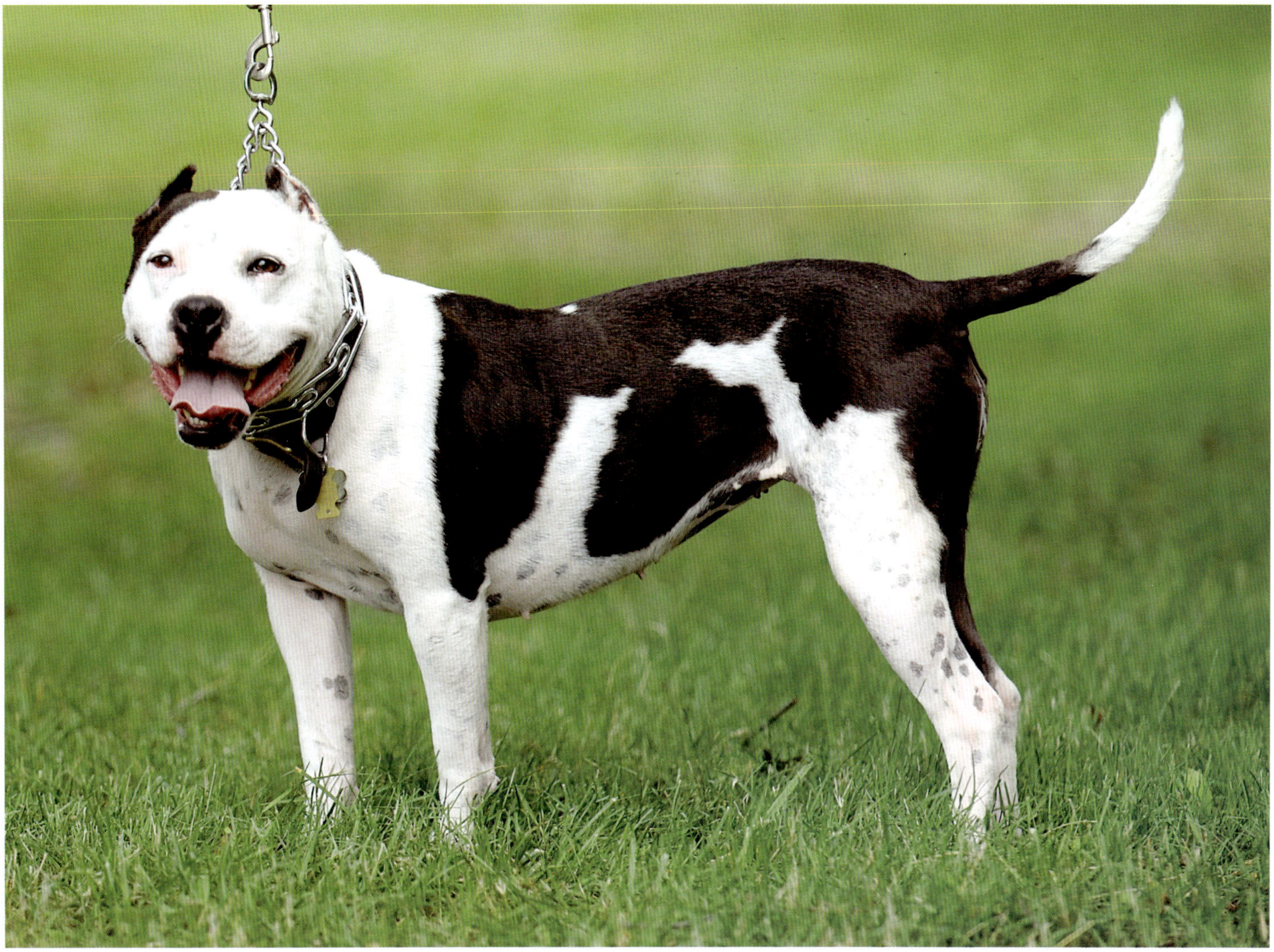

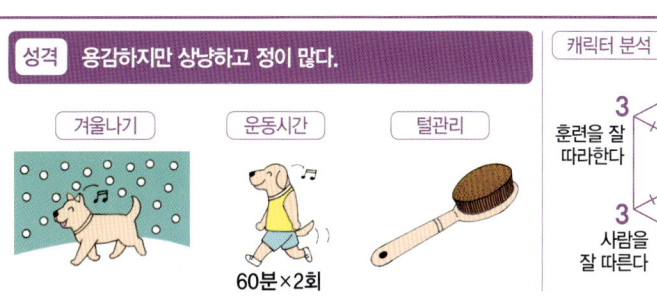

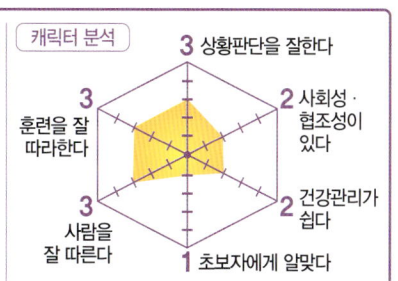

미공인	# 아메리칸 헤어리스 테리어 *American Hairless Terrier*
소형견	털 알레르기를 가진 사람도 안심하고 키울 수 있는 털이 없는 테리어

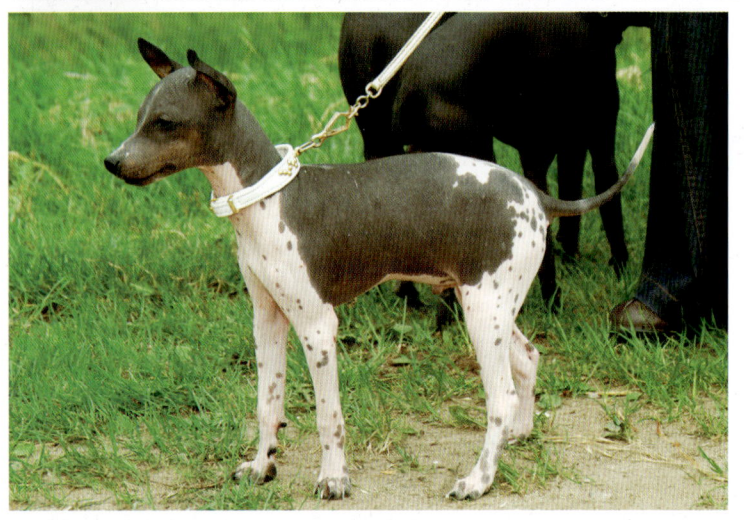

세계적으로 아직 알려지지 않은 테리어이다. 테리어 특유의 호기심이 넘치고 빈틈이 없다. 아시아나 아프리카 타입과 전혀 다르게 염색체 이상으로 이빨이 빠지는 일도 없다. 또한, 털이 없어서 개털 알레르기인 사람도 키울 수 있다. 태어난 직후에는 털이 있지만 몇 주 사이에 빠지고 완전히 헤어리스가 된다.

호기심이 많고 애정이 풍부하다. 사교성과 협조성이 있어서 주인이나 어린아이를 포함한 가족, 다른 개나 고양이와도 사이좋게 지낸다. 그러나 랫 테리어의 피가 흐르는 탓에 작은 동물을 보면 정신없이 쫓아갈 수도 있다. 햄스터나 기니피그 같은 반려동물과는 함께 두지 않는 것이 좋다.

한여름에 외출하려면 뙤약볕으로부터 피부를 보호할 수 있는 옷을 입히고, 겨울철에는 공기가 건조하므로 개 전용 보습크림을 바르고 방한용 옷을 입혀서 추위로부터 보호해야 한다.

BREEDING DATA
- 키_ 18~41cm
- 체중_ 2.5~7kg
- 원산국_ 미국
- 잘 걸리는 질병_ 피부병, 알레르기

성격 우호적이며 호기심이 많다.

30분×2회

캐릭터 분석
- 3 상황판단을 잘한다
- 3 사회성·협조성이 있다
- 2 건강관리가 쉽다
- 3 초보자에게 알맞다
- 4 사람을 잘 따른다
- 3 훈련을 잘 따라한다

미공인	# 올드 저먼 셰퍼드 도그 *Old German Shepherd Dog*
대형견	공인되지 못한 오래된 저먼 셰퍼드

기질뿐만 아니라 외모까지 중요하게 평가하는 공인견종과는 달리 올드 저먼 셰퍼드 도그는 외모보다는 기질이나 노동능력을 중요하게 생각하는 견종이다.

스탠더드(공인견종)에서는 지금도 양과 소를 유도하는 능력이 있는지를 기준의 하나로 삼는다. 그러나 아직 FCI의 공인을 받지 못했다.

현재는 유럽과 원산국인 독일에서도 거의 찾아보기 어려워서 멸종이 우려되는 견종이다. 독일의 가축을 보호하는 단체에서는 멸종위험이 높은 품종으로 지정했다.

주어진 일을 열심히, 정확하게 해내는 것이 가장 큰 특징이며, 주인에게 순종적이고 학습능력이 뛰어나다.

외모는 저먼 셰퍼드 도그 중 롱헤어드와 닮았다. 털 종류는 스무드, 롱, 와이어 등이 있고, 귀는 곧추선 직립형 또는 반 직립형이 인정된다.

BREEDING DATA
- 키_ 55~65cm
- 체중_ 22~40kg
- 원산국_ 독일
- 잘 걸리는 질병_ 고관절형성부전

성격 순종적이며 열심히 일한다.

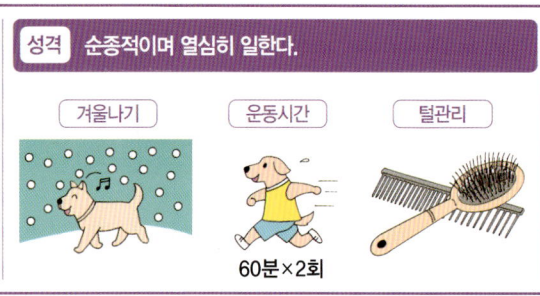

60분×2회

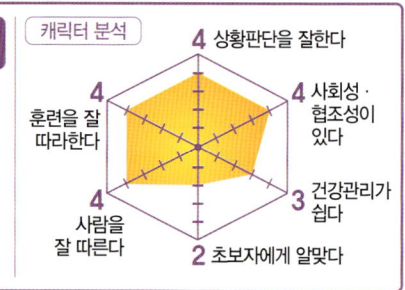

캐릭터 분석
- 4 상황판단을 잘한다
- 4 사회성·협조성이 있다
- 3 건강관리가 쉽다
- 2 초보자에게 알맞다
- 4 사람을 잘 따른다
- 4 훈련을 잘 따라한다

올디 잉글리시 불도그 Olde English Bulldogge

새롭게 개량된 올디 불도그

미공인
중형견

올드 잉글리시 불도그는 이미 멸종한 견종이고, 그 모습을 재현해서 부활시킨 것이 바로 올디 잉글리시 불도그이다. 잉글리시 불도그보다 다리는 길고 얼굴 주름은 줄어들어 더운 날씨에도 사냥개로 활약할 수 있으며, 제왕절개가 아닌 자연분만으로도 새끼를 낳을 수 있게 되었다. 이런 건강상의 특징을 잉글리시 불도그에게도 도입하려는 계획이 진행 중이다.

그러나 비만에 따른 문제점은 아직 해결되지 않았다. 식사량과 운동량의 균형이 깨지면 쉽게 살이 찌고, 가끔 고관절형성부전도 나타난다. 이러한 문제를 해결하기 위해서 지금도 견종 개량이 진행되고 있다.

두려움을 모르는, 용감하고 대담한 성격을 지녔다. 주인과 재산을 위협하는 것은 무엇이든 결코 용서하는 법이 없고, 신뢰하는 주인과 가족에게는 매우 상냥하며 친해지기 쉬운 견종이다. 물어뜯기를 좋아해서 어지간히 튼튼한 장난감이 아니면 금세 망가진다.

얼굴 주름이 줄어서 인상은 조금 산뜻해졌지만 침은 여전히 많이 흘리는데, 특히 흥분하거나 운동 후에는 더 많이 흘린다. 평소에 밴다나 등으로 목에 침받이를 해주는 것이 좋다.

잉글리시 불도그에 비해 활발하고 운동을 좋아한다. 그러나 어릴 때는 점프 등의 과격한 운동은 피해야 한다. 아침 저녁 하루 2번, 1시간씩 산책하는 것이 좋다.

BREEDING DATA

- 키_ 수컷 43~51cm / 암컷 40~48cm
- 체중_ 수컷 27~36kg / 암컷 22~31kg
- 원산국_ 영국
- 잘 걸리는 질병_ 고관절형성부전, 피부병

성격: 용감하고 대담하다.

겨울나기 / 운동시간 60분×2회 / 털관리

캐릭터 분석
- 상황판단을 잘한다: 2
- 사회성·협조성이 있다: 3
- 건강관리가 쉽다: 3
- 초보자에게 알맞다: 2
- 사람을 잘 따른다: 3
- 훈련을 잘 따라한다: 2

| 미공인 |
| 대형견 |
| . |

킹 셰퍼드 *King Shepherd*

셰퍼드의 제왕

몸집이 크고 튼튼한 킹 셰퍼드는 경찰견, 인명구조견, 시각장애인 안내견 등으로 일할 만큼 지능이 높아 다양한 훈련을 소화해낸다. 성격이 차분해서 일반 가정에서 키워도 큰 체격에 비해서 손이 많이 가지 않는 견종이다.

세계적으로는 아직 희소 견종으로 원산국인 미국 AKC에서도 아직 공인되지 않았지만 서서히 인기가 높아지는 추세이며, ARBA(American Rare Breed Association) 등 킹 셰퍼드를 공인하는 단체가 주관하는 도그쇼에서는 만날 수 있는 기회가 늘고 있다.

건강한 체격을 유지하려면 운동을 많이 해야 한다. 적어도 아침 저녁 하루 2번, 1시간씩 산책을 시켜야 한다. 그러나 달리기처럼 격렬한 운동이 아니라 주인과 함께 걷는 정도면 충분하다. 산책하다가 잠시 쉴 때도 주인 곁에 의젓하게 앉아 있다. 성장기에는 건강한 근육과 골격을 형성하는 데 도움이 되는 달리기도 필요하다.

킹 셰퍼드는 약간 거친 털인 와이어 헤어드와, 약간 긴 털인 롱헤어드 2종류가 있다. 특히 롱헤어드의 성견은 목둘레에 멋진 갈기가 있어서 위엄이 넘쳐 보인다. 2종류 모두 정기적인 브러싱이 필요하며, 특히 털갈이 시기에는 자주 브러싱해서 빠진 털을 제거해야 한다.

앞으로 미국을 비롯한 세계 곳곳에서 킹 셰퍼드의 늠름한 모습을 많이 볼 수 있을 것으로 기대한다.

BREEDING DATA

- ●키_ 수컷 최저 68.5cm / 암컷 최저 63.5cm
- ●체중_ 수컷 54~66kg / 암컷 40~50kg
- ●원산국_ 미국
- ●잘 걸리는 질병_ 고관절형성부전, 추간판 질환

성격: 온순하고 다정하며 주인에게 순종한다.

겨울나기 | 운동시간  60분×2회 | 털관리

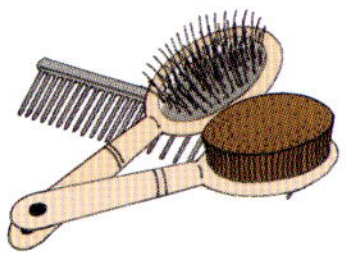

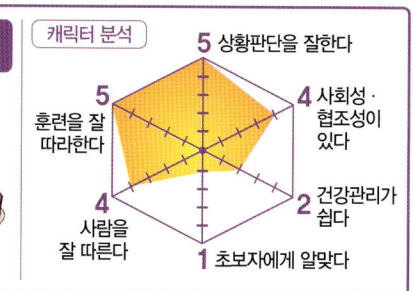

캐릭터 분석
- 5 상황판단을 잘한다
- 4 사회성·협조성이 있다
- 2 건강관리가 쉽다
- 1 초보자에게 알맞다
- 4 사람을 잘 따른다
- 5 훈련을 잘 따라한다

파스토르 가라피아노 *Pastor Garafiano*

카나리아 제도의 오래된 양치기견

파스토르 가라피아노는 2004년 5월 스페인 켄넬클럽에서 공인된 견종으로 계획 번식에 성공하여 순수혈통을 되찾았다.

매우 영리하며 주인에게 충실하고 순종적이다. 평소에는 조용히 주인 옆 자리에 의젓한 모습으로 앉아 있지만, 일거리를 주면 재빨리 충실하게 완수해내는 자신감이 넘치는 양치기견이다. '가라피아노 셰퍼드(Garafiano Shepherd)'라고도 부른다.

낯선 사람이 오거나 수상한 소리나 인기척이 들리면 경계심을 드러내고 짖어서 주인에게 알리는 등 집을 지키는 임무도 훌륭하게 수행한다.

기억력이 좋아서 주인이 강한 리더십으로 일관성 있게 훈련하면 적극적으로 참가하여 많은 것을 배울 수 있다. 주인과 함께라면 스포츠에도 적극적으로 참가하기 때문에 어질리티, 프리스비, 플라이볼 경기에서 활약하는 스포츠 도그가 될 소질도 있다.

날렵하고 기운이 넘치므로 하루 운동량은 매우 많다.

BREEDING DATA
- 키_ 수컷 57~64cm / 암컷 55~62cm
- 체중_ 수컷 28~35kg / 암컷 24~30kg
- 원산국_ 스페인
- 잘 걸리는 질병_ 피부병

프라슈키 크리사릭 *Prazsky Krysarik*

치와와 크기의 미공인 견종

'프라거 래틀러(Prager Rattler)'라는 별명으로도 불리는 프라슈키 크리사릭은 체코 외에는 슬로바키아공화국과 일본 등에 극히 소수가 존재하는 견종이다.

체코 켄넬클럽에서는 공인되었지만 FCI에서는 아직 공인되지 않았다. 공인이 되면 키 19~23cm, 체중 1~3kg이므로 치와와만큼 매우 작은 크기의 견종이다.

쥐 사냥에 이용되었을 만큼 속도가 빠르고 활발하며 귀여운 견종으로 주인과 가족에게는 순종적이고 아이들에게도 상냥하지만 프라이드가 조금 강하다.

몸집이 작아서 다치기 쉽기 때문에 높은 곳에서 뛰어내리거나 달리다가 장애물에 부딪히면 뼈가 부러질 가능성이 높다. 털이 짧아서 추위에 약하므로 겨울철에 외출하려면 반드시 보온용 옷을 입혀야 한다.

각 나라에서 공인된다면 크게 인기를 끌 것으로 기대한다.

BREEDING DATA
- 키_ 19~23cm
- 체중_ 1~3kg
- 원산국_ 체코
- 잘 걸리는 질병_ 피부병, 골절

FCI 공인리스트

그룹	견종명	견종번호	원산지
GROUP 1	벨지안 셰퍼드 도그	15	벨기에
	벨지안 셰퍼드 도그 그로넨달		
	벨지안 셰퍼드 도그 라케노이즈		
	벨지안 셰퍼드 도그 말리노이즈		
	벨지안 셰퍼드 도그 테뷰런		
	올드 잉글리시 십도그	16	영국
	웰시 코기 카디건	38	영국
	웰시 코기 펨브로크	39	영국
	베르제 드 보스	44	프랑스
	코몬도르	53	헝가리
	헝가리안 쿠바스	54	헝가리
	헝가리안 풀리	55	헝가리
	푸미	56	헝가리
	스키퍼키	83	벨기에
	카탈란 십도그	87	스페인
	셰틀랜드 십도그	88	영국
	포르투기즈 십도그	93	포르투갈
	브리아르	113	프랑스
	피레니언 십도그 스무드 페이스드	138	프랑스
	피레니언 십도그 롱헤어드	141	프랑스
	슬로벤스키 쿠박	142	슬로바키아
	러프 콜리	156	영국(스코틀랜드)
	저먼 셰퍼드 도그	166	독일
	부비에 데 아르덴	171	벨기에
	피카르디 십도그	176	프랑스
	부비에 데 플랑드르	191	벨기에, 프랑스(플랑드르 지방)
	베르가마스코	194	이탈리아
	마렘마 십도그	201	이탈리아
	더치 셰퍼드 도그	223	네덜란드
	무디	238	헝가리
	폴리시 로우랜드 십도그	251	폴란드
	타트라 셰퍼드 도그	252	폴란드
	비어디드 콜리	271	영국(스코틀랜드)
	크로아티안 십도그	277	크로아티아
	오스트레일리안 캐틀 도그	287	오스트레일리아
	오스트레일리안 켈피	293	오스트레일리아
	스무드 콜리	296	영국
	보더 콜리	297	영국(스코틀랜드)
	샤를로스 울프도그	311	네덜란드
	스하펜도스	313	네덜란드
	마요르카 셰퍼드 도그	321	스페인
	사우스 러시안 셰퍼드 도그	326	러시아
	체코슬로바키안 울프도그	332	슬로바키아
	카오 필라 드 사오 미구엘	340	포르투갈(아조레스 제도)
	오스트레일리안 셰퍼드 도그	342	미국
	화이트 스위스 셰퍼드 도그	347	스위스
	미오리틱 십도그	349	루마니아
	루마니안 카르파티안 셰퍼드 도그	350	루마니아
	오스트레일리안 스텀피 테일 캐틀 도그	351	오스트레일리아
GROUP 2	샤플라닉	41	마케도니아, 세르비아 몬테네그로
	버니즈 마운틴 도그	45	스위스
	아펜젤 캐틀 도그	46	스위스
	엔틀레부흐 캐틀 도그	47	스위스
	뉴펀들랜드	50	캐나다(뉴펀들랜드 섬)
	그레이트 스위스 마운틴 도그	58	스위스
	세인트 버나드	61	스위스
	오스트리안 핀셔	64	오스트리아
	스패니시 마스티프	91	스페인
	피레니언 마스티프	92	스페인
	알렌테조 마스티프	96	포르투갈
	보르도 마스티프	116	프랑스
	그레이트 피레니즈	137	프랑스(피레네 산맥 일대)
	도베르만	143	독일
	복서	144	독일
	레온베르거	145	독일
	로트와일러	147	독일
	불도그	149	영국
	불마스티프	157	영국
	카오 데 카스트로 라보레이로	170	포르투갈
	에스트렐라 마운틴 도그	173	포르투갈
	자이언트 슈나우저	181	독일
	스탠다드 슈나우저	182	독일
	미니어처 슈나우저	183	독일
	저먼 핀셔	184	독일
	미니어처 핀셔	185	독일
	아펜핀셔	186	독일
	호바와트	190	독일
	네오폴리탄 마스티프	197	이탈리아
	브라질리안 마스티프	225	브라질
	랜드시어	226	독일, 스위스
	티베탄 마스티프	230	티베트
	그레이트 데인	235	독일
	아이디	247	모로코
	마요르킨 마스티프	249	스페인(발레아레스 제도)
	도사	260	일본
	마스티프	264	영국
	카르스트 셰퍼드 도그	278	슬로베니아
	도고 아르헨티노	292	아르헨티나
	더치 스무스혼드	308	네덜란드
	샤 페이	309	중국
	브로홀머	315	덴마크
	러시안 블랙 테리어	327	러시아

그룹	견종명	견종번호	원산지
GROUP 3	코카시안 십도그	328	러시아
	아나톨리안 셰퍼드 도그	331	터키
	센트럴 아시안 십도그	335	중앙아시아
	이탈리안 코르소 도그	343	이탈리아
	도고 카나리오	346	스페인
	우르과이언 시메론	353	우루과이
	대니시 스웨디시 팜도그	356	덴마크, 스웨덴
	케리 블루 테리어	3	아일랜드
	케언 테리어	4	영국(스코틀랜드)
	에어데일 테리어	7	영국
	오스트레일리안 테리어	8	오스트레일리아
	베들링턴 테리어	9	영국
	보더 테리어	10	영국
	불 테리어	11	영국
	미니어처 불 테리어		
	스무드 폭스 테리어	12	영국
	토이 맨체스터 테리어	13	영국
	아이리시 소프트 코티드 휘튼 테리어	40	아일랜드
	레이크랜드 테리어	70	영국
	맨체스터 테리어	71	영국
	노리치 테리어	72	영국
	스코티시 테리어	73	영국(스코틀랜드)
	실리엄 테리어	74	영국(웨일스 지방)
	스카이 테리어	75	영국(스코틀랜드)
	스태퍼드셔 불 테리어	76	영국
	웰시 테리어	78	영국
	웨스트 하이랜드 화이트 테리어	85	영국(스코틀랜드)
	요크셔 테리어	86	영국
	저먼 헌팅 테리어	103	독일
	아이리시 테리어	139	아일랜드
	댄디 딘몬트 테리어	168	영국
	와이어 폭스 테리어	169	영국
	오스트레일리안 실키 테리어	236	오스트레일리아
	체스키 테리어	246	체코
	재패니즈 테리어	259	일본
	노퍽 테리어	272	영국
	아메리칸 스태퍼드셔 테리어	286	미국
	아이리시 글렌 오브 이말 테리어	302	아일랜드
	파슨 러셀 테리어	339	영국
	브라질리안 테리어	341	브라질
	잭 러셀 테리어	345	영국
GROUP 4	닥스훈트	148	독일
GROUP 5	스웨디시 발훈트	14	스웨덴
	스웨디시 엘크하운드	42	스웨덴
	바센지	43	콩고
	카렐리안 베어 도그	48	핀란드
	피니시 스피츠	49	핀란드
	이비잔 하운드	89	스페인
	포덴고 포르투기즈	94	포르투갈
	저먼 스피츠	97	독일
	케이스혼드(저먼 울프 스피츠)		네덜란드
	그로스 스피츠(자이언트 스피츠)		독일
	미텔 스피츠(미디엄 사이즈 스피츠)		독일
	클라인 스피츠(미니어처 스피츠)		독일
	포메라니안츠베르크 스피츠		독일
	스웨디시 라프훈트	135	스웨덴
	피니시 라프훈트	189	핀란드
	볼피노 이탈리아노	195	이탈리아
	시르네코 델레트나	199	이탈리아
	차우차우	205	중국
	사모예드	212	러시아(시베리아 지방)
	멕시칸 헤어리스 도그	234	멕시코
	노르웨지안 부훈트	237	노르웨이
	노르웨지안 엘크하운드(그레이)	242	노르웨이
	알래스칸 맬러뮤트	243	미국(알래스카 지방)
	파라오 하운드	248	몰타
	재패니즈 아키타	255	일본
	시바 이누	257	일본
	홋카이도	261	일본
	재패니즈 스피츠	262	일본
	노르웨지안 퍼핀 도그	265	노르웨이
	노르웨지안 엘크하운드(블랙)	268	노르웨이
	시베리안 허스키	270	미국
	케이넌 도그	273	이스라엘
	그린란드 도그	274	그린란드
	노르보텐 스피츠	276	스웨덴
	라피포로코이라	284	핀란드
	아이슬란드 십도그	289	노르웨이
	유라시어	291	독일
	러시안 유러피안 라이카	304	러시아
	이스트 시베리안 라이카	305	러시아
	웨스트 시베리안 라이카	306	러시아
	페루비안 헤어리스 도그	310	페루
	카이	317	일본
	기슈	318	일본
	시코쿠	319	일본
	카나리안 와렌 하운드	329	스페인
	진돗개	334	한국
	타이 리지백 도그	338	타이
	아메리칸 아키타	344	미국
	타이완 도그	348	타이완

그룹	견종명	견종번호	원산지
GROUP 6	그리퐁 니베르네	17	프랑스
	브리케 그리퐁 방뎅	19	프랑스
	아리에쥬아	20	프랑스
	그랑 가스콩 생통쥬아	21	프랑스
	퍼티 가스콩 생통쥬아	21	프랑스
	그레이트 블루 가스코니 하운드	22	프랑스
	프와트뱅	24	프랑스
	빌리	25	프랑스
	아르토이스 하운드	28	프랑스
	포르셀렌	30	프랑스
	스몰 블루 가스코니 하운드	31	프랑스
	그리퐁 블뢰 드 가스쿠뉴	32	프랑스
	그랑 바세 그리퐁 방뎅	33	프랑스
	바세 아르테시앙 노르망	34	프랑스
	바세 블루 드 가스코뉴	35	프랑스
	바세 포브 드 브르타뉴	36	프랑스
	피니시 하운드	51	핀란드
	폴리시 하운드	52	폴란드
	스위스 하운드	59	스위스
	버니즈 하운드		
	쥬라 하운드		
	루체른 하운드		
	슈비츠 하운드		
	스몰 스위스 하운드	60	영국
	스몰 버니즈 하운드		독일
	스몰 쥬라 하운드		아일랜드
	스몰 루체른 하운드		영국
	스몰 슈비츠 하운드		영국
	스테이리셰 러프헤어드 마운틴 하운드	62	오스트리아
	오스트리안 블랙 앤드 탄 하운드	63	오스트리아
	그리퐁 포브 드 브르타뉴	66	프랑스
	프티 바세 그리퐁 방뎅	67	프랑스
	티롤리안 브라케	68	오스트리아
	블러드하운드	84	벨기에
	웨스트팔리안 닥스브라케	100	독일
	스말란드 하운드	129	스웨덴
	드레버	130	스웨덴
	쉴러 하운드	131	스웨덴
	해밀톤 하운드	132	스웨덴
	로디지안 리지백	146	아프리카 남부
	세르비안 하운드	150	세르비아 몬테네그로
	이스트리안 숏헤어드 하운드	151	크로아티아
	이스트리안 콜스헤어드 하운드	152	크로아티아
	달마티안	153	크로아티아
	포사바츠 하운드	154	크로아티아
	보스니안 콜스헤어드 하운드	155	보스니아
	잉글리시 폭스하운드	159	영국
	비글	161	영국
	바셋 하운드	163	영국
	이탈리안 하운드(러프헤어드)	198	이탈리아
	노르웨지안 하운드	203	노르웨이
	스패니시 하운드	204	스페인
	하노베리안 센트하운드	213	독일
	헬레닉 하운드	214	그리스
	바바리안 마운틴 하운드	217	독일
	프렌치 트라이컬러 하운드	219	프랑스
	프렌치 화이트 앤드 블랙 하운드	220	프랑스
	세르비안 트라이컬러 하운드	229	세르비아 몬테네그로
	트랜실바니안 하운드	241	헝가리
	슬로바키안 하운드	244	슬로바키아
	알파인 닥스브라케	254	오스트리아
	하이젠 하운드	266	노르웨이
	할덴 하운드	267	노르웨이
	몬테네그린 마운틴 하운드	279	세르비아 몬테네그로
	그랑 그리퐁 방뎅	282	프랑스
	비글 해리어	290	프랑스
	오터하운드	294	영국
	해리어	295	영국
	저먼 하운드	299	독일
	블랙 앤드 탄 쿤하운드	300	미국
	아메리칸 폭스하운드	303	미국
	프렌치 화이트 앤드 오렌지 하운드	316	프랑스
	그레이트 앵글로-프렌치 트라이컬러 하운드	322	프랑스
	그레이트 앵글로-프렌치 화이트 앤드 블랙 하운드	323	프랑스
	그레이트 앵글로-프렌치 화이트 앤드 오렌지 하운드	324	프랑스
	앙글로 프랑세스 드 프티 베네리	325	프랑스
	이탈리안 하운드(숏헤어드)	337	프랑스
GROUP 7	잉글리시 포인터	1	영국
	잉글리시 세터	2	영국
	고든 세터	6	영국
	헝가리안 숏헤어드 비즐라	57	헝가리
	스패니시 포인터	90	스페인
	브리타니 스패니얼	95	프랑스
	저먼 와이어헤어드 포인터	98	독일
	바이마라너 숏헤어드	99	독일
	바이마라너 롱헤어드		
	스몰 문스터란더	102	독일
	블루 피카르디 스패니얼	106	프랑스
	프렌치 와이어헤어드 코르탈스 포인팅 그리퐁	107	프랑스
	피카르디 스패니얼	108	프랑스
	퐁 오드메 스패니얼	114	프랑스
	브라크 생제르맹	115	프랑스
	저먼 롱헤어드 포인터	117	독일
	라지 문스터란더	118	독일
	저먼 숏헤어드 포인터	119	독일
	아이리시 레드 세터	120	아일랜드
	브라크 프랑세 가스쿠뉴 타입	133	프랑스
	브라크 프랑세 피레니즈 타입	134	프랑스

그룹	견종명	견종번호	원산지
	이탈리안 와이어헤어드 포인터	165	이탈리아
	프렌치 스패니얼	175	프랑스
	브라크 드 라리에쥬	177	프랑스
	브루보네 포인터	179	프랑스
	브라크 도베르뉴	180	프랑스
	포르투기즈 포인터	187	포르투갈
	이탈리안 포인터	202	이탈리아
	푸델포인터	216	독일
	스테비훈	222	네덜란드
	드렌츠 패트리지 도그	224	네덜란드
	저먼 러프헤어드 포인터	232	독일
	헝가리안 와이어헤어드 비즐라	239	헝가리
	체스키 포섹	245	체코
	올드 대니시 포인터	281	덴마크
	슬로벤스키 포인터	320	슬로바키아
	아이리시 레드 앤드 화이트 세터	330	아일랜드
GROUP 8	잉글리시 코커 스패니얼	5	영국
	포르투기즈 워터 도그	37	포르투갈
	저먼 스패니얼	104	독일
	프렌치 워터 도그	105	프랑스
	클럼버 스패니얼	109	영국
	컬리 코티드 리트리버	110	영국
	골든 리트리버	111	영국(스코틀랜드)
	플랫 코티드 리트리버	121	영국
	래브라도 리트리버	122	영국
	필드 스패니얼	123	영국
	아이리시 워터 스패니얼	124	아일랜드
	잉글리시 스프링어 스패니얼	125	영국
	웰시 스프링어 스패니얼	126	영국(웨일스 지방)
	서식스 스패니얼	127	영국
	아메리칸 코커 스패니얼	167	미국
	웨테훈	221	네덜란드
	체서피크 베이 리트리버	263	미국
	로마냐 워터 도그	298	이탈리아
	아메리칸 워터 스패니얼	301	미국
	노바 스코샤 덕 톨링 리트리버	312	캐나다
	쿠이커혼제	314	네덜란드
	스패니시 워터 도그	336	스페인
GROUP 9	말티즈	65	몰타
	파피용	77	프랑스, 벨기에
	팔렌		
	브뤼셀 그리퐁	80	벨기에
	벨지안 그리퐁	81	벨기에
	프티 브라방콩	82	벨기에
	프렌치 불독	101	프랑스
	킹 찰스 스패니얼	128	영국
	캐벌리어 킹 찰스 스패니얼	136	영국
	보스턴 테리어	140	미국
	푸들	172	프랑스
	스탠더드 푸들		
	미디엄 푸들		
	미니어처 푸들		
	토이 푸들		
	크롬폴란데	192	독일
	볼로니즈	196	이탈리아
	친	206	일본
	페키니즈	207	중국
	시추	208	티베트
	티베탄 테리어	209	티베트
	비숑 프리제	215	프랑스
	치와와	218	멕시코
	라사 압소	227	티베트
	티베탄 스패니얼	231	티베트
	로첸	233	프랑스
	하바니즈	250	지중해 서부
	퍼그	253	중국
	코통 드 툴리어	283	마다가스카르
	차이니즈 크레스티드 도그	288	중국
	러시안 토이 테리어 스무드헤어드	352	러시아
	러시안 토이 테리어 롱헤어드		
GROUP 10	그레이하운드	158	영국
	아이리시 울프하운드	160	아일랜드
	휘핏	162	영국
	스코티시 디어하운드	164	영국(스코틀랜드)
	슬루기	188	모로코
	보르조이	193	러시아
	이탈리안 그레이하운드	200	이탈리아
	아프간 하운드	228	아프가니스탄
	헝가리안 그레이하운드	240	헝가리
	살루키	269	이란
	스패니시 그레이하운드	285	스페인
	아자와크	307	말리(아프리카)
	폴리시 그레이하운드	333	폴란드
미공인	가와카미견	미공인	일본
	뉴질랜드 헌터웨이	미공인	뉴질랜드
	다이토견	미공인	일본
	랭카셔 힐러	미공인	영국(웨일스 지방)
	류큐견	미공인	일본
	마르키쉬에	미공인	네덜란드
	모스크바 가디언 마스티프	미공인	러시아
	보헤미안 셰퍼드 도그	미공인	체코
	스트롱 아이 헤딩 도그	미공인	뉴질랜드
	아메리칸 토이 테리어	미공인	미국
	아메리칸 불독	미공인	미국
	아메리칸 헤어리스 테리어	미공인	미국
	파스토르 가라피아노	미공인	스페인
	포덴코 안다루스	미공인	스페인
	프라슈키 크리사릭	미공인	체코

● **엮은이_ 후지와라 쇼타로** 藤原尙太郞

1967년생. 도쿄 출신. 동물 전문 프로덕션 〈애니멀 보이스〉의 책임자.
동물 저널리스트로 주로 가쿠켄[學硏] 뉴와이드 도감시리즈 『동물』, 『옛날 동물』, 『사육과 관찰』, 『실험, 자유연구』, 『파충류, 양서류』와
가쿠켄 대도감 시리즈 『세계멸종 위기동물』, 『일본의 가축』 등의 출간에 참여했다.
저서로는 『미니토끼 고르는 법, 키우는 법』, 『햄스터 고르는 법, 키우는 법』 외에 다수가 있다.
최근에는 『인기 있는 실내견 고르는 법, 키우는 법』, 『나의 애견 카탈로그』, 『인기견종 도감 174 카탈로그』, 『인기 강아지 도감』 등
반려견과 관련된 서적을 다수 집필했다.

● **옮긴이_ 이윤혜**

서울대학교 의류학과 졸업 후 한국외국어대학교 일어일문학과 석사과정을 수료했다.
현재 번역 에이전시 (주)엔터스코리아에서 일본어 전문 번역가로 활동 중이다.
역서로는 『우리 개 스트레스 없이 키우기』, 『우리 집 개와 대화하기』 등이 있다.

세계의
반려견 백과

펴낸이 | 유재영
펴낸곳 | 그린홈
엮은이 | 후지와라 쇼타로
옮긴이 | 이윤혜

기　획 | 이화진
편　집 | 박선희
디자인 | 문정혜

1판 1쇄 | 2011년 9월 15일
1판 6쇄 | 2025년 12월 5일
출판등록 | 1987년 11월 27일 제10-149
주소 | 04083 서울시 마포구 토정로 53(합정동)
전화 | 324-6130, 324-6131
팩스 | 324-6135

E-메일 | dhsbook@hanmail.net
홈페이지 | www.donghaksa.co.kr
　　　　　www.green-home.co.kr

ISBN 978-89-7190-351-3 13490
● 잘못된 책은 바꾸어 드립니다.

Green Home은 자연과 함께 하는 건강한 삶, 반려동물과의 감성 교류, 내 몸을 위한 치유 등
지친 현대인의 생활에 활력을 주고 마음을 힐링시키는 자연주의 라이프를 추구합니다.

NIHON TO SEKAI NO AIKEN ZUKAN 2011
ⓒ TATSUMI PUBLISHING CO., LTD. 2010
Originally published in Japan in 2010 by TATSUMI PUBLISHING CO., LTD.
Korean translation rights arranged through TOHAN CORPORATION, TOKYO.,
and EntersKorea Co., Ltd., SEOUL
Korean translation rights ⓒ 2011 Donghak Publishing Co., Ltd.

이 책의 한국어판 저작권은 (주)엔터스코리아를 통한
일본의 TATSUMI PUBLISHING CO., LTD.와의 독점 계약으로 주식회사 동학사(그린홈)가 소유합니다.
신 저작권법에 의해 한국 내에서 보호를 받는 저작물이므로 무단전재와 무단복제를 금합니다.